이토 히로부미 평전

다키이 가즈히로 지음 | 장원철, 김세덕 옮김

AK

어떤 인민에게

제도를 부여하려고 감히 도모할 정도의 인간은

이른바 인간의 본성을 바꿀 수 있다는

확신을 품고 있지 않으면 안 된다.

— 장 자크 루소, 『사회계약론』—

한국어판 서문

졸저 『이토 히로부미 평전』이 한국어로 번역 출간된다는 소식을 들으니 감격스럽기 그지없다. 말할 것도 없이 일본은 1910년에 한국을 합병한 뒤에 한반도를 식민지로 만듦으로써 한국 민족에게 막대한 고통을 주었다. 그일과 관련된 원흉으로 지목되는 이토 히로부미라는 인물의 정치사상을 내재적으로 연구하여 밝힌 본서가 한국에서 출판된다는 사실이 두 나라가 향후 서로를 이해하는 데에 있어 약간의 기여를 할 수 있을지도 모르겠다고 생각한다. 번역의 수고로움을 맡아 주신 장원철 선생과 김세덕 선생, 두 분에게 깊은 감사의 마음을 전하고자 한다.

본서는 1차 사료에 바탕해서 기존의 이토 히로부미의 허상을 타파하고 그의 일관된 정치사상을 밝히고자 하였다. 그러한 허상이란 말하자면 독일식의 군주주의적 헌법을 일본의 인민에게 강요한 전제주의자(專制主義者), 상황에 따라 정치적 파트너를 바꾸었던 변절자, 권력욕의

화신이자 독자적 철학이 없었던 정치가 등과 같은 것들이다.

그에 반해 본서에서는 그를 영국식 의회정치에 공감했던 민주정치의 신봉자, 타협과 양보를 신조로 삼았던 입헌 정치가, 서구의 과학적 지식에 근거한 문명국을 주장했던 지(知)의 정치가로 보려는 새로운 인물상을 제시하였다. 종래의 이미지와는 정반대라고도 할 새로운 설을 제시하는 필자의 입장에 대해 세간의 냉엄한 반응이 있으리라 각오했던 바지만, 여전히 고정관념에 입각해 본서의 논지를 곡해하면서 세세하게 시비를 따지는 약간의 비판을 제외하고서는 대체로 여러 면에서 호평을 받았고, 사회과학 분야의 이름 있는 저술상까지도 수상하기에 이르렀다. 최근에는 본서에 전면적으로 근거하는 이토 히로부미 논문이 도쿄 대학 헌법학의 제일인자인 이시카와 겐지(石川健治) 교수에 의해 발표된 바 있어서(이시카와 겐지, 「크게 굴복할 줄 아는 인간을 두려워하라—이토 히로부미와 헌법 정치」 강상중(감수) 『아시아 인물사 제9권: 격동의 국가 건설』(슈에이샤, 2024년) 수록), 필자가 제시했던 새로운 이토 히로부미의 인물상이 일본 학계에도 받아들여지고 있음을 보여주고 있다. 기본 사료의 의미를 되새겨 읽고서 음미하는 한편, 새로운 사료를 통해 내용을 충실히 살린다는 역사학의 왕도를 성실하고 정직하게 실천했던 성과라는 자신감을 가지게 되었다.

본서에서는 이토 히로부미의 통감 정치에 대해서도 동일한 자세로 접근해 새로운 견해를 제시하고자 했다. 그는 왜 한국 통감으로 취임해 한국 통치에 관여하였던가? 필자의 생각으로는 그 이면에 세 가지 목적이 있었다고 판단된다.

첫 번째는 합병을 저지코자 한 것이다. 그는 애초에 일본의 한국 합병을 좋은 방책이라고 생각지 않았다. 오랜 역사와 전통을 지니고서 독자적 문화를 자랑했던 한 국가를 일본이 병탄하는 것은 물심양면에 걸쳐 막대한 비용이 드는 일로서, 가능한 한 피해야 한다는 것이 그의 본심이었다. 그러나 그러기 위해서는 한국이 일본과 마찬가지로 서구 문명을 기준으로 삼는 독립국이 되어서, 일본과 이해를 함께하는 동맹국이 되어야만 했다. 때문에 그는 스스로 문명의 전도사가 되어 한국으로 부임하는 일을 자신의 임무로 여겼던 것이다.

두 번째는 한국에 주둔하던 일본군을 통제하려는 목적

이었다. 한국 통감이란 직책은, 당시의 일본 내각이 독립된 통수권을 인정했던, 메이지 헌법 안에서 유일하게 문관 자격으로 군대의 지휘 명령권을 행사하는 자리였다. 그는 그 같은 권한을 지니는 통감 직을 구상하고서 자신이 그 자리에 앉았다. 그러한 시기를 전후해서 일본 국내에서 제실(帝室)제도조사국 총재직을 겸직했던 그는 정부와 군대 관계의 쇄신에도 착수하였다. 그에 의해 진행된 한국 통치도 마찬가지로 그가 일본에서 추진했던 유사한 제도 개혁의 일환으로 파악해야 할 만한 측면을 지닌다고 하겠다. 그는 자신이 일본에서 행한 개혁적 시도를 계속 추진하며, 현지에서 문관이 군대를 통제하는 문민통제(civilian control)를 실현할 요량으로 한국으로 부임하였다.

　세 번째로 일본군이 만주를 침략해 세력을 넓히려는 시도를 저지하려는 목적이었다. 그는 1907년 8월에 간도(間島) 파출소를 설치했지만, 그것은 만주 침략의 전초기지로서가 아니라 청나라와의 국경분쟁을 빌미로 일본군 세력이 폭발적으로 확산하는 사태를 막고자 한 조치였다. 그 자신은 일본의 대륙 진출을 억제하려는 입장이었다. 앞서 언급했듯이 한국 합병에 대해서조차 그는 애초에 소극적 입장이었다. 그러나 대륙 진출을 적극적으로 주장하는 일본 정부 안팎의 동향에 대처해, 일본에 의한 강점의 범위를 억지로라도 한반도까지로만 한정하고, 만주에 대해서는 단념토록 만드는 것이 그가 설정한 최저한의 목표였다. 1909년 3월에 청나라가 간도 문제를 국제중재재판소에 제소하려고 할 적에 일본 정부는 서둘러서 간도에 대한 청나라 영유권을 인정하고 한국만을 확보하는 선에서 방침을 확립하였다. 이런 맥락에서 보면 한국 합병은 만주로의 세력 확장에 대한 일시적 단념과 짝을 이루는 사건이었다. 그는 일본 정부가 만주 침략을 포기하는 선에서 한국 합병에 관해서는 타협을 선택했던 것이다.

이상과 같은 이토 히로부미의 한국 통치의 시정방침은 언어의 통상적 의미에서의 제국주의자 또는 식민지주의자와는 다른 것이라 하겠다. 그는 대륙으로 무턱대고 세력을 확장하려는 일에 언제나 반대했으며, 일본인을 한반도에 입식(入植)하는 방침도 억제코자 하였다. 그는 일본 정부를 향해 "나의 통치에 방해가 되는 것은 한국인보다도 한국에 거주하는 일본인이다."라고 항의하였다. 한반도로 이주해 오는 일본인은 막된 불량배들이 많으므

로, 적어도 일본인 관리만은 한국 통치에 도움이 되는 겸
허한 인물들을 파견해 주도록 요청하였다. 그는 한국과
의 사이에 대등하고 우호적인 관계를 수립하는 것을 염
원하였다. 그러나 앞서 언급했듯이 그러기 위해서는 한
국이 '문명국'이 되어야만 했다. 바로 이 지점에서 그는
실패할 수밖에 없었다. 그 자신이 아무리 노력해도 외부
로부터 와서 문명을 강요하는 억압적 제국주의자로서의
자신의 이미지를 그때부터 한국인의 뇌리에 각인시켰고,
그 결과 그 자신이 한국 민족주의의 증오와 원망의 대상
이 되지 않을 수 없었다.

그로 말미암아 이토 히로부미는 한국 통치의 일선에서
물러난 이후였음에도 한국의 안중근에게 살해되지 않을
수 없었다. 안중근 자신은 취조와 공판 중에도 이토 히로
부미의 죄상을 15항목에 걸쳐서 상세히 변론했지만, 와
전된 사실이나 허황되고 근거가 없는 내용이 많았다. 그
러나 그러한 오해들이 판명되었다고 해도 안중근은 이토
히로부미를 저격하는 일을 주저하지 않았을 것이다. 안
중근은 어디까지나 일본이 저질렀던 한국 침략을 상징하
는 대표적 인물인 이토 히로부미를 사살했던 것이다.

그러한 안중근의 사상과 행동은 이토 히로부미의 스승

인 요시다 쇼인(吉田松陰)의 그것을 연상케 한다. 메이지 유신의 전야, 열렬한 애국심을 바탕으로 수많은 지사(志士)를 양성하고 정신적으로 이끌었던 요시다 쇼인은 만년에 에도막부 요인들을 암살할 계획을 세우고, 그러한 사실을 스스로 자백했던 탓에 결국 처형되었다. 요시다 쇼인은 암살 대상이 되는 요인들에 대한 개인적 원한에서가 아니라, 에도막부에 대한 공분에서 자신의 테러를 정당화하고, 자신의 죽음을 계기로 우국지사들이 각지에서 결연히 궐기하기를 기대하였다. 요시다 쇼인의 그러한 마음가짐은 곧바로 안중근의 그것과도 공통하는 바가 있다고 하겠다.

그에 반해 이토 히로부미는 스승 요시다 쇼인의 영향을 극복해 감으로써 정치가로서 자기 성장을 이룩해 갔다. 그는 젊은 시절 요시다 쇼인의 사숙에서 수학하였다. 막부에 의해 처형되었던 스승의 유해를 수습했던 제자 중의 한 명이기도 했다. 싸늘한 주검으로 변한 스승의 모습을 접하고서, 혈기 왕성한 청년의 마음이 분노로 끓어올랐을 것임은 충분히 상상할 수 있는 일이었다. 이후에 그는 젊은 테러리스트로 막부 국학자를 암살하거나 영국 공사관을 방화하는 일을 획책하였다. 하지만 국가 경영에 참여하고 나서부터 그는 자신의 스승에 대한 위화감을 입에 올리게 되었다. 요시다 쇼인은 과격하고 정열만이 앞섰으며, 정략도 없이 오로지 정신주의적으로 행동했을 뿐이라고 스승을 비판하기까지 하였다. 뒤에 언급하듯이 이윽고 정치적 현실주의에 입각한 점진적 이상주의자로 변모한 그는 스승과는 다른 사상가로 자립했다.

일본에서 요시다 쇼인은 그 고결하고 순수한 정신성으로 오늘날에도 여전히 많은 이들을 매료시키고 있다. 그러나 요시다 쇼인은 생전에 일찍이 한반도 침략을 주장하는 등, 일본 제국주의의 선구자라는 일면 또한 지니고 있다. 다른 한편으로 안중근 역시 한국에서는 국민적 영웅이지만 일본에서는 초대 수상 이토 히로부미를 암살한 테러리스트로 여겨지고 있다. 요컨대 양국의 두 민족주의적 영웅의 틈새에서 이토 히로부미는 매몰되어 왔던 것이라고 하겠다.

그러나 그가 이렇듯 매몰되어 왔던 것은 그 자신의 사상이 이해되기 어려웠다는 사실에도 기인하고 있다. 그의 사상이란 한마디로 요약하면 앞서 언급했듯이 정치적 현실주의에 입각한 점진적 이상주의였다. 그는 본래 이상주의자였다. 그러한 이상이란 민주주의라고 말해도 좋을 정도의 국민 정치의 실현이었다. 그는 메이지 헌법 공포 당시 황족과 화족(華族)이라는 국가 지배 계층들 앞에서 향후의 정치는 국민의 민도를 높이는 정치, 국민의 정치 참가를 증진시키는 것이어야만 한다고 역설했다. 가난한 농민 출신인 그는 인간이면 누구라도 신분과 상관없이 능력에 따라 평등하게 입신출세할 수 있는 민주적 사회를 꿈꾸었다. 그러한 이상은 그의 가슴속에 흔들림 없이 시종일관 유지되었다.

그러나 다른 한편으로 그는 현실주의자였다. 그는 자신의 이상이 하루아침에 실현될 수 있다고 생각하지는 않았다. 그 같은 민주정치의 실현을 위해서는 국민이 그것을 감당할 수 있게끔 정치적으로 성숙하지 않으면 안 되었다. 헌법을 공포할 당초에 국민에게는 번벌(藩閥) 정부가 의회와는 초연하게 정치를 행하는 방침을 정당화했던 그였지만, 그러한 주장을 자세히 살펴보면 사전 준비도 없이 갑자기 정당정치를 실시하는 방침은 시기상조라는 것이 그 자신의 진의였음을 알 수 있다. 요컨대 정당정치로의 이행을 거부했던 것은 아니었다. 다만 그러기 위해서는 점진주의를 제일로 여겨서 일에 임해야 한다는 것이었다. 그리고 실제로 10년이라는 세월이 흐른 뒤에 그 자신은 정당 정치가로 변신, 국민의 정치적 각성을 촉구하기 위해 일본 전국을 돌면서 유세를 펼쳤다. 당시부터 그것은 경조부박(輕佻浮薄)한, 세인의 관심을 끌려는 정치적 행위로 간주되었으나, 그 자신에게는 민주정치라는 꽃봉오리가 개화하기를 기대하면서 행했던 일련의 행동이었다.

그러한 점진주의는 그의 동양평화론에서도 엿볼 수 있다. 그에게는 저승길이 되었던 중국의 하얼빈을 향하는 여행 도중에 각지에서 연설을 하면서 극동 지역의 평화를 주장하였다. 그에게는 평화 체제하에서 각국이 번영하는 것이 바람직한 이상이었다. 그러나 현실은 그렇게 되지 못했다. 당시의 평화는 아직 '무장(武裝)의 평화'를 벗어나지 못하고 있다고 지적했다. 각국이 군비를 증강하고 서로를 적대시하는 가운데 유지되는 평화에 지나지 않는다는 것이다. 그 같은 상황에 처했기 때문에 국민이 군사비를 부담하는 상황은 어쩔 수 없는 것이라고 주장하였다. 여기에서도 또한 그의 현실주의자의 모습을 엿볼 수 있다. 동양 평화라는 이상을 가슴에 품고 있으면서도 그는 '무장의 평화'라는 현실을 직시하고서 그것을 수용할 것을 주장하였다. 하지만 다른 한편으로 그가 일부러 면담를 요구해 만났던 러시아 재무대신 블라디미르 코콥초프와는 무엇을 이야기하려고 했던 것일까? 동양 평화를 진정한 평화로 바꾸기 위한 한층 적극적 방책을 제시하려던 것은 아니었을까? 점진적 이상주의자였던 그는 자신의 정치 인생 최후의 과제를 동양 평화의 실현을 향한 장차의 포석을 두는 일로 정했던 것은 아니었을까, 나름 생각해 볼 수도 있다.

　동양 평화를 기치로 내걸고서 만주로 건너간 이토 히로부미가 동양 평화라는 이유로 말미암아 살해당했다는 것은 역사의 아이러니다. 이토 히로부미, 그리고 안중근의 죽음은 오늘에 이르기까지 일본과 한국, 양국에 커다란 역사적 그림자를 드리우고 있다. 똑같이 동양 평화를 주장했던 두 사람이 상호 불신의 화근만을 사후에 남길 수밖에 없었다는 역사적 사실은 너무나도 불행한 일이었다. 두 사람의 죽음을 계기로 해서 상호 간의 대화가 이루어지는 것이 이토 히로부미나 안중근에게도 사후에 최대의 공양이 되지는 않을까? 그러기 위해서는 온갖 선입견을 배제하고서 그들의 생생한 육성을 발굴하고 그에 귀기울이는 일부터 시작하지 않으면 안 될 것이다. 본서가 그와 같은 이토 히로부미의 생생한 육성을 전하는 데

얼마간의 도움이 될 수 있다면 그보다 더한 기쁨은 없을
것이다.

2025년 1월

다키이 가즈히로

서문

일본 국회에는 세 개의 이토 히로부미 상이 있다.

하나는 국회의사당 중앙 현관에 들어서면 중앙 로비의 한쪽에 서 있다. 로비의 네 귀퉁이에 세워져 있는 대좌에는 오쿠마 시게노부, 이타가키 다이스케와 함께 그의 동상이 서 있다. 대좌 가운데 하나가 비어 있는 것은 네 번째 인물을 선정할 수 없어서라는 등, 정치는 미완이라는 것을 표현한 것이라는 등, 그들과 언젠가 나란히 설 수 있도록 노력하라고 후배 의원들에게 보내는 메시지라는 등의 여러 가지 설이 있다.

두 번째 상은 건물 밖, 참의원 앞뜰에 있다. 높이가 11미터나 되는 당당한 동상이다. 1933년에 그의 업적을 기리기 위해 결성된 슌포(春畝) 공('슌포'는 이토의 호) 기념회가 1936년에 세운 것으로, 애초에는 의회의 외원(外苑)에 세웠는데, 그 일대는 이토 공 기념 공원이 되었다. 그 뒤에 당시의 귀족원에 기증되었고, 의사당 안으로 옮겨졌던 것이다.

그러면 나머지 하나는 어디에 있는가? 사실은 세 번째 상은 실재하지 않는다. 그것은 눈에는 보이지 않는다. 하지만 '그림자'로서 국회의사당 첨탑 꼭대기에 서 있다. 국회를 건립할 적에 설계자는 의사당의 정상을 이토 히로부미의 모습을 염두에 두고서 설계했다고 한다. 스즈키 히로유키의 『일본의 지령(地靈)』에는 다음과 같이 쓰여 있다.

의사당 첨탑에는 모델이 있다. 이토 히로부미 사후인 1911년에 고베시 주오구에 있는 오쿠라산 공원에 세워진 이토 동상의 대좌가 바로 그것이다. 이토 동상 자체는 태평양전쟁 중에 금속으로 공출되어 철거되었지만, 대좌는 지금도 공원 내에 남아 있다. 이 대좌는 교토 제국 대학 공학부 건축학과의 초대 교수였던 다케다 고이치의 작품으로 되어 있다. 다케다의 제자로 국회(당시는 제국 의회)의사당 설계자 중 한 사람이었던 요시타케 도리가 있다. 요시타케는 의사당 설계에 즈음하여 제국 의회 탄생 역사에 대해서 상당한 공부를 했던 것 같다. 그때 그는 일본에 의회 제도를 도입하는 과정에서 이토 히로부미라는 인물이 차지했던 커다란 존재감을 느꼈을 것이다. 요시타케는 이토와 관련된 곳곳의 사적도 조사했던 것으로 추정된다. 그리하여 그는 자신의 스승인 다케다가 설계한 오쿠라산 공원의 이토 동상에 맞닥뜨리게 되었다. 그 동상의 대좌가 새로 지을 의사당의 정상부를 장식하는 데 어울리지 않을까 하는 생각에서 이윽고 첨탑의 디자인이 완성되었다고 한다. 요컨대 설계자인 요시타케의 구상 속에는 그 첨탑 위에 이토 히로부미의 그림자가 서 있었던 셈이 되는 것이다. 좀 더 부언하자면 그는 이토의 혼령을 모시는 영묘의 이미지를 의사당에 투영하였던 것이다. 스즈키 자신의 말을 빌리면 "이토 히로부미의 그림자가 거기에 있다. 이러한 발상은 국회에 모여 있는 의원들에게 무언중에 선인(先人) 이토 히로부미가 목숨을 걸고서 국정에 참여하고자 걸었던 길을 보여 주고자 한 것은 아니었을까. 그것은 말하자면 국가적 규모에서의 '메멘토 모리(죽음을 기억하라.)'라는 메시지가 아닐까?"

이상에서 보듯이 국회에는 세 개의 이토 상이 존재한다. 세 번째는 애교일지는 모르지만, 그렇더라도 한 인물의 상을 한 나라의 입법부 여러 곳에 세웠다는 사실은 예사로운 일이 아니다. 본래 참의원 앞뜰의 동상이 당초에 세워졌던 의회 외원의 일각은 앞서 언급했듯이 이토 공 기념 공원으로 불렸는데, 이 공원과 예의 그 동상은 지금의 의사당의 낙성식과 함께 제막되었던 것이다. 마치 의회 건물과 한 세트로 건립된 것처럼 말이다.

그만큼 근대 일본의 의회정치와 이토 히로부미의 이름은 불가분의 관계에 있다. 요시타케가 의회 역사를 읽었을 적에 끊임없이 이토 히로부미의 그림자를 느꼈다고 해도 하등 이상한 일이 아니다. 그러한 과정의 말미에 요시타케는 이토의 그림자, 아니 그 영(靈)의 발아래에 의회를 배치하였던 것일까?

학계에서 저평가된 이토 히로부미

확실히 이토 히로부미의 이름은 일본의 의회 제도 성립을 논할 적에 빠뜨릴 수가 없다. 그는 대일본제국 헌법(메이지 헌법)을 제정하고, 일본에 의회를 개설하였던 정치가이자 초대 내각의 총리대신으로 누구나 그 이름을 알고 있다. 말년에는 초대 대한제국 통감으로 일본 제국주의에 의한 한국 병합을 상징하는 인물이기도 하다. 메이지유신을 대표하는 삼걸로 불리는 기도 다카요시, 오쿠보 도시미치, 사이고 다카모리의 다음 세대를 대표하고, 아울러 그들과 나란히 메이지 역사에서 가장 저명한 인물이라고 할 수 있겠다.

그러나 한편으로 아카데미즘의 세계에서는 그의 공적을 높이 평가하는 데 소극적인 경향이 강하다. 역사학에도 조예가 깊은 법철학자 나가오 류이치는 그러한 점에 대하여 다음과 같이 말하고 있다.

통속적 역사 지식에 따르면 메이지 헌법 제정의 중심 인물은 이토 히로부미로 그가 1882~1883년(메이지 15~16)에 독일에 가서 헌법학을 배우고, 그에 근거해서 헌법을 기초했던 것으로 되어 있다. 그러나 역사가는 이러한 견해를 표면에서 요란스럽게 행동하였던 이토의 활동에 눈길을 빼앗긴 아마추어적 견해로 무시한다. 진정한 입법자는 그 배후에 있었으니, 1881년(메이지 14)에 있었던 정변을 독일식 헌법 도입론이 승리하는 계기로 만들었고, 이른바 '이와쿠라 대강령'을 기초하여 훗날 헌법의 골격을 정하였으며, 마침내 헌법 기초 작업의 중심에 서서 원안을 작성하였고, 헌법 성립 이후에는 그에 대한 공권적(公權的) 주석서(이 책은 이토의 이름으로 출판되었다.)인 『헌법의해(憲法義解)』의 집필자이기도 했던 이노우에 고와시라는 인물이다.

나가오 류이치, 『역사의 이면 들춰 보기』 중에서

일반적으로 알려진 지명도와 전문가 사이에서의 평가가 서로 현저하게 낙차를 보이는 현상은 드물지 않은데, 이토도 그 예에 속한다고 할 수 있다. 앞에서 나가오 류이치가 정확하게 정리해 보여 주듯이 세간의 명성이 높았던 것과는 정반대로 학계에서 이토에 대한 평가는 반드시 높다고 할 수 없다. 이토를 치켜세우는 것이 '아마추어적 견해로 무시'당하는 점은 차치하고서 이토라는 인물을 역사에서 어떻게 자리매김해야 하는가에 대하여 난감해하는 이들이 많다. 그 점을 솔직히 나타내고 있는 예를 들어 보자. 현재 일본 근현대사 연구를 이끌어 간다고 할 수 있는 역사학자 반노 준지가 일찍이 작가 시바 료타로와 행했던 대담의 한 구절이다.

반노 : "도무지 이토 히로부미를 알 수가 없는데요, 그는 항상 두 개의 분명한 대립 항 사이에서 움직이고 있어서 메이지 시대 역사를 쓰면서도 이토 히로부미의 상이 떠오르지 않습니다."

시바 : "역시 '대정치가'네요. 유연함 그 자체라고 하겠

지요."

시바 료타로, 반노 준지, 「일본이라는 국가」 중에서

역사가 반노 준지는 분명하게 "이토를 알 수 없다."라고 단언하고 있다. 그만큼 학식이 깊은 전문가도 골치가 아파 두 손을 들고 싶을 정도로 애물단지 같은 존재가 바로 이토 히로부미라는 인물이다. 시바 료타로와 대담을 한 지 수년 후에 이번에는 앞서 언급된 나가오 류이치와의 대담에서 반노 준지는 이토에 대하여 다시 다음과 같이 말하고 있다.

이토 히로부미 자신은 백지와 같은 인물로 시대의 추세를 잘 보았고, 바로 그러한 추세를 대표하는 인간이어서, 어떤 때는 오쿠보 도시미치와 한편이 되고, 다른 때는 이노우에 고와시와 한편이 되는 식으로, 예상 밖으로 자유롭게 행동하여서 이번에는 자유당이라는 식이었다. 그래서 나는 이토 히로부미에 대해서 쓸 수가 없다. 이노우에 가오루라면 일관되게 영국식 모델의 온건한 의원내각제, 위로부터의 민주화를 행하려 하였다든가 일관된 주장을 하고 있다. 이노우에 가오루에게는 그

런 것이 있었다. 오쿠마 시게노부도 전향하였다. 그러
나 주장했던 바가 있어서 전향했던 것으로, 이토 히로부
미는 전향조차 볼 수 없는 것이 아닌가?

　　오이시 마코토 외 엮음,『재미있는 헌법사』중에서

　여기에서도 이토에 대해 두 손 두 발 다 들었음을 솔직
하게 나타내고 있다. 필자 나름으로 설명을 더하자면 세
이난 전쟁 이후 오쿠보 도시미치 정권이 수립될 즈음에
는 오쿠보를 추종하면서 그의 개발독재 노선의 선봉에
섰고, 그의 사후에 입헌 운동이 일어나자 이노우에 고와
시가 주창했던 초연내각주의라는 프로이센식 흠정헌법
노선에 동조하여 헌법 제정자로서의 명성을 독차지하였
다. 더욱이 의회가 개설된 후에는 불구대천의 원수였던
민권파의 자유당과 제휴하였고, 마침내는 자유당을 토대
로 삼아 입헌정우회를 창설하여 정당 정치가로 변신한
다. 이처럼 시류에 따라 카멜레온같이 변신하는 모습에
반노 준지는 정치가로서의 일관성이 결여되었다고 지적
한 것이리라.

시바 료타로의 "알 수 없다"

　이상과 같이 이토에 대한 학술적 평가는 결코 높지 않았다. 이러한 점은 소설과 같은 문학의 세계에서도 마찬가지 양상을 보인다. 앞서 언급한 바와 같이 이토를 가리켜 '유연함 그 자체'라고 갈파했던 작가 시바 료타로의 문학작품 속에서 이토는 어떻게 묘사되어 있을까? 그의 대표작 『날아가듯이』에서는 다음과 같이 이토를 평가하고 있다.

　이토에게는 정치가로서의 철학성이 사이고 다카모리나 기도 다카요시만큼은 없었다. 그 정도로 이토는 매력이라고 할 만한 것을 동시대인에게는 말할 것도 없고 후세에도 느끼게 하는 바가 적었다.

　그렇지만 철학성이 더욱 적었던 만큼, 정치라는 가공할 권력의 전쟁터에서의 작전 능력은 사이고 다카모리나 기도 다카요시보다도 높았다.

시바 료타로, 『날아가듯이』 2권 중에서

　말하자면 철학 없는 정략가, 사상 없는 현실주의자, 그런 것이야말로 시바 료타로가 품었던 이토 상이라고 해야 할 것이다. 정말로 시바 료타로는 "정치에서 완전한 현실주의자는 이류도 되지 못하는 정치가일 뿐이다." "정치가가 어떤 이상을 품고 있는가에 따라서 그 인물의 품질이 정해진다."라고 하면서 "이토에게는 이상과 현실이 언제나 조화를 이루고 있었다."라는 평까지 내리고 있다. 그렇지만 앞서의 인용과 대조해 보았을 때 이 말은 어딘가 엉뚱하다는 느낌을 준다.

"이상과 현실이 언제나 조화를 이루고 있었다."라고 하였는데 현실을 제어하는 이토의 '이상'성이란 과연 무엇인가? 시바 료타로의 펜은 이 점에 대해선 아무 말도 하지 않고 있다. 반노 준지와 같이 시바 료타로에게도 "이토는 알 수 없는" 존재였던 것일까? 최소한 메이지 역사를 쓰고 있어도 이토의 상이 드러나지 않는다는, 앞서 인용했던 반노 준지의 발언은 시바 료타로에게도 충분히 동감할 수 있는 말이었을 것이다.

이상과 같이 아카데미즘과 국민문학을 대표하는 두 역사가에게도 애매하고도 잘 알 수 없는 존재가 이토였다. 부언하자면 그 같은 이토의 이미지는 생전에도 정평이 나 있었다. 번벌 정부, 정당, 추밀원, 궁중이라는 식으로 뜻 가는 대로 정계의 곳곳을 제멋대로 휘젓고 다니거나, 오쿠마 시게노부, 무쓰 무네미쓰, 호시 도루 등 지난날의 적들과도 손바닥 뒤집듯이 손을 잡는 재빠른 변신에 주위 사람들이 아연하거나 성내며 분해했던 일이 종종 있었다고 한다. 메이지 천황은 "이토는 재지(才智)가 있지만 때때로 이전의 주장을 바꾸어 버리고, 끝까지 해내지를 못 한다."라고 그의 변덕을 간파하고 있었다고 전해진다.(쓰다 시게마로, 『메이지 천황과 사사키 다카유키』) 또한 제2기 중의원 의원 총선거가 치러질 적에 대대적으로 선거 간섭을 행하는 등 초기 의회 시절에 강경한 민당(民黨) 대책으로 명성을 날렸던 시나가와 야지로가 불평등조약 문제로 소란스러웠던 제5기 의회 회기 중에 이토에게 야당 세력에 강경 조치를 취할 것을 요구하면서 "[이토] 백작은 (매사를 모나지 않고 원만하게 처리하려는) 원활주의(圓滑主義)에 얽매여서, 처음부터 분명한 방침을 세우지 않고서, 시류에 따라야 한다는 주장을 서슴지 않았다."라고 비판하면서 그 자신의 '목표를 향해 오로지 돌진하는 결전주의(決戰主義)'와는 대조적이었던 이토의 '상황주의'에 불만을 표시하였다.(『다카하시 고레키요 전기』 하권) 이토의 성격이 결단을 주저하며 우유부단하고 정적에게도 기꺼이 추파를 던질 정도로 기회주의적이었다는 증언은 셀 수 없을 정도로 많다고 하겠다.

이 책의 과제는 그와 같이 말하자면 융통무애(融通無碍)한 정치가였던 이토 히로부미에 대해 쓰려는 것이다. 원래 학문이 얕고 재주가 변변치 않은 필자로서는 깊이 있게 학문적으로 규명하는 이토 히로부미론을 쓸 수 없다. 최근 학계에서 이토 히로부미를 재평가하려는 움직임이 있는 것을 발판으로 삼아 그러한 성과와 업적에 기대어서 제 나름대로 독자적인 이토 히로부미에 대한 해석을 이 책에서 묻고 싶었다.[1]*

다음으로 이 책에서는 정치가 이토 히로부미의 숨겨진 사상을 파헤치는 작업을 시도하였다. 그러한 작업의 키워드로 다음의 세 가지 시각을 설정하고자 한다. '문명', '입헌 국가', '국민 정치'가 그것이다. 젊은 시절 서구 사회를 본보기로 삼는 문명의 세례를 받았던 이토는 그것을 원리로 한 국가 만들기 작업에 일관되게 매진하였다. 그와 같은 문명으로서의 '국가의 형태', 곧 국제(國制)가 다름 아닌 입헌 국가였는데, 이토는 그러한 입헌 국가라는 그릇에 국민 정치라는 내용물을 담고자 했다. 그에게 입헌 국가란 국민 중심 정치체제의 결말이라고 해야 할 것으로, 거기에서의 국민은 교육을 받은 문명의 민(民)으로

이토 히로부미(1841~1909)

서, 지(知)의 주역일 것을 요구받았다. 메이지 헌법의 제
정과 그 후 현실에서의 입헌정치 실천을 통해 이토는 이
러한 세 가지 요소(factor)로 이루어진 세 폭 한 벌의 족자
와 같은 메이지 국제를 만들어 내려 하였고, 그 최종 모습
은 '지(知)의 국제'로 일컬어지는 것이라고 필자는 생각하
고 있다. 그리고 그와 같은 국가상을 추구해 마지않았던
이토는 마땅히 '지의 정치가'로 불려야 할 것이다.

  위와 같은 점들이 이 책에서 논증되기를 바라면서 이
제부터 본론에 들어가고자 한다. 우선 앞서 언급한 세 가
지 요소의 맹아를 막말 유신기(幕末維新期) 이토의 언행 속
에서 찾아보려 한다.

목차

1 '히로부미'의 탄생

쇼카손주쿠 입문과 스승 요시다 쇼인의 처형

이토 히로부미는 1841년(텐보 12) 9월 2일에 스오국 구마게군 쓰카리 마을(현재 야마구치현 히카리시 야마토쵸(町))에서 아버지 하야시 주조와 어머니 고토코 사이에서 태어났다. 어렸을 때 이름은 리스케였다. 그의 집은 농사를 지었는데 돈을 벌기 위해 일하러 가 있던 아버지 주조가 주인집 이토가에 가족 전부를 데리고 양자로 들어간 덕분에 사무라이 계급의 끝자리에 이름을 얹게 되었다. 주조의 상전 이토 나오에몬은 주겐(仲間)이라 불리던 하급 무사로 메이지 시대 초기의 신분 구분으로는 사족(士族)에는 속하지 않고 졸족(卒族)[1]으로 불렸던 신분이다.

1857년(안세 4) 2월, 에도만 경비를 위해 조슈 번에서 사가미국으로 파견된 이토는 그곳에서 상사로 부임해 온 구루하라 료조와 운명적으로 만난다. 기도 다카요시와 처남 매부 관계였던 구루하라는 이토를 눈여겨보고서

---

1) 메이지 시대 초기 신분상 호칭인 족칭 가운데 하나이다. 주겐, 아시가루(足輕) 등 하급 무사를 예로부터의 관용에 따라서 사족과 구분하여 졸족이라고 불렀다. 1872년 이를 폐지하고 봉록을 세습하는 자를 사족, 나머지를 평민(平民)에 편입하였다.

잘 돌봐 주었다. 이 시기에 이토가 고향에 보낸 편지에는 "(저의 상관인) 도모가시라(友頭) [2]구루하라 료조 님이 책으로 여러 가지를 가르쳐 주시므로 요즈음 특히 힘을 써서 배우고 있습니다."(『이토 전』 상권)라고 쓰여 있다. 같은 편지 말미에는 "저도 옷 길이가 짧아져서 애먹고 있습니다. 할머니와 어머니께 그와 같이 전해 주시기 바랍니다. 저는 언제나 밥을 많이 먹는 게 커다란 고민입니다. 모두 우스갯소리입니다."(『전집』① 「편지」. 『이토 전』에 실려 있는 편지에서는 이 부분만 초록되어 있다.)라는 식으로 절로 미소를 짓게 만드는 구절도 보이는 등, 지식욕에 불타고 있는 십 대 소년이 성장하려 한껏 용을 쓰는 패기를 엿볼 수 있다.

같은 해 9월 임무를 마친 이토는 구루하라에게서 요시다 쇼인에게 주는 소개장을 받아 들고 고향으로 돌아온다. 하기에 돌아오자마자 곧바로 쇼인을 찾아간 그는 쇼카손주쿠(松下村塾) [3] 입문을 허락받아 학업을 계속하게 되

2) 본문에는 '御支頭'라고 되어 있으나 '오토모가시라(御友頭)'의 오류로 보인다. 에도 시대 건축 관련 행정을 담당하는 직책을 일컬음. 이토는 14살이 되던 1856년에 사가미노쿠니(相模國) 미야타(宮田)에 수종자(隨從者)로 복무하게 되는데, 이듬해인 1855년 2월부터 9월까지 구루하라 료조를 상관으로 모시게 되었다.
3) 일본의 무사 겸 학자로 요시다 쇼인의 숙부였던 다마키 분노신이 개설한 사설 학당으로, 그의 뒤를 이어 쇼인이 인수하여 2년 남짓 제자를 양성하였다. 쇼인은 이곳에서 많은 인재를 길렀고, 이토 히로부미도 신분을 가리지 않는 그의 교육 방침 덕분에 이곳에 입학할 수 있었다. 쇼인이 체포, 처형당하고 나서 1860년에 폐쇄되었다. 저명한 문하생으로는 쇼인 문하의 쌍벽으로 불렸던 구사카 겐즈이와 다카스기 신사쿠를 비롯하여 요시다 도시마로, 이리에 구이치, 시나가와 야지로, 야마가타 아리토모 등이 있다. 현재의 쇼카손주쿠 유적 입구에는 '메이지유신의 태동지'라는 입석이 서 있다.

었다. 다음에 인용하는 편지는 아마도 사가미국에서 복무할 적에 알게 된 동년배 친구에게 보낸 것으로, 두 사람은 모두 구루하라의 훈도를 받은 것으로 추정된다. 쇼카손주쿠에 입학했던 초창기에 이토가 얼마나 분발했던가를 생생하게 전해 주는 글이라 하겠다.

이곳에서는 지금 학문이 융성하여 독서를 하지 않는 이가 한 사람도 없습니다. 마쓰모토 가나에는 특히 열심이어서 쇼카손주쿠라는 숙사를 하나 세워서, 저는 밤낮으로 독서를 하고 있습니다. 그대도 아무쪼록 독서를 많이 하면서 배워야 할 것으로 생각합니다. 결코 소홀히 하지는 않을 것이라고 여기지만 다시금 학문을 하는 일이 중요하다는 것을 깨달았습니다.

『전집』① 「편지」 중에서

다 아는 바와 같이 요시다 쇼인의 쇼카손주쿠는 구사카 겐즈이, 다카스기 신사쿠, 마에바라 잇세, 야마카타 아리토모 등 막부 말기와 메이지유신 시기에 수많은 인재들을 길러 낸 사숙(私塾)이었다. 이토 또한 그 문인이었는데 그와 요시다 쇼인의 관계는 어땠을까? 이토는 요시다 쇼인이 안세 대옥(安政大獄)[4]으로 처형당했을 적에 우연히도 기도 다카요시의 사무 담당으로 에도에서 근무했던 까닭에 기도 다카요시 등과 함께 스승 쇼인의 유해를 인수하는 상황에 맞닥뜨리게 되었다.

생전과는 판이한, 죽은 상태의 스승이 다감한 청년의 마음에 커다란 충격과 깊은 감회를 주었으리라는 점은 상상하기 어렵지 않다. 그 후로 이토는 조슈 번사(藩士)들이 이끈 양이 운동의 말석에서 암약하게 된다. '항해원략책(航海遠略策)'[5]으로 불렸던 적극적 개국주의를 주장하는 한편, 막부에 의한 공무합체(公武合體)[6]의 방책을 건의하였던 지키메쓰케(直目付)[7] 나가이 우타를 암살하려는 시도(미수에 그쳤다.)에 참여한 것을 비롯하여, 1862년(분큐 2)

---

4) 에도막부의 다이로(大老) 이이 나오스케가 1858년(안세 5)에 자신의 반대파를 체포하기 시작해서 이듬해까지 100여 명의 존왕양이파와 히토쓰바시파(히토쓰바시 요시노부를 지지하는 세력) 인사를 대량으로 투옥, 처형한 사건으로, 일명 무오(戊午) 대옥이라고도 한다.
5) 막말 시기에 부상한 정치·외교 사상으로 조슈 번의 나가이 우타가 1861년경에 주장한 내용이 특히 유명하다. 그는 이러한 사상을 구체적인 건백서(建白書, 임금이나 조정에 의견을 말하는 글) 형태로 정리해서 정치 운동으로까지 발전시켰다. 단순한 외국인 배척인 소양이(小攘夷)나 막부가 여러 국가와 체결한 불평등조약을 파기하는 파약양이(破約攘夷)에서 그칠 것이 아니라, 적극적으로 세계를 상대로 통상을 행하여 국력을 기르고 그 뒤에 서구 열강과 대항해야 한다고 주장했다는 점에서 대양이(大攘夷) 사상과 통하는 바가 있었고, 그러한 정신은 훗날 메이지유신의 부국강병·식산흥업(殖産興業)에도 영향을 주었다. 그러나 당시에는 아직 구체적 실행 수단이 없었고, 존왕양이 운동이 급속하게 진행되는 바람에 실패로 끝났다.
6) 막부 말기에 종래 막부의 독재정치를 수정하여 천황과 막부를 일체화하는 것으로 막번(幕藩) 체제를 재편하고 강화하려 한 정치 노선이다. 천황의 권위를 절대화하고 개국을 강요하는 외적을 물리치자는 존왕양이 운동과 대립하였다.
7) 신하의 우두머리인 가로(家老) 같은 중신(重臣)의 근무를 감찰하는 직책이다.

12월에는 다카스기 신사쿠 등이 주도했던, 시나가와 고텐야마에 짓고 있던 영국 공사관 방화에도 참여하였고, 그 며칠 뒤에는 국학자 하나와 지로가 폐제(廢帝)의 전고(典故)를 조사 중이라는 헛소문을 믿고 야마오 요조와 함께 그를 암살하였다. 이런 사실 등을 근거로 이토는 역대 총리대신 가운데 전쟁터 바깥에서 살인을 저지른 유일한 인물(술에 취해서 폭력을 휘둘러 아내를 죽였다고 전해지는 구로다 기요타카를 제외하고)이라고 일컬어진다.

스승 요시다 쇼인의 평가

스승인 요시다 쇼인의 사후에 이토가 이토록 당당하게 테러리스트로 활동하게 만들었던 사상적 근원은 만년의 쇼인이 도달했던, 존왕양이에 근거하여 막부를 치자는 토막(討幕) 사상이었다. 쇼인은 자신의 건의가 번(藩)에 받아들여지지 않음을 알고 자신의 의발(衣鉢)을 이어받은 (재야의) 지사들이 거세게 들고일어나기를 기대하였는데('초망굴기(草莽崛起)'[8]) 이토도 그와 같은 '초망(草莽)'의 한 사

---

8) "재야의 지사들이여, 모두 궐기하라."라는 뜻이다.

람이었다. 그러나 한편으로 이 두 사제 사이에는 기질상으로 커다란 차이가 있었고, 그로 인해 이윽고 이토는 서서히 스승 쇼인에게서 멀어져 간다.

쇼인이 제자 이토를 '주선가(周旋家)'로 평했던 일[9]은 널리 알려져 있다.(1858년(안세 5) 6월 1일 구사카 겐즈이에게 보낸 편지,『요시다 쇼인 전집』⑥) 이 밖에도 그가 이토에 대해 언급했던 말로는 "말단 하급 관리[胥徒]에 지나지 않지만 도리어 즐겨 우리 무리에 종유(從遊)하고자 한다. 재주가 낮고 학문이 유치하지만 질박하고 꾸밈이 없다. 나는 그를 매우 아낀다."(앞의 책 ④)라는 구절이 남아 있다. 쇼인은 이토가 쾌활하고 열심히 하는 노력가라는 점은 인정했지만, 학문 실력이 떨어지고 우직한 아시가루의 자식에 지나지 않는다고 보았던 것이다. 그를 '주선가'라고 일컬은 바에서 드러나듯이 쇼인은 이토라는 인물이 교섭 능력이 뛰어난 관리[能吏]가 되리라고는 예감했겠지만 그가 국가의 경륜을 담당하는 지위에까지 오를 재목이라고는 전혀 생각지 않았음에 틀림없다.

---

9) 요시다 쇼인이 이토 히로부미를 "장래에 주선가가 될 것이다."라고 평했던 일화에서, '주선가'의 의미는 정치가 정도로 이해할 수 있다. 요컨대 이토 히로부미가 제자들 가운데 특히 사람과 사람 사이를 분주히 왕래하면서 설득하는 재주가 뛰어났다는 것을 평가하는 말이다.

한편 제자인 이토 쪽은 어떠했을까? 훗날 그는 스승 쇼인에 대하여 다음과 같이 말하고 있다. "쇼인은 철저한 양이론자도 토막론자도 아니었다." 그러나 "역시 과격했다. 정부를 힘들게 하였다. 정부에서는 알고 있는 바를 쇼인은 모르고서 행동하기도 했던 것 같다."라는 식이다. 그러한 점에서 요시다 쇼인은 지금의 정당 지도자 같은 존재였다고 말한다. 그와 같이 말한 뒤에 이토는 "당시의 양이론은 전적으로 정신에서 나온 것이지, 정략에서 나온 것은 아니었다."라고까지 말하고 있다.(『전집』③ 「직접 들은 말」)

이에 반하여 이토는 같은 담화에서 (자신이 암살하고자 하였던) 나가이 우타를 높이 평가하고 있다. 그에 따르면 나가이 우타의 주장은 "일본은 어떻게 해서든 일치하지 않으면 안 된다. 개국을 하든 쇄국을 하든 공무합체를 행한 바탕 위에서 어느 쪽으로든 정하지 않으면 진정한 개국도 쇄국도 아닌 것이다. 여하튼 일본의 일치를 도모한다는 것이 그 주장의 주안점이었다."라고 하면서 그의 식견을 칭찬하고 "그 당시 사람치고는 상당히 안목이 있었다."라고 평하고 있다. (앞의 책)

이토는 과격한 정신주의자 요시다 쇼인보다도 냉정하

게 일본의 장래를 숙고하고 그를 위한 정략을 중시했던 나가이 우타 쪽에 공감을 나타내었다. 이러한 술회는 이토라는 인물이 어떠한 정치적 개성의 소유자였는가를 여실히 보여 준다. 이 경우 정략이란 정치적 술책보다는 일종의 정책적 사고라는 뜻으로 이해해야 할 것이다. 이 책에서 논의를 진척해 감에 따라 이토라는 인물은 일관되게 정신론적 언동을 기피하는 한편으로, 자신의 정치 이념을 유지해 가면서 정치 세계에서 여러 세력 간의 이해(利害) 조정에 부심하였던 정략적인 인간이라는 사실을 알게 된다. 그러한 의미에서 이토 히로부미와 요시다 쇼인은 결코 서로를 이해할 수 없었던 별개의 정신상(精神像)이었으며, 이토가 그다워지는 계기는 스승 쇼인의 영향으로부터 벗어나는 시점에서 시작된다고 말할 수 있겠다.

영국으로의 밀항

　구루하라 료조와 요시다 쇼인에 의해 처음 학문의 세계로 인도되었던 이토에게 그다음으로 커다란 전기가 된 사건이 영국으로의 밀항이었다. 양이 운동이 한창이던 이 시기에 조슈 번에서는 번사들을 서양으로 유학 보내려는 계획이 은밀하게 진행되었다. 그것이 노렸던 바는 당시 조슈 번의 권력 중추에 있었던 스후 마사노스케의 다음과 같은 발언에 분명하게 드러난다.

조슈를 위한 하나의 도구를 구하고자 한다. 그것은 사람이라는 도구이다. 지금 곰곰이 세태의 추세를 생각하면 존왕양이는 물론이고, 여러 번(藩)의 여론이 향하는 바도 일단 일본의 무력을 저들(서양)에게 보여 주자는 것뿐이다. 훗날 반드시 각국이 서로 교통하여 왕래하는 날이 올 것이다. 그때에 이르러 서양의 사정을 잘 모르고 있다면 우리 나라에 일대 크나큰 불이익이 될 것이다. 따라서 그때에 쓰일 도구로서 노무라 야키치, 야마오 요조 두 사람을 영국에 보내고자 한다.

『스후 마사노스케 전기』하권 중에서

이에 조슈 번의 수뇌부에게서 서양 문명을 수용하기 위한 '인간 도구'가 될 것을 요청받고 젊은이 다섯 명이 일본 국법을 어겨 가면서 영국으로 비밀리에 파견되었다. 그들은 앞의 인용문에서 언급된 노무라 야키치, 야마오 요조 외에도 이노우에 가오루, 엔도 긴스케, 그리고 이토 히로부미였다. 쇼인이 우라가 항에 정박 중이던 페리[10]의 함선에 몰래 타고 서양으로 가려고 했듯이, 앞서 인용한 스후 마사노스케의 발언에서도 엿보이듯이 양이론을 주장한 사상가 중 적지 않은 이들이 아무것도 모른 채 무턱대고 서양 세력을 배격하자고 주장했던 것이 아니라, 적의 사정을 자세히 알고 그들과 대등해지는 길을 모색하였다. 따라서 많은 지사들의 내면에는 서양 세력과 대결하려는 기세와 널리 세계에 대한 견문을 넓히고자 하는 바람이 중첩되어 있었으며, 이토 역시 일찍부터 해외에 유학하고자 하는 의지를 재삼 피력해 온 터였다. 1861년(만엔 1) 초에 구루하라에게 보낸 편지에서는 "작년부터 영국에 가서 수학하려는 뜻"을 품고 있다고 적었고, 그다음 해에도 "어떻게든 영국에 가고 싶다는 뜻"을 친구에게 적어 보냈다.(『이토 전』상권)

그와 같은 숙원이 이루어져 이토가 영국을 향해 출발한 것은 1863년(분큐 3) 5월 12일이었다. 출발 직전에 고

---

10) 미국 해군 제독으로 본명은 매슈 페리(Matthew C. Perry). 쇄국정책을 취하고 있던 에도시대에 함대를 이끌고 내항하여 미일 화친 조약을 통해 일본을 개항하게 만든 장본인임.

향의 아버지에게 보낸 편지에는 "지금의 급무는 저 나라 [영국]의 사정을 자세히 조사하는 것이고, 또한 해군의 기술을 습숙(習熟)하지 않으면 안 된다고 생각하여, 삼 년을 기한으로 (영국에서의 수학을) 행하고 돌아오겠습니다."(『이토전』상권)라고 자신이 외유(外遊)하는 동기를 전하고 있다.

네 달 남짓 선박 여행을 한 후에, 이토와 이노우에는 9월 23일 영국 런던에 도착했다. 두 사람은 먼저 도착해 있던 노무라, 엔도, 야마오와 재회하였고 이때부터 조슈 번사 다섯 명의 일본 최초 서양 유학이 시작되었다. 이들 다섯 사람은 오늘날 '조슈 오걸'로 흔히 불리며, 그들의 이야기는 막말(幕末) 시대사 중에서도 인구에 즐겨 회자되는 역사담의 하나이다. 그들의 자취는 그들이 당초에 유학했던 런던 대학의 유니버시티 칼리지 런던에서도 분명히 나타나 있고, 지금은 동 대학 캠퍼스의 중정에 '조슈 오걸' 기념비가 건립되어 있다.

이 다섯 사람은 메이지유신 이후 일본 근대국가 건설에 각각 독자적인 행적을 남겼다. 공부경(工部卿)[11]을 지낸 야마오 료조는 공학 교육 발전에 힘을 쏟는 한편으로

---

11) 공부경(工部卿)은 메이지 정부에서 식산흥업을 담당하는 중앙 관청 공부성(工部省)의 장관. 공부성은 철도·조선·광산·제철·전신 등 근대국가에 필요한 인프라 정비를 담당하였는데, 후에 공부성은 폐지되어 체신성과 농상무성으로 분할·통합되었다.

영국 유학 중의 '조슈 오걸'. 왼쪽부터 이노우에 가오루, 엔도
긴스케, 노무라 야키치, 야마오 료조, 그리고 이토 히로부미.

장애인 교육의 정비에도 진력했다. 엔도 긴스케는 대장
성(大藏省)[12] 관료가 되었는데 특히 조폐 국장으로 근대적
화폐제도를 정비하는 데 힘을 다했다. 노무라 야키치, 개
명한 이름으로 이노우에 마사루는 철도국 수장으로 일본
최초의 신바시-요코하마 노선을 비롯하여 각종 철도 건

---

12) 재정, 통화, 금융에 관한 일을 관장하는 일본 행정기관.

설 사업을 지휘하였고, 교토-오쓰 노선을 부설할 적에는 처음으로 일본의 독자 기술로 공사를 완성했다.

그러나 이들 가운데에서도 나머지 두 사람, 곧 이노우에 가오루와 이토 히로부미는 훗날 원로 정치가로 발군의 활약을 하게 된다. 이 두 사람이 영국에 체류하던 어느 날《더 타임스》라는 신문에 조슈 번이 외국 선박에 포격을 가했고 이어 사쓰마 번과 영국 사이에 사쓰에이 전쟁[13]이 발발했다는 기사가 실린 것을 보고서는 크게 놀라서, 사쓰마 번의 양이 정책이 무익함을 설득하기 위해 급거 귀국 길에 올랐다는 사실은 잘 알려져 있다. 앞서 언급했듯이 이토는 아버지 앞으로 보낸 편지에서 향후 삼 년간 유학할 것이라고 전했으나 그것을 불과 반년 만에 끝내 버리고 말았다.

---

13) 1863년 8월 15일부터 8월 17일 사이에 가고시마만에서 벌어진 포격전. 영국이 사쓰마 번에 나마무기 사건(나마무기무라(지금의 요코하마)에서 영국인이 살해된 사건)의 해결을 요구하는 과정에서 발발했다. 이 전쟁 이후에 사쓰마 번은 서양 기술의 우수성을 깨닫고 양이에서 개화로 입장을 바꾼다. 영국은 사쓰마 번의 군사력을 높게 평가하게 되었고, 프랑스에 대항하려는 정치적 목적으로 종래 막부를 지지하던 방침을 바꿔 사쓰마 번과 긴밀한 관계를 맺는다.

'주선가' 이토의 탄생

이토의 영국 유학은 이처럼 극히 단기간이었고, 게다가 중도에 포기하고 만 경우라 그가 영국에 머물던 중의 행적을 알 수 있는 자료가 매우 부족하여, 일본 최초의 외유(外遊)에 대한 역사적 의의를 규정하는 일조차 쉽지 않은 형편이다. 그럼에도 이 밀항(密航) 유학은 몇 가지 의미에서 이토에게 인생의 커다란 전기가 되었다고 말할 수 있다.

우선 다소 소극적 의견이지만 매우 빨리 유학을 포기하였던 것이 도리어 요행이었다는 것이다. 이토와 이노우에는 국난의 와중에 외국 유학에서 돌아왔다는 명성을 얻으면서 귀국한 데다, 번의 관리(有司)에 그치지 않고 번주(藩主)에게 곧바로 양이 정책을 바꾸게끔 건의하는 것을 허락받았다. 이토의 출신 성분을 고려한다면 이는 파격적 대우라고 해도 좋을 것이다. 그들의 설득은 성과가 없었지만, 그 후 4국 함대에 의한 시모노세키 포대 점거[14]라는 참담한 패배는 두 사람이 가진 새로운 식견의 필

---

14) 에도막부 말기에 조슈 번과 미국·영국·프랑스·네덜란드 사이에 1863년과 1864년 두 차례에 걸쳐 발생한 무력 충돌 사건이다. 일명 시모노세키 전쟁으로 불린다. 역사적으로 1864년에 일어난 것을 바칸 전쟁이라고 부르며, 1863년 전투는 그 원인이 된 사건으로 다루어진다. 오늘날에는 1863년 전투는 '시모노세키 사건', 1864년 전투는 '4국 함대 시모노세키 포격 사건'이라고 구별하고 있다.

요성을 좋든 싫든 절실하게 인식시키는 결과를 가져왔다. 안으로는 남보다 앞서 서양을 견문했던 체험에 근거해 개국주의를 역설하고, 밖으로는 외국 함대를 상대로 한 강화 교섭에 스스로 임함으로써 번정(藩政)에서 이토의 명성이 크게 높아졌다. 만일 그러한 시점에 귀국하지 않고 영국에 머물러 면학의 길에 힘을 쏟았다면 그는 아마도 유능하기는 하지만 일개 행정 관료에 머무르고 말았을 것이다. 영국에서 도중에 급거 귀국한 덕분에 우연히도 스승인 요시다 쇼인이 예언했던 '주선가'로서의 이토가 탄생했다고 할 수 있다.

영어를 습득하다

다음에 언급할 것은 적극적 성과로 다름 아닌 영어 능력을 습득했다는 점이다. 앞서 언급했듯이 이토는 일찍부터 영학(英學)을 수학하고자 염원하였다. 전반적인 양이(攘夷)의 분위기에 휩쓸리면서도, 지식을 얻어 신분의 벽을 뛰어넘으려는 청년에게 눈앞에 있는 양이(洋夷)라는 타자의 배후에 도사린 드넓은 신세계에 대한 관심은 묵

묵히 저버리기 힘든 것이었다. 그의 서양행은 구루하라와 쇼인에 의해 점화되었던 향학열이 도달할 수밖에 없는 필연적 귀결이었다.

런던에 도착한 뒤에 일행은 휴 매더슨의 도움을 받았고, 유니버시티 칼리지 런던의 교수이자 화학자였던 알렉산더 윌리엄슨의 자택에서 숙식을 하게 되었다. 매더슨의 주선으로 윌리엄슨이라는 후견인을 얻은 그들은 그의 지도로 영어와 서구식 예절을 배웠다.

앞서 언급했듯이, 그 후에 영국에서 본격적 기술 교육을 받은 엔도 긴스케, 야마오 료조, 노무라 야키치와 달리 이토와 이노우에는 일찌감치 유학을 포기하고서 귀국하고 말았다. 기껏해야 반년 남짓 머무른 동안에 과연 어느 정도 영어를 익혔는지는 당연히 의문시된다. 그렇다고는 해도 이 기간 동안 그가 적어도 서양인과 영어로 대화를 시도할 정도의 담력을 몸에 익힌 것만큼은 분명하다. 그러한 점은 무엇보다도 귀국하고 난 뒤 외국 함대가 조슈 번을 공격하는 문제를 다루는 강화 교섭이 벌어질 적에 조슈 번과 서양인 사이에서 교섭을 담당하는 역할을 그가 도맡았다는 사실에서도 알 수가 있다.

또 조금 뒤의 일이긴 하지만, 저 유명한 이와쿠라 사절단[15]의 부사로 서양에 다시 갔을 적에 이토는 샌프란시스코에서 열린 환영회에서 대사인 이와쿠라를 대신하여 당당하게 영어로 연설을 했고, 이외에 밤에도 왕성하게 시내로 떼 지어 몰려가 놀러 다녔다는 증언이 있다.(이토 신이치,「아버지 히로부미를 말하다」) 두려움을 모르는 것이 그의 타고난 자질이라고 할 수도 있지만, 그 이상으로 이토에게 서양인과 문명에 대한 과도한 경쟁심이나 반대로 지나친 숭배 의식이 없었다고도 할 수 있다. 그것이 이 시기의 짧은 서양행에서 얻은 산물이라고 여겨진다.

진짜 영어 실력

그렇다면 가장 중요한 영어 실력은 어떠했을까? 유니버시티 칼리지 런던 특별 자료실(UCL Library, Special Collections)에 윌리엄슨이 남긴 문서가 약간 남아 있는데, 그 안에 들어 있는 윌리엄슨 부인의 일기문 가운데 다음

---

15) 1871년 메이지유신 후에 과도정부가 파견한 해외 사절단으로 네덜란드 선교사 하위도 페르버크가 제안한 것으로 알려져 있다. 특명전권대사 이와쿠라 도모미와 그를 돕는 세 명의 부사(오쿠보 도시미치, 기도 다카요시, 이토 히로부미)가 동행하였다. 사절단은 1871년 9월 23일 요코하마에서 출발해 2년 동안 19개국을 돌아본 뒤 1873년 10월 13일에 귀국하였다.

과 같은 구절이 보인다. "프로보스트 거리에 사는 이토에게서 편지가 왔다. 그와 노무라, 엔도는 그곳을 떠나서 크리스마스를 맏형 톰과 보내려고 떠났다."(1863년 12월 30일, Ms.ADD356, A484)

이토가 머물던 곳의 부인에게 간단한 편지를 보냈다는 것에서 윌리엄슨가와 이토가 얼마나 친하게 지냈는지를 짐작할 수 있는 동시에 적극적으로 영어를 쓰고자 했던 이토의 자세를 엿볼 수 있다. 그의 영어 실력에 대해서는 비문법투성이 엉터리 영어라고 야유하는 동시대인의 증언도 있지만 그와 접했던 서구인들은 하나같이 칭찬을 하고 있다. 예를 들어 이와쿠라 사절단이 일본을 출발하기에 앞서 영국 공사관에서 외교 사절들을 초대하여 만찬을 개최하였다. 그 일이 있은 뒤에 영국 공사관의 프랜시스 애덤스가 본국에 보낸 보고서에는 "이토의 영어는 유창하다."라고 쓰여 있다. 애덤스는 또한 이토를 "영리하면서도 유능한 인물로 외국인과도 쉽사리 허물없이 지내는데 상류층 인사들에만 한정된 것은 아니었다."라고까지 평하고 있다. 이와쿠라 사절단 시절 이토의 행적을 고려한다면 애덤스의 사람 보는 눈이 뛰어나다고 하겠다. (비슬리, 『일본, 양이와 만나다(Japan encounters the barbarian)』)

   그런데 이토도 스스로의 영어 실력을 자부하였다. 이토는 마루젠 서점[16]의 단골로 좋은 신간이 나올 때마다 사들이는 것을 낙으로 삼았다. 그리고 출근하는 마차 안에서 그렇게 사들인 양서와 영자 신문을 늘 읽었다고 한다. 그러한 모습은 당시 사람들에게는 다분히 폼을 잡는 것으로 받아들여졌고, 이토 특유의 자기 과시로 간주되어 심드렁한 반응을 얻었다. 그러나 이토의 독서는 단순한 멋 부림은 아니었던 것 같다. 도쿠토미 소호는 어느 날 이토의 마차에 동승하였을 적에 그에게서 톨스토이의 『부활』이 간행되었다는 사실을 들었다고 하고, 쓰다 우메코는 "미국을 알기 위한 최고의 양서"라며 토크빌의 『미국의 민주주의(Democracy in America)』 영역본을 건네받았다고 한다.

   또한 이토는 외국 언론과 종종 단독 회견을 하여, 당시 해외에 가장 널리 알려진 일본 정치가였다. 다소 잘못 알려진 것이지만 "일본의 비스마르크"[17]라

---

16) 1862년(메이지 2) 후쿠자와 유키치의 제자인 하야시 유테키가 설립한 대형 서점으로 근대 일본에서 서양의 문화·학술 소개에 크게 공헌하였다.

17) 이토는 실제로 1873년(메이지 6)에 이와쿠라 사절단의 일원으로 유럽을 순방했을 적에 비스마르크를 대면하였다. 이 당시 비스마르크가 사절단에게 행한 연설에서 "세계의 실정은 약육강식이니, 소국이 대국과 대등하게 맞서려면 군사력이 있어야 한다."

는 별명이 이미 1880년대부터 서구 여러 나라에서 통용되고 있었다.[1*] 해외에서 그와 같이 명성을 날리게 된 것은 외국 언론과 빈번하게 접촉한 덕분인데, 이토의 경우에는 통역을 두지 않고서 인터뷰에 응하는 일도 자주 있었다고 전해진다. 회화뿐만이 아니었다. 앞서 이토가 영국에서 신세를 진 윌리엄슨 부인에게 편지를 썼던 이야기를 했지만, 그는 영어로 편지를 쓰는 일에 일생 어떤 저항감도 느끼지 않았던 같다. 이토의 자필로 된 영문 편지는 오늘날 구미의 여러 공문서관 등지에서 볼 수 있다. 당시 구미의 학자나 정치가에게 자필로 편지를 보내어 접촉하였던 것이다. 필자도 이제껏 그 가운데 몇 통을 발견했는데[2*] 복잡하게 에둘러 표현하지 않으면서도 전달하고자 하는 바를 솔직하고도 정중하게, 아울러 매우 읽기 쉬운 문장으로 써 놓았다. 이토의 정확한 영어 구사력을 엿볼 수 있다.

라고 말한 것에 감명을 받은 이토는 이후 병력 강화를 중시하면서 스스로 "동양의 비스마르크"를 자칭하게 되었다고 한다.

영국 유학을 통해 인격 형성을 완성하다

이상에서 보듯이 이토는 영어 실력이 뛰어난 흔치 않은 정치가였다. 그 출발점은 1863년(분큐 3)에 이루어진 최초의 영국행이었다. 여기서 그는 기초적인 읽고 쓰기와 회화에 대한 소양을 익혔고, 무엇보다도 외국인을 자신과 동일한 등신대의 인간으로 보는 눈을 길렀다. 그것은 또한 일본에서 그가 받아 왔던 교육에 의한 인격 형성이 완성 단계에 도달했다는 뜻이기도 하다. 일본에서 받았던 교육은 이토에게 출신이 비록 비천하더라도 지식을 흡수하는 데는 차이가 없다는, 신분제도의 상대화를 깨우쳐 주었으리라. 반면 영학(英學)을 본고장에서 수학한 경험 덕분에 양이주의(攘夷主義)라는, 자신의 역량도 모르고서 우쭐대는 일본 내셔널리즘을 극복할 수 있었다. 그것은 그때까지 일본에서 받아 왔던 교육마저도 상대화하는 그만의 독자적인 경지였다.

이리하여 이토는 지식의 획득을 통하여 신분과 번(藩)이라는 태생적으로 주어진 좁은 질서를 벗어나, 보다 넓은 세계적 시야를 체득하게 되었다. 그 모습은 "아는 것이 힘이다."라는 명제를 구현하는 것이었다.

이토의 이름 '히로부미(博文)'는 공자의 『논어』에 나오는

"군자가 글을 널리 배우고, 예로써 그것을 단속한다면 또한 도에 어긋나지 않을 것이다.(君子博學於文 約之以禮 亦可以弗畔矣夫)"(「옹야(雍也)」편)라는 문장에서 유래했다. 다카스키 신사쿠가 지어 주었다는 이 이름을 이토가 쓰기 시작한 것은 1869년(메이지 2) 대장성 관리로 근무할 무렵부터이다. 그러나 널리 지식을 익혀 자립한다는 의미의 '히로부미(博文)'의 탄생은 최초의 유학 덕분이었다고 해도 좋을 것이다.

2 제도로 쏠린 시선

이토의 문명관

　영국으로의 밀항과 유학을 계기로 외국인과 의사소통하는 능력을 기르게 된 이토는 그것을 발판 삼아 '주선가'로서 인정을 받고, 타고난 신분을 뛰어넘어 번(藩) 정치의 최전선에서 활약한다. 서양 문명이란 그에게는 더할 나위 없는 입신출세를 위한 지렛대였다.

　그러나 그뿐만이 아니었다. 훗날 그는 통감으로서 한국 통치에 임했을 적에 "내가 이곳에 와서 취임한 것은 한국을 세계 속의 문명국으로 만들고자 바랐기 때문이다."(『집성(集成)』⑥ 상권)라고 하면서, 자신을 문명의 전도사에 빗대었다. 이 말을 단순히 위선쯤으로 치부하는 것은 성급하다. 젊은 날 서양 문명과 마주한 이래, 이토는 일관되게 신문명을 이념으로 흡수하였고 자신의 피와 살로 바꾸어 갔다. 국정을 책임지는 자리에 앉고 나서도 그와 같은 문명의 혜택을 국민에게 고루 미치게 하여 일본을 문명국으로 자립시키는 것을 시정의 지도 원리로 삼았다. 나중에 검토하겠지만 만년에 한국을 통치하는 데 있어서도 이러한 점은 차이가 없었다.

이토는 젊은 날에 어느 정도로 신문명에 매료되어 있었는가? 그 예를 들어 보자. 다음에 인용하는 문장은 1871년(메이지 4) 6월 20일 자로 기도 다카요시에게 보낸 이토의 편지이다. 이에 앞서 이토는 기도에게 입법과 행정을 분리하는 통치 기구 개혁안을 건의하였고, 이윽고 두 사람 사이에 격론이 벌어졌다. 이 편지는 후에 이토가 기도에게 보낸 변명의 편지인데, 그 속에 다음과 같은 구절이 있다.

생각건대 사람이 이 세상을 살아가는 데에 저마다 다양한 생각과 사고가 있고 의논 순서도 한 가지로 되지는 않습니다. 이는 하늘이 그렇게 만든 것으로, 억지로 생각을 바꾸도록 하지 않는 것이 오늘날 문명 각국의 풍습이 아닌가 합니다. 그렇기는 하지만 사람들이 마음속에 생각하는 대로 자신의 의견만을 달성코자 한다면 모두가 다투게 되어 준칙(準則)을 잃고 말 것이므로 예의에 따른 교화, 국가 법령에 근거한 제한이 있어야 할 것입니다.

『기도 문서』①

사람에게는 각자 생각이라는 것이 있고, 그로 말미암아 여러 의견이 쏟아져 나오는 것은 하늘이 그렇게 만드는 바로, 그 사람의 사상을 억지로 바꾸려 하지 않는 것이 현재 문명국의 관습이라는 것이다. 그렇기는 하나 각자의 뜻대로 맡겨 둔다면 백가쟁명 상태가 되어 나라가 망하고 말 것이므로 예의 교육과 법률에 의한 제한이 절대 필요하다고 말하고 있다.

여기에서 이토의 문명관이 단적으로 나타난다. 그 요체는 다음의 두 가지로 요약된다. 첫째는 개인 사상에 관한 신념과 표현의 자유이고, 둘째는 그것에 질서를 부여하는 제도의 존재이다. 여기서 특히 주목하고자 하는 바는 후자의 제도와 관련된 문제이다. 실은 이토에게 문명이란 제도에 다름 아닌 것이었다. 나중에 했던 발언이지만, 그는 다음과 같이 말하고 있다.

조직이 있고 나서야 비로소 나라가 움직인다. 유럽 제국이 바로 이러하다. 이러한 나라들은 활기가 있다. 그런 까닭에 그 세력은 곧장 세계의 세력이 되고, 그 사상은 곧 세계의 사상이 되었다. 그런데도 서양에 반하는 동양 쪽은 죽었다. 이는 동양 국가에 조직이 없기 때문이다. 조직 없는 것에 어찌 생명이 있겠는가?

1897년 4월, 대만회(臺灣會)에서의 강연,

『전집』① 「문집」

　여기에서는 동양과 서양을 구분하는 지표를 나라의 '조직'=제도에서 찾고 있다. 제도란 국가에 생명을 주고 그것을 작동케 하는 것이라고 설명한다. 앞서 소개한 기도 다카요시에게 보낸 편지와 한데 묶어서 보면, 이토에게 제도란 단순히 여러 개인의 자유의 범위를 정할 뿐만 아니라 동시에 그와 조화를 이루어 보다 높은 차원의 국가적 활동을 실현케 하기 위한 것이다. 그와 같은 존재로서의 제도에 대한 신앙이야말로 메이지 초기부터 이토를 강하게 추동한 원동력이었다. 메이지유신 직후부터 이토는 제도 개혁에 관한 몇 가지 건의를 해 왔다. 메이지유신과 함께 이토도 단순한 '주선가'에서 탈피하여 '입법자'(장 자크 루소)[18]로 변신해 갔다. 다음으로 메이지 초기에 이토의 제도 구상을 추적해 보자.

---

18) 루소는 『사회계약론』에서 사회계약을 통해 국가가 형성될 때 자연 상태에 있던 인간의 일반의지가 상실되는 것이 아니라 '입법자'에 의해 구현된다고 보았다.

미국에 대한 동경

1868년(게이오 4) 1월, 이토는 외국 관련 사무를 담당하라는 명령을 받았다. 조슈 번에서 이른바 서양통으로 명성을 얻은 그는 메이지 신정부에서도 우선 외교 분야에서 기반을 다져 가기 시작하였다. 같은 해 6월에 초대 효고현 지사에 임명된 것도 그러한 흐름의 일환이었다. 당시 대표적 개항지였던 고베를 포괄하는 이 지역은 세관 업무와 거류지 감독을 수행하는 일본 외교의 최전선이었다.

이토는 이와 같은 임무를 수행하는 한편으로 신정부 제도를 구상하는 문제와 관련해서도 이리저리 대책을 궁리하였다. 지사직에 재임 중이던 1869년(메이지 2) 1월에 초안한 제도 개혁 제안서로 속칭 효고론(兵庫論)이라 불린 '국시강목(國是綱目)'이 있다. 그 내용은 군주정체(君主政體)를 표방하는 제1조, 온 나라의 '정치와 군사의 대권(大權)'을 조정에 귀속할 것을 명시하는 제2조, 세계 모든 나라와의 통교를 주장하는 제3조, 국민에 대한 상하 구별을 없애고 '자재자유(自在自由)의 권리'를 부여할 것을 주장하는 제4조, '세계 모든 나라의 학술'을 보급해야 한다고 주장하는 제5조, 국제 협조를 강조하고 양이(攘夷)를 비판하는 제6조 등으로 이루어져 있다. 이 책의 문제 제기와 관심에서 보자면 "온 나라의 인민에게 세계 만국의 학술을 숙달시켜 (타고난) 천연의 지혜를 확충케 해야 한다."라고 주장하는 제5조가 특히 흥미롭다. 게다가 '세계의 유용한 학업'을 국민에게 배우게 하여 서구 제국과 같은 문명개화 정치를 행하고 "황국(皇國) 수백 년 동안 이어져 온 구폐(舊弊)를 일신하여 세계를 향해 이목을 열어야 한다." 라고 강력히 주장하면서, 이를 위해 일본 동서(東西)의 도쿄와 교토에 대학을 설립할 것을 요구하고 있다. 훗날 '지(知)의 정치가'로서의 편린이 여기에서 나타나는 것이다.

본래 이러한 제안의 중점은 다른 데에 있었다. 제2조에 나타나듯이 이토는 각 번의 정권을 조정에 귀속할 것을 주장하고 있다. 그렇게 해서 "정령(政令)과 법률 일체가 조정으로부터 나오게 하지" 않는다면 국민의 문명화는 이루어지지 않으리라는 것이다. 거기에는 그 전해인 1868년 11월 히메지 번주(藩主)인 사카이 다다쿠니가 제출한 판적봉환(版籍奉還)[19] 건의를 후원하려는 의도가 숨

19) 메이지 시대 초기인 1869년 7월에 행해진 조치로, 다이묘들이 천황에게 '영지(領地)'와 '영민(領民)', 곧 '판적'을 반환한 일을 말한다. 이로써 막부가 소멸하고 메이지 신정부는 기존의 막번(幕藩) 체제를 고쳐 새로운 지방 제도를 수립하였다. 이에 따라 1868년 4월에 다이묘의 영지를 번(藩)이라는 공식 명칭으로 부르게 되었고, 다이묘를 번의 지사에 임명하여 그 통치를 계속 위임하였다. 막부 직할령은 신정부의 통제하에 들어가 부(府)·현(縣)으로 재편, 이른바 부번현(府藩縣) 삼부제가 확립되었다.

어 있었다. 이러한 건의를 알고 난 직후에 이토는 "만약 우리 나라가 해외 각국과 어깨를 나란히 하여 문명개화의 정치를 이룩하고, 천성동체(天性同體)의 인민이 현명함과 어리석음에 따라 각각 마땅한 자리를 얻어, 상하가 다같이 성명(聖明)의 덕택(德澤)을 입기를 원한다면 오직 온 나라의 정치를 동시에 (조정에) 귀속하는 것만 한 방법이 없다."(『이토 전』 상권)라고 말하면서 사카이의 행위를 성원하였다.

부연하자면 이 시기에 이토의 마음을 온통 차지하고 있던 것은 단순한 정권의 통일에 그치지 않고 나아가 민심을 어떻게 하나로 합치느냐의 문제였다. 그것은 국민의 창출이라고 바꾸어 말해도 좋을 것이다. 1868년(게이오 4) 1월 5일 대정봉환(大政奉還) 이후 (쇼군이었던) 도쿠가와 요시노부가 여러 가지 반격을 계획한다는 소식을 전해 듣는 중에 이토는 기도 다카요시에게 편지를 보내어 새로운 정체(政體)에 대한 자신의 이상을 다음과 같이 밝히고 있다.

미국이 독립했을 때는 우리 일본과는 상황이 달랐는데, 미국 인민 가운데 병권을 쥐고 있지 않은 이들까지 아울러 인심(人心)이 (독립이라는 목표로) 한데 모여서 이와 같은 강적을 물리치고 인민 각자가 나라를 지킨다는 충의(忠義)의 마음을 굳건히 하여, 오늘날과 같은 (국가의) 융성에 이르렀던 것입니다. 하물며 수천 년 면면히 천황을 받들던 우리 나라에서 (천황의) 큰 은혜를 망각하고 아첨만을 일삼아서 (인심을 통일할) 기회를 잃는 사태에 이르고 만다면 그것은 참으로 인심이 없는 것이라고 생각합니다.

『이토 전』 상권

여기에서 이토는 미국의 독립 고사를 인용하면서 국민 각자가 국가를 짊어진다는 '인심의 일치'야말로 나라를 융성하게 일으키는 원동력이라는 점을 역설하고 있다. 이어서 미국과는 반대로 자신이 속한 조슈 번에서 "조슈 사람으로 태어나서 (막부의) 도쿠가와 씨를 원수로 삼지 않는 자는 인민이 아니다."라는 등의 주장이 횡행하는 사태에 이르러서는, 이적(夷狄)이라 부르며 멸시하는 미국인 앞에서조차 부끄러워 얼굴을 들 수가 없다는 논지를 펼치고 있다. 그가 말하려는 바는 조슈 사람이든 도쿠가와 씨든 "(그러한) 사사로움을 버리고 공평함으로 돌아가

자."라는 것이다. 때마침 미국의 여러 주가 각각의 지역을 넘어서 합중국이라는 더욱 커다란 정치 공동체를 만들어 냈듯이, 자신들도 기존 막번 단위의 의식에서 벗어나 일본이라는 '공론(公論)'을 확립하지 않으면 안 된다는 것이다. 그리고 그를 위해서 불가결한 것이 '인심의 일치'였다. 그것은 곧 일본 국민을 창출해 내는 일에 다름 아니었다.

메이지 초기의 이토는 미국 건국 역사에 매료되어 제도를 구상하였다. 미국을 모델로 하여 국민국가 일본의 국제(國制)에 대한 구상을 가다듬었다. 1870년(메이지 3)에 이토는 실제로 미국을 방문하여 정치와 경제 제도를 관찰할 기회를 얻었다. 당시 대장성 소보(少輔)[20]였던 그는 재정과 조폐 제도를 조사하기 위해 아메리카합중국 시찰을 청원하여 미국으로 파견되었다. 이때의 파견은 그 자신의 제도관에 커다란 비약을 가져다준 사건으로 여겨진다. 그러한 점을 다음에서 살펴보자.

---

20) 차관의 하위직.

급진적 혁신 관료로서의 얼굴

1870년 11월부터 이듬해인 1871년 5월에 이르는 시기에 이토는 일본을 떠나 미국으로 건너갔다. 이때 행했던 조사가 계기가 되어 1871년 5월에 일본 최초 화폐법인 신화 조례(新貨條例)[21]가 제정되었다.[3*] 이것을 계기로 은(銀)을 기본으로 하던 동아시아 경제권 가운데에서 일본은 일찌감치 구미 계통의 금본위국(金本位國)에 참여하는 '쾌거'를 이루었다. 그와 같은 전환을 강력하게 주장했던 이가 이토였다. 미국에 도착하고 나서 얼마 지나지 않은 12월 29일에 그는 본국에 화폐주조법을 건의하였다. 그와 같은 건의에서 금본위제도에 대해 다음과 같이 설명하고 있다.

이미 지금 서구 문명 제국의 석학들이 다년간 경력을 거쳐 금화를 본위로 정하자는 주장에 대략 일치를 보이고 있다. (……) 지금 만약 새롭게 화폐를 주조하는 법을 제정하는 나라가 있다면 반드시 금화를 본위로 하는 것은 의심할 여지가 없다 하겠다. 이런 관점에서 우리 나

---

21) 1871년 6월에 제정된 일본 최초의 근대적 화폐법으로 새로운 화폐 단위로 엔(円)을 정식 채용했다. 1875년(메이지 8)에 화폐 조례(貨幣條例)로 개정, 공포되었다.

라가 지금 새롭게 화폐를 주조한다면 마땅히 여태까지 다른 나라들이 겪은 경험에 근거하고 아울러 학자들의 의논까지도 절충하여 지당하다고 하는 정리(正理)에 따라야 할 것이다. 그러나 은화를 본위로 하지 않아 현재 온 나라에 손해가 발생하는 실험이 된다면 어쩔 수 없을 것이다. 그렇지 않다면 금화를 본위로 정하는 것보다 더 좋은 방법이 없다.

『이토 전』상권

왜 금본위제도를 채택해야만 하는가? 대답은 명료하니, 그것이 문명국의 제도이기 때문이다. 오늘날 새롭게 화폐제도를 만들려는 나라는 당연히 금화를 본위로 해야 하며, 은화를 본위로 하지 않을 경우에 상당히 큰 손해가 발생하지 않는 한 일본도 그렇게 해야 한다고 주장하고 있다. 참으로 소박하기 그지없는 서양 문명에 대한 동경이라고 해야 하겠지만, 그의 생각은 매우 확고하였다. 위와 같은 건의서를 보내는 데 그치지 않고 수행원이었던 요시다 지로를 도중에 귀국시켜 금본위제를 채용토록 끈질기게 정부의 요로(要路) 당국자를 설득하였을 정도로 열의를 쏟았다. 이 같은 노력이 주효하여 금본위제를 규정한 신화 조례가 공포되었다.

오늘날에는 이 시기의 금본위제 도입을 어떻게 평가하고 있는가? 제일 먼저 지적되는 바는 무엇보다도 급진적이고 돌발적이었다는 것이다. 그것은 "만국 보통의 화폐와 본위 가격을 동일하게 하여 오랜 세월이 지나도 바뀌지 않는 일대 기초"를 수립하려는 이토의 이상주의와 서구 제국보다 앞서서 금본위제도를 단행한 일을 "통쾌한 거사"로 여긴 당국자의 젊은 내셔널리즘이 결탁한 산물로 이해할 수 있다. (야마모토 유조, 『냥(兩)에서 엔으로』)

이 시기의 이토에게서 문명에 대한 열기에 마음이 들떠 급진적 개혁을 강력히 주장하는 '청년 장교'의 일면이 보인다는 점은 의심할 여지가 없다. 앞서 문명이 무엇인가를 기도 다카요시에게 설명하는 그의 편지를 소개하였다. 그 편지도 본래는 이토가 미국에서 귀국한 후에 입법권과 행정권의 즉시 분리를 주장하자 "저쪽의 사정을 알고 아직 황국(皇國)의 상황은 소상히 알지 못한다. 그러므로 비록 말의 이치가 타당할지라도 현실에서는 그 완급을 가늠하지"(『기도 일기』②) 않는 성급한 주장이라고 질타하는 기도 다카요시와의 언쟁 직후에 작성된, 자신의 입장을 변명하는 내용이었다.

점진주의가 싹트다

이처럼 메이지 초기의 이토는 급진적 개혁을 설파하기를 마지않던 지사풍의 신진 관료였다. 그렇지만 이토의 내면에서는 그와는 완전히 대조되는 현실 판단이 있었다는 사실도 아울러 기록해 둘 필요가 있다. 이제껏 신화 조례의 급진성을 언급해 왔지만 거기에는 대내외 금융 환경과의 연속성도 있었다는 점이 지적된다. 곧 근세 후기 화폐제도, 특히 만엔 폐제 개혁(萬延幣制改革)[22] 이후 막부 말기의 흐름이 대체로 금본위제 쪽으로 수렴하는 경향을 보여 주었다는 점, 그리고 이토의 제안에 따라 금본위제를 선택할 경우 1달러=1엔=1냥이라는 냥과 엔의 관계가 '역사의 우연'으로 성립하고, 냥에서 엔으로의 화폐 교체가 순조롭게 이루어진다는 정책적 판단이 있었다고 생각할 수 있다. 경제사학자 야마모토 유조는 신화 조례에서 금본위제를 채택한 데에는 성급한 민족주의적 발상이라는 이면에 근세와의 연속성을 고려한 흔적도 엿볼 수 있다고 지적하고 있다. (야마모토 유조, 『냥에서 엔으로』)

이같이 현실 인식에 근거해 연속성을 중시하는 것은

---

22) 1860년(만엔 1) 4월에 이루어진 금은(金銀) 교환 비율에 대한 개혁을 말하는데, 기존 통화인 냥의 가치가 대폭 하락하여 막부가 붕괴하는 원인의 하나가 되었다.

훗날 정치가 이토의 기본자세가 되었다. 문명의 정치라는 이상을 견지하면서도 현실의 정치·사회적 상황을 확인하면서 점진적으로 개혁을 추진해 간다는 것이 그가 '입법자'로서 취한 자세였다. 금본위제의 제언은 얼핏 과격한 이상주의를 토로한 것으로만 비치지만 그 배경에 훗날 이토를 이토답게 만든 점진주의적 사고가 배태되어 있었다.

그와 같은 점진주의적 지향을 엿볼 수 있는 사례로 또한 같은 시기에 그가 강력하게 주장했던 발권은행 설치안이 있었다. 1872년(메이지 5년) 11월에 국립은행 조례가 공포되면서 일본에도 근대적 은행 제도가 발족하는데, 그것은 미국의 제도를 모범으로 하였던 것이다. 금본위제 채택과 마찬가지로 여기에도 이토의 강한 의향이 작용했다는 점이 지적된다.

이토의 안은 다음과 같은 것이었다. 미국에는 내셔널 뱅크, 곧 국법 은행으로 명명되어 지폐 발행을 허가받은 몇몇 민간은행이 있다. 그러한 제도를 모방해서 일본도 지폐를 발행하는 민간은행 설립을 촉진하고, 해당 민간은행에서 발행한 국채를 담보로 정부에 예탁하는 방식으로 은행권을 발행하는 권리를 부여한다. 이렇게 해서 이토는 민간은행이 금융시장에서 자유롭게 화폐 거래를 추진하고, 그를 통해 현행 정부가 발행한 불환지폐를 회수하고 본위화폐로 바꿀 수 있는 은행지폐 유통이 실현되는 상황을 내다보았던 것이다. "점진적으로 지폐를 국채로 바꾸어 가는 조치를 취한다면 수년 후에는 신지폐의 반은 금본위화폐로, 반은 국채로 바뀌어 통용되는 지폐는 모두 회사(민간은행)의 지폐로 될 것이니, 이렇게 되면 통용되는 지폐는 진짜 금화와 다름없는 것이 될 것이다."(『이토 전』 상권) 이는 화폐제도의 점진적 생성과 정착을 중시하였던 논의로 볼 수 있다.

이토의 구상은 결국 실패로 끝났다. 발행된 은행권은 곧장 금본위화폐로 교환되어 시장에서는 거의 유통되지 않았다. 그것은 "악화가 양화를 구축한다."라는 그레섬 법칙의 전형이 되고 말았다. 그렇지만 여기에서는 그러한 경제사(史)적으로 엄연한 사실과는 별개로 이때 이토가 제시했던 제도의 점진적 생성론에 주의를 환기하고 싶다.

의회를 개설하겠다는 원대한 계책

점진주의적 제도관의 맹아는 정체(政體) 개혁에서도 찾아볼 수 있다. 1871년(메이지 4) 8월 미국에서 귀국한 이토는 이 시기에 신속하게 연달아 이루어지던 일련의 관제 개혁에 이의를 제기하는 의견서를 제출했다. 그 전달인 7월에 단행된 폐번치현(廢藩置縣)[23]에 연동하여 중앙 통치 기구에도 커다란 변화가 생겼다. 천황이 몸소 나와 모든 정무를 관할하기 위한 내각으로서 정원(正院)이 설치되었고 실제로 행정을 담당하는 우원(右院), 입법을 논의하는 좌원(左院)이 설치되었다. 이토가 기도 다카요시에게 건의한 바와 같이 입법권과 행정권을 명분상으로는 분리한 통치 체제가 공포되었다.

그러나 이토는 이때 동시에 이루어진 대장성 직제 개혁에 커다란 불만을 나타내고 항의하는 문서를 남기고 있다. 이토는 6월 초순에 나중에 "회계의 양법(良法)이라는 명성을 얻은"(『이토 전』 상권) 미국 재무성 관제를 모방한 대장성 조직안을 제출하였지만, 실제 조직 개편에 반영되지 않아 격분하였다. 그의 이견은 여러 문제에 미치고 있는데 그중에서도 다음과 같은 내용은 주목할 만하다.

---

23) 1871년 8월에 이루어진 행정개혁으로, 이전까지 지방 통치를 담당하였던 번을 폐지하고 지방 통치기관을 중앙정부가 통제하는 부(府)와 현(縣)으로 일원화한 것이다.

대장성을 통해 출납되는 것들은 모두 정부의 공금으로, 그것은 일본 전 지역에서 나오는 세금이다. 그러므로 한 푼이라도 허술히 출납해서는 안 된다. (……) 지금 중요한 증거 문서인데도 그것을 각 관청과 관리의 서적 보관함에 쌓아 두고서 잃어버려도 아랑곳하지도 않는 상황인데, 출납 장부로 일본 전 지역의 회계를 알 수 있는 근거가 되는 문건은 겨우 소책자 한 권에 지나지 않으므로, 그것을 분실했을 때에는 다시 그 내용을 미루어 짐작하여 알아낼 수 있는 방법이 없다. 만약 이와 같은 상태로 수십 년이 지난다면 어떻게 당시 회계 출납의 증거를 알 수가 있겠는가? 훗날 개화의 진보가 크게 확충되어 국민 가운데 대리인을 내어 의원(議院)[의회]에 나아가게 해서 당시 회계와 관련된 잘잘못을 따지게 한다면, 그때에 대장성 대신은 무슨 책자나 증거 문서를 펼쳐서 그 지불 내력을 찾아 알아내어 국민의 질문에 답할 것인가?

『이토 전』상권

필자의 좁은 소견으로는, 이것은 이토의 국회 개설론 가운데 가장 이른 시기에 등장한 예에 속한다. 그는 여기에서 언젠가 "개화의 진보가 크게 확충되"었을 때에는 국민의 대표자를 모아 의회를 열어서, 과거의 국가 회계 내용까지 아울러 심의해야만 하는데, 그렇게 하기 위해서는 지금부터라도 정부의 공금 출납 기록을 정확히 남겨 두는 일이 중요하다고 주장하고 있다.

이상으로 눈앞의 통치 기구 개혁뿐만 아니라 장래의 의회 개설이라는 원대한 계책을 상정해 놓고 그를 위해서 지금부터라도 가능한 일을 착실히 해 나간다는 이토의 자세를 살펴보았다. 그는 급진적인 정부 개혁을 주창하는 한편으로 문명국이라는 이상을 향하여 점진적으로 나아간다는 시야까지도 겸비하였던 것이다. 그러한 문명국이란 자유로운 개인들이 모여서 하나의 국민을 형성하고, 서로 협동하여 국가라는 제도를 짊어져 간다는 국민국가를 의미하였다.

이와 같은 점진주의야말로 훗날 정치가 이토 히로부미의 본질이 된다. 그 계기가 되었던 일 중 하나가 1870년(메이지 3) 미국행이었다. 국민국가 이념과 점진주의라는 점에서 이 시기에 이토는 미국을 모델로 자신만의 국가 구상을 키워 갔다.

3 급진에서 점진으로 — 이와쿠라 사절단 체험

득의만면한 부사(副使) **이토 히로부미**

1871년(메이지 4)까지 이토는 서양 문명에 매료되어 있었고 그 진수를 흡수하여 일본에 적용하는 일에 온 힘을 쏟았다. 분명히 그는 서양 문명의 이상적인 면만을 부질없이 좇지 않았다. 그는 미국 국립은행을 조사하는 과정에서 화폐라는 제도를 점진적으로 생성한다는 사고에 민감하게 반응하였다. 그러나 전체적으로 보자면 이 시기의 이토는 문명의 이념에 약간은 들떠 있는 급진적 혁신 관료였다.

그러한 그가 급진주의에서 점진주의자로 변신하는 계기가 되었던 것이 1871년부터 1873년까지 이루어진 이와쿠라 사절단의 구미 제국 순회 여행이었다. 역사상 매우 유명한, 메이지 정부가 파견한 이 문명 시찰단에 이토는 부사 자격으로 참여하여 두 번째로 미국을 비롯한 서양 제국을 순방하게 되었다.

그런데 이와쿠라 사절단의 파견은 애초에 이토가 세운 방책에 영향을 받은 측면도 있었다. 1870년 12월에 미국 워싱턴에서 화폐제도에 관한 건의서를 집필한 다음 달에 이토는 현지에서 더욱 많은 의견을 건의하였다. 그것은 이듬해에 벌어질 서양 여러 나라와의 조약 개정 교섭 기한에 관한 사항이었다. 여기서 이토는 "세계의 개화된 여러 지역에서 통용되는 도리와 정체(政體)로써 근거"를 삼고 "동서 여러 지역에서 존중하여 받드는 각국의 다양한 조약서에 대한 비교"를 행하여 개정 조약의 지침을 삼아야 할 것이라고 주장하였다.(『이와쿠라 문서』⑦) 그리고 정부에서 우수한 인재를 선발하여 조약 개정에 대비한 조사를 하도록 서양 제국에 파견해야 한다고 주장하고 있다. 그렇게 해서 "조약을 개정하는 시기인 내년에 도리와 공법이 모두 개화된 여러 나라와 어깨를 나란히 하고 낡은 풍습을 새롭게 하는 일대 기원(一大紀元)의 천운으로 삼아 능히 독립불기(獨立不羈)하고 자수자립(自守自立)할 수 있는 충분한 기반을 마련해야"(『이와쿠라 문서』⑦) 할 것이라고 주장하였다.

조약을 개정해서 일거에 개화된 제국과 어깨를 나란히 하고, 그럼으로써 낡은 풍습을 새롭게 해야 한다는 의견은 거의 만용이라고 할 수밖에 없는 주장이다. 물론 그와 같은 제안이 그대로 이와쿠라 사절단으로 귀결되었다고 말할 수는 없겠지만 어쨌든 그러한 제안을 했던 이토는 사절단의 중심 일원으로 받아들여졌다. 이토가 득의만만했으리라는 것은 능히 상상할 수 있을 것이다.

이와쿠라 사절단에서 이토의 행적은 이전에 졸저에서 상세하게 다룬 적이 있다.(『문명사 속의 메이지 헌법』) (1871년) 11월에 요코하마를 출항하여 미국으로 향하는 배 위에서부터 이미 이토는 스스로 자신 있는 영어 실력을 과시하면서 사절단 일행의 얼굴을 자처하였다. 서양식 화장실의 사용법에 대해서 훈계를 하였고, 항해 도중 시간도 보낼 겸 호기심으로 여자 유학생에게 쓸데없이 지분거렸던 한 수행원[24]을 재판하는 모의법정을 열기도 하였다. 사절단장인 이와쿠라를 비롯한 여타 사절단원은 서양으로 떠나 본 경험이 없었다. 두 차례에 걸쳐 해외를 체험했고 막부 말기부터 매우 분망하게 서양인과 교섭하고 절충해 본 경험이 있는 이토에게 의지해야 했던 상황은 어쩔 수 없었다 하겠다. 그러나 그의 거동은 많은 단원들의 빈축을 샀고 그래서 반감을 품게 하였다. 사절단의 일원이었던 사사키 다카유키는 이토에게 불쾌했던 기억을 자신의 일기에 "이토 따위는 예의 재간 있는 재사에 불과

---

24) 사절단의 이등 서기관이었던 나가노 게이지로를 가리킨다.

샌프란시스코에서의 이와쿠라 사절단. 왼쪽부터 기도 다카요시, 야마구치 나요시, 이와쿠라 도모미, 이토 히로부미, 그리고 오쿠보 도시미치.

했던 까닭에 부사의 체통은 보이지 않아서 우리는 놀랐다. 그렇지만 요즘 세태는 저와 같은 인물이야말로 세상에서 행세하는 것으로 보여 세력을 얻는 것이다."(『호고히로이(保古飛呂比)25)』⑤)라고 적고 있다.

　미국에 도착하고 난 이후에도 이토의 요란스러운 행동은 멈출 줄을 몰랐다. 12월 14일에 샌프란시스코 환영회에서 답사를 하기 위해 석상에 섰던 그는 당당히 다음과

---

25)　사사키 다카유키가 남긴 일기로 이와쿠라 사절단의 실상을 알려 주는 귀중한 사료로 평가받고 있다.

같이 연설하면서, 메이지유신 이래 일본의 개화 정책을
자랑해 보였다.

　　우리 국민은 읽고 듣는 것을 넘어 외국을 직접 시찰하
면서 대체로 여러 외국에 현존하는 정체, 풍속, 습관에
대하여 일반적인 지식을 획득해 왔다. 지금 외국 풍습은
일본 전역에 걸쳐 두루 미치고 있다. 오늘날 우리 정부
와 인민의 가장 열렬한 희망은 선진 제국이 향유하는 문
명의 최고점에 도달하는 것이다. 이러한 목적에 비추어
우리는 육·해군, 학술 교육의 여러 제도를 채용해 왔고,
외국과의 무역이 활발해지면서 지식도 자유롭게 유입
되었다. 우리 나라에서 물질적 문명에서의 개량은 신속
하게 이루어지고 있다고 하겠지만, 국민의 정신적 개량
은 한층 멀고 아득한 상황이다.

『이토 전』 상권

연설 말미에서 이토는 "우리 나라 국기 한가운데에서
빛나는 붉고 동그란 모양은 이제는 더 이상 제국을 봉하
는 봉랍처럼 보이지 않고, 장래에는 사실상 그 본래의 의
장이라고 할, 떠오르는 아침 해를 뜻하는 거룩한 휘장이

되어 세계적으로 문명 제국 사이에서 대오를 함께하며 앞쪽으로, 또한 높은 곳으로 휘날리려고 한다."라는 말로 끝냈다. 이 연설이 훗날 "일장기 연설"이라고 불리는 까닭이 여기에 있다. 역사학자 다카하시 히데나오는 이렇듯 사절단에 팽배했던 "일종의 다행증(多幸症)", 곧 지나칠 정도의 행복감을 지적하고 있다. 파견 직전 폐번치현이라는 일대 개혁의 성공에 기분이 들떠 있었던 당시 정부 지도자들 사이에는 일본 개혁의 앞날에 대한 낙관과 자신감이 넘쳐 나고 있었고, 그것을 최고조로 표현한 결과가 다름 아닌 일장기 연설이었다.

확실히 이토의 마음속에서 그와 같은 다행증이 타고난 쾌활하고 개방적인 기질과 맞물려서 증폭되었던 것 같다. 미국 체재 중에 그는 "돈을 펑펑 써 대면서 놀러 다니거나" 고가의 물건 쇼핑과 밤 나들이에 정신을 잃을 정도로 열중했다고 그의 친아들[26]이 증언하고 있다는 사실은 앞에서 밝힌 바와 같다.

---

26) 이토 히로부미의 혼외 자식이자 서출(庶出)로 그의 사후에 남작이 된 이토 분키치를 가리킨다.

위임장 사건

이렇듯 제 세상을 만난 양 행동하던 이토의 언동을 상징적으로 가장 잘 보여 주는 사례가 조약 개정 교섭 과정에서 발생한 이른바 플라잉 사건[27]이다. 1872년 2월에 워싱턴에 입성한 사절단 일행은 미국 국무 장관 해밀턴 피시의 권유를 받아들여 원래 방침을 변경해 곧장 조약 개정 교섭을 하려고 하였다. 사절단이 그와 같은 방향으로 입장을 바꾸게 한 일본 측 장본인이 이토였다. "훌륭하게 조약을 개정해 보일 가망이 있다."라고 (『호고히로이』⑤) 으스대며 허세를 부렸던 그는 교섭에 필요한 전권위임장을 지참하기 위해 오쿠보 도시미치와 함께 일단 귀국 길에 오른다.

그러나 워싱턴으로 다시 돌아왔을 때 두 사람을 기다리고 있던 것은 애초의 계획으로 되돌아가기로 결정한 사절단의 분노에 찬 눈길이었다. 이토와 오쿠보가 없는 동안 영국과 독일의 외교관에게서 열강과 체결한 조약에 들어가 있는 편무적 최혜국대우 조항이 어떤 의미인지를 들은 이와쿠라 도모미 등은 미국 한 나라와만 조약을 개

---

27) 플라잉(flying)은 본래 운동 경기의 경주 등을 할 때에 출발신호 이전에 먼저 출발하는 규칙 위반을 가리킨다. 여기서는 이토가 본래 계획되어 있던 예정을 앞당겨서 곧장 미국과의 조약 개정을 서둘렀던 일련의 행위가 규칙 위반이었다는 뜻으로 사용되었다.

정한다고 해도 거기에서 미국에 특권을 부여할 경우, 어떠한 담보도 없이 자동으로 해당 조항이 여타 조약 체결국에도 그대로 인정된다는 불평등조약의 계략을 알고 매우 놀랐던 것이다.

이토 등이 워싱턴에 도착한 당일인 6월 17일에 이와쿠라 도모미는 일본에 있는 산조 사네토미 태정대신 앞으로 "대다수 의견은 회동(會同) 조약으로 하는 것이 좋은 방법이고 각자(各自) 조약은 가장 불가하다는 것입니다."(『외문(外文)』⑤)라고 써 보내었다. 한꺼번에 여러 나라와 조약을 개정하는 회의를 훗날 개최한다는 애초 방침을 최상의 방법으로 판단하고, 방문하는 나라마다 개별적으로 조약을 개정하는 교섭을 벌이는 것은 용납할 수 없다는 데에 대다수 의견이 일치했다는 것이다. 오쿠보 도시미치, 이토 등과 일본에서부터 동행했던 데라시마 무네노리는 외무경 소에지마 다네오미에게 "본래 논의로 되돌아갔으므로 이번에 건네주신 국서는 유럽 각국에도 제출할 수가 없습니다. 결국 작년에 보내 주신 국서를 그대로 좇아서 받들기로 결정하였는데, 사절단 일동은 이곳 미국 수도에서 오래 지체해 있는 동안 벌어진, 이상과 같은 연유로 인해 심히 후회하고 있습니다."(『외문』⑤)

라고 일행의 상황을 보고하고 있다. 네 달 동안이나 발이 묶여 있던 일행으로서는 정말로 헛되게 애만 쓰고 아무런 이득도 없는 결과가 되어 버리고 말았다.

이상이 저 유명한 이와쿠라 사절단의 위임장 사건이다. 이토 쪽에서 보자면 정말 체면을 구긴 사건이었다. 메이지 초기 이래 이토는 미국 건국 역사와 그 제도에 심취했던 순간이 있었다. 이 시기 그의 경망한 행동에는 그와 같은 속마음도 한몫을 하였던 것으로 추측한다.

기도 다카요시의 분노

이토가 이렇게 규칙 위반을 저지른 것에 대해 누구보다도 분노한 인물이 기도 다카요시였다. 이토 스스로가 훗날 미국에서 귀국한 후에 "기도 공이 우리를 대하는 태도가 달라졌다."(『이토 전』상권)라고 말하고 있듯이, 이 사건 이후로 이토는 기도와의 사이에 감정의 응어리가 남은 채로 행동을 함께할 수밖에 없었다. 이것 또한 이토가 회고한 내용인데, 독일에 체류할 적에 아오키 슈조와 시나가와 야지로에게서 "아무래도 기도와 자네 사이가 원만치 않은 것 같으니 우리가 화해를 주선하고자 한다."라는 제안을 받았지만 "나는 승낙하지 않았고 기도 공과의 일로 자네들에게 신세를 지고 싶지 않다고 거절했다."라는 일화가 전해진다.(『이토 전』상권)

생각건대 위의 일화는 두 가지 사실을 시사하고 있다. 하나는 두 사람의 관계가 독일 방문 기간인 1873년(메이지 6) 4월 무렵까지 서먹서먹했다는 사실, 그리고 또 하나는 이토가 자신과 기도 다카요시의 관계를 제삼자가 중재하는 것을 좋게 여기지 않았다는 사실이다. 그만큼 그는 기도와의 관계를 특별하게 여기고 있었다. 앞 장에서 인용한 기도에게 보낸 이토의 편지를 다시 떠올려 보자. 거기에 표현되어 있듯이 이토는 기도와 때로 격론을 벌였고, 그로 인해 기도의 노여움을 사는 일도 있었다. 이토에게 기도는 기탄없이 의견을 말할 수 있는 형님과도 같은 존재였다. 그런 관계이므로 이번에 역정을 산 것도 여느 때와 마찬가지로 일 때문에 감정이 틀어진 것 정도로 받아들였고, 밑바탕에 깔려 있는 두 사람의 맹우 관계는 이 정도 일로는 꿈쩍도 하지 않으리라는 자신감이 있었을 것이다.

그것은 이토의 허세 정도로 이해할 수 있다. 그렇지만

여기에서 이토가 실각하지 않았다는 점에 주목할 필요가 있다. 미국에서 일 처리를 잘못한 것은 원칙대로라면 정치생명을 좌우할 정도의 실책이었음에 틀림없다. 그러나 이토는 과연 그 이후 행정(行程)에서는 가만히 숨을 죽이고 있었지만, 이제부터 설명하는 대목을 보면 알 수 있듯이, 서서히 복권을 이루어 간다. 그와 같은 행운에는 다양한 요인이 있었다.

첫째, 예의 조약 개정 교섭 사건에서 오쿠보 도시미치를 말하자면 '공범'으로 끌어들였다. 이토 혼자였다면 무언가 처벌이 있었을 수도 있겠지만 위임장을 받기 위해 오쿠보와 함께 귀국했던 사정이 이토에게만 제재를 가하기 어렵게 만들었다. 만일 오쿠보에게까지 누가 미친다면 사절단 내에서 그가 차지하는 존재감이 컸기에 이 파견 계획 자체가 틀어져 버렸을지도 모르기 때문이다.

둘째, 사절단 내에서 기도 다카요시의 권위가 그다지 높지 않았다. 잘 알려진 대로 이 무렵 기도는 치질과 치통, 게다가 향수병까지 겹쳐서 심신이 모두 불안정했다. 그로 말미암아 감정 기복이 심했고 주변 사람을 난처하게 만드는 일이 매우 많았다. 그래서 기도가 이토에게 보여 준 분노의 감정에 다른 사람들이 동조하기가 상대적으로 어려워지는 결과로 이어졌을 것이다.

셋째, 이토 자신의 내면적 변화이다. 미국에서 체면을 구기고 난 이후에도 그는 타고난 낙천적인 사고로 권토중래를 꾀하고 있었다고 추측할 수 있는데, 단순히 지금까지의 급진론자가 사태가 잠잠해질 때까지 가만히 숨어 지내는 체하는 정도의 이야기와는 사뭇 다른 것이었다. 그는 이때의 실패를 계기로 허물을 벗고 새로운 정치 이성의 소유자로 거듭 났다. 말하자면 점진주의자 이토의 탄생이라 할 수 있는데, 그와 같은 변용을 거치며 기도와의 관계도 회복되어 간다. 다음에서 그러한 과정을 좇아가 보자.

'기독교 개종론'의 진위

1872년(메이지 5) 7월 14일에 사절단 일행은 런던에 도착하였다. 이토 등이 워싱턴에서 합류한 지 채 한 달도 지나지 않았을 때였다. 이때까지도 기도의 분노는 당연히 가라앉지 않고 있었다. 그 무렵 독일에 유학하고 있던 아오키 슈조가 런던으로 기도를 찾아왔다. 독일에 심취한 아오키는 유럽에 머물던 기도와 어떻게든 접촉하여서 일본에 독일과 관련된 연결 고리를 만들려고 온 힘을 쏟고 있었다.

아오키는 자서전에서 이때 런던에서 기도와 이토 사이에 다음과 같은 일화가 있었다고 적고 있다. 어느 날 이토도 동석한 가운데 기도가 아오키에게 미국에서 어느 유력자로부터 온 국민 모두가 기독교로 귀의해야 한다는 조언을 들었던 일을 전하면서 "우리 일행 중에는 불공스럽게도 이러한 사정을 폐하께 아뢰어 폐하께서 솔선하여 기독교로 귀의하실 것을 주청하고, 조정의 고관대작들 또한 뒤이어 개종케 하여서 국민도 점차 그것을 따라하게 해야 할 것이며, 과연 그렇게 되면 정치적으로 또는 여러 나라와 교제하는 데에 있어 가장 편하고 좋을 것이라고 주장하는 자가 있다. 그것에 관하여 귀하의 의견은 어떠한가?"라고 물었다. 조약 개정을 이루고 서구 열강과 대등한 지위에 서기 위해서는 구미 제국과 마찬가지로 기독교 국가가 될 필요가 있고, 그를 위해서는 우선 천황이 기독교로 귀의토록 하고, 그다음에 정부 고관이, 나아가서는 국민 모두가 개종해 가야 할 것이라는 제의가 일본에서도 제기되었다는 것이다.

이에 대해 아오키는 종파 분열로 말미암은 유럽 전란의 역사를 설파하면서 "성상(聖上)의 개종을 주청하고 나아가 일반 국민에게 정략적 개종을 권하는 경우에는 국내 도처에서 소요가 벌어지는 사태를 보게 될 것이다."라고 답했다. 그러자 기도는 이토를 향해서 다음과 같이 큰 소리로 꾸짖었다.

"유럽(을 배우는) 학생은 미국(을 배우는) 학생과 비교해 보면 그 학문이 해박하고 심원하여 논리 정연한 바가 있는 듯하다. 하물며 아직껏 미국조차 유학해 보지 않은 자가 함부로 그 나라 선교사나 부박한 정치가의 말만 듣고서 경솔하게 일종의 공상을 품은 채 경거망동하여 국가를 어지럽히려는 일이 있다면 실로 두려워할 수밖에 없다. 아오키 씨가 논하는 바와 그대가 평소에 주장하는 바는 완전히 정반대이다. 하여 그대의 말을 나는 신용할 수 없다."

그러자 이토는 얼굴이 새파랗게 질려서 그 자리를 빠져나갔다고 한다.(이상『아오키 슈조 자전(自傳)』)

역사통 사이에서 회자되는 유명한, 이토의 기독교 개종론이지만 과연 이 내용은 사실일까? 아오키의 자서전에는 공을 세워서 자신의 이름을 드러내려는 의도가 농후하고, 위의 인용문에서도 자신의 독일 유학 성과를 과시하려는 저의를 숨기지 않고 있다. 아울러 아오키는 이토와 사이가 좋지 않았고 자서전에서 그러한 감정의 앙금을 드러내는 측면이 다분히 있다. 따라서 앞서 서술한 내용이 믿을 만한지는 신중히 다룰 필요가 있다.

내면적 자유의 보장

실제로 이토는 종교에 대해서 어떤 생각을 하고 있었을까? 그 점을 엿볼 수 있는 사료로 1873년(메이지 6) 1월 2일 자로 오쿠마 시게노부, 소에지마 다네오미 앞으로 보낸 편지를 보자.(『이토 전』상권,『오쿠마 문서』①) 이토는 각국을 순방하는 동안에 개별 국가의 의향을 살폈는데, 역시 이들 나라는 일본이 예전부터 동양에서 전해 내려오는 관습에 얽매여 기독교를 혐오한다는 식의 우려를 떨치지 못하고, 법률이 어떻든 간에 구습에 고착되어 정치적으로 편향된 조치를 행하지 않겠는가라는 위구심을 품고 있다고 보고하였다. 그리고 그와 같은 일반적 감정을 외교적 토론의 장에까지 끌어들이고 있다고 지적하였다.

이러한 사태에 대하여 그는 "교법(敎法)에 관련된 일은 모르는 체 내버려 둘 수밖에 없고 법률상으로는 구별하지 않는 것을 위주로 해야 할 것이다."라며 종교를 믿는 행위는 묵인할 것을 주장하였다.

이렇게 말하면서 단순히 종교를 믿는 행위를 실제로 슬며시 허락하는 것만으로 해결이 나는 것은 아니라며 이토는 다음과 같이 부언하고 있다. 서양 각국은 일본 실정을 일본인보다도 더 잘 알고, 관청에서 방(榜)을 내려 여전히 기독교를 금지하고 있다는 사실도 잘 안다. 따라서 기독교는 묵인되고 있다고 서양인에게 말해도 그들은 납득하지 않을 것이다. 더욱이 부언하자면 (기독교) 금지령이 내려져 있는데도 지켜지지 않는다면 "국가의 권위는 무엇으로 세울 것이며, 또한 성심으로 백성을 편안케 한다는 가르침마저도 부끄러워해야 할 일이다." "독립권을 보유한 국가의 법률에 따르면, 자국 영해에서 그 법의 효력이 미치는 범위 안에서는 내외 인민의 구별이 없다. 단지 자국 인민이 그 법권(法權)의 보호를 받는 정도가 외국 사람들보다 후할 뿐이다." 그러나 이에 반하여 현재의 기독교 금지령은 외국인이 기독교를 믿는 것은 묵인하면서도 일본 국민이 믿는 것은 억압한다는 정반대 사태를 초래하고 있다. 그리하여 이토는 이와 같이 도착(倒錯)된 사태를 해소하기 위해 기독교 금지령을 폐지하는 방안을 암암리에 모색하였다.

이상에서 보듯이 이토의 종교론은 종교의 자유를 용인하는 것으로, 그것을 국가 주권을 관철한다는 견지에서 전개하고 있다는 점이 특징이다. 여기서 앞서 인용한 1871년 6월 20일 자로 기도 다카요시에게 보낸 편지를 상기해 보고자 한다. 그에게 당당하게 "사람이 이 세상을 살아가는 데에 저마다 다양한 생각과 사고가 있고, 의논 순서도 한 가지로 되지는 않습니다."라고 몰아세웠던 이토는 각자 내면의 자유를 보장하는 것이야말로 문명국의 관습이라고 보았다. 그러한 논법과 궤를 같이하여 그는 종교에 대한 믿음을 개인의 내면적 자유의 문제로 방임하는 자세를 보이고 있다. 중요한 것은 설령 아오키 자서전이 증언하듯이 영국에서 기도와 이토가 갈등한 것이 사실이었다고 할지라도, 그 후에도 이토는 종교에 대한 믿음이 개인의 정신적 자유라는 신념을 굽히지 않았다는 점이다.[4*]

그런데 이토가 오쿠마와 소에지마 앞으로 편지를 보냈을 적에 아오키 역시 일본 쪽에 대(對)기독교 정책을 써서 보내고 있다.(『기도 문서』①) 거기에서 제시된 내용은 금지령은 그대로 두고 기독교를 믿는 행위 자체는 묵인한다는 방책으로, 이토의 생각과는 명백한 대조를 보인다. 이토와 아오키, 두 사람의 종교 문제에 대한 인식 차이를 엿볼 수 있다.

개심(改心)—정체(政體)의 조사, 제도의 학습

이처럼 미국에서 실수를 저지른 이후에 유럽에서도 이토는 그전부터 보여 준 문명개화의 자세를 버리지 않았다. 그렇지만 유럽에서 자세하게 현지의 정치적 상황을 관찰할 수 있었던 덕택으로 그의 문명관에는 또 다른 새로운 버팀목이 생겨났다. 앞서 인용한 오쿠보와 소에지마에게 보낸 편지에서 이토는 "프랑스도 협화치체(協和治體)가 아직 정해지지 않아서 대통령 혼자 힘으로 지금처럼 무사히 유지해 갈 수 있을지 살펴보고자 합니다. 프로이센의 재상 비스마르크도 각 성(省)의 장관들과 의견이 맞지 않아 재상직을 사임했습니다."라고 전하고 있다. 여기에 단적으로 드러나듯이 이토는 유럽에서 그 정치체제가 불안정하다는 사실에 주목하였다. 이 편지에 앞서 이토는 이노우에 가오루에게도 다음과 같이 써 보내었다.

근자에 프랑스 정부는 대단히 곤란한 처지에 빠졌다고 들었습니다. 대통령도 무사히 자리를 보전할 수 있을지, 또는 다른 사람으로 바뀔지, 다시 입헌군주제로 되돌아갈지, 의견이 분분하여 자칫하다가는 민심이 어지러워져 다시금 내란이 일어날지도 모르는 형세입니다.

1872년 12월 6일 편지, 『이노우에 가오루 문서』

대통령이라는 직위도, 비스마르크라는 정치적 카리스마도 결코 반석같이 견고하지는 않았다. 문명의 정치가 지니고 있는 의외의 취약점을 이토는 직접 보았던 셈이다. 여기서 새삼스럽게 이토는 제도의 중요성에 생각이 미치지 않았을까? 실제로 이토는 3월에 독일에 입국하자마자 정치체제를 조사하는 데 힘썼다. 일본 국회도서관 헌정 자료실에 소장된 『이토 히로부미 관계 문서』에는 독일 체재 중에 이토가 기록하였던 일지가 남아 있다. 그 가운데 '정체 및 정부'라는 제목 아래 프로이센 의회 제도를 조사했던 메모가 있어서(「이토 히로부미 수기 외유 일기」, 『이토 문서 <2>』 서류부 1) 그가 공부한 흔적을 엿볼 수 있다. 그때까지 들떠 있었던 행실과는 결별하고, 이토는 다시금 마음을 다잡고서 제도를 공부하기 시작했던 것으로 여겨진다.

이처럼 마음을 고쳐먹은 이면에는 여러 나라를 순방하는 과정에서 일관되게 각국 정치체제를 조사하는 데 몰두하였던 기도의 자세가 끼친 영향이 있었던 듯하다. 이토는 6월 2일 자로 이노우에 가오루에게 편지를 보내어, 머지않아 기도가 그곳을 떠나서 일본으로 향할 것이므로 그가 도착하고 나서 충분히 생각하여 의논하기를 요청하면서 다음과 같이 쓰고 있다.

기도 옹(翁)은 구미 제국을 순방하는 과정에서 자못 공부를 하였고 각국 형세도 숙지하고 있으므로, 지금부터 앞으로 나아갈 길에 대해서는 분명히 그 나름의 전망이 있을 것이고, 그뿐만 아니라 오늘날까지의 정세 변화와 관련해서도 본래 의도했던 대로 되지 않은 부분도 있지 않은가 하고 생각하고 있을 것이므로, 그가 도착하거든 귀하께서 직접 지금까지의 사정을 자세하게 말씀드려야 한다고 생각합니다.

『이토 전』상권

이토가 기도를 높이 평가하고 있었음을 엿볼 수 있는 대목이다. 실제로 기도의 일기를 읽어 보면 미국에서 시작하여 영국, 프랑스, 독일 등 가는 곳마다 그가 각국 정치제도에 참여했다는 사실이 분명히 쓰여 있다. 곧 1872년(메이지 5) 1월 22일에 "나는 (메이지)유신이 있었던 해에 황망히 건의하여 5개조 서약을 천하의 제후·화족·유사(有司)에게 행하게 하여, 마침내 천하 만민이 나아갈 방향을 결정하였다. 그러므로 오늘에 이르러 확고한 근본이 되는 법이 정해지지 않으면 안 되는 것이다. 따라서 이제부터 방문할 각국이 근본으로 삼고 있는 법률, 정부 조직 등을 꼼꼼히 살펴 의논하고자 하여 가[28]에게 그 의미를 밝혀 명령을 내려 두었다."[5]* (『기도 일기』②)라고 기록한 이후에, 기도의 일기에 "정체서(政體書)[29] 조사"라는 문구가 여기저기에 보인다. 그는 휘하의 사람들에게 명하

---

28) 사절단 수행원인 가 노리유키를 가리킨다.
29) 메이지 초기 정치 대강(大綱)과 통치 기구 등에 대하여 규정한 포고를 말한다. 소에지마 다네오미 등이 아메리카합중국 및 『서양사정(西洋事情)』(후쿠자와 유키치가 서양 문명을 소개한 책) 등을 참고하여 초안을 만들고 1868년에 반포하였다.

여 미국 헌법과 영국의 중요 법령 등을 번역케 하고 의회에서 논의가 이루어지는 정황에 대하여 보고서를 작성케 하는 한편으로 프랑스와 독일에서는 각각 모리스 블록, 루돌프 폰 그나이스트 등과 같은 저명한 학자를 찾아가 조사를 진행하였다.

　이토는 기도의 그와 같은 자세를 보고 느낀 바가 있지 않았을까? 그 자신도 독일 의회 제도를 조사하기도 했고, 이노우에 가오루에게 앞서 인용한 편지를 보냈을 즈음에는 기도의 영향으로 새삼 제도의 정치가로 회귀했다고 말할 수 있게 되었다. 덧붙이자면 이노우에 앞으로 보낸 편지에서 "갑자기 사태가 바뀌는 일이 없도록 다만 오로지 배려해 주시기를 바랍니다."라고 하면서 "저는 가능한 한 서서히 일을 진행하기만을 오직 원하고 있습니다."라고 당시 일본의 임시정부[30]의 급진적 개혁에 이의를 제기하고 있는데(1873년 6월 2일 자 편지, 『이토 전』 상권) 이는 이토가 명실상부 점진주의자로 전향했음을 선언한 것으로 읽을 수 있다.

---

30) 원문에서는 '유수(留守)' 정부라는 표현을 쓰고 있는데, 이는 메이지 초기에 신정부 수뇌부로 이루어진 이와쿠라 사절단이 구미 제국을 순방하는 기간 동안 핵심 세력이 부재중인 정부를 지키기 위해 만든 임시 체제를 가리키는 말이다. 1871년(메이지 4) 11월 12일부터 1873년(메이지 6) 9월 13일까지 지속되었다. 여기서는 '임시정부'라는 말로 번역한다.

기도 다카요시와 관계를 회복하다

이토가 이렇듯 내면적으로 변화하면서 기도와의 관계도 확실하게 회복되어 갔다. 그것을 보여 주는 일화를 들어 보자. 기도는 1873년 4월 14일에 러시아 상트페테르부르크를 출발하여 일행과 따로 행동했고 그들보다 앞서서 귀국한다. 도중에 그는 로마를 방문하여 서양 문명의 연원인 유적들을 직접 보고 깊은 감명을 받았다.(『기도 일기』②) 기도는 그러한 감동을 편지로 적어서 유일하게 이토에게 보냈다. 그것을 읽고 직접 로마를 방문한 이토는 기도에게 다음과 같이 답장을 쓰고 있다.

이탈리아는 과연 개화의 발상지인 만큼 건축물 외에도 눈을 놀라게 할 만한 것들이 수없이 많은 듯한데 각하께서는 대단히 공부를 많이 하셔서 대체로 그와 같은 것들을 죄다 빠짐없이 보시지 않았을까 생각합니다.

1873년 5월 12일 자로 기도에게 보낸 편지,
『이토 전』상권

이토도 기도와 마찬가지로 로마 문명의 옛 모습에 감탄하여 칭찬하였다. 기도에 이어서 오쿠보 도시미치에게 보낸 편지 속에서도 그것을 엿볼 수 있다.

유럽에 머무르는 동안 이탈리아를 보시지 않았다는 것
은 매우 유감입니다. 이천 년 전의 오래된 유적, 궁전,
사원 등 장대하고 놀랄 만한 것이 헤아릴 수 없을 정도
로 많았습니다.

1873년 5월 19일 자로 오쿠보에게 보낸 편지,

『이토 전』 상권

참으로 "로마는 하루아침에 이루어지지 않았다."라고
해야 할 것이다. 이토가 표면상으로 드러나는 문명의 광
휘뿐만 아니라 그 이면에 도사리고 있는 유구한 시간의
퇴적에까지도 고루고루 시선을 옮겼음을 알게 되자 더
이상 기도는 이토를 거절할 이유가 없었다. 귀국할 즈음
에 로마를 다시 방문한 기도는 그곳에서 이토와 합류했
다. 그의 일기에는 이토에게서 "국내 근황을 들어서 알게
되었다."라고 적혀 있는데, 두 사람 사이에 서양 문명의
옛날을 추억하면서 장래 일본을 어떻게 개혁해 나갈 것
인가에 대한 논의가 이루어지지 않았을까? 6월 7일 귀국
길에 오르기 전날 프랑스 마르세유에서도 기도가 "이토

에게서 전신이 왔다. 아오키의 편지와 전신도 왔다."(『기도 일기』②)라고 쓴 것으로 보아 그와 이토의 친밀한 관계가 회복되었음을 엿볼 수 있다.

서양 문명을 두려워할 필요가 없다

이상에서 보듯이 이토는 미국에서 기도의 노여움을 샀지만 유럽에서는 그러한 노여움을 해소하는 데에 성공하였다. 그렇지만 기도가 일부러 받아들인 것이 아니라, 이토 자신의 내면적 변화에 의해서 자연히 이루어진 화해라고 할 수 있다. 기도의 권유로 로마 유적을 둘러보았을 때 그 역시 기도와 같이 "표면적인 것은 잠시 제쳐 놓고 골수부터 진보하지 않는다면 지금 개화해도 훗날 손해가 얼마나 되겠는가?"(1872년 11월 27일 와타나베 고키에게 기도가 보낸 편지, 『기도 문서』④)라고 말하는 경지에 도달해 있었다.

그렇다고 해도 그러한 심경은 서양 문명과의 본질적 차이를 통감하고 옴짝달싹 못하고 서 있는 것과도 다르다는 사실을 지적해 둘 필요가 있다. (사절단) 일행이 로마에 머물렀을 때 이와쿠라 대사가 이토에게 "지금까지 각국 상황을 시찰해 보아도 영국, 미국, 독일, 프랑스와 같은 강대국은 말할 필요도 없고 이류, 삼류 나라일지라도 그 융성한 문화가 우리 일본이 능히 뒤쫓아서 따라잡을 수 없을 정도로 두드러지는 수준이라면, 우리가 아무리 그것을 연구한다 해도 도저히 실제로 채용할 만한 가망성이 없을 테니 이래서는 구미를 순방하는 사명을 욕되게 하지 않을까 두렵다."라고 말했다. 이에 대해서 이토는 "쓸데없는 걱정입니다. 각하의 임무는 오로지 친히 목격하신 사정을 그대로 보고하는 것으로 다할 뿐입니다. 우리 나라에 들여와야 할 문화를 취사선택하고 안배하는 등의 문제에는 저희가 미치지 못하지만 노력을 다한다면 결코 걱정하실 일은 아닙니다."(『이토 전』상권)라고 답했다고 한다.

이토의 마음속에는 오히려 서양 문명을 두려워할 필요가 없다는 확신이 우뚝 서 있었다. 그러한 확신의 근거는 무엇일까? 역시 메이지유신 이래 개화 정책이 정착했다는 사실을 염두에 둔 것으로 보아야 할 것이다. 메이지 국가 성립 초기의 개혁 노선은 일본이 문명국으로서 제도적 틀을 구비하는 데에 자신감을 주었다. 개화를 이룩해서 서양 열강과 어깨를 나란히 하는 일이 결코 꿈같은 일은 아니었다. 그렇지만 그 순서는 신중을 기할 필요가 있었다. 서양 문명이 로마 이래로 흥망을 거듭하면서 성장해 왔던 것처럼 일본에도 그와 같이 축적된 역사가 있다. 그것이 개화를 방해하지 않는다는 사실은 근래 수년의 성과가 증명하였다. 이것을 이어받아 다음에 해야 할 일은 개화 정책을 추진하여 '골수'에까지 미치도록 하는 것이리라. 이리하여 이토는 이념으로서의 개화주의와 방법으로서의 점진주의라는 성과를 안고 귀국하였다.

2장

입헌 국가 구상

— 메이지 헌법 제정이라는 전사(前史)

1 입헌정체 도입을 향하여

—1880년 헌법 의견서까지

정한론

1873년(메이지 6) 9월 13일에 이토는 이와쿠라 대사 등과 함께 일본으로 돌아왔다. 귀국한 이토 일행이 맞닥뜨린 것은 임시정부가 추진하던 급진적인 개혁 정책이었다.

이와 같은 일본의 정세 변화에 대응하고자 부사였던 오쿠보 도시미치와 기도 다카요시가 일행과 헤어져 급히 서둘러 귀국 길에 올랐던 사실은 잘 알려져 있다. 오쿠보는 5월 26일, 기도는 7월 23일에 각각 귀국하였다. 오쿠보와 기도의 관계는 결코 양호하지 않았지만, 그들이 사절단에 참가하면서 발생한 정부 내 공백을 메꾸려고 조직된 임시정부가 한편으로 성급한 개화 정책을 취한 것에 대해서는 정치적 의견이 일치했다. 다름 아니라 점진주의를 취해야 한다는 것이었다. 앞 장에서 본 이토와 마찬가지로 이는 사절단 간부 모두의 공통 견해라고 해도 좋을 것이다. 문명국의 개화는 각국 역사와 사회에 뿌리를 둔 상태에서 꽃을 피운 결과물이고, 거기에 이르는 여정과 제도 또한 각국의 형편에 따라서 다양해질 수 있다는 사실을 그들은 다 같이 배웠던 것이다.

그와 같은 점진주의적 사고를 품게 된 사절단과 임시정부와의 긴장은 그해 10월경 정한론(征韓論) 문제로 폭발하고 말았다. 메이지 신정부 수립 이래 국교를 요구하는 일본 측 요청을 거듭하여 거절한 한국을 무력으로 정벌하자는 목소리가 임시정부 내에서 높아져 갔고, 8월 17일에는 사이고 다카모리를 한국으로 파견하기로 내부에서 결정되었으며, 그 후 천황의 재가까지 얻었다. 그러나 천황은 사이고 다카모리를 조선에 파견하기만 해도 전쟁이 발발하지 않을까 우려하여 이와쿠라 사절단이 귀국한 뒤에 다시금 평의할 것까지 지시하였다.[1]*

9월에 이와쿠라와 함께 귀국한 후 위급하게 돌아가던 정국의 소용돌이에 바로 맞닥뜨렸던 이토는 이와쿠라, 기도, 오쿠보 세 사람 사이를 오가면서, 정한론 반대파를 결속하기 위해 분주하였다. 스승인 요시다 쇼인이 인정하였던 '주선가'의 면모를 유감없이 발휘하였다. 그렇지만 그와 같은 활약의 이면에 '제도의 정치가'로서의 열정이 약동하고 있었다는 사실을 간과해서는 안 된다. 그러한 점을 염두에 두고서 이 시기 이토의 동향을 좇아가 보자.

　이와쿠라가 귀국하면서 10월 14일과 15일에 재평의를 위한 각의가 개최되었다. 그 결과 사이고 다카모리를 조선에 파견하는 결정이 지지를 받게 되었다. "사이고가 사임하면 군부가 폭발할지도 모른다는 불안" 때문에 산조 사네토미가 입장을 바꾸었던 것이다.(다카하시 히데나오,「정한론 정변의 정치과정」) 이와쿠라 사절단 그룹은 일단 패배하였지만 "안 되는 한이 있더라도 가능한 모든 수단을 쓰고자 한다."라고 이와쿠라가 이토에게 써 보냈듯이(10월 15일 자로 오쿠마와 이토에게 보낸 이와쿠라의 편지,『이토 전』상권) 그들은 곧바로 반격을 위하여 움직이기 시작했다. 정부는 분열되었고, 그 틈새에 끼어 있던 산조 사네토미는 정신 착란을 일으켜 인사불성이 되고 말았다.

　산조가 쓰러진 것은 반대파에 유리하게 작용하였다. 집무를 볼 수 없게 된 그를 대신해 이와쿠라가 취임했기 때문이다. 이와쿠라는 조선 파견의 옳고 그름을 가리자고 천황에게 아뢰면서 그 판단을 따를 것을 제안하였고, 스스로 궁중에서 공작을 하여 파견을 반대하는 자기 의견이 채택될 수 있도록 적극적으로 손을 썼다. 그리고 10월 24일에 그처럼 조선 파견을 금한다는 천황의 명이 내려지고 사이고 등 정한파 참의(參議)[1]들은 하야하였다.

참의 겸 공부경에 취임하다

이러한 정한론 정변의 막후에서 이토는 이미 언급했듯이 정한론을 타파하기 위해 분주하게 돌아다녔다. 그를 위해 그는 기도와 오쿠보 두 사람 사이를 중재하고자 부심하였다. 정변 이후에 실질적 지도자로 기대를 얻었던 인물이 기도와 오쿠보라는 사실에 대해서는 여러 사람의 의견이 일치하였지만, 두 사람 사이에는 미묘한 불협화음이 일어나고 있었다. 이토는 이러한 두 사람의 관계를 개선하고, 정한파 참의들을 축출한 이후까지도 염두에 두고 정부 체제를 공고히 하려고 했다고 여겨진다. 정한론이 과열되고 있던 10월 20일에 이토는 기도를 방문하여 이와쿠라와 오쿠보의 동향을 알려 주었다. 기도는 일기에 "복잡하고 어지러운 내각 사정을 자세히 들었다. 또한 이와쿠라나 오쿠보 등의 결의를 듣고서 겨우 마

---

1) 일본 조정(朝廷) 내의 최고 기관인 태정관(太政官)의 관직 가운데 하나. 중납언(中納言) 다음의 관직으로 사등관(四等官) 가운데 2등급인 차관(次官)에 해당한다. 조정(朝政)에 참의(參議)한다는 의미이다.

음이 위로되었다."(『기도 일기』②)라고 적고 있다. 이토가 말재주를 발휘한 덕분에 기도의 마음속에는 오쿠보에 대한 우국(憂國)의 연대감이 싹텄고, 눈앞에 있는 이토를 한층 더 신뢰하게 되었다. 이날 기도는 이토를 참의 자리에 추천하는 편지를 이와쿠라에게 보냈는데, 거기에서 "이토 히로부미는 저와 십여 년 지기(知己)라는 사실은 더불어 잘 아실 것이고, 강건하고 곧은 성품으로 근자에 오로지 차분하고 진실하게 뜻을 펼쳐서 세안정사(細案精思) 하는 그 능력은 또한 제 벗들 가운데에서 보기 드물다 하겠습니다."(『이토 전』 상권)라고 적고 있다. 이와쿠라 사절단에서 의견이 충돌했던 여파 따위는 더 이상 조금도 느껴지지 않는다. 기도는 이토를 자신의 심복지우(心腹之友, 마음을 터놓고 지내는 아주 친한 벗)라고까지 생각했던 것으로 여겨진다.

다음 날인 21일, 전날에 이어 기도의 처소를 방문한 이토는 정한파가 다시 궐기해 이와쿠라를 압박하여, 이와쿠라가 재의논에 응한 사정을 전하면서 "재의논 때문에 사태가 어려워질 것을 우려하고, 천하를 위해 비분강개해 마지않았다. 히로부미 또한 여러 시간 목 놓아 크게 울었다."(『기도 일기』②) 비분강개하여 통곡하는 이토의 모습에서 기도는 국가의 경륜을 논할 인물로서의 자격을 새삼 발견하였음에 틀림없다. 이리하여 이토는 정한론 정변이 있은 뒤인 25일에 참의 겸 공부경에 취임해 신정부의 중심인물로 명실상부하게 인정받았던 것이다.

기도와 오쿠보의 헌법 의견서

주선의 재능을 한껏 발휘한 덕택으로 각료 자리를 꿰찬 것처럼 보인 이토였지만, 보다 중요한 점은 이때부터 '제도의 정치가'로서의 본령이 발휘되었다는 사실이다. 11월 19일 참의 일동은 각의를 열고, 정치체제 조사를 담당할 사람으로 이토와 데라시마 무네노리를 선임했다.(『오쿠보 일기』②) 정치체제 조사란 입헌제를 도입하기 위한 사전 조사에 다름 아니었다. 구미 순방을 하고 난 뒤에 이와쿠라 사절단 일행은 문명국으로 자립하기 위해서는 반드시 입헌제 정치체제를 채택해야 한다고 인식한 상태에서 귀국하였다. 그러한 생각을 대표하는 것이 기도와 오쿠보라는 양대 거두가 작성한 두 편의 헌법 의견서이다. 앞 장에서 보았듯이 외유하는 동안 각국의 제도를 열심히 조사한 기도는 귀국한 직후에 곧바로 헌법 제정에 관한 의견서를 기초하여 천황에게 아뢰었다. 한편 오쿠보는 11월에 의견서를 집필하여 정치체제 조사에 힘쓰던 이토에게 위탁하였다.

두 편의 헌법 의견서에는 외견상 현저한 차이가 있었다. 무엇보다도 기도는 "건국의 대법(大法)은 독재가 아니면 안 된다."라고 이토에게 말했듯이(『기도 일기』②) 의견서에서 천황 독재의 헌법론을 주장하였다. 반면 오쿠보는 의견서에 "정해진 법률로서 국법은 곧 군민공치(君民共治, 입헌군주정치) 제도에 기초하여 삼고, 위로는 군권(君權)을 규정하고 아래로는 민권(民權)을 한정하여 지극히 공정하고 지극히 바르게 하고 군민 모두 사사로이 해서는 안 된다."(『오쿠보 문서』⑤)라고 명기하였듯이 군민공치를 주창하였다. 개명한 정치가로서 자타가 인정하였던 기도가 독재론을 제창하고, 전제정치가 이미지가 강했던 오쿠보가 인민의 정치 참여를 인정했다는 점은 의외라고 해야 하겠다.

그러나 그와 같은 차이는 표면적인 것이었다고 할 수 있다. 자세히 살펴보면 두 의견서에는 동일한 기조가 감지된다. 그것은 '민주'와 '점진'이었다. 두 사람은 모두 인민의 개화를 촉진하는 국민 정치체제를 추구했고, 기도는 그러한 목표에 도달하기 위한 점진적 방책으로 독재를 주장했을 따름이고, 오쿠보 역시 자국 역사에 의거하고 국민의 개화에 맞춰서 군민공치를 점진적으로 실현해 나가야 한다고 생각하였다.

이와 같이 기도와 오쿠보 두 사람 모두 서양 체험을 거치면서 입헌 체제의 채택을 불가결한 과제로 보게 되었다. 그러나 그들이 스스로 이러한 문제에 착수하였던 것은 아니다. 오쿠보는 제도를 구상하기보다는 식산흥업(殖産興業, 생산을 늘리고 산업을 일으킴)을 지도하는 데 전념하고자 하였고, 기도는 귀국한 직후부터 심신의 부조화로 건강이 좋지 않아 지속적으로 집무하는 것이 곤란하였기 때문이다. 이에 두 사람의 뜻을 받들어 이토가 정치체제를 조사하는 전문가로 등장하기에 이르렀다.

점진주의에 의거해 제도를 설계하다

정치체제 조사를 전담할 것을 하명받은 이토는 곧바로 기도에게 의견을 구하였다. 이토의 요구에 응하여 기도는 "정치체제의 겉모습만 바꾸어서 그 형태를 아름답게 완성해도 슬기와 지식이 엄청나게 차이가 나서 결국 유럽 문명과 같은 정부를 만드는 일이 실제로는 어렵기 때문에, 경거망동하는 폐해를 막고 정치적 법도와 규칙에 어긋나지 않는 선에서 전체적으로 착실히 진행하기를 다만 원한다."(『기도 일기』②)라고 하면서 "천천히 개화 문명의 영역으로 진보해 가면서 그 근본을 그르치게 해서는 안 된다."(앞의 책)라는 점진주의적 사고를 전하고 있다.

　동일한 방침이 오쿠보에게서도 전달되었다. 정치체제 조사 담당자가 된 이토에게 오쿠보는 자기의 소견을 피력하였다. 그것은 앞서 언급했던 오쿠보 헌법 의견서와 다르지 않았다. 이토는 그것을 "급격한 변화를 주는 것은 물론 나라를 보전하는 방법이 아니다. 그러나 우리의 인정(人情), 풍속, 시세를 좇아서 입헌의 기틀을 수립할 것을 장래에 기약해야 한다."라는 내용으로 훗날 술회하고 있다. 요컨대 '점진주의적 입헌정치론이었다.'라는 것이다. 이어서 이토는 세간에서는 오쿠보를 압제자인 듯이 말하지만 그야말로 일찍부터 입헌정체를 주장하였던 유력한 사람 가운데 하나였다고 회상하였다.(『오쿠보 문서』⑤)

　이처럼 정치체제 조사 임무란 기도와 오쿠보의 점진주의 신념을 바탕에 깔고서 그로부터 구체적 제도를 설계해 다듬어 완성해 간다는 과제에 다름 아니었다. 이러한 임무를 맡고 나서 열흘이 지난 후인 11월 29일쯤에 이미 이토는 일정한 회답을 제시하고 있다. 이날 그는 기도 앞으로 다음과 같이 편지를 써 보냈다.

　정체론도 데라시마 무네노리와 둘이서 일을 맡아 조사하고 있습니다. 우선 아래로는 지방관을 소집해서 회의를 개최하는 정도로 해 두고, 위로는 사향간(麝香間)[2]을 확장하되 인원수는 그다지 늘리지 않는 쪽으로 신경 쓰고자 합니다.

『기도 문서』①

　지방관을 소집하여 하원 의회로 만들고, 황족과 화족으로 이루어진 천황 자문기관인 사향간을 약간 확장하여 상원으로 만들고자 하는 안이었다. 약 일 년 후인 1875

---

2)　예전에 천황이 거처했던 에도성에 있는 방의 이름으로 천황을 대면하는 화족이나 유신(維新)의 공로자들이 사용하였던 방이다.

년(메이지 8) 1월 오사카 회의[3]를 거쳐 같은 해 4월에 입헌 정체 수립의 조칙으로 점차 결실을 맺었고, 6월에 지방관 회의, 다음 달인 7월에 원로원 설치로 나아가게 된다. 기도의 화려한 마지막 무대라고도 할 수 있는 양(兩) 의회 개설이었지만, 따지고 보면 그 원류는 이토의 정치체제 조사에서 비롯하였던 것이다.

분노에 차 산조 사네토미에게 항의하다

이토 자신도 이러한 정치체제 개혁론에 커다란 자부심을 느끼고 있었다. 1873년(메이지 6) 11월 말에 개혁 방안이 개진된 후 사가의 난[4]과 타이완 출병,[5] 기도 다카요시

---

3) 메이지 정부의 중심인물인 오쿠보 도시미치, 기도 다카요시, 이타가키 다이스케 등이 오사카부에 모여서 입헌정체 수립 등을 포함한 향후 정부 방침 및 참의 취임 등의 안건을 협의했던 회의.

4) 1874년 2월에 에토 신페이, 시마 요시타케 등이 주동하여 사가에서 일으킨 메이지 정부에 대한 사족 반란. 일명 사가 전쟁으로도 불린다. 메이지 개혁에 불평을 품은 사족이 일으킨 최초의 대규모 반란이었지만 전신 정보력이나 기선 수송력 등을 활용한 신정부의 발 빠른 대응으로 격전 끝에 진압되었다.

5) 일명 무단샤(牡丹社) 사건으로 불리며 1874년에 청과 일본 양국에 조공을 바치고 있던 류큐국 표류민을 타이완 토착민이 살해한 사건을 계기로 일어났다. 이 사건으로 청나라 조정은 살해된 류큐 표류민에 대한 보상금과 타이완 점령지에 일본군이 설치한 시설물에 대한 대가를 지불하기로 했다. 이후 류큐에 대한 기존 청나라의 종주권을 부인하고 류큐를 일본의 속국으로 인정하는 결과로 이어졌다.

의 참의 사직6) 등 복잡한 난제가 겹쳐서 정국이 혼미하였다. 이러한 사정들을 극복하고 다시금 제도 개혁에 착수하기까지는 오사카 회의 과정에서 기도와 오쿠보 체제로 되돌아가야 했는데, 이토는 그동안에도 앞서 언급한 방안에 따른 점진적 개혁에 여념이 없었던 것으로 보인다.

1874년 6월에 화족이 학문을 연구하고 토론하는 기관으로 화족회관(華族會館)7)이 창립되었다. 당초에 이토는 이것을 사향간을 확장한 제도 개혁으로 보았던 것 같다. 그러나 그 설치 규칙에서 '회의 조항'이 삭제되고 흡사 '학문처(學問處)' 같은 양상이 분명히 드러나자 그는 분노하여 산조 사네토미에게 다음과 같이 항의하였다.

회의 조항은 삭제하자는 뜻으로 받아들였지만 (화족회관 건립을) 학문처 또는 도서관을 건설하는 종류의 일로 보시는 것은 제 생각과 크게 합치하지 않습니다. 결국 화족회관 안건을 협의한 결과 국가 제도로 삼지는 않겠다고 하나, 그렇다 하더라도 정부가 단지 묵인하고 상부가 그 방향으로 유도하려는 생각이 있으면서, 장래에 입법

6)) 1874년에 기도 다카요시가 타이완 출병에 반대하여 사직한 것을 가리킨다.
7) 화족들의 사교장으로 활용되다가 1947년 화족 제도가 폐지되면서 가스미카이칸 (霞會館)으로 이름을 바꾸었다.

부 상원 같은 기관이 될 것을 기대한다면, 지금부터 묵인하여 그 단서를 열어 놓는 것과 별다른 차이가 있겠습니까?

1874년 4월 23일 자 산조에게 보낸 이토의 편지,
『이와쿠라 문서』⑥

협의를 거친 결과 화족 회합 기관은 국가 제도상의 문제가 아니라고 결론지었지만, 일단 설치가 된 이후에 입법부 상원으로 전환한다는 의지를 가지고 결집한다면 정부의 묵인을 얻어 내고 더 나아가 그러한 의사를 유도할 수도 있다는 취지이다. 이토의 점진주의와 자생적 제도관을 엿볼 수 있다. 아울러 그의 제도에 대한 감각이 여실히 드러나는 대목이라고 할 수 있다.

그 후 1875년에 점차 입헌정체 수립의 조칙이 내려졌고, 그 첫걸음으로 지방관 회의와 원로원이 창설되었다는 사실은 이미 언급한 바와 같다. 반면 가장 중요한 헌법 제정은 미해결인 채로 방치해 놓고 있었다. 세이난 전쟁, 기도 다카요시의 병사(病死), 오쿠보 도시미치 암살[8] 같은 체제를 뒤흔드는 사건이 계속되었기 때문이다. 겨

---

8) 세이난 전쟁을 진압한 직후인 1878년 도쿄 기오이자카에서 시마다 이치로 등에게 암살당했다.

우 1880년(메이지 13)에 접어들어서야 정부 내부에서 입헌 운동에 대한 각성이 일어났다. 이해, 천황은 각 참의에게 입헌제 도입에 대한 의견서를 작성하라고 명했다. 그 가운데에서 이토가 제출했던 안은 다음과 같았다.(『이토 전』 중권)

이토의 헌법 의견서

그의 첫 번째 주장은 기존 원로원을 확장하자는 것이었다. 이토는 "국회를 아직 서둘러서 설립해서는" 안 된다고 주장하였다. 그에 따르면 국회를 개설하여 군민공치를 실현하는 것은 "국체(國體)를 변경"한다는 뜻이므로 "실로 전례가 없는 큰일로 결코 조급하게 행해서는 안 된다."라고 하였다. '점진 노선'을 내걸었던 그는 이에 대해서 원로원을 확장하고 화족과 사족 가운데에서 널리 원로원 의관(議官)을 선출하는 방안을 우선 내놓았다. 그것이야말로 1875년 오사카 회의 정신을 계승하고 기도와 오쿠보라는 "선배들이 생전에 남긴 지도를 좇아 점진 노선을 밟는" 길이었다.

두 번째는 일반 국민이 선거로 뽑은 검사관을 두자는 주장이었다. 국민 가운데에서 회계검사관을 선출하여 국가의 재정 실무를 익히게끔 한다는 것이다. 그에 따르면 이러한 검사관의 "권한은 오로지 회계검사에만 한하고, 감히 재정 용도를 정하는 대정(大政)에 간여하는 일은 허락하지 않는다. 이는 첫째로 재정 문제를 공론화하는 방법으로 삼고자 함이고, 둘째로는 인민이 실무를 익히도록 하여 경험을 쌓게 하고자 함이다." 아마 이토는 지방관 회의에 이러한 직제를 설치하여 우선 재정 결산 기능에 민의를 반영하고, 점차 재정을 민주적으로 통제하는 방향으로 나아가고자 했다고 하겠다.

세 번째로 이토는 "천황이 결단하여 천하의 향방을 정하기를 청원할 것"을 주창하면서 의견서를 마무리하고 있다. 과열된 자유 민권운동9)에 따른 국회 개설 요구를 진정시키기 위해서라도 천황이 다시금 "점진의 뜻"을 분명히 밝히는 일이 중요하다는 것이다.

---

9) 메이지 시대에 일어났던 정치·사회 운동으로, 1874년(메이지 7) 민선의원 설립 건의서 제출을 계기로 시작된 것으로 본다. 그 후로 삿초(사쓰마와 나가토) 번벌 정부의 시정에 대항하여 헌법 제정, 의회 개설, 토지세 경감, 불평등조약 개정 반대, 언론과 집회 자유의 보장 등의 요구를 내걸고 1890년(메이지 23년) 제국 의회 개설 무렵까지 계속되었다. 이 운동을 주도했던 이타가키 다이스케는 후에 자유당을, 오쿠마 시게노부는 입헌개진당(立憲改進黨)을 만들고 본격적인 정치 활동을 시작하였다.

이상에서 살펴본 이토의 견해는 다음 장에서 소개할 오쿠마의 헌법 의견서와 비교해 보면 미온적이고 보수적인 현상 유지책으로밖에 보이지 않는다. 그렇지만 그 안에는 이와쿠라 사절단을 경험한 이후 길러 온 점진주의 철학이 굳건히 표명되어 있는 것도 사실이다. 1873년(메이지 6) 정한론 정변 직후에 내놓은 점진적인 의회제 도입안을 견지하였다고 평할 수 있다.

그러나 현실의 정치적 상황은 이토의 인식을 넘어 비등(沸騰)하고 있었다. 이듬해에 오쿠마 시게노부가 제출한 한 통의 의견서를 발단으로 하는 사건이 메이지 헌법사의 진로를 크게 바꾸어 놓았다. 이른바 메이지 14년 정변이었다.

2 메이지 14년 정변

물의를 일으킨 오쿠마의 의견서

정한론 정변에서 패하고서 하야하였던 이타가키 다이스케를 중심으로 한 세력이 1874년(메이지 7) 1월 민선 의회 설립을 요구하는 건의서를 정부에 제출하였다. 그 후로 국회 개설을 요구하는 자유 민권파의 움직임이 눈에 띌 정도로 활성화되는 한편으로 민간에서도 입헌제에 대한 지식이 착실하게 향상되고 있었다. 그와 같은 소리를 외면하고 "점진, 점진"만을 외치며 자신을 타이르기에는 이미 때가 너무 무르익었다고 해야 하는 상황이 온 것이었다.

정부 안에서 그러한 시세에 민감했던 인물이 오쿠마 시게노부였다. 참의였던 오쿠마 역시 헌법 의견서를 작성하라는 명령을 받았다. 이윽고 그가 제출한 의견서는 커다란 파문을 일으킨다. 메이지 헌법사에 특기되는 메이지 14년 정변이다. 이 정변의 경위를 살펴보자.

사건의 발단은 1881년(메이지 14) 3월에 오쿠마 시게노부가 영국식 의원내각제를 주장하는 헌법 의견서를 제출한 것에서 시작되었다. 참의직에 있었던 이들은 모두 헌법 제정에 관한 생각을 문서로 정리하여 제출할 것을 명받았다. 오쿠마 역시 그 방침에 따랐던 것이지만 그 제출 방식과 내용, 두 가지 측면에서 물의를 일으켰다.

우선 제출 방식에 대한 것으로, 오쿠마는 의견서를 제출하면서 비밀주의를 지켰는데, 그러한 태도 때문에 이 문제를 담당하는 대신이었던 아리스가와노미야 다루히토 친왕을 거쳐 천황에게 몰래 아뢰려고 했던 것이 아닌가 하는 혐의를 받았다. 이와 관련하여 특히 분노했던 인물이 다름 아닌 이토였다. 오쿠마와 이토는 이노우에 가오루까지 끼어 넣고서 그해 1월에 아타미에서 장차 제정해야 할 일본 헌법이 어떤 모습이어야 하는가에 대해서 숙의할 기회가 있었다. 이토의 입장에서 보자면 그 기회에 그는 오쿠마와의 연대를 분명히 확인했을 것이다. 그런 일이 있었는데도 당사자인 오쿠마가 정작 자신에게는 비밀로 하고 몰래 천황에게 헌법 의견서를 올리려고 하였다는 사실을 이토는 자신에 대한 배신으로 여겼다.(사카모토 가즈토,『이토 히로부미와 메이지 국가 형성』)

다른 한편으로 헌법사적 측면에서 더욱 중요한 점은 오쿠마 의견서의 내용이다. 6월에 아리스가와노미야 다루히토 친왕에게서 의견서를 내밀히 전해 받은 우대신(右大臣) 이와쿠라 도모미는 그 내용에 충격을 받았다. 오쿠마가 의견서에서 주장하였던 바는 이듬해에 국정(國政) 선거를 시행하고 이 년 후에는 국회를 개설하자는 급진론으로, 더욱이 영국식을 채택하여 선거에서 다수를 획득하는 정당이 내각을 조각한다는, 정당정치에 입각한 의원내각제를 내걸었던 것이다.

이와쿠라는 문제의 의견서를 이노우에 고와시에게 보여 주고서 의견을 구하였다. 이노우에 고와시는 메이지 시대를 대표하는 법제 전문 관료로, 메이지 헌법의 실질적인 기초자였다. 서둘러 조사를 한 이노우에는 "요전에 비밀문서[10]를 몰래 볼 수 있도록 내려 주신 후에 매우 깊이 생각하였는데, 유럽 여러 나라 가운데 특히 독일 같은 나라는 결코 영국처럼 의회에 충분한 권력을 주어 입법권뿐만 아니라 행정 실권까지 부여하는 데까지는 이르지 않고 있습니다."라고 회답하였다.(6월14일 이와쿠라 앞으로 보낸 이노우에 고와시의 편지, 『이노우에 고와시 전』④) 그러한 보고를 받은 이와쿠라는 이노우에에게 오쿠마에 대항하는 내용의 헌법 의견서를 작성하라고 명했다. 그 결과로 작

---

10)) 여기서는 오쿠마의 헌법 의견서를 가리킨다.

성된 것이 7월 5일 이와쿠라의 명의로 정부에 제출된 '대강령(大綱領)', '강령(綱領)' 등으로 이루어진 일련의 헌법 의견서(이와쿠라 헌법 의견서)였다. 오쿠마의 의견서와는 매우 대조적인 내용으로, 독일 프로이센을 모델로 하는 흠정 헌법 체제를 따르자고 주장하는 한편으로 광범위한 천황 대권(大權)과 의회에서 예산안이 의결되지 않았을 경우 전년도 예산집행 제도를 채택하는 등 훗날 메이지 헌법에 규정되는 사항들이 미리 제시되어 있다. 오쿠마 헌법 의견서 사건의 전말은 이상과 같으며, 메이지 14년 정변의 1막이라 할 수 있겠다.

개척사(開拓使) **관유물**(官有物) **불하**(拂下) **사건**

다음으로 2막에 해당하는 것이 이른바 개척사 관유물 불하 사건이었다. 이는 개척사(홋카이도를 위해 설치된 정부 기관)가 정부자금으로 설립한 갖가지 관유물[11]을 파격적 가격으로 한 민간 회사에 팔아 버리려고 했던 일에서 발단하였다. 문제의 민간 회사가 당시 정부의 유력자(구로다 기

---

11) 공공 기관 물건.

요타카)와 밀접한 사이였기 때문에 이러한 정부 조치를 계기로 대대적인 반정부 운동이 벌어졌다.

정부로서는 비밀리에 일을 진행해 왔는데도 매각한다는 처분 내용이 어떻게 세상에 유출되었는가 하는 문제에 집착하여 그 '범인'을 찾는 일에 혈안이 되어 있었다. 가장 많은 의심을 받았던 인물이 오쿠마였다. 정권 교대를 전제로 하는 영국식 정당정치를 채용하자고 촉구하였던 오쿠마가 주요 용의자로 부각된 것은 이상할 것도 없었다. 오쿠마가 주장한 정당정치론은 애초에 정부를 비판해 온 자유 민권파가 주장한 내용이었다. 이토는 이와쿠라에게서 오쿠마 의견서의 내용을 받아 본 직후에 "오쿠마의 건의서는 아마도 본인 혼자만의 생각으로 나오지는 않았을 것이라고 의심하고 있습니다."(7월 1일 산조 사네토미 앞으로 보낸 편지, 『산조 가문(三條家) 문서』)라고 추정하고 있는데, 실제로 오쿠마는 오노 아즈사, 야노 후미오, 이누카이 쓰요시 등 자유 민권파 청년 지식인들을 자신의 휘하에 두고서 정부에 일자리를 주선해 주는 등 일종의 정책 연구 집단을 꾸리고 있었다. 그러한 인맥을 이용하여 오쿠마가 재야의 자유 민권운동과 손잡고 정부 전복을 기도한다는 따위의 소문이 그럴듯하게 퍼져 있었다.

오쿠마의 의견서가 도화선이 되고 개척사 사건으로 점화가 되어 이윽고 메이지 14년 정변이 일어났다. 10월 11일에 정부는 고조되는 정부 탄핵 주장에 굴복하여 개척사 관유물 불하 조치를 중지하기로 결정하였다. 그렇지만 그와 동시에 오쿠마 시게노부를 각료에서 파면하고 정부로부터 추방한다는 조치를 발표하였다. 이것이 메이지 14년 정변으로 불리는 사건인데, 중요한 것은 바로 그다음 날에 공포된 국회 개설 칙유(勅諭)이다. 이 칙유에 의해 1890년을 기해서 국회 개설이 천황 명의로 공식화되었다.

메이지 14년 정변은 헌법을 제정하고 국회를 개설하는 명확한 기한을 정부 스스로 설정했다는 점, 그리고 장차 제정할 헌법의 내용은 독일(프로이센)을 모방한다는 방침을 채택했다는 점에서 헌법사의 획기적 사건이었다. 그렇지만 과연 프로이센이 진정으로 메이지 헌법의 모델이었을까? 최소한 유일한 모델이었을까? 이러한 문제 설정의 유효성을 설명하기 위해 메이지 14년 정변의 다음 해에 감행되었던, 이토 히로부미가 유럽에서 벌인 헌법 조사를 검토해 보자.

3 유럽에서의 헌법 조사

베를린으로

1882년(메이지 15) 3월에 이토 히로부미는 유럽으로 가기 위해 일본을 출발하였다. 이때 이토의 출장 명목은 '헌법 조사'였다. 전년도에 공포된 국회 개설 칙유를 받들어 이토는 일본에서 장차 시행해야 할 헌법을 모색하기 위해 유럽 각국에서 관련 조사를 하게 되었던 것이다.

오늘날 메이지 헌법을 만든 창시자라는 명성을 누리고 있는 이토가 스스로 유럽으로 건너가 일 년 이상이나 관련 조사를 했다는 식의 영웅담은 하등 이상할 것이 없다. 그러나 동시대의 여러 이야기를 수집해 보면, 이 당시 이토를 파견하는 결정에 대해서는 정부와 민간 양측 모두가 의혹과 당혹감을 느끼면서 사태를 받아들이고 있었다. 정부 내 일인자라고 할 수 있었던 이토가 그토록 다사다난한 시기에 어째서 오랫동안 일본을 비워 놓고 헌법 조문 조사 같은 일로 굳이 유럽까지 가야 하는지 이해하기 어렵다는 것이 대체적인 반응이었다. 그러한 종류의 일은 담당 관료를 파견하거나 현지 외교관에게 맡겼으면 좋았을 것이라는 의견이 정부 안에서는 물론이거니와 민간의 신문지상에서도 등장하였다.

분명히 이토가 유럽에 간 목적은 단순히 헌법 조문 조사만은 아니었다. 그것은 출발에 앞서 그가 천황에게서 "입헌제를 채택하고 있는 유럽 각국에 가서 그 정부 또는 석학과 만나 그 조직 및 실제 정세까지 살펴보라."라는 칙명을 받았다는 사실에서도 단적으로 드러난다.(『이토 전』 중권) 헌법이라는 국가의 기본 뼈대에만 머무르지 말고 구체적으로 살을 붙이는 문제까지 조사해 오는 것이 궁극적인 목적이었다고 생각하는데 실제로 행해진 조사는 어떠한 것이었을까? 유럽에서 이토가 남긴 발자취를 간단히 따라가 보고자 한다.

이토는 우선 독일을 목표로 하였다. 전년도에 일어난 정변의 결과로 메이지 정부의 노선이 독일식으로 정해졌다는 사실에 입각하여, 곧장 독일제국의 수도인 베를린을 방문해 당시 베를린 대학 공법학 교수로 있던 루돌프 폰 그나이스트에게 자문을 청하였다.

그러나 베를린에서의 조사 작업은 원활하지 않았다. 애초부터 그나이스트는 그러한 조사에 지극히 소극적이었던 것 같다. 조사단의 일원에 따르면 그나이스트는 최초의 만남에서 헌법은 민족정신의 발로로서 민족의 역사에 입각한 것이므로, 일본 역사에 무지한 자신이 조사단에 도움을 줄 수 있을지 심히 의심스럽다는 취지의 발언을 했다는 것이다. 그러한 주장은 당시 독일에서 지배적이었던 역사법학파[12]의 명제이기도 하였다. 그나이스트는 또한 역사법학파의 창시자 프리드리히 카를 폰 사비니의 베를린 대학 강좌를 이어받은 사람이기도 하였다. 사비니의 뜻을 전수받은 그나이스트는 법은 언어나 습속과 마찬가지로 민족정신에 뿌리를 둔 역사적 생성물이라는 사실을 깨우쳐 주려고 하였다.

그러나 이토로서는 그와 같은 학문적 이론을 배우기 위해 머나먼 일본에서 바다를 건너온 것이 아니었다. 다시 마음을 다잡고 그나이스트와 담화를 거듭하면서 조사와 관련된 실마리를 얻고자 하였고, 그의 제자였던 이삭 알베르트 모세에게서 프로이센 헌법을 한 조목 한 조목 좇아 해석하는 방식으로 강의를 받기도 하였다. 그러나 그러한 정도로는 이토를 만족시킬 수 없었던 것 같았다. 그 무렵 베를린에서 일본에 보낸 편지에서는 언어가

---

12) 법의 역사성을 강조하고 그에 대한 역사적 연구를 중시하면서 자연법론이나 분석법학 등과 대립한 학파로, 19세기 전후반에 걸쳐서 독일과 영국에서 유행하였다.

유럽에 체류하던 시절의 이토 히로부미(1883)

통하지 않는 점(이토는 영어는 뛰어났지만 독일어는 하지 못했다.)
을 한탄하는 한편 조사의 진행 상황에 대해 커다란 불안
감을 표명하면서 체재 기간을 연장해 줄 것을 청원하였
다.[2]* 이토는 이대로 가다가는 자신의 유럽행이 완전한
실패로 끝날지 모른다는 위기감을 느끼고 있었다.

그나이스트와 슈타인의 차이

이토의 상황은 8월에 오스트리아 빈을 방문하고 나서부터 변화하였다. 빈 대학의 국가학 교수 로렌츠 폰 슈타인과 면담한 이토는 국가의 행동 원리로서 행정의 의의를 주장하는 슈타인 교수의 국가학(Staatwissenschaft)에서 커다란 계시를 얻는다. 그것은 앞서 베를린에서 그나이스트나 그의 제자 모세에게서 전수받은 헌법의 해석학적 강의에서는 기대할 수 없었던 것이다. 이토는 일본에 보낸 편지에서 슈타인이라는 "훌륭한 스승"을 만날 수 있었고 "마음속으로 몰래 [이곳에서] 죽어도 여한이 없겠다는 심경이다."라고 적고 있다. (8월 27일 자로 야마다 아키요시에게 보낸 편지, 『이토 전』 중권. 8월 11일 자로 이와쿠라에게 보낸 편지, 『이토 전』 중권)

빈과 베를린에서 벌인 조사를 구별 지은 차이는 무엇이었을까? 첫째는 슈타인과 그나이스트 또는 모세의 강의 내용이 달랐다는 점을 들 수 있다. 그는 헌법에 당연히 기술되어야 할 구체적 조문을 이해하고자 한 것이 아니라, 입헌 국가의 전체 상과 헌법 시행 이후의 국가 운영과 관련된 지침을 구하고자 하였다. 그와 같은 문제의식에서는 슈타인의 국가학 쪽이 훨씬 친화적이었던 것이다.

또 하나는 베를린에서 이토가 의회 제도에 적대적인 발언을 종종 들었다는 점이다. 이토는 그나이스트와 처음 면담하고 난 후 일본에 보내는 편지에서 그나이스트의 설은 "자못 전제론(專制論)"적이라고 기술하고 있다. 이토에 따르면 그나이스트는 "설령 국회를 개설하여도 병권, 회계권 등에 간여케 하면 이내 화란(禍亂)을 일으키는 단초가 되고 말 것이니, 처음에는 매우 미약한 상태로 시작하는 것이 상책이라고 말하였다."라고 말하는 것 같았다. (5월 24일 자로 마쓰카타 마사요시에게 보낸 편지,『이토 전』중권)

독일 황제도 그와 동일한 견해를 표명하고 있다. 이토는 8월 28일에 빌헬름 1세와 한자리에서 식사할 기회를 얻었는데 그때에 "일본 천황을 위하는 마음에서 국회 개설을 축하할 수 없다."라는 '의외의 발언'을 들었다. 그에 따르면 독일 황제는 덧붙여 이어 나가기를 "최종적으로 일본 정세가 어쩔 수 없이 국회를 개설하는 지경에 이른다면 매우 주의하여서 나라를 통치하고, 설령 어떠한 일이 있더라도 국비를 징수할 때 국회의 허락을 받지 않으면 안 되는 것과 같은 가장 나쁜 방책은 채택하지 않기를 바란다."라고 논했다고 한다. (9월 6일 마쓰카타 마사요시에게 보낸 편지,『이토 전』중권)

독일 측의 이러한 반응은 일본이 문명화한 정도에 의문을 품었기 때문이라기보다 의회정치를 실현하는 과정에서 독일 자신이 겪은 쓰라린 경험에서 말미암은 것으로 추측할 수 있다. 의회가 군사비를 승인하는 효과를 둘러싸고 1862년에 유명한 프로이센 헌법 투쟁[13]이 벌어진 것으로 알려져 있는데, 이토가 독일을 방문하였을 적에도 제국 의회에서 연초전매화(煙草專賣化) 법안[14]에 대한 심의가 이루어지는 과정에서 의회 내 "평판이 좋지 않았고" 그 결과 "좀처럼 양보와 타협이 이루어지지 않"아 비스마르크는 심사가 뒤틀려 자택에서 칩거하고 있다는 사실을 알려 주었다. (5월 24일 마쓰카타 마사요시에게 보낸 편지, 『이토 전』 중권)

이처럼 독일 의회정치의 현실이 독일 황제나 그나이스트가 이토에게 밝힌 부정적 조언의 형태로 나타났다는 측면도 있었다. 독일 입장에서 보자면 자신들조차 그 정도로 순탄하게 실현시키지 못한 의회 제도를 일본인이

---

13) 1861년 프로이센 국왕 빌헬름 1세가 육군 확장을 기도한 것을 두고 의회와 정부 사이에 일어난 분쟁. 의회를 지배하는 자유주의자들은 확장에 반대하고 관련 예산을 삭감하였으나 1862년에 수상이 된 비스마르크는 의회를 무시하고 확장 계획을 강행하였다. 이 분쟁은 의회의 예산심의권을 둘러싼 헌법 문제로 발전하였다. 1866년 프로이센·오스트리아전쟁 후에 자유주의자 대다수가 태도를 바꾸어 비스마르크를 지지하고 비스마르크도 의회에 사과하면서 헌법 투쟁은 막을 내렸다.
14) 담배를 국가 독점기업이 생산하고 판매한다는 내용.

가져다가 제대로 활용할 수 없을 것이라고 당연히 강하게 생각했을 듯하다.

그러나 그와 같은 조언에도 불구하고, 또한 이토 스스로가 연초전매화 문제로 비스마르크가 곤경에 빠진 상황을 정확하게 관찰하고 있었음에도 불구하고, 그의 마음속에서 의회제 도입을 주저하였다는 흔적은 찾아볼 수 없다. 그는 일관되게 의회와 공동으로 정치를 운영해 간다는 전체적 구상을 좇고 있었다. 그렇다고 한다면 이토의 관심은 어떻게 하면 면역결핍의 부작용 없이 의회 제도를 이식할 수 있을까 하는 점에 집중되어 있었다고 추측할 수 있다.

슈타인의 국가학에 감복하다

이러한 점에서 슈타인의 강의는 이토가 지향하는 바와 일치하였다. "헌정(憲政, Verfassung=의회제)은 가장 본래적인 개념에 의거하면 행정행위 없이는 내용이 없고, 행정은 그 개념상 헌정 없이는 아무런 힘이 없다."라고 주장하는 슈타인의 국가학은 의회정치와 행정의 조화를 꾀하는 이론이라고 말할 수 있었기 때문이다. 슈타인에 따르면 Verfassung(의회 제도)는 국민의 정치 참여 원리와 체계로서 없어서는 안 되지만, 이해와 관심에 따라 좌우되는, 안정성이 결여된 정치로 이행될 수밖에 없다. 따라서 그에 대하여 의회 제도를 보완해 국가의 공공 이익을 실현하는 체계로서 Verwaltung(행정)이 필요해지는 것이다. 그와 같이 주장하는 슈타인의 국가 이론에 이토는 감복하였다. 일본으로 돌아온 이토는 슈타인의 존재를 널리 선전하였고, 그 후로 빈에 있는 슈타인의 집에 일본의 정치가나 관료, 학자, 유학생 등이 끊임없이 찾아가서 그에게 가르침을 요청하는 '슈타인 참배' 현상이 생겨났다.

이토는 1882년 8월에 빈에서 슈타인을 만난 후에 일단 베를린으로 돌아갔다가, 9월에 다시 빈을 방문하여 11월 5일까지 슈타인의 강의를 들었다. 그 결과 "헌법만큼은 이제 충분하다."(10월 22일 자로 이노우에 가오루에게 보낸 이토의 편지, 『이토 전』 중권)라고 갈파하면서 "찔끔찔끔 헌법을 조사하는 것으로는 아무런 소용이 없다."라고 말한 뒤에 "설령 아무리 훌륭한 헌법을 제정하여도, 좋은 의회를 개설하여도 시정이 잘 이루어지지 않으면 그 결과가 볼 만하지 않으리라는 점은 굳이 논할 필요가 없다. 잘 시행되기를 바란다면 우선 그 조직과 준승(準繩)을 확정하지 않으면 안 된다."라는 인식을 나타내고 있다. 정치를 행하는 "조직과 준승을 확정하는" 일, 그것은 곧 "정부의 조직과 행정의 준비를 확립하는" 것에 다름 아니었다.(『속 비록』)

슈타인과의 만남을 통해서 이토는 입헌 체제의 전체상뿐만 아니라 그 제도적 기반이라 할 행정에 대해서도 눈을 떴다. 번벌 정부에서 '제도의 정치가'를 자부하던 그에게 슈타인의 국가학은 문자 그대로 갈망하던 것이었다. 그렇지만 슈타인에게서 그가 받았던 영향력은 거기에 머무르지 않았다. 슈타인을 통하여 이토는 제도란 지(知)에 의해 성립하고 지(知)에 의해 움직인다는 시각을 획득하였다. 이 점은 다음 절에서 상세히 논의하기로 하자.

그 후 이토는 다시 베를린에 가서 모세의 강의를 듣고 이듬해 2월 19일까지 그곳에 머물렀다. 베를린을 떠난 뒤에는 3월 3일에 런던으로 가서 약 두 달 동안 더욱 상세하게 현지 조사에 나섰다.

이토는 런던에서도 정력적으로 조사에 힘을 쏟았다. 그러한 사실은 이노우에 가오루 앞으로 보낸 편지에서 "거의 두 달이나 영국에 머무르고 있습니다. 그동안 매일 조사를 하고 철두철미 요점을 파악해 둘 생각입니다. 그러나 헌법 정치에 대한 것은 배우면 배울수록 어려움을 실감하고 있습니다."라고 적은 데에서도 짐작할 수 있다.(1883년 4월 27일 자 편지,『이노우에 가오루 문서』) 그렇지만 영국에서 이루어진 조사의 실태는 사료가 존재하지 않아서 불명확하다. 그 때문에 이 시기에 행해진 헌법 조사의 의의에 관해서는 지금까지 필자도 그러했지만 단지 독일과 오스트리아에서 그나이스트와 슈타인의 영향을 받았다는 내용에만 입각하여 논의해 왔는데[3*] 이 책에서는 뒷부분에서 영국에서의 조사 성과에 대한 가설을 피력해 보고자 한다.

5월 9일에 영국을 뒤로하고서 이토는 러시아 황제 알렉산드르 3세의 즉위식에 일본 전권대사 자격으로 출석하였고, 그 후 6월 26일에 이탈리아 나폴리에서 귀국 길에 올랐다. 그리고 8월 3일에 일본에 도착하였다. 약 일년 반에 걸친 조사 여행이었다. 출발 전 그를 파견하는 것을 두고 수많은 이견이 정부 내외에서 제기되었다는 사실은 앞서 언급하였지만 이토는 헌법을 제정해야 한다는 크나큰 자신감을 얻고 돌아왔던 것이다.

4 헌법 제정기의 이토의 사상

─국제지(國制知)의 조형

헌법 반포

대일본제국 헌법, 이른바 메이지 헌법은 1889년(메이지 22) 2월 11일에 반포되었다. 그날 도쿄 거리는 국가적인 축제의 장이 되었다. 이때 세간의 모습이 어떠했는지는 (당시 일본에 와 있던) 황실에 고용된 외국인을 중심으로 이미 다양한 증언들이 남아 있는데 여기에서는 당시를 회상하는 시정아치의 목소리를 인용해 보자.

하여튼 나는 헌법 반포를 이 두 눈으로 봤단 말이지. 이야……, 엄청 야단법석이었지. 근데 내가 아마도 아홉 살 정도였을 거라고 생각하는데, 여기저기 가게에서 네 말(斗)들이 술통 마개를 따고서는 완전히 잔치 분위기였어. 술에 취한 사람들이 함부로 지껄여 대고, 그게 나라 전체로 진짜 중요한 일이었으니까. 그다음에 있었던 축하 퍼레이드도 대단했는데 도무지 쫓아갈 수가 없었어.

사이토 류스케,『장인들의 옛날이야기』

이때, 일본 관민은 모두 일등 문명국으로 가는 티켓을 손에 쥔 듯이 도취되어 있었다.

그와 같이 국가적 위신을 걸고 제정된 메이지 헌법은 어떤 역사적 의의가 있을까? 종래에 이 헌법은 겉치레뿐인 입헌주의(Scheinkonstitutionalismus)의 산물로, 강대한 군주 대권(大權)을 규정하고 의회의 권한을 약화한, 요컨대 근대화에 대한 반동적 성격이 각인된 것으로 파악되어 왔다. 그러나 1920년대까지는 이러한 헌법 위에서 의회정치가 진전되었고 영국식인 양대 정당제와 정당내각이 실현되었다는 것이 역사적 행보이다. 그것은 헌법을 만든 장본인인 이토에게는 예상치 못한 사태였을까? 본 절 이후에는 이러한 점을 염두에 두고 헌법 제정기에 이토가 지녔던 헌법관을 해설하고자 한다. 이때에 중요한 점은 '헌법=constitution'을 단순히 법전으로서뿐만 아니라 국가 구조라는 측면(국제(國制)), 정치의 존재 방식이라는 측면(헌정=의회정치)에서도 고찰해 가는 것이다.

국가 전체의 구축

우선 법전으로서의 constitution(헌법)을 살펴보자. 조문(條文)만을 볼 경우, 제1조에서 천황의 지위는 만세일계(萬歲一系)[15]로 신성불가침의 존재로 규정하는 데에서 잘 나타나듯이 신권(神權)적인 천황 절대주의(絶對主義) 헌법으로 특징지을 수 있다. 신권적 측면은 그렇다 하더라도 4* 일련의 군주 대권을 비롯한 헌법 전반을 규정하는 데 참고한 모델은 프로이센 헌법(1850)이었다. 그 배경에는 메이지 14년 정변이라는 사건이 있었다. 여기에서 오쿠마 시게노부가 제창한 영국식 모델의 헌법안은 배제되었고, 이와쿠라와 이노우에 고와시가 추진한 독일 모델이 선택되었다. 헌법의 기초 방침은 여기에서 확정되었으며, 그것은 메이지 헌법의 이념적 성립이라고 말해도 좋을 것이다.

그러나 이듬해에 이토 히로부미가 유럽에서 헌법을 조사한 결과를 반영하여 메이지 constitution에 새로운 측면이 부여되었다. 일본어로 '헌법(憲法)'은 영어, 프랑스어의 constitution과 독일어의 Verfassung의 번역어로 이토가 파견될 무렵에 공식적으로 결정되었다고 알려져 있

---

15)) 일본 천황의 혈통이 같은 계통으로 영속적으로 이어진다는 뜻.

다. 그러나 일본어로 '헌법'이 상기시키는 바와는 달리 constitution이나 Verfassung이라는 낱말은 매우 다의적인 개념이다. 그것은 '헌법'이라고 말하기 이전에 사물의 구축과 책정(策定) 또는 그 성립과 구조를 뜻하는 낱말이다. (졸고「이토 히로부미의 입헌 설계」)

그리고 앞의 절에서 보았듯이 이토의 헌법 조사는 실제로는 '헌법'을 넘어서서 국가의 전체 구조를 대상으로 하는 것이었다. 슈타인의 강의를 듣고 이토가 헌법 따위는 종잇조각 한 장에 불과한 것으로, 중요한 것은 행정이라고 간파했다는 사실은 앞서 말한 대로이다. 이러한 가르침을 그대로 좇아서 이토는 귀국한 후에 행정조직 개혁에 착수한다.

국가 제도를 확립하기 위한 여러 개혁

우선 그는 궁중 개혁에 착수했다. 그 무렵 지도 이념은 궁중과 부중(府中)[16]의 구별을 확립하는 것이다. 이 무렵 30대에 접어든 메이지 천황은 청년 군주로서 위풍을 풍

---

16) 조정에서 정치를 행하는 공식적인 곳.

기게 되었다. 그러한 여세를 몰아서 천황 친정 운동이 일어났다. 천황이 직접 다스리도록 정권을 위임하라고 주장하는 운동이다. 이토는 그 운동에 반대하였다. 군주라는 한 개인의 의사에 의해 정치가 좌우되는 일은 바람직하지 않다고 생각했던 이토는 먼저 궁중과 부중을 분리하는 개혁을 단행하여 천황 친정 운동을 봉쇄해 버렸다.(사카모토 가즈토, 『이토 히로부미와 메이지 국가 형성』)

다음으로 1885년(메이지 18) 12월에 내각제 도입을 비롯한 행정 기구 개혁이 이루어졌다. 그 결과로 초대 내각 총리대신에 이토가 취임하였다. 그때까지 대신이 될 수 있는 자는 아리스가와노미야, 산조, 이와쿠라 등 황족·화족으로 한정되어 있었는데, 향후 국가에서는 신분에 관계없이 [일본] 국민이라면 누구라도 대신의 자리에 나아갈 수 있도록 형식상 가능케 되었다.

더 나아가 이토는 대학 제도 개혁에 착수한다. 곧 1886년 제국 대학(帝國大學)이라는 새로운 고등교육 체제를 구축하였다. 오늘날의 도쿄 대학이다. 그는 제국 대학을 국가행정을 담당하는 엘리트 관료를 등용하는 시스템으로 삼았다. 이에 맞춰 제국 대학 법과대학—오늘날의 도쿄대 법학부—안에 국가학회(國家學會)라는 조직이 생겼다.

국가학회는 오늘날에도 도쿄대 대학원 법학연구과 교원을 중심으로 운영되고 있는 학술 조직인데, 본래 이 당시 이토가 지원하여 일본 최초의 정책 싱크 탱크의 의미를 지니고서 창설되었다.

1888년(메이지 21)에는 추밀원(樞密院)이 창설되었다. 당초 헌법전(憲法典)이나 황실 전범(皇室典範)의 초안을 심의하기 위해 설치된 기구인데 이토는 더 나아가 천황의 정치적 행위를 보좌하는 자문기관으로서 위치를 부여했다. 그는 궁중을 정치에서 떼어 놓고 그 안에 천황을 억지로 집어넣으려고 하였다. 그러나 메이지 헌법에는 천황은 형식상 통치권의 총람자(總攬者)이고 주권자로 규정되어 있었다. 그와 같은 주권자로서의 천황이 정치적 의사 결정을 행하는 경우에는 추밀원이라는 공간에 나아가서 그곳에서의 심의를 거쳐야만 하는 것으로 규정되어 있었다. 추밀원은 천황의 정치 활동을 제도화하고 그에 질서를 부여하고자 했던 이토 구상의 일환이었다.

이상과 같은 일련의 국가 구조 개혁에서 화룡점정이었던 사건이 1889년(메이지 22) 메이지 헌법 반포였고, 이에 근거해서 입헌 국가의 대체적인 체재(體裁)가 정돈되었다.

이같이 메이지 헌법 제정기의 이토는 좁은 의미의 헌법뿐만 아니라 그것을 1막으로 삼는, 보다 넓은 의미의 국제 확립에 부심하였다. 이상에서 언급한 국제를 구성하는 여러 요소 가운데 여기에서는 그중 하나를 집중적으로 다룸으로써 이토가 그 시기에 그리고자 하였던 국가형태를 좀 더 입체적으로 부각하여 보여 주고자 한다. 그러한 요소란 다름 아닌 제국 대학이었다.

오쿠마 시게노부의 도전

이토는 입헌 체제를 세상에 적용하기 위해서는 그에 앞서 새로운 국가 제도에 걸맞은 새로운 지(知)의 제도화가 반드시 이루어져야 한다고 생각했다. 여기에 이르러서 그는 국가라는 것이 또한 지를 기반으로 성립된다는 생각에 도달하였다. 그러한 깨달음을 가져다준 것이 헌법 조사 당시에 접한 슈타인의 강의였다. 그러한 관점에서 슈타인 국가학의 의의를 다시금 논해 보자.

본래 이토는 지를 대단히 사랑하는 정치가였다. 사람은 모름지기 지를 통해 입신하여야 하고, 지에 의해 사회에서 인정받아야 한다고 생각하였다. 그것은 소년 시절부터 쌓은 체험에 근거한 사상이라고 말할 수 있다. 이토 자신이 새로운 지식에 대한 동경에 자극받아 세상의 굴레를 깨부수면서 입신해 왔다는 사실은 앞 장에서 말한 바와 같다.

그와 같은 이토에게 정치가로서의 정체성에 심각한 위기를 일으킨 것이 메이지 14년 정변이었다고 추측한다.[5*] 앞서 논했듯이 이 시기에 오쿠마는 이토를 능가하는 수준의 헌법과 제도에 대한 구상을 전개하였다. 그것은 '제도의 정치가'임을 자부하는 이토의 근저를 뒤흔들기에 충분하였다. 그렇지만 그것만으로 그치지 않았다. 오쿠마의 구상은 '지의 정치가' 이토에게 커다란 위협이 되었다. 이 시기에 오쿠마가 이토의 장기를 가로채 가는 식으로 자신의 주위에 지식인들을 규합하고 그것을 제도화하는 일이 착실하게 진행되고 있었기 때문이다.

오쿠마는 관직에 있던 시절부터 우수한 지식인들을 자기 휘하에 모아 놓고 그 영향력을 증대하는 일에 힘썼다. 그가 규합한 이들의 면면을 열거하면 농상무경 고노 도가마, 체신 총감 마에지마 히소카 외에 다음과 같은 소장 관료들이 있었다. 즉 야노 후미오(통계원 간사 겸 태정관 대서

기관), 우시바 다쿠조(통계원 소서기관), 이누카이 쓰요시(통계원 권소서기관), 오자키 유키오(상동), 나카가미가와 히코지로(외무 권대서기관), 오노 아즈사(일등 검사관), 무타구치 겐가쿠(농상무 권소서기관), 고마쓰바라 에이타로(외무 권소서기관), 나카노 부에(농상무 권소서기관), 시마다 사부로(문부 권대서기관), 다나카 고조(문부 권소서기관), 모리시타 이와쿠스(대장 권소서기관) 등과 같은 인물이다.

이들처럼 젊고 뛰어난 지식인은 대부분 후쿠자와 유키치가 세운 게이오 의숙에서 배우고 오쿠마의 주선으로 정부에 봉직하게 된 경력을 지니고 있었다. 영국식 정당 정치 도입을 생각하던 오쿠마는 그를 위한 기반을 만들기 위해서 게이오 의숙 출신의 청년 지식층을 자신의 구상을 실현해 줄 인력으로 활용하고자 하였다. 오자키 유키오가 통계원에 등용되었을 무렵에 오쿠마의 심복이었던 야노 후미오에게서 "시세(時勢)의 진운(進運)에 촉발되어서 내각에서도 국회 개설론이 일어나고, 오쿠마 참의 등은 1883년(메이지 16)에는 국회를 개원할 희망으로 이미 그 준비에 착수하였다. 국회가 열리면 국무를 설명할 정부 위원이 다수 필요할 것이므로 지금부터라도 민간의 인재를 발탁해 정부에 등용하여, 이 년간 정무상 연습을 시키기로 하였다."(오자키 유키오, 『가쿠도 자전』)라는 이야기를 들었다. 오쿠마의 급진적 헌법 구상에 경악한 정부가 그의 휘하에 지식인들이 결집하는 일에 의혹을 강하게 품은 것은 당연한 일이라 하겠다. 당시 태정대신 산조 사네토미도 "오쿠마 씨가 건의한 이래로 한결같이 후쿠자와와 기맥(氣脈)이 통하는 무리가 정부 내부에 침입해 오는 상황에 모두 격노하고 있는 듯합니다."라고 기록하고 있다. (1881년 9월 6일 자로 이와쿠라에게 보낸 산조의 편지, 『실기(實記)』하권) 정부가 정변을 일으키면서까지 오쿠마의 급진적 헌법론을 봉쇄한 데에는 오쿠마 한 사람뿐만 아니라 정부 내부의 후쿠자와 부류 인물들까지도 한꺼번에 제거하지 않을 수 없었던 사정이 있었던 것이다.

'정담적(政談的) 지식인' 대 '과학적 지식인'

그러나 그러한 조치가 문제의 근본적 해결책이 될 수는 없었다. 재야로 축출된 오쿠마 일파는 입헌개진당과 도쿄 전문학교(훗날의 와세다 대학)를 설립하고 공공연하게 정부와의 대결 구도를 강화해 간다. '한 손에는 정당, 한

손에는 학교'를 구비함으로써 그들 일파는 사립학교에서 정치적 인재를 양성하여 그들을 순차적으로 정당에 등용해 가는 시스템을 꾀하였다. 예를 들면 오쿠마의 심복이라 할 오노 아즈사가 도쿄 전문학교에서 한 강의는 다음과 같았다고 전해진다.

오노 선생의 강의는 마치 정치 연설 같았다. 재정 원리 등은 따로 제쳐 놓고서 온통 정치 이야기만 하였다. 이러한 식으로 학생들의 기풍을 정치 변론으로 이끈 것은 실로 대단한 일이었다. (……) 전교의 생도 약 200명은 모두 젊고 기백이 넘치는 정치가였다.

『와세다 대학 백 년사』①

이로써 반정부 세력의 재생산 장치가 멋지게 정비되었음을 과시했다고 하겠다. 이러한 사정은 번벌 정부에게 심각한 위협이었다. 동시에 정부는 그때까지 정치 엘리트 양성의 주도권을 사립학교가 계속 쥐었다는 사태에 대해 심각하게 반성하지 않을 수 없었을 것이다. 그러한 점을 다른 누구보다 갑절로 통감한 이가 다름 아닌 이토였을 것으로 추측한다. 교육학자 쓰치야 다다오는 "1869

년(메이지 2)의 국시강목 이래 일관된 이토 히로부미의 생각은 근대 통일국가, 법치국가로서의 기구와 조직을 확립하고 그 가운데에 교육행정, 학교 제도의 양상을 어떻게 하면 좋을까, 또한 그와 같은 국가에 상응하는 인간을 육성하기 위해서는 어떠한 교육이 적당할 것인가 하는" 것이었다고 기술하고 있다.(쓰치야 다다오, 『메이지 전기 교육정책사 연구』)

앞 장에서 언급했듯이 '국시강목' 속에는 "신속하게 사람들이 널리 세계의 유용한 학업을 익히게" 하고 그를 위해서는 "새로운 대학교를 설치하고 예전부터 내려오던 학풍을 아주 바꾸지 않으면 안 된다."라는 표현이 있었다. 이토에게 새로운 국가는 "세계의 유용한 학업"을 익힌 새로운 인간들이 담당해야만 하는 것이었고, 그를 위한 지(知)의 기관으로 '대학교'를 설립하는 것을 일찍부터 염두에 두었다.

오쿠마의 대학 계획은 그런 의미에서도 이토에게는 커다란 도전이었다. 아울러 두 사람 사이에는 지식인의 '성질'을 둘러싼 견해 차이도 개재되어 있었다. 한마디로 말해, 오쿠마 휘하에 모여들어, 그가 육성하고자 했던 것은 '정담적 지식인'이다. 그러한 점은 도쿄 전문학교에서 오노의 강의 풍경을 묘사한 부분에서 단적으로 드러난다. 이에 반해서 이토가 염두에 두었던 것은 '과학적 지식인'이었다. 그리고 이러한 '과학'을 활용해 '정담'을 극복하는 일이야말로 이토의 최대 관심사였다.

1879년(메이지 12)에 건의한 '교육의(敎育議)' 가운데에서 이토는 메이지유신 후 [신정부에 반대하는] 불평 사족(不平士族)과 구미의 과격 사상의 대두에 대처하기 위해서는 고등교육 재편성이 불가피하다고 논하고 있는데, 거기에서 과학을 활용해 정담을 '극복(暗消)'하기 위한 자신의 방책을 이야기하고 있다.

고등 생도를 훈도하는 것은 모름지기 과학으로 나아가게 해야지 그들을 정담으로 이끌어서는 안 된다. 정담의 무리가 과다해지는 것은 국민의 행복이 아니다. 현재의 시세를 좇아가면 조금 재기가 있는 젊은 사인(士人)들이 서로 다투어 정담의 무리가 되고자 할 것이다. (……) 지금 그러한 폐단을 교정하기 위해서는 마땅히 공예 기술과 모든 분과의 학문을 널리 보급하고, 고등 학문을 배우고자 하는 자제들은 오로지 실용을 기하게 하고, 정밀하고 자세하게 관찰하기를 오랫동안 거듭하고, 뜻이 향

하는 바를 하나로 모아 통일하여 부박하고 격앙되어 있
는 폐습을 극복해 가야 할 것이다. 생각건대 과학은 실
로 정담과 서로 길항의 관계인 것이다.

『이토 전』 중권

이노우에 고와시에 대한 불안과 염려

그러나 이러한 이토의 제의와는 정반대로 사태는 도를
넘어 심각해져 갔다. "정담의 무리가 도시와 시골 할 것
없이 가득"한 상황은 오쿠마의 적극적인 주선까지 더해
져 1881년(메이지 14)에 접어들자 정부 내부까지 잠식되는
형편에 이르렀다. 이토는 이 시기에 "요사이 건방진 서기
관 등이 자못 급진론 등으로써 급박(急迫)하는 일이 종종
있다."(『호고히로이』 ⑩, 1881년 3월 4일)라고 쓴소리를 토로하
고 있다.

그러한 이토가 정부 내의 여느 지도자들 이상으로 정
변 후에 오쿠마의 도쿄 전문학교 동향에 신경을 곤두세
운 것은 당연하다고 해야 할 것이다. 그리고 이토에게 근
심의 불씨는 외부뿐만 아니라 내부에도 존재하였다. 메

이지 14년 정변은 국가 구상에 대한 패권을 다투는 싸움이라는 성격을 띠었지만 이전부터 지적하였듯이 그러한 패권 다툼의 진정한 주역은 이토와 오쿠마가 아니라 다름 아닌 이노우에 고와시와 오노 아즈사였다.(야마무로 신이치,『법제 관료의 시대』) 그들처럼 서구의 국가론과 정치 이론을 체득한 지식인의 대두에 직면한 이토는 자신의 권력 안정과 리더십 강화를 위해서도 이들 신흥 지식인을 능가할 정도로 입헌정치에 관해서 파악해 둘 필요를 느끼고 있었다고 추측한다.

분명히 이 무렵 정부 쪽에는 이미 프로이센형 입헌군주제를 상세하게 알고, 앞장서서 주장하던 재사 이노우에 고와시가 있었다. 그야말로 오쿠마의 급진론을 깨뜨려 부수고 이토를 설득하여 그에게 헌법 초안을 잡는 임무를 맡긴 정부의 이데올로그였다. 그러나 이노우에 고와시의 존재는 이토에게는 결코 안심할 수 있는 대상이 아니었다. 이노우에는 종종 이토를 제치고 건너뛰어서 행동했고, 이와쿠라와 이노우에 가오루 등을 자기 뜻대로 부리는 듯한 행동을 보였기 때문이다. 그렇게 해서 이노우에는 마음속에 품은 프로이센류의 헌법 구상 쪽으로 정부 전체를 이끌고 가려 하였다.

이토에 대해서도 그는 이노우에 가오루에게 아첨하여 그의 입을 통해서 원로원 개혁을 고집한 이토의 헌법관을 비판하게 하고 "빨리 독일 헌법을 배우도록" 독촉하게 하고 있다.(1881년 7월 27일 자 이토에게 보낸 이노우에 가오루의 편지,『이토 문서 <각>』①) 이노우에 고와시가 막후에서 공작을 벌이는 바람에 이토는 프로이센형 헌법 구상을 실현하기 위한 첨병으로 억지로 떠받들어질 상황이었다. 그와 같은 이노우에의 활동이 이토의 눈에 관료의 직분을 넘어서는 것으로 비쳤으리라는 점은 능히 상상하고도 남을 것이다. 오노 아즈사를 비롯한 재야 이론가뿐만 아니라 체제 내의 이노우에 고와시 같은 지식인의 정치적 돌출 행위에도 이토는 노심초사하지 않으면 안 되었다. 그들을 비롯한 지식인을 순화하고 자신의 권력을 떠받치는 지의 시스템을 확립하는 일, 헌법 조사를 위해 출국할 무렵 이토의 현안이란 그와 같은 것이었다고 추측한다.

슈타인 국가학에서 비롯한 자신감

이처럼 이토에게는 오쿠마―오노 라인뿐만 아니라 이

와쿠라―이노우에 라인의 헌법 구상도 극복하지 않으면 안 된다는 개인적 요청이 있었다. 그가 상당한 비용과 위험 부담을 감내하면서까지 해외에 나가기로 결심한 이면에는 그와 같은 그 자신의 정치적 동기가 작용하고 있었던 것으로 보인다. 오쿠마―오노와 이와쿠라―이노우에 양측의 협공을 이겨 내고 입헌제로 나아가는 제3의 길을 추구하려면 일본에 그대로 머물러서는 일이 진척될 수 없었던 것이다. 그렇게 해서는 언제까지나 오노와 이노우에의 꽁무니만 쫓아다니는 데 그칠 뿐이었기 때문이다. 새롭게 나타나는 정치적 지식인에 대항하여 자신만의 독자적인 입헌 국가 비전을 획득하기 위해서는 일단 일본을 벗어나 신속히 독일을 방문하여 그 나라의 국가론을 학습할 필요가 있었다. 그러한 의미에서 이토에게 유럽에서의 헌법 조사는 단순히 헌법 기초자라는 타이틀을 받는 수단에 그치지 않고, 두드러지게 실천적 의의가 있는 활동이었다고 말할 수 있다.

　이토의 이러한 요청을 만족시켜 준 것이 슈타인의 국가학이었다. 정부 안팎에서 대두하는 정치적 지식인의 기세에 점점 위기감을 느끼면서 유럽으로 향한 이토였지만 슈타인과 만나고 난 뒤에는, 그때부터는 그들 지식인을 "엉터리 서생"이라고 부르면서[6]* 그들의 주장을 극복하는 '도리와 수단'을 손에 넣었다고 목청 높이 선언하고 있다. 그것은 입헌제에 대한 자신의 학식을 만천하에 과시하는 일이기도 하였다.

실로 영국, 미국, 프랑스의 자유 과격론자의 저술만을 금과옥조처럼 과신하여 거의 국가를 전복해 버릴 것 같은 형세가 현재 우리 나라의 상황입니다만 이를 만회할 도리와 수단을 얻었습니다.

1882년 8월에 이토가 이와쿠라에게 보낸 편지,

『이토 전』중권

이토의 이토록 대단한 자신감은 어디에서 생겨난 것일까? 한마디로 말해서, 민권파가 주장하는 헌법론이 유럽 지역에서는 이미 과거의 유물이 되어 버렸다는 사실을 알았다는 점이 크게 작용하였다. 재야 반정부 세력은 루소를 비롯한 18세기 사회·국가 이론에 주로 의거하였다. 더구나 그들 사이에서는 반체제 세력이 흔히 그러하듯이 추상적인 자연법사상이 지배적이었다. 그것에 근거해서 의회주의에 대한 급진적 신념이 표명되고, 그에 대한 정당화가 촉진되었다. 그렇지만 이토는 유럽에서 추상적 자연법론에서 역사주의적 사고로의 전환이라는 사태의 진전을 목격하였다. 1882년(메이지 15) 9월 6일 마쓰카타 마사요시에게 보낸 편지에서 그는 다음과 같이 적고 있다.

청년 서생이 서양에서 나온 책을 겨우 조금 읽어 보고서 이리저리 생각해 낸 책 속 이치만을 만고불역의 정론(定論)이라고 여기고 그것을 실제로 시행하려고 하는 천박하고 피상적인 생각은, 도리어 자국의 국체와 역사는 도외시하고 무인지경에 신정부를 수립하자는 것과 마찬가지인 좁은 소견에 지나지 않습니다.

『이토 전』 중권

분명히 당시 유럽에서는 사회계약론 등 가설적이고―그런 까닭에 추상적인―이상론적 사회 이론은 쇠퇴하고, 그 대신에 구체성을 내세운 역사주의와 실증주의가 학문의 지도 이념으로 떠올랐다. 그것은 또한 추상화된 개인이 아니고, 개인을 다양하게 규정하는 사회의 제반 요소가 인식 대상으로 부상했다는 사실을 의미하기도 하

였다. 독일에서도 그러한 상황이 벌어져서 왕년의 관념
론 철학은 학문의 왕좌에서 쫓겨나고 역사학, 경제학, 사
회학 같은 여러 학문이 사상계의 주된 조류를 형성해 가
고 있었다. 그러한 경향 속에서 슈타인은 계급 대립 체계
로서 사회가 독자적 법칙과 함께 출현한다고 주장하였
고, 그러한 주장이 카를 마르크스에게도 영향을 주는 등
독일 사회주의 사상사와 사회학사에서 독특한 위치를 차
지하는 인물이었다. (슈타인, 『사회의 개념과 운동 법칙』)

이리하여 유럽의 최선진 정치사상과 사회 인식을 섭취
했다는 자부심을 얻은 이토는 "저 개진당 선생[오쿠마 시게
노부]의 거동은 참으로 가련하다."(9월 6일 마쓰카타 요시마사에
게 보낸 편지, 『이토 전』 중권)라고 기세를 올릴 정도로 정신적
으로 다시 태어나기에 이르렀다.

슈타인을 초빙한 가장 큰 목적

그러나 그가 내비치는 자신감의 배후에는 또 다른 이
유가 있었다. 슈타인을 통해서 이토는 "장래 우리 나라의
치안을 도모할 목적으로 교육의 기초를 정한다."라는 생

각을 새롭게 가다듬을 수 있었다. 그것은 특히 입헌제에 앞서 그것을 떠받쳐 줄 지(知)의 기관을 만드는 것, 곧 대학을 정치 엘리트를 공급하는 국가기관으로 정비하는 방향으로 나타난다. 이토가 슈타인을 일본으로 초빙하려고 일을 꾸민 가장 커다란 이유가 바로 거기에 있었다. 그가 슈타인을 초빙하자고 최초로 건의했던 8월 23일 자이노우에 가오루에게 보낸 편지에서, 대체로 "일본 형세에서는 대학교의 기초를 정하고 학문의 방향을 바로잡는 일이 필요하다."(1882년 10월 24일 자 산조 태정대신에게 보낸 야마가타 아리토모의 건백서,「슈타인 씨 고용 건」)라는 언명이 나타나는데, 이러한 점은 뒤이어 일본으로 보낸 편지에서도 거듭해서 주장되었다.

소생이 이번 인편에 이노우에 외무경에게 보낸 편지에서 오스트리아 학자 슈타인 씨를 우리 나라에 초빙하자고 권유하였습니다. 만일 정부에서 이분을 고용하여 대학교를 관리하도록 하고 학문의 방향을 정하게 한다면 참으로 현재의 폐단을 시정하고 장래를 위해 좋은 결과를 얻을 것임이 틀림없다고 믿습니다.

1882년 8월 27일 자로

야마다 아키요시에게 보낸 편지, 『이토 전』중권

앞서 보낸 편지에서 이미 슈타인 박사를 고용하는 건을 말씀드렸는데 어떻게 생각하십니까? 독일 학문의 근본을 본 소생은 더욱더 이러한 인물들이 오늘날 우리 나라에 필요하다고 생각합니다. 이분이 일본에 가서 학교 창립, 조직, 교육 방법과 관련한 현장을 대상으로 목표를 세우는 일을 위주로 현재 정부 법령에 대한 고문으로 일하게 된다면, 단지 지금 현재의 편익을 얻을 뿐만 아니라 향후 백 년의 기초도 견고해질 것입니다.

1882년 9월 23일 자로
이노우에 가오루에게 보낸 편지, 『이토 전』중권

위 글을 보면 이토가 슈타인을 초빙하려 한 것이 대학 개혁안과 연동되어 있었음을 명백하게 알 수 있다. 이러한 이토의 입장은 일관되었다. 초빙 안을 승인해 달라고 재촉하면서 그는 일본에 다시금 다음과 같은 편지를 써 보내고 있다.

슈타인의 고용을 허가하신다면 정부 고문으로 삼아서

학문상 시스템을 개혁하는 일도 부업으로 맡기려고 생각하고 있습니다. 인민의 정신을 바르게 하는 일은 학교를 근본부터 바르게 고치는 일과 다르지 않습니다.

1882년 10월 22일 자로

이노우에 가오루에게 보낸 편지, 『이토 전』 중권

"인민의 정신을 바르게 하는 일은 학교를 근본부터 바르게 고치는 일과 다르지 않습니다."라는 구절에서 이토의 예사롭지 않은 자세를 엿볼 수 있다. 슈타인 쪽에서도 이토의 요청을 거절했다고는 하나 다음과 같은 대안을 제시하면서 대학 개혁과 관련한 지원을 하겠다는 의사를 표명하였다.

또한 나는 한편으로 이곳으로 유학 온 귀국의 청년 서생을 도와주고, 그들이 대학에 들어갈 수 있도록 주선하는 데에만 그치지 않고, 내 학우로서 그들의 학문을 장려할 것입니다. 이와 관련해 일본 서생이 유럽 학문을 익힐 수 있도록 나는 스스로 하나의 구심점이 되어 훗날 귀국에 대학을 설립하기 위한 바탕을 만드는 매개자 역할을 하려 합니다. 무릇 지식을 발달시키려면 대학을 세우는 것만 한 방법이 없습니다. 만약 귀국에서 대학 교육을 진작한다면 곧 그 커다란 이익이 저절로 동양 제국에 파급될 것은 필연적입니다. 나는 그러한 뜻을 품은 지 오래되었습니다. 다만 아직 그것을 실제로 시험해 보지 않았을 뿐입니다.

1882년 2월 15일에

슈타인이 이토에게 보낸 편지, 『이토 전』 중권

[슈타인은] 대학 설립이 불가피하다고 역설하고 그를 위해서 자신은 '매개자'로 일하겠다고 말하고 있다. 그리고 그렇게 해서 동양에 대학 이념을 보급하는 일은 자신의 오랜 꿈이라고까지 잘라 말하고 있다. 이 문제에 관한 슈타인의 예사롭지 않은 열의가 느껴진다. 이 두 사람이 의기투합할 수 있었던 것은 참으로 이러한 대학론을 통해서였음이 이제 분명히 드러난 셈이다.[7*]

'입헌제 카리스마'로

이와 같이 이토는 슈타인에게서 영향을 받아 대학을

국가기관으로, 국가 제도에서 불가결한 요소로 개혁한다는 구상에 눈을 떴다. 정치적 지식인이 발흥하는 와중에 헌법 제정의 주도권을 장악하지 못한 그는 비로소 그러한 지식인들을 능가할 수 있다는 자신감을 얻고 일본으로 돌아온다. 우선 무엇보다도 오쿠마를 지도자로 삼아 결집한 재야 반정부 세력을 염두에 두었음은 말할 필요조차 없지만, 동시에 정부 내부의 지식인 관료를 향해서도 마찬가지였다. 이토는 오스트리아 빈에서 당시 일본 정부에 독일학의 브레인이었던 뢰슬러를 가리키며 "뢰슬러의 설은 자유에 경도해 있다는 사실을 왕왕 발견했다."(1882년 8월 27일 자로 야마다 아키요시에게 보낸 편지, 『이토 전』 중권)라고 써 보내고 있는데, 그러한 언급에 뢰슬러와는 다른 독일학 권위자를 찾아내었다는 그 자신의 만족감을 눈치채는 것이 그리 무리는 아닐 터이다. 이때에 이토는 기존 독일학에도 대항할 수 있는 '도리와 수단'을 획득할 수 있었다.

이렇게 입헌제를 비약적으로 많이 알게 된 이토는 그럴듯한 입헌 지도자로 변신하는 데 성공하여 귀국하였다. 이토가 유럽에 머무르면서 헌법 조사를 한 것은 '입헌제 카리스마'로 변신하기 위해 반드시 거쳐야 했던 경험이라고 할 수 있다.

국제지(國制知)의 조형

　『이토 문서』 가운데 남아 있는, 어떤 슈타인 국가학 강의 노트에는 다음과 같은 단락이 보인다.

　　견고한 정치체제의 기초가 되어 줄 관리를 양성하는 것은 대학교의 의무이다. 그러므로 대학교는 정사(政事)와 관련하여 긴요한 목적을 지향해야 하고, 오로지 학술만을 가르치는 것을 목적으로 한다면 미처 [최종] 목적까지 가는 중도에 머무르는 데 그치고 말아 완전한 주의를 갖추었다고 할 수 없게 된다.

　　　　　　　　「슈타인 씨 강의 필기」 상·하, 『이토 문서』

　슈타인에게 대학이란 무엇보다도 '견고한 정치체제의 기초'가 되어야 할 국가기관이었다. 대학에서 생산되는 지와 지식인이 있고서야 비로소 국가행정이 가능해지는 것이다. 바꾸어 말하면 국가 제도를 쇄신하기 위해서는 그 전제가 되는 학식 계층과 지의 장치를 창출해 내지 않으면 안 된다. 슈타인은 그와 같은 지의 존재 형태―국제지(國制知)―를 강조한 강력한 이데올로그였다고 할 수 있다. 슈타인을 매개로 이러한 국제지 사상을 흡수하였던 이토는 '제도의 정치가'뿐만이 아니라 '지의 정치가'로서 다시 태어나기에 이르렀다. 이토의 헌법 조사는 이를테면 그를 위한 역사적 현상이었던 셈이다.

5 초연주의 연설 — 헌법 성립과 정당정치

흠정헌법의 의미 — 주권은 나눌 수 없다

슈타인이라는 스승을 얻은 이토는 국가 제도와 행정, 그 기반이 되는 국제지에 눈을 뜨고서 귀국하였다. 이후 그가 행정을 확립하는 데 힘을 쏟았던 사실은 기술한 바 대로다.

그런데 이 시기에 이토의 문제의식은 이러한 것에 머물러 있지 않았다. 이토는 동시에 입헌 국가라는 형식에 어떠한 정치적 내용을 담을 것인가 하는 문제에도 관심을 기울이고 있었다. 그가 추구한 정치적 내용이란 무엇이었을까? 그것은 국민 정치였다. 행정을 중심으로 국가 제도를 정비하지만, 그러한 국가 제도라는 그릇 안에 국민 정치라는 정신을 담아야만 한다고 이토는 생각하고 있었다. 그것은 스승 슈타인의 이론을 뛰어넘는 그 자신의 독자적 경지라고 말할 수 있다. 헌법 반포 직후의 강연에서 이러한 점을 명쾌하게 이야기하고 있으므로 그러한 발언들을 토대로 그가 추구하였던 입헌정치의 정신을 고찰하고 메이지 헌법 제정기 그의 사상의 전모를 밝히고자 한다.

[메이지] 헌법 반포 후, 이토는 헌법을 보급하기 위해서 몇 차례 강연을 했다. 그 가운데 1889년(메이지 22) 2월 15일 부현회(府縣會) 의장들을 상대로 한 연설이 가장 유명하다. [이토가] 연설하기 사흘 전에 당시 총리 구로다 기요타카가 했던 연설과 마찬가지로, 정부가 정당으로부터 초연(超然)히 정치를 행하는 것을 천명한 초연주의(超然主義) 선언으로 흔히 인용된다.[17) 그러나 이토가 실제로 강연 현장에서 이야기한 내용은 훨씬 더 함축적인 의미였다. 그러므로 이미 식상할 정도로 언급되어 온 감이 있는 이 연설을 굳이 한 번 더 살펴보자.

처음에 이토는 "이번에 반포된 헌법은 말할 것도 없이 흠정헌법이다."(『이토 전』 중권)라고 하고, 이러한 헌법은 천황이 스스로 제정하고 신민에게 하사했다는 사실을 강조하였다. "이 헌법은 전적으로 천황 폐하께서 어질고 은혜로워 신민에게 내려 주신 것."이라고 하였다.(위의 책)

---

17) 구로다 총리는 지방관을 대상으로 한 연설에서 다음과 같이 초연주의를 제창하였다. "헌법은 백성을 단결시키기 위해 존재한다. 사람들의 의견은 다르게 마련이며, 의견을 같이하는 자들이 단결해 이른바 정당을 만드는 것은 현 정세에서 불가피하다. 그러나 정부는 항상 정해진 방향으로 나아가야 한다. 초연히 정당을 넘어서 공정한 길을 걸어야 한다. 불편부당한 마음가짐으로 백성을 돌보고 국가 융성에 전력을 다해야 한다."(오츠 준이치로, 『대일본 헌정사』)

이렇듯 천황이 직접 헌법을 제정했다는 점(欽定性)이 메이지 헌법의 커다란 특색이라고 할 수 있다. 그에 대해서 이토는 다음과 같이 말하고 있다.

지금 우리 나라 헌법 제정의 체재와 방식을 여타 입헌 제국의 헌법과 비교하면 그 사이에는 커다란 차이가 존재한다. 곧 제1장에 군주의 대권, 즉 주권을 명기한 것은 타국 헌법에는 그 예를 볼 수가 없다. 그렇게 된 이유는 한번 생각해 보면 곧바로 이해할 것이다. 본래 우리 일본국은 개벽 이래 천황이 친히 여겼고 천황이 친히 다스렸으므로, 그것을 헌법의 첫 조문에 싣는 것은 실로 우리 국체(國體)에 부합한다고 해야 할 것이다. 이것이 타국 헌법과 크게 구성과 체재를 달리하는 까닭이다.

『이토 전』 중권

일본국은 천황이 건국하고 천황이 통치해 온 국가이며, 따라서 천황이야말로 일본국의 주권자임을 강조하고 있다. 그것을 뒷받침하기 위해 우선 헌법 제1장에서 천황에게 주권이 귀속한다는 사실을 명기한다는, 다른 나라에서 유례를 찾을 수 없는 조문 구성을 취하고 있음을 설명한다. 이때 이토의 어투는 마치 천황이 곧 국가라고까지 말할 수 있을 듯한 기세이다. 실제로 이토는 "우리 나라와 같은 나라는 개벽 이래의 역사와 사실에 비추어 봤을 때 주권은 군주, 곧 왕실에 있고, 아직 일찍이 주권이 다른 곳으로 넘어간 적이 없고, 또한 옮겨야 할 이유도 없었다."(『이토 전』중권)라고 하면서 다음과 같이 말하였다.

주권은 한곳으로 모아야 하고 분할해서는 안 되니, (주권이) 오직 군주 한 사람에게 있는 이상은 국가의 관리인 자의 행위는 주권이 그것을 행하게끔 해 주는 것이다. 그러므로 행정 각부 기관의 활동은 주권을 위임받은 데 불과하고 결코 고유한 것이 아니다. 따라서 관리의 행위는 위임권에 따르고 행정 각부 기관은 분파를 나누어 각각 정해진 직분을 가지고 독립적으로 운용하는 기능일 뿐, 한데 모인 주권은 군주가 전체적으로 관할한다. 이로써 보건대 설령 의회를 개설해서 여럿이 의논하고 공통 의견을 모으는 곳으로 삼는다 해도 주권은 오직 군주 한 사람에게 있다는 사실을 잊어버려서는 안 된다.

『이토 전』중권

이토는 이상과 같은 주권 귀일론(主權歸一論)이 일찍이 세상에서 떠들썩하게 유행했던 몽테스키외류의 권력분립론에 대한 비판으로 당시 유럽에서도 인정받는 논의라고 말하며 자신의 주장을 보강하고 있다. 요컨대 지금 유력한 설은 국가를 인체에 비정(比定)하는 유기체적 사상인데, 그에 따르면 정신의 본원이 두뇌의 전유물인 것과 마찬가지로 "주권을 논하는 학자들 가운데 주권을 분할해서는 안 되고 반드시 한곳으로 모으지 않을 수 없다는 점을 주장하지 않는 이가 없다."(『이토 전』중권)라는 것이 추세임을 강조하였다. 이는 일본의 국체와 마땅히 합치되는 생각으로, 그런 이유로 일본 헌법 제1장에서 솔선하여 주권의 불가분성을 명기하였다는 것이다.

이처럼 이토에게는 메이지 헌법이야말로 최선진 국가 이론을 누구보다도 앞서 구현한 결과물이라는 자부심이 있었다. 그것은 주권 불가분론이자 주권 귀일론이며, 일본에서는 그 주역이 천황이라는 것이다. "일본에서는 개벽 이래의 국체에 근거하고, 위로는 원수의 지위를 유지하면서, 결코 주권이 민중으로 옮겨지지 않는 것을 희망하여 마지않았다."(『이토 전』중권)라고 주권의 부동성을 강조하고, 정치는 "모두 지존에게 통합하고 그 강령을 장악하게 하는 것이다."(『이토 전』 중권)라고 되어 있듯이 천황 친정을 드높이 내걸고 있다. 애초부터 정부란 "천황 폐하의 정부"이며 "우리 정부는 주권이 있는 곳의 지휘를 받아 활동해야만 한다."라는 것이다.

정당정치를 위해 불가피한 밑바탕

『이토 전』에 수록된 연설 내용을 검토해 보면 거기에서 전개되는 내용은 다름 아니라 천황 주권의 전제 국가를 변론으로 증명하려는 것이다. 그러나 이토의 논의에는 후속 편이 있었다. 이하 당일의 이토 강연을 전부 받아 적은 《도쿄니치니치신문》 기사에 근거해서 그 후의 전개 양상을 좇아가 보자. 이토가 초연주의를 널리 선전하면서도 실제로는 쉽게 풀이된 초연주의의 제약을 넘어서는 인식을 보여 주고 있다는 점은 『이토 전』에 수록되지 않은 이러한 내용에서 찾아볼 수 있다.

이토에 의하면 "헌법을 제정하고 의회를 개회하는 과정에서 당파가 생기는 것은 인류가 피할 수 없는 형세이다."라고 하였다.(《도쿄니치니치신문》 1889년 2월 19일, 이하 인용은 같은 신문) 여기에서 단적으로 엿볼 수 있듯이, 이토는 헌법 시행 후의 정당정치화 경향을 그 자체로 불가피한 형세라고 간주하고 있다.[8*] 그 근저에는 헌법 정치란 이해의 정치라고 보는 그의 관찰이 있었다. 요컨대 국민의 정치 참여를 보장하는 헌법 정치란 국민이 자신의 이해 관계를 주장하고 그에 입각해 정치 활동을 하는 것을 보장하는 방식이라는 것이다.

여기에서 그와 같은 이해의 정치를 어떤 방향으로 유도할 것인가 하는 중요한 문제가 대두한다. 앞의 인용에 이어서 이토는 다음과 같이 말하고 있다.

장차 국가의 정사(政事)로 신민 대표자의 의결에 부칠 적에 그 이해는 일개 부와 현의 이해득실이 아니라 곧 범위를 넓혀서 전국의 이해득실이 되어야 할 것이다. 그러므로 적어도 제국 의회 의원은 자신을 선출해 준 일부 신민을 대표하는 것이 아니라 전국의 신민을 대표하여 감히 향리(鄕里)의 이해에 얽매이지 않고 널리 전국의 이해득실을 통찰하고 오로지 자신의 양심으로 판단하는 각오가 서지 않으면 안 된다.

"나는 선거구민인 제군의 대표로 의회에 간다. 그러나 의회에 들어온 이후, 나는 제군의 대표가 아니라 전 국민의 대표로서 행동한다."라는 말은 에드먼드 버크의 유명한 「브리스틀 선거구민에 대한 연설」에 나온다.[9]* 이 단락을 이토는 훗날 즐겨 인용하는데, 그 바탕은 이때 이미 확립되었음을 짐작할 수 있다. 이토는 의회에 나가는 정치가 개개인이 특정한 이해를 대변하면서도 의회라는 공론의 장에서 최종적으로는 국민 전체 이해를 대변하는 사람이 될 것을 기대하였다.

그렇다고는 하지만 그와 같이 의원 각자의 지조에 맡겨 둔다는 것은 이념 과잉이라고 해야 할 것이다. 이토는 이어서 다음과 같이 말하며 의회정치와 정부의 분리를 꾀하고 있다.

서로 각자 의견을 달리하면서 저절로 당파가 생겨날 것이다. 생각건대 의회 또는 사회에서 당파가 일어나는 것은 피하기 어렵다고 하더라도 정부 내에서 당파가 일어나서는 절대로 안 된다.

급진론을 반대하다

여기에서 염두에 두고 있는 것은 이토가 헌법 조사를 할 무렵 스승이었던 슈타인의 국가론일 것이다. 슈타인 학설의 특색은 국가와 사회의 이원론이다. 그에 따르면 사회(Gesellschaft)가 영리를 중심으로 개별적인 특수 이익에 의해서 구성된 것에 반하여, 국가(Staat)는 공동체 전체의 보편적 이익을 구체적으로 실현하는 존재이다. 바꾸어 말하면 욕망의 체계 그 자체인 인간 사회에서 공적 가치를 구출하기 위해서는 사적 이해와 관심으로부터 중립적인 국가의 활동이 불가결하다. 이러한 학설과 보조를 맞추려고 한 듯 이토 역시 "필경 민간에서 당파가 일어나는 것은 어쩔 수 없다 하더라도 그것이 정부 안까지 미치면 곤란하다고 생각지 않을 수 없다."라고 기술하고 있다. "저것은 저들 당을 위한 것이고, 이것은 우리 당을 위한 것이라는 식으로 정부가 자당을 비호하는 일이 있어서는 안 된다."라는 것이다.

이와 같이 이토는 민간 차원에서는 이해의 자유경쟁을 보장하는 한편, 그와는 비교가 안 될 정도로 우월한 정부의 존재 양식을 극구 찬양하고 있다. 이는 확실히 초연주의를 주장한 것이 틀림없다고 해야 할 것이다. 그렇지만 이토가 다음과 같은 논의를 전개하고 있다는 점도 무시해서는 안 된다.

　신속히 의회 정부, 곧 정당 중심으로 내각을 조직하려고 희망하는 일은 가장 위험한 결과를 불러오고 말 것이다. 생각건대 당파의 이익을 말하는 자가 적지 않다고는 하지만 한 나라의 기축을 정하고 정치를 행하여 공의(公議)의 부(府)에 의거하게 하려면 먼저 충분한 힘을 양성할 필요가 있다. 만약 이러한 필요를 충족하지 않아서 쉽사리 국가의 근본을 뒤흔드는 일이 일어난다면 참으로 미래가 얼마나 불리해지겠는가.

여기에서 정당내각을 즉시 실행하자고 주장하는 급진론에 대한 부정적 입장을 엿볼 수 있다. 현 시점에서 정당이 한 나라의 기축을 정하고 공의의 부를 담당하는 세력이 되기에는 아직 시기상조라면서 경계하였지만, 의회 정부 자체를 배척한 것은 아니었다. 요컨대 장래 어느 시기에 정당내각을 실현한다는 가능성이 그의 뇌리에서 완전히 지워졌다고 볼 수는 없다. 바꾸어 말하면 "정치를 행하여 공의의 부에 의거하게 하"기 위한 "충분한 힘을 양성"하는 일이 이루어진다면 정당내각이 성립할 여지를 인정하고도 남는 것이다. 그리고 이토는 그와 같은 방향으로 이상적 헌법 정치의 모습을 추구하였다. 이토에게 헌법 정치란 바로 국민 정치와 마찬가지였기 때문이다. 이러한 점을 동시대 그의 발언에서 논증해 보자.

6 국민 정치로서의 헌법 정치

─황족과 화족을 위한 연설

화족을 위한 연설

　[메이지] 헌법 반포 전후로 이토가 공적 장소에서 한 연설은 이뿐만은 아니었다. 그 이틀 후인 [1889년] 2월 17일에는 재판관을 상대로 메이지 헌법하의 사법권과 행정권의 관계에 대해 강연하면서 사법권과 행정권 모두 어느 한쪽에 속하지 않고 독립적이라 하여 사법권이 행정권을, 행정권이 사법권을 간섭하는 것을 견제하고 있다.(《도쿄니치니치신문》1889년 2월 21일) 또한 이토는 입헌제와 관련해 화족층을 계몽하는 일에도 애써서 1888년(메이지 21) 12월 8일, 1889년 2월 26일, 27일 세 차례에 걸쳐 화족동방회(華族同方會) 등의 장소에서 강연하였다. [10]* 이 밖에도 국립 국회도서관 헌정 자료실 소장『이토 미요지 관계 문서』에 헌법 반포 직후인 3월에 이토가 간사이 지역을 두루 다니면서 오쓰와 교토에서 한 강연의 초고가 남아 있다.

　이들 가운데에서 여기에서 인용하고자 하는 것은『이

토 문서』에 수록된 1889년 2월 27일 자 「각 친왕 전하 및 귀족에게」라는 연설이다. (서류(書類) 부 104) 이 연설을 읽어 보면 문자 그대로 친왕과 귀족을 모아 놓고 한 이 강연은 이토가 황족과 왕년의 주군층을 중심으로 한 화족 등 앞에서 숨김없이 헌법 정치의 이상적 모습을 논한 것으로 주목할 만하다 하겠다. 앞서 언급했듯이 이 시기의 이토는 입헌주의와 관련해 화족을 계몽하려고 애썼다. 황실의 울타리로서 메이지 헌법 체제의 중요 부분을 담당해야 할 계층으로 자리매김한 화족층에 대해서 이토가 그 정치적 책임을 발양하기 위해 힘을 쏟았으리라는 것은 능히 상상이 가는 일이다. 그러나 그 내용은 신문에 공개되었던 연설에서 의회와 재판소의 제약으로부터 초연하고 자유로운 행정행위를 변증하였던 것과는 다른 취지의 것이다. 반대로 그러한 강연에서는 국민 주체의 민주정치에 대한 변증을 전개하고 있다. 이는 종래에 다루지 않았던 사료이므로 이하에 그 내용을 상세히 다루어 보고자 한다.

국체란 무엇인가

우선 이토는 일본 국체의 특질을 찬양하는 데에서 시작한다.

일본에서는 오늘날까지 역사가 전하는 바에 따르면 개벽 이래 주권자인 만세일계 황통(皇統)이 통치해 왔고 인종도 이와 같이 계속되고 있습니다. 하기는 중고(中古)의 역사 따위를 들춰 보면 조선의 인종 등이 수용된 경우도 있었지만 먼저 대체로 개벽 이래의 인종이 퍼져 나갔다고 말하지 않을 수 없습니다.

일본국은 개벽 이래 대체로 단일민족으로 구성되었고 만세일계 황통이 이를 통치해 왔다는 황국사관이다. 그리고 이와 같은 국가는 세계에서도 유례가 없다고 말한다. 여타 국가들 가운데 왕실 교체와 민족적 변용을 거치지 않은 나라는 없었기 때문이다.

이와 같은 전형적인 국체론을 이토도 내세우고 있지만, 뒤이어 다음과 같이 말하면서 이러한 일본의 국체(그는 "구니가라(國柄)"라는 말을 썼다.)를 동시대사적 시각에서 상대화하고 있다는 점에 주목해야 한다.

오늘날처럼 외국과 교류하고 소통하지 않았던 시대의 일본 학자가 오직 일본만 고귀하고 바깥세상은 야만인 것처럼 말하는 경우도 종종 있습니다만, 바깥세상이 야만이고 우리 나라만이 개명하다고 말하는 것으로 고귀하다고 주장하기보다는 우리 나라는 건국 이래 오늘까지 하나의 계통으로 존속했다고 말하는 쪽이 세계에 충분히 자랑할 거리라고 생각합니다.

여기에서 만세일계라는 국체를 내걸면서도 그 탁월성에 스스로 틀어박히지 않고 오히려 국제사회와의 관계성을 의식하면서 그 특질을 다시금 포착하려는 자세가 드러난다. 이토는 막부 말기 신국론적인 양이 사상과 그 무렵까지도 여전히 일정한 세력을 유지하고 있던 유교적 보수주의와 선을 긋고, 여러 외국과 개방적 관계를 구축해 갈 수 있는 근대적 독립국가의 비전을 전제로 삼고 있다. 이토의 국체론이란 국제사회에서 주체적인 동시에 협조적인 주역이 될 수 있는 독립국가를 변증하기 위한 방편이지 않았을까라고까지 판단되는데, 다음에 인용하는 이토의 발언을 음미해 보면 그러한 판단도 가능할 것 같다는 생각이 든다.

일본은 이와 같이 세계에 유례가 없는 국체입니다. 이 세계에 유례가 없는 국체의 나라가 오늘날 세계 만국과 교류하고 소통하는 상황에 이르렀는데, 그러한 교통으로 파급된 간접적 영향이 갖가지 양태로 나타나는데, 그러나 어쨌든 이러한 관계가 모두 우리를 이롭게 하지 않으면 안 됩니다. 자신을 보호하고 자신을 향상해 나가는 수단으로 보지 않으면 안 됩니다.

진화는 어디로 향하는가

어쨌든 이토는 국제사회와 폭넓게 관계를 맺고 그것을 통하여 국가의 이익을 높여 간다는 방침을 표방하고 있다. 그렇게 해서 해외와 전면적으로 교류한다면 얼마 가지 않아 일본 국체가 변용되지나 않을까 염려하는 소리가 들리는데, 그에 대해서는 다음과 같이 반박하고 있다.

가령 변한다 하여도 변하는 내용은 정해져 있으니, 모두 우리를 보호하고, 우리를 향상시켜 타자로부터 침략당하지 않고, 외부와 경쟁함으로써 독립된 위치를 지켜

나가는 등 편의상 부분일 뿐이므로, 우리의 '신체'를 [다른 것과] 바꾸는 것과 같은 일은 아닙니다. 그러한 개량으로부터 또한 내부를 개량하고 진보할 필요성도 느끼게 된다고 생각하지 않으면 안 됩니다.

여기에서 이토의 진화론적 발상을 충분히 읽어 볼 수 있다. 요컨대 국가의 '신체'는 바깥세계와 접촉한다고 전혀 별개의 것으로 변신하는 것이 아니고, 오히려 그러한 상호작용을 통해 자생적으로 개량되어 가는 것이며, 또한 그러해야 한다는 점진적 진화론의 입장이라고 간주할 수 있다. 좀 더 덧붙이자면 이토는 신체라는 외면 이상으로 그 내부의 변용을 문제 삼고 있다. 그 내부란 무엇인가? 이토는 여기에서 국민의 정신 상태 문제를 강조하고 있다. 국민을 한층 높은 문명적 단계로 유도해 가는 것, 그것이 국가의 진화를 결정짓는 중요한 요소라는 것이다.

다른 나라와 경쟁하면서 독립된 지위를 유지하고 나라의 권위를 손상하지 않도록 하기 위해서는 인민의 학력(學力)을 발전시키고 인민의 지식을 향상시키지 않으면 안 됩니다. 그 결과 한 나라의 힘에 있어서 국력이 엄청나게 발달하는 것은 자연스러운 현상일 것입니다.

널리 여러 나라에 문호를 개방하게 된 현재에는 국민의 문화 수준이 일본의 국제경쟁력을 결정한다고 주장한다. "사리 분별이 안 될 정도로 어리석은 인민을 방치하여서는 국력 증진에 방해가 될 것이므로 인민의 지덕(智德)을 나란히 향상시켜 학문의 토대를 높여서 국력을 증진하는 기반으로 삼지 않으면 안 된다."라는 것이다. 이전의 논지와 연결해 보았을 때 국민의 지력 향상을 꾀하면 국가는 자생적으로 진화하는 방향으로 나아갈 수 있다는 것이다.

그러면 이토는 진화의 끝에 어떠한 정치체제로 나아가려고 구상하고 있었는가? 이 점에 관해서 그가 언명한 바를 들어 보자.

인민의 학력과 지식을 진보시키고 [그들을] 문화로 유도해 간다면 인민도 자신들의 국가란 무엇인가, 자신들의 정치란 무엇인가, 타국의 정치란 무엇인가, 타국의 국력은 무엇인가, 타국의 병력은 무엇인가 하는 것들을 배우고 익히는 과정에서 점점 알게 될 터이므로, 그것들을 알고 난 뒤에는 그에 근거해서 지배를 하지 않으면 안 됩니다. 만약 그러한 지배 방법이 좋지 않다고 한다면, 시비선악을 분별할 수 있게 된 인민에게 입 다물고 잠자코 있으라고 해 보았자 더 이상 나라를 다스릴 수 없습니다.

지배자에게 인민의 개화란 양날의 검이다. 개명된 지(知)는 국력 증강을 가져다줄 뿐만 아니라 그와 동시에 현실 통치를 비판하는 정신까지도 길러 주기 때문이다. 그러나 이토는 어디까지나 그와 같은 인민을 기반으로 삼는 정치 방식을 주장하였다. 왜냐 하면 인민의 개화는 문명 제국에 있어 "보편적 도리"였기 때문이다.

정치적 지배란 무엇인가

그렇다면 개명된 지성을 갖추고 비판 정신까지 겸비한 국민을 앞에 두고서, 지배 방법은 어떻게 바뀌어야 할 것인가? 이토는 "애매모호 사이에는 물건을 둘 수 없다."라고 전제하고 다음과 같이 말하고 있다.

군주는 곧 군주의 위치에서 군주권으로 일국을 통치하지 않으면 안 됩니다. 신민은 신민이 다해야 하는 의무를 명확히 하지 않으면 안 됩니다. 이것이 헌법 정치상 필요한 바입니다.

이와 같이 통치자와 피치자의 권한과 의무를 확정할 필요가 있다는 것이다. 그것을 실현하는 것이 다름 아닌 헌법이다. 이야기를 이어서 더욱이 다음과 같이 말하고 있다.

지배할 수 있는 이는 군주, 곧 한 나라의 주권자이다. 무엇에 의거해서 그 역할을 수행할 것인가 하면, 그 권력이라는 것을 각종 정부 기관을 통해서 행사하지 않으면 안 된다. 그렇다면 그 조직과 구조는 어떠해야 하는가 하면, 그 조직과 구조에 의거해 권력을 행사하는 정도와 방법을 규정하는 것이 헌법의 묘소(妙所)일 것이다.

헌법하에서 통치자는 결코 자의적으로 지배해서는 안

되고, 그러한 권력을 발동하고 운용하는 데에는 헌법 규정에 따른 규제가 부과된다. 애매모호하지 않은 지배란 이상과 같이 설명되고 있다. 요컨대 헌법으로 권력이 제약되고 그 운용이 규정되어 있는 정치인 것이다.

국민 중심 정치로

황족과 화족 앞에서 한 강연에서 이토는 국가의 국제 경쟁력을 강화하기 위해서는 반드시 국민이 문명적으로 성숙해져야 하고 그 결과물로서 입헌정치가 불가피하다는 논리를 전개하였다. 정치적 특권층이던 그들에게 노블레스 오블리주[18]를 설파하는 데에 그치지 않고, 피치자인 신민의 정치적 지위 향상이 바람직한 정치 본연의 모습이라고 설교하면서 그를 위한 양보를 강하게 요청하였다.

여기에서는 세간에서 통용되는 초연주의자 이토의 모습은 조금도 찾아볼 수 없다. 오히려 국민 중심의 정치를 주장하고 있다. 교육받은 국민이 정치적 의식을 고양해

18) 귀족은 그 신분에 걸맞은 행동을 보여야 한다는 뜻이다.

서 국가의 통치 양상에 관심을 기울이는 것을 당연한 일로 이해하고, 그러한 상황을 이상적으로 여기고 있기까지 하다. 그와 같은 국민의 정치적 활력을 흡수하여 국가의 전체 통치 구조 속에서 질서 있게 짜 놓은 틀이 다름 아닌 입헌제도이다.

이와 같은 정식화에 대하여, 이상에서 살펴본 이토의 주장이 계몽전제주의적인 '국민을 위한 정치'에 머물러 있고, 그가 국민의 일정한 정치 참여를 인정하고는 있지만 다른 한편으로는 천황과 번벌 정부의 정치적 지배권을 보장하기 위한, 국민을 상대로 일종의 [정치적] 활동을 하려고 입헌제도를 설정한 데에 불과하지 않은가 하는 의문이 제기될지도 모르겠다.

그렇지만 여기에서 이토가 '국민'의 내실을 언급했음을 간과해서는 안 된다. 거듭 반복하지만 이토는 국민의 끊임없는 개명을 국력 증강의 기초로 삼고 있다. 그에 발맞추어서 지배 형태도 변용해 가야 한다고 생각하였다. 그와 같은 사실을 감안한다면 '국민을 위한 정치'가 이윽고 '국민의, 국민에 의한 정치'로 발전해 갈 가능성도 당연히 그의 시야에 포함되어 있었을 것이다. 최소한 그와 같은 진행 방향을 차단하는 논리는 이제까지 소개한 그의 의

논 속에서는 발견할 수 없다.

이상적 국가 제도를 향하여

이 장에서 논의한 내용을 정리해 보자. 메이지 헌법을 제정할 무렵의 이토는 constitution을 복합적 개념으로 파악하고 있었다. 그는 형식적인 constitution(헌법)에 대한 이해를 뛰어넘어서 실질적 국가 구조의 문제로 새롭게 파악하였고, 더 나아가 그 구조 안에 주입해야 할 국민 정치의 정신을 추구하였다. 다음 장 이후로 살펴보겠지만 그 귀결점이 1900년(메이지 33)에 스스로 결성한 입헌정우회라는 정당이었다. 정권을 맡을 능력이 있는 책임 정당이 탄생한 것으로, 2차 세계대전 전까지 양대 정당제의 일익을 짊어지는 주역으로 발전해 간다. 이렇듯 이토가 입헌정우회를 창설한 것은 본래 정당으로부터의 초연주의를 주창한 그의 정치 이념이 변절한 사건으로 해석되지만, 앞서 황족과 화족을 상대로 한 강연에서도 나타나듯이 국민의 정치 참여를 촉진해서 의회 중심의 정치체제를 확립한다는 발상은 애초에 헌법이 성립된 무렵부터 그의 국가 구상에 들어 있었다고 생각할 수 있다.

그 방증이 헌법 조사 시에 이토가 보여 준 언동이었다. 이토는 빌헬름 1세와 그나이스트의 반의회주의적 발언에 반발하였다. 그의 머릿속에서 의회 제도는 장래 탄생할 헌법 체제 가운데 커다란 비중을 차지하고 있었다. 그것은 이때 런던에서 이노우에 가오루에게 보낸 편지에서도 엿볼 수 있다. 이미 소개했던 문장이지만 기억을 위해 굳이 한 번 더 인용해 보자.

이토는 그 편지에서 "거의 두 달이나 영국에 머무르고 있습니다. 그동안 매일 조사를 하고 철두철미 요점을 파악해 둘 생각입니다. 그러나 헌법 정치에 대한 것은 배우면 배울수록 어려움을 실감하고 있습니다."라고 적어 보내고 있다. 영국에 머물렀던 두 달 동안 이토는 매일 정력적으로 조사에 임하였다. 그렇다면 영국에서 그는 도대체 무엇을 조사하였는가? 다름 아닌 '헌법 정치'였다. 그의 스승 슈타인이 말하는 Verfassung/constitution이었다. 슈타인의 국가학 체계에서 국민의 정치 참여 원리로서의 헌정=Verfassung은 행정=Verwaltung에 의해서 상대화되는 입장에 있었지만, 이토는 영국에서 스승의 학설을 넘어서는 실마리를 모색하였다는 사실을 짐작할 수 있다. 행정(Verwaltung)을 통하여 국가의 전체 구조인 Verfassung/constitution에 내재된 제2의 함의(국가 제도)에 비로소 개안한 그는 영국에서 의회정치를 실지로 목격하면서, 국민 참여 정치라는 Verfassung/constitution에 내재된 제3의 함의(헌정)도 몸소 알아차리지 않았을까? 이러한 국가 제도와 헌정 사이에서 가교 역할을 담당하며 양자를 연결하고자 했던 데에서 이토의 국가사상이 성립하였던 것이다.

이와쿠라 사절단으로 체험을 쌓고서 귀환한 이래로 이토에게서 일관된 사상가의 모습을 엿볼 수 있다. 그것은 점진적인 제도 진화론자의 모습이다. 정한론 정변 이후, 이토는 정치체제 조사 책임자로 헌법에 대한 기도 다카요시와 오쿠보 도시미치의 견해를 접합하여 점진주의적 입헌 제도 도입 방법론을 확정 지었다. 그것은 오사카 회의를 거쳐 기도 다카요시의 리더십에 힘입어 실행에 옮겨졌고, 원로원과 지방관 회의가 창설되었다. 이때에 이토가 그렸던 청사진은 이 두 기관이 각각 상원과 하원으로 발전하여 국회가 자생적으로 성립하는 것이었다.

그러한 자생적 입헌화의 가능성은 오쿠마 시게노부가 제출한 헌법 의견서가 등장하면서 좌절되고 말았다. 오쿠마 의견서로 촉발된 메이지 14년 정변을 계기로 국회를 개설하고 헌법을 제정하는 명확한 시한이 설정되고서, 입헌화는 국가의 최우선 정책 과제가 되었다.

그런 상황에서 이토는 유럽에서 헌법 조사를 하였고, 그 결과 협의의 헌법에 머무르지 않고 전체적 국가형태, 곧 국가 제도에 눈뜨고 동시에 의회를 기반으로 하는 국민 정치, 곧 헌정에 대한 확신을 새롭게 다질 수 있었다.

아울러 이토의 점진주의가 다시 살아난다. 입헌 제도를 반포하였다고 단숨에 정당정치나 의원내각제가 도출되는 것은 아니다. 입헌 제도를 국민 정치에 곧바로 부응하는 것으로 바꾸어 놓는 혁신을 이루려면 국민의 정치 의식이 성숙해야 하고 대외 환경의 변화를 제대로 파악한 후 신중한 정치적 실천을 해 나가야 한다. 그러한 의미에서 메이지 헌법 제정은 그에게 메이지 일본의 '국가형태'=국가 제도의 종착점이 아니라, 이상적 국가 제도를 향한 출발점을 구축한 것이었다고 말할 수 있겠다. 이상적 국가 제도를 목표로 이토가 본격적으로 정책 방향을 바꾼 것은 헌법 반포 후 십 년이 지나고 난 시점에서였다.

3장

1899년의 헌법 행각(行脚)

1 만물은 유전한다 — 이토의 세계관

국민 정치의 실천으로

이토는 훗날 헌법을 제정했던 시기를 회고하면서 다음과 같이 말하였다.

당시 우리 나라는 바야흐로 낡은 것을 버리고 새것을 맞이하는 과도기였는데, 따라서 국내에서 전개되는 논의가 복잡다단했고, 심지어 옳고 그름에 대한 의견이 완전히 상반되는 경우도 왕왕 없지 않았다. 한편으로는 지난 시대의 유로(遺老)로 여전히 천황 신권(天皇神權) 사상을 신봉하면서 만약에라도 천황의 대권을 제한하려는 시도는 반역죄에 해당한다고 믿는 이도 있었다. 다른 한편으로는 맨체스터학파의 논의가 성행하던 시기에 교육을 받고 극단적 자유사상을 신봉하는 유력한 다수 소장파도 있었다. 정부 관료가 반동 시대 독일학자의 학설에 귀를 기울인 데 반하여 민간 정치가 가운데는 미처 실제 정치적 책임을 이해하지 못하고 부질없이 몽테스키외, 루소 등 프랑스 학자들의 통쾌한 학설이나 기발하

고 재치 있는 언설에 심취하여 의기양양해하는 이도 있
었다.

『전집』①「문집」

당시를 돌아보면서 다양한 사상이 발호(跋扈)한 과도적
시대였다고 회고하고 있다. 이토는 당시 사상계 지형도를
① 천황 신권의 국학파 ② 맨체스터학파[1]류의 자유주의
자 ③ 관료를 중심으로 한 독일학파 ④ 프랑스 계몽주의
를 내건 민권운동가 등 네 부류로 구분하고 있다.

그런데 위와 같이 당시 사상계를 분류하였던 이토 자
신은 천황에 대한 신격화든, 극단적 자유사상이든, 반동
적 독일학파든, 과격한 프랑스 사상이든 그 어느 쪽과도
거리를 두면서 다음과 같이 말했다.

헌법을 원활하게 운용하는 데 필요한 식견과 도량, 예
를 들면 언론의 자유를 존중하고, 의사(議事)의 공개를

---

1) 19세기 전후 영국 맨체스터시의 상공회의소를 본거지로 한 경제적 자유주의 급진
파. 이들은 경제 학설상의 학파라기보다 극단적 경제적 자유주의를 실천하려는 운동이
었다. 1838년 무렵부터 경제학자 애덤 스미스와 데이비드 리카도의 이론을 근거로 곡
물법 철폐를 주장하는 자유무역 운동을 전개하는 등 경제적 자유주의를 위하여 투쟁했
다. 산업혁명이 끝난 뒤 영국 산업자본가의 이익을 지켜 주려고 보호무역뿐만 아니라
일체의 보호 제도에 반대하였다. 이 운동은 이후 영국 산업자본이 세계적 주도권을 장
악하는 계기를 마련하였을 뿐만 아니라 프랑스, 독일, 이탈리아 등 여러 나라에 영향을
끼쳤다.

준수하며, 자신과 반대되는 의견도 너그럽게 용납하는 정신과 같은 것은 더욱 많은 경험을 축적한 후에야 비로소 얻을 수 있을 것이다.

위의 책

이상의 인용에서 [이토가] 하나의 교의를 도그마화하는 것을 혐오했음이 드러난다. 그리고 그와는 정반대되는 관용 정신이 의회 제도 수립에 반드시 필요하다는 점을 강조하고 있다. 이토에게 헌법 제정기는 자기 폐쇄적이며 다른 의견을 관용하지 않았던 여러 학파가 발호하는 한편 "언론의 자유를 존중하고, 의사의 공개를 준수"하는 입헌 정신이 널리 보급되기까지는 요원하였던 과도기적 시대였다고 간주되었다.

거듭 지적하지만 이는 훗날의 회고로, 이 내용이 그대로 헌법 성립 당시 이토의 생각이었다고 보기에는 신중을 기할 필요가 있다. 그렇기는 하지만 앞 장에서 소개한 헌법 반포 직후에 황족과 화족을 상대로 한 연설에서 전개하였던 헌정론과 관련지어 고려해 보면 그 생각의 싹이 이 무렵부터 마음속에 움트고 있었던 것은 아닌가 하고 재고하는 것도 충분히 근거가 있는 셈이다. 이토는 황족, 화족이라고 불리던 사람들 면전에서 앞으로의 시대에는 국민이 정치의 중심이 된다는 점, 국민의 지력이 향상되어 가는 데 발맞추어서 통치 방식도 변화하지 않으면 안 된다는 점을 역설하고 있다. 이토에 따르면 그것이야말로 문명한 여러 나라의 "보편적 도리"에 부합하는 정치였다.

이렇듯 이토는 국민 정치라는 시대의 조류를 꿰뚫어 보면서 그러한 추세에 따라 양보하고 자중해 달라고 기존 지배층에게 설파하였다. 이런 맥락에서 앞서 인용에서는 헌정에 참여하는 국민에게도 관용 정신을 역설하고 자중해 달라고 호소하였다고 볼 수 있다. 그와 같은 관용 정신에 입각하여 국민 정치를 실현하려는 시도가 이토의 정당 결성, 곧 1900년(메이지 33) 입헌정우회 창설이라고 할 수 있다.

이 장과 다음 장에서는 국가 제도의 구축이라는 관점에서 이토가 시도했던 입헌정우회 설립 문제를 검토하고자 한다. 지금까지 이토가 1900년에 정당을 결성한 행위는 본래 초연주의자였던 그가 변절한 것으로 이해되어 왔다. 그러나 앞 장에서 확인했듯이 헌법 성립 당시에 이토는 황족과 화족의 면전에서 자신이 국민 정치를 어

떻게 전망하는지 설파하였다. 행정 중심의 국가 제도 개
혁을 시행하는 한편으로 제도라는 그릇 안에서는 국민의
정치 참여를 촉진하는 헌정 운동이 전개되어야 한다는
것이 그의 국가 구상이었다. 이하의 논의에서는 통설과
입장을 달리하여 입헌정우회 창당이라는 행위를 헌법 성
립 당시부터 그의 일관된 사상의 산물로 다시 고려해 보
고자 한다.

이토의 세계관

입헌정우회 창당 문제를 살피기에 앞서 우선 이토의
세계관을 설명해 두고자 한다. 입헌정우회 창립은 본래
번벌 정치가였던 그가 변절한 결과라는 식으로 이해되
어 왔다. 의회가 개설된 후 이른바 민당(民黨)[2] 세력이 강
대해진 추세에 따른 전향이라는 것이다. 그러나 이토에
게는 독특한 세계관을 배경으로 한 제 나름의 정치철학
이 있었다. 이 세상의 존재는 유전무상(流轉無常), 끊임없

---

2) 메이지 시대 중엽, 곧 제국 의회 개설부터 청일전쟁까지 자유당, 입헌개진당 등을
중심으로 한 민권파 반정부 정당을 총칭해 일컫는 말이다. 이에 반해 번벌 정부를 지지
한 대성회(大成會)와 국민협의회(國民協議會)와 같은 정치 세력은 이당(吏黨)으로 불렸다.

이 생기고 없어지며 변천하므로, 정치도 그에 발맞춰서 끊임없이 변용하지 않으면 안 된다는 생각이었다. 그러한 정치 변화에서 그는 국민 정치로 나아가는 방향이 맞다고 확신하였고, 이어서 언젠가는 번벌 중심의 초연주의를 벗어던져야 한다고 헌법 성립 당시부터 머릿속으로 생각하였다.

그와 같은 이토의 [세계] 질서에 대한 생각이 단적으로 드러나는 발언을 인용해 보자. 다음은 헌법이 반포된 후 반년 정도 지난 1889년(메이지 22) 8월 4일 자로 이노우에 가오루에게 보낸 편지의 한 구절이다.

이대로는 입헌정치의 꿈이나 꿀 수 있을지도 알 수가 없으니, 아무리 크나큰 일이 일어나도 동요하지 않는다든가, 끝까지 [자신의 입장을] 관철하려 든다든가 하면서, 자신만만해하는 이들의 흉중에는 일본 사람들을 양성하여 문명의 인민으로 만들려는 의향이 조금도 없는 것 같습니다. 아마도 천지 만물은 끊임없이 변하고, 한순간도 멈추지 않고 일정한 질서 속에서 움직이고 변한다는 사실을 알지 못하는 것입니까? 어쨌든 이 전제정치하의 인민을 입헌정치체제하의 인민으로 탈바꿈하려면 몇

년의 세월을 들여서 인민을 양성하지 않으면 안 됩니다.
그리고 인민을 양성하는 일은 흡사 초목의 싹을 재배하
는 것과 같이 간단한 일은 아니라고 생각합니다.

『이노우에 가오루 문서』303—1

이 편지는 직접적으로는 조약 개정 문제[3]로 분란을 일
으킨 당시 구로다 기요타카 내각의 내정을 비판하는 것
이었다. 스스로 초대 내각의 총리대신이 되어 조각하였
던 제1차 이토 내각에서 외상 이노우에 가오루가 조약
개정 교섭 과정에서 외국인 재판관을 채용해야 한다는
국치적(國恥的) 요소를 포함한 것과 관련해 정부 안팎에서
비판을 받고서 실패한 다음, 다시금 조약 개정의 책무는
1888년 2월에 외상 자리를 이어받은 오쿠마 시게노부에
게 맡겨졌다. 4월 말에 이토는 신설된 추밀원의 초대 의
장이 되면서 총리직을 그만두었고, 구로다 기요타카가
후임 총리가 되었다. 오쿠마는 구로다 내각에서도 유임
되어 계속 조약 개정에 매진하였다. 그러나 오쿠마 외상

---

3) 구로다 기요타카 내각은 외상 오쿠마 시게노부의 주도 아래 막부 시대에 체결된 불
평등조약을 개정하려고 시도하였다. 그러나 그 교섭이 실패한 여파로 오쿠마가 습격을
당하는 등 분란 끝에 구로다 내각은 1889년 10월 붕괴되었다. 구로다 기요타카가 사
임한 후에는 당시 내대신이었던 산조 사네토미가 총리를 겸임하였다.

아래에서도 개정 조약안에 대한 여론은 격앙되었고, 그로 말미암아 내각이 분열되었다.

인용한 편지는 그와 같은 긴박한 정국을 배경으로 오쿠마 외상과 구로다 총리 등 조약 개정 추진파의 경직된 정치 자세를 비판하는 내용이라 하겠다. 끝까지 조약 개정을 고집하는 오쿠마 등을 책망하면서 그런 집정 자세로는 그때까지 전제 체제에 익숙한 인민을 이끌어서 입헌 체제하의 문명된 국민으로 만드는 데 도저히 성공할 수 없다고 논하면서, 마지막에 만물은 유전한다는 세계관을 토로하고 있다.

닭 잡는 데 소 잡는 칼을 쓰는 듯한 기미가 없지는 않지만, 너무 원통하고 분한 나머지 자신의 세계관을 토로하는 데까지 붓이 나가고 말았다고 생각할 수도 있다. 앞에서 분명히 언명되었듯이 천지 사물은 모두 거듭하여 이리저리 변하고 달라진다. 세계는 궁극적으로 일정한 질서 안에 낙착되지만, 그 과정에서 한순간도 머무르지 않고 유전한다. 그것이 이토가 지각하던 이 세상의 모습이었다.

정치 질서도 예외일 수 없다. 그러한 경우에 정치 지도자에게는 변화의 흐름에 역행하지 않고 오히려 그 흐름을 타면서, 한편으로는 그 변화가 일정한 질서 속으로 낙착되도록 방향을 잡아 나가는 일이 중요하다. 바꾸어 말하면 그 조류가 격류로 바뀌지 않고 도도히 흐르는 강물이 되어 바다로 흘러가도록 이끄는 일인 것이다. 그에게 현재 정치의 조류가 흘러가 닿는 종착지는 다름 아닌 입헌정치인데, 그에 이르기 위해서는 초목의 싹을 키우듯이 시간을 들여서 국민을 입헌정치체제의 담당자로 길러 내야만 한다. 앞서 인용한 말을 사용하면 "언론의 자유를 존중하고, 의사의 공개를 준수하며, 자신과 반대되는 의견도 너그럽게 용납하는 정신"의 소유자로 길러야 한다는 것이다.

이런 의미에서 1889년(메이지 22) 대일본제국 헌법이 성립함에 따라 메이지 일본에 입헌 국가의 외관이 부여되었다고 해도 그것은 이토에게 종착점이 아니었다. 입헌정치의 실현이라는 기나긴 여로의 기점에 다름 아니었다. 실제로 헌법이 시행된 시점(1890년 11월 29일) 이후로 일년이 채 지나지 않은 때에 그는 "국가는 실로 하루아침에 만들어지는 것이 아니다."(1891년 8월 19일 마쓰카타 마사요시에게 보낸 이토의 편지, 『마쓰카타 문서』⑥)라고 쓰고 있다. 그의 눈앞에는 헌법이라는 골격에 국가 구조라는 살을 붙이고

그 안에 깃들어 사는 국민을 입헌정치의 역군으로 변혁
해 나가야 하는 과제가 가로놓여 있었다.

이토 미요지와의 갈등

[메이지] 헌법 성립 전후로 이토가 입헌정치를 어떻게
생각했는지 보여 주는 사례를 하나 더 들어 보자. 1891
년(메이지 24) 9월 21일, 이토는 야마구치에서 입헌정치의
존립 방식에 대해서 한 차례 연설을 하였다. 이 강연은
같은 달 26일 자 《지지신보(時事新報)》[4]에 개요가 게재되
었는데 기사 내용이 도쿄부 내의 민당 세력을 자극하였
다. 그러한 상황은 마쓰카타 마사요시 총리와 심복인 이
토 미요지를 거쳐서 도쿄를 떠나 있었던 이토에게도 전
달되었다. 10월 4일 자 편지에서 이토 미요지는 다음과
같이 보고하고 있다.

야마구치에서 각하께서 하신 연설은 이번에 보내 주신

---

4) 1882년에 창간된 일간신문이며 2차 세계대전 전까지 5대 신문의 하나였다. 본래
후쿠자와 유키치가 창간하였으나 이후에는 게이오기주쿠 대학과 그 출신자들이 협력
하여 운영하였다.

편지에서도 남김없이 설명되었다고 삼가 생각하고 있습니다. 《지지신보》에 실린 요강은 특별히 저촉되는 바도 없고 또한 악의가 섞였다고는 생각지 않습니다. 소생은 처음에는 각하의 논지를 얻었다고 생각하였습니다. 그러나 개진당은 한가한 시기에 절호의 이야깃거리라고 생각하였는지, 공격의 창끝을 각하에게 겨눈 채 근거도 없이 짐작하고 마음대로 억측하고 있으므로, 그대로 내버려 두어도 괜찮지 않을까 생각하였으나 신속하게 《도쿄니치니치신문》과 《도쿄신보》에 각하의 논지를 설명하여 개진당에 반박토록 하였습니다.

『이토 문서 〈각〉』②

이토의 연설은 후쿠자와 유키치가 주재하는 《지지신보》에 요강이 실렸다. 이토 미요지는 기사 내용에는 문제가 없지만 입헌개진당이 요란하게 떠들어 대고 있으므로 《도쿄니치니치신문》과 《도쿄신보》에 강연 요지를 실어서 입헌개진당 측에 반박해 두었다고 말하고 있다.

그렇다면 도대체 《지지신보》의 기사 내용은 어떠했는가? 예의 9월 26일호 신문을 보면 분명히 「이토 백작의 정담연설」이라는 기사가 실려 있다. 그에 따르면 이토는

「우리 국민의 장래의 각오」라는 주제로 야마구치의 관리와 일반인 약 300명을 상대로 다음과 같이 말했다고 되어 있다. 메이지유신 이후 우리 나라는 문호를 개방하고 서양 문물을 수입하여 오늘날의 문명을 구축하였고, 그 결과 입헌정치체제를 세우기에 이르렀다. 그러나 그렇다고 지금 세상의 정치가들이 유럽과 미국의 정당내각에 심취하여 현재의 내각을 타도하자는 따위의 주장을 외치고 있는 것은 한탄스럽기 그지없다. 정당내각은 불가하다. 그 점은 영국 역사에 비추어 보아도 분명하니, 생각 있는 정치가라면 누구라도 정당내각에 관여하는 일 따위는 하지 않는다. 요즘의 정당은 유치하고 그들의 언론은 무책임하다. 결국 "국민은 대동단결하여 점차 국력이 충실해지도록 애쓰고, 국권 회복을 도모"하지 않으면 안 된다. 또한 관리를 직원 부리듯 여기고 "인민의 노예"로 오해하는 것도 한심스러울 따름이다. 이상이 《지지신보》가 전하는 이토 연설의 대략이다.

이 기사를 계기로 《유빈호치신문》과 《요미우리신문》 등 개진당 계열 신문들이 앞장서서 떠들어 댔다. 정당정치는 불가하다는 식의 논단(論斷)이 그들의 신경을 거슬렀음은 쉽게 짐작할 수 있다. 이토 미요지의 입장에서 이는 바라던 바였다. 연설의 초안을 작성하는 데도 참여한 것으로 보이는 그는 기세를 올리던 민당 세력에 견제의 일격이라도 날리고 싶었을 것이다. 그래서《지지신보》의 보도에 대해 "특별히 저촉되는 바도 없고" "소생은 처음에는 각하의 논지를 얻었다고 생각하였"다고 평하였던 것이다.

이에 대한 이토의 반응은 어떠했던가? 그도《지지신보》의 기사가 납득이 갔을까? 실은 이토의 진짜 의도와《지지신보》의 요약 사이에는, 따라서 입헌정치에 대한 그와 이토 미요지의 견해 사이에도 간과할 수 없는 의견 불일치가 있었다. 이토 미요지에게 보낸 답장에서 그는《지지신보》를 보내 준 것에 사례하면서 "내 연설의 요점과는 상당한 차이가 있다."라고 적고 있다. (1891년 10월 11일 이토 미요지에게 보낸 이토의 편지, 헌정기념관 소장) 그렇다면 실제로 이토는 어떤 주장을 펼쳤는가? 내용이 길어지지만 그의 말을 그대로 인용해 보겠다.

이토의 진짜 의도

　최근 세상 사람들이 빈번히 주창하는 정당 및 정당내각 등은 영국에서 처음 발생하였고 그 역사는 대략 이러하다고 진술하였고, 다음에는 헌법에서 글로 나타낼 수 없는 것(不成文)과 있는 것(成文), 곧 움직일 수 있는 것(移動)과 없는 것(不動)을 구별하는 기초를 보여 주었고, 이러한 각종 법들이 시행되는 나라들을 예시하였고, 다음에는 우리 헌법은 우리 국가 체제에 의거해야 하는 것과 상관없이 이를 유추할 적에는 학문상 어느 부류에 들어가야 하는가를 설명하였고, 따라서 입헌군주 체제가 의회 정부와 왜 다른지를 알려 주고, 결론으로 헌법은 입국(立國) 체제에 따라 시행하고 적합하도록 하지 않으면 안 된다고 하였다. 헌법은 먼저 국가 체제와 밀착해야 하고, 군주의 대권은 아래로 양도되어서는 안 된다. 그렇다면 정당내각을 주창하는 것은 우리 헌법과 국가 체제에 적합하다고 말할 수 있겠는가? 이는 굳이 누누이 설명하지 않아도 명료하지 않은가.

　정당내각이 영국 역사의 산물이라는 점은 말하고 있지만 《지지신보》 기사에 나와 있듯이 "정당내각은 불가하다. 그 점은 영국 역사에 비추어 보아도 분명"하다는 논지를 전개했다고는 볼 수 없다. 오히려 이토는 거기에서 헌법 일반론으로 옮겨 가서 불문(不文)헌법과 성문헌법이 있다고 지적하고 있다.(이것을 이토는 이동(移動)과 부동(不動)의 차이, 곧 헌법학에서 말하는 연성(軟性)헌법과 경성(硬性)헌법의 차이[5]와 동일시하고 있다.) 그리고 일본 헌법이 어떤 유형에 속하는가를 언급하고 나서 입헌군주제와 의원내각제는 다르다는 사실을 보여 주고, 헌법은 국가 체제에 적합해야 한다, 따라서 천황의 대권은 양도 불가능하다, 그 때문에 정당내각이 일본 헌법 및 국가 체제에 적합한가의 여부는 불을 보듯 분명하다고 주장하고 있다.

이상의 내용만을 본다면 역시 이토는 일본의 국가 체제를 내세워서 정당정치를 억압하려는 것처럼 보일지도 모른다. 그러나 그는 계속해서 다음과 같은 의견도 말하고 있다.

---

5) 헌법은 개정 절차의 난이도에 따라 연성헌법과 경성헌법으로 구분한다. 연성헌법은 규정에 따라 일반 법률과 구별되고 형식상 특별한 우선적 효력이 없기 때문에 일반 법률 절차에 따라 제정·개정·폐지될 수 있다. 그러므로 연성헌법으로는 헌법의 사회 안정 기능과 권력 통제 기능, 자유 보장 기능을 충분히 발휘하기 어렵다. 이론상 불문헌법은 모두 연성헌법이지만, 연성헌법이 모두 불문헌법은 아니다. 영국 헌법은 불문헌법이면서 연성헌법인 예이고, 1848년 구(舊)이탈리아 헌법은 성문헌법이면서 연성헌법인 예이다. 이에 반하여 성문헌법이 규정하는 절차를 기준으로 법률보다 개정하기 어려운 헌법을 경성헌법이라 한다. 참고로 한국 헌법은 개정 절차가 법률보다 어렵고 국회 의결을 거쳐 다시 국민투표에 부치도록 되어 있어 경성헌법 중에서도 센 경성헌법에 속한다.

그러나 나는 장래의 변천을 예언하는 것이 아니다. 패부(覇府)[6]가 가마쿠라에서 일어난 것과 같이 세월이 흐르면서 대세가 바뀌는 것은 거스를 수 없으니, 부언하여 우리 헌법 조장(條章)에 행정관리가 전횡에 빠지는 것을 방지하고 신민의 권리를 보증하도록 명문화하면 정당내각을 빌리지 않아도 헌법 정치의 좋은 결실을 거두는 데에 어려움이 없을 것이라는 방도를 말하였다.

"장래의 변천을 예언하는 것이 아니다." 요컨대 그렇게 말은 하였지만 향후 사태가 어떻게 전개될지 예언한 것은 아니라고 하였다. 일찍이 조정의 권력을 찬탈하는 형태로 가마쿠라막부가 일어났듯이 대세가 바뀌는 것은 거역할 수 없다는 것이다. 정당내각은 국가 체제에 합치하지 않기 때문에 불가하다고 했던 앞서의 논지는 탁상공론에 불과하고, 시류가 그와 같이 변해 간다면 거스를 수 없다고 말하는 것 같았다.

그때까지의 논조와는 완전히 다른 이 발언에 이토의 진의가 담겨 있다고 생각할 수 있다. 이는 앞 장에서 언

6) 패자(覇者)가 정무를 처리하는 관청이라는 뜻으로 세이이타이쇼군(征夷大將軍)의 정부, 곧 막부를 가리킨다.

급했던 1889년 황족과 화족 앞에서 한 연설과도 앞뒤가 맞는다. 요컨대 이토는 대세는 국민을 중심으로 한 정치이며, 정당정치의 발흥은 피할 수 없다고 여겼다.

그와 같은 정세 판단을 내리는 한편으로 그가 정당정치 자체에 대해 양면가치적 견해를 보인 점 역시 사실이라 해야 할 것이다. 그의 머릿속에는 정당정치를 상대화하는 사고 회로도 입력되어 있었다. 그것이 앞서 인용문 말미에 등장하는 "헌법 정치", 곧 입헌정치이다. 여기에서 이토는 헌법에 행정관리의 전횡을 제약해서 국민의 권리를 보호하는 규정은 있으므로, 구태여 정당내각에 집착하지 않아도 입헌정치의 좋은 결실을 충분히 거둘 수 있다고 논하고 있다. 문제 삼고 있는 것은 행정관리뿐이지만 1889년 연설에서 주장하였듯이 입헌제도의 묘미란 국가를 구성하는 모든 기관이 "전횡에 빠지는" 일이 없도록 조화를 이루는 데에 있었다.

요컨대 군주, 의회, 행정이라는 국가기관이 서로 조화와 통일을 이루는 데 주안점을 두는 것이 입헌정치이며, 그것과 정당내각과는 본래 별개라고 생각하고 있었다. 곧 "정당내각을 빌리지 않아도 헌법 정치의 좋은 결실을 거두는 데에 어려움이 없을 것"이라고 하는 까닭이다.

그렇지만 기술하였듯이 이토는 정당정치가 역사적 추세라고 파악하고 있다. 그리하여 그의 정치 과제는 다음과 같은 것이 되었다. 정당정치를 점진적으로 육성하여 국민의 정치 참여를 추진하고, 국민 정치와 입헌 체제의 융합을 꾀하는 일, 요컨대 국민국가로서 유화(宥和)와 협조를 기초로 한 정치체제를 구축하는 일이었다. 그것을 구체적으로 실천한 결과가 1900년(메이지 33)에 이토가 입헌정우회를 창설한 일이었다.

2 전국 유세 ─ 헌법을 세상에 널리 알리다

정당내각의 출현

1890년(메이지 23) 11월 25일 제1회 제국 의회가 개회하였다. 전년에 반포한 메이지 헌법은 이때 시행되었다. 앞 장에서도 언급하였듯이 2차 세계대전 후 일본 학계에서는 오랫동안 이때의 의회 제도가 헌법 규정상 커다란 제약을 받았고, 천황에게 강력한 대권을 인정한 군권주의(君權主義)를 겉만 번듯하니 꾸민 입헌주의 헌법에 지나지 않는다는 식으로 한결같이 평가해 왔다.

그렇지만 이러한 헌법하에서 2차 세계대전 전의 의회 정치가 쇼와[7] 초기까지 착실히 발전했다고 평가받는 것 역시 사실이다. 정당 정치가 출신이 총리가 되는 사례도 일찍부터 나타나서, 1918년(다이쇼 7) 하라 다카시 정우회 내각을 거쳐 1924년 가토 다카아키를 수반으로 하는 호헌삼파 내각[8] 이후에 5·15 사건(1932)[9]에 이르는 팔 년 동

---

7) 히로히토 천황 시대의 연호. 1926년부터 1989년까지의 시기이다.
8) 전전의 일본 정당정치의 전성기는 1920년대 다이쇼 민주주의 시대였다. 1924년에는 정우회, 헌정회, 혁신구락부의 세 정당으로 이루어진 호헌삼파가 관료내각을 물리치고 정당내각을 구성하였다. 이후 정당 세력은 전통적인 보수 세력을 누르고 1932년 5·15사건에 이르기까지 정당정치의 황금기를 누린다.
9) 1932년 5월 15일 급진파 청년 해군 장교들이 중심이 되어 일으킨 반란 사건이다.

안은 '헌정의 상도(常道)'기로서 양대 정당 사이에 정권 교대가 이루어져 영국류 의회정치가 전개된 시기로 간주된다.[1*]

이렇듯 정당정치가 신장할 수 있었던 데에는 여러 요인이 작용했는데 그 가운데에서도 메이지 헌법의 구조가 중요했다. 프로이센 사례를 모방하여 의회정치에 여러 제약을 둔 메이지 헌법이었지만, 의회의 예산의결권은 명기되어 있었다. 물론 예산안이 의결되지 않았을 경우에는 전년도 예산에 준해 집행하는 제도를 규정한 제71조와 [천황의] 대권에 의거하여 이미 정해진 지출을 삭감할 때에는 정부의 동의를 구해야 한다는 제67조 등 무시할 수 없는 제약이 있었던 것은 사실이다. 그러나 한편으로 정부는 의회의 동의 없이는 예산을 증액할 수 없었다. 부국강병 정책으로 끊임없이 세수와 지출의 증가에 시달린 삿초 번벌 정부는 예산안을 승인받기 위하여 때로는 정당에 무릎을 꿇지 않을 수 없었다.[2*] 이와 같이 의회정치의 발전은 메이지 헌법에 내재하는 논리적 귀결이었다.

의회정치가 발전한 결과로 정당내각이 출현한 것은 의

무장한 해군 장교들이 총리 관저에 난입해 당시 호헌 운동의 중심이었던 이누카이 쓰요시 총리를 암살하였다. 이 사건 때문에 일본 정당정치는 결정적으로 쇠퇴하였다.

회 제도가 개설되고 팔 년 후였다. 1898년(메이지 31) 6월 오쿠마 시게노부를 수반으로 하는 제1차 오쿠마 내각이 조직되었다. 일본 최초의 정당내각이다. 와이한(隈板) 내각이라고도 불리는 이 내각에서는 오쿠마가 이끈 진보당과 이타가키가 당수인 자유당 등 야당 대연합으로 결성된 헌정당을 기반으로 외상과 육군상, 해군상을 제외한 전 관료를 헌정당에서 발탁하였다. (이타가키는 부총리 격으로 내상에 취임하였다.)

그렇다고는 하나 이 내각이 탄생한 데에는 다분히 우발적인 면이 있었다. 1898년 1월에 제3차 내각을 조직했던 이토가 정부 내부에서는 야마가타 아리토모가 이끄는 관료 세력, 의회에서는 자유당과 진보당의 틈새에서 자신의 생각대로 국정을 운영할 수 없어 고심하던 차에, 헌정당이 결성되자 이내 민당의 수장인 이타가키와 오쿠마에게 정권을 내맡기면서 이러한 정당내각이 실현되었다. 정당 세력으로서는 뜻밖에 행운이 굴러들어 온 격이었고, 번벌 정부는 메이지 정부의 '낙성(落城)'[10](『야마가타전』하권)이라고 토로하였다.

그러나 이 획기적 내각은 정당인들이 관직을 얻으려고

---

10) 적에게 성을 공격당해 빼앗겼다는 뜻이다.

다투어 엽관 운동을 벌이는 바람에 불과 네 달 만에 무너지고 만다. 그 후에 야마가타 아리토모가 내각 수반으로 지명을 받아 또다시 초연주의 내각을 조각하였다. 정당 세력이 단기에 그치고 말았지만 어쨌든 정권을 담당했다는 의미는 크다. 와이한 내각의 출현은 정당이 정권을 잡는 일이 결코 불가능한 상상만은 아니라는 점을 알려준 사례였다. 애초에 청일전쟁 후의 국가 재정 운영 때문에 지조(地租) 증세가 불가피했는데, 메이지 헌법상으로는 의회 내 야당 세력이 협력하지 않으면 [그것이] 성립할 수 없었고, 정당을 몹시 싫어해 사갈시하였던 야마가타 총리조차 최대 야당인 헌정당과의 제휴를 선언하지 않을 수 없었다.[3]*

정당 결성의 획책과 실패

그러한 상황에서 이토가 정당을 결성한다는 소문이 그럴싸하게 퍼져 나갔다. 정권을 내던지고 난 후에 한국과 중국을 만유하는 등 정계에서 물러나 있던 그였지만 일찍부터 연결 고리가 있었던 헌정당의 호시 도루파(구 자유당)와 자기 수하의 관료들을 중심으로 일대 정당의 창설을 꾀하고 있다고 세간은 주목하였다.

본래 이토가 이때 처음으로 정당을 만들려고 하였던 것은 아니다. 다소 이른 감이 있었던 1892년(메이지 25) 1월에 그는 의회 내 정부당, 곧 여당을 기반으로 정당을 결성하려고 했다. 그렇지만 이때는 천황이 이해해 주지 않아 실패하고 말았다. 또 1898년 제3차 내각 때에도 정당 결성에 착수하려 하였지만 이번에는 야마가타 아리토모의 반대에 부딪혀 결실을 맺지 못하고 끝나 버렸다.

이때 이토의 신당 문제를 둘러싸고 6월 24일에 열린 어전회의에서 야마가타는 "각하가 추진하는 정당 조직은 마침내 정당내각의 시초 역할을 할 텐데, 그러나 정당내각제는 우리 국체에 반하고 흠정헌법 정신에도 어긋나며 민주정치로 타락하는 것 아닙니까?"라고 이토를 힐난하였다. 그에 대해 이토는 "정당내각의 찬반을 논하는 일은 애초에 사소한 문제이고, 요체는 황국의 진운(進運)에 도움이 되는가 여부를 살피는 데에 있다."라고 응수하였지만(『이토 전』하권) 여러 사람들의 찬동을 얻을 수 없다는 사실을 인식하고서는 곧바로 총리직을 사임하고 천황에게 차기 수반으로 오쿠마와 이타가키 등 정당 영수들을 추천한 다음 하야하였다. 정부에서 멀어졌던 이토가 본격적인 태세로 자신의 정당을 창립하려 한다고 주목받았던 것은 당연하다.

당사자 이토는 이러한 주위 시선은 무시하고 사직 후 1898년 8월부터 10월까지 중국과 한국 두 나라를 여행한 다음, 이듬해인 1890년 4월부터 10월까지는 간헐적으로 일본 각지를 순회하는 유세 여행에 나섰다. 여기에서는 이토의 두 번째 유세 여행에 초점을 맞추고자 한다. 메이지 헌정사에서 일대 전환점으로 평가받는 이 시기에 그는 국민을 향해 무엇을 말하려고 했을까? 우선 그의 여정을 따라가 보자.

나가노, 서일본으로 떠난 유세 여행

1899년(메이지 32) 4월 9일, 이토는 이때부터 반년에 걸친 유세 여행을 시작하며 나가노 가루이자와를 향하여 도쿄를 출발했다. 일행은 모두 열여덟 명으로 그중에는 오자키 사부로, 오오카 이쿠조 같은 이들이 포함되었고 그 외에 《도쿄니치니치신문》 기자와 당시 대표적인 종합지였던 《다이요》를 간행하는 하쿠분칸 사원 등이 동행하였다.

도쿄를 떠난 다음 날인 10일에 이토는 나가노시에 도착해 12일까지 머무른 뒤에 13일에 귀경하였다. 불과 닷새 남짓한 여정에 지나지 않았으나 그사이에 그는 세 차례 강연을 하였다. 강연은 성황이었다. 당시 수행했던 오자키는 일기에서 그 모습을 다음과 같이 전하고 있다. 이토를 태운 열차가 지나는 역마다 군수와 촌장을 비롯한 지역 유지들이 경례를 하면서 지나가는 열차를 전송하였고, 그가 내리는 역 플랫폼에서도 해당 지역 명사들이 죽 늘어서서 그를 맞이하였고, 집집마다 국기와 제등을 내걸고 때로는 불꽃을 쏘아 올리기도 하였다. 사람들이 이토를 한 번이라도 보려고 길가에 몰려나와서 인파가 몇 겹이나 울타리를 둘러친 것 같았다고 적고 있다.(『오자키 사부로 일기』하권)

닷새 정도의 짧은 기간이었지만 이토는 나가노를 방문하면서 보람을 느꼈을 것이다. 그것은 그가 더욱 본격적으로 유세 여행을 나서기 위한 전초전의 의미가 있었다고 이해할 수 있다. 귀경하고서 한 달 남짓 지난 후에 이번에는 서일본으로 한 달 이상 순회 여행을 하게 되었다. 그 여정은 다음과 같았다.

5월 8일 간사이, 규슈 방면으로 순회 유세 출발

5월 10일 시조나와테 신사 참배. 가와치 유지 환영회에서 연설

5월 11일 고베 도착

5월 12일 바칸[11]=시모노세키 도착

5월 13일 바칸의 실업가 청대회(請待會)에서 강연

5월 14일 벳푸 도착

5월 15일 오이타현 관민 연합 환영회 및 오이타 도요쿠니 동지구락부 창립회에서 강연

5월 16일 벳푸 환영회에서 강연

5월 17일 나카쓰 도착. 나카쓰정 환영회에서 강연

5월 18일 후쿠오카현으로 들어감. 우노시마를 거쳐 유쿠하시에 도착. 우노시마·유쿠하시 환영회에서 강연

5월 19일 구루메 도착. 환영회에서 강연

5월 20일 후쿠오카시 도착. 환영회에서 강연

5월 21일 고쿠라, 모지의 환영회에서 강연. 바칸으로 돌아감

5월 22일 조후 도착. 고잔지에서 강연

---

11) 바칸(馬關)은 시모노세키의 옛 이름 가운데 하나이다.

5월 25일 와카마쓰 항구 구축 공사를 배로 시찰하고 같은 날 바칸으로 돌아감. 과도한 일정으로 몸 상태가 나빠짐

5월 29일 몸 상태가 좋지 않은데도 바칸을 출발하여 도쿠야마를 거쳐 미타지리에 도착

5월 30일 미타지리 환영회에서 강연. 야마구치에 도착. 야마구치현 관민 환영회에서 강연

5월 31일 야마구치 심상 중학교, 야마구치 환영회에서 강연

6월 1일 하기 도착

6월 2일 하기정 환영회에서 강연

6월 4일 하기 출발

6월 5일 야마구치로 돌아옴. 감기에 걸림

6월 9일 몸 상태가 이내 회복되어 야마구치를 출발. 도쿠야마, 고향인 야나이 항구에서 강연회를 하고 나서 이쓰쿠시마에 도착

6월 10일 이쓰쿠시마 환영회에서 강연

6월 11일 히로시마 도착. 환영회에서 강연

6월 12일 고베 도착

6월 16일 오이소로 돌아가는 도중에 나고야에서 아이

치현 관민 연합 환영회에서 강연

사십 일에 이르는 일정 동안 거의 하룻밤 간격으로 연거푸 이동을 계속하면서 들르는 곳마다 강연을 했고 심할 때에는 이동 도중에 한 시간 정도 내려서 강연회를 한 후에 곧바로 다음 목적지로 서둘러 옮겨 갔다. 이처럼 일정이 과도하여 여행 후반부에는 몸 상태가 나빠질 정도였지만 결국 이토는 스물두 차례에 걸친 강연을 소화해 냈다.

유세와 미디어 전략

6월 중순에 도쿄로 돌아온 후에도 그는 다시 유세할 기회를 모색하였다. 7월 16일에는 우쓰노미야의 실업가 연합으로부터 초청을 받아 그곳까지 몸소 갔을 뿐 아니라 다음 달인 8월에는 호쿠리쿠[12] 쪽으로 순회를 모색하였다.

실제로 이토가 호쿠리쿠로 유세를 떠났던 것은 10월이

---

12) 일본 주부 지방 가운데 동해에 접하는 네 현, 곧 니가타현, 도야마현, 이시카와현, 후쿠이현을 말한다. 눈이 많은 지역이며, 옛 지방 구분인 호쿠리쿠도에서 유래하였다.

되어서였다. 호쿠리쿠 유세 일정은 다음과 같았다.

10월 14일 호쿠리쿠를 향하여 출발

10월 15일 나고야에서 후쿠이로 들어감

10월 16일 와니 중기업(重機業) 공장 견학. 후쿠이시 환
　　　　 영회에서 강연

10월 17일 후쿠이에서 미쿠니로 들어감. 환영회에서
　　　　 강연

10월 18일 미쿠니를 출발하여 가나자와로 향함. 고마
　　　　 쓰에서 도중에 내려 혼카쿠지에서 강연. 같은 날
　　　　 가나자와에 도착함

10월 19일 가나자와 의회 의사당에서 강연

10월 20일 와니 중기업 공장을 견학. 제4 고등학교, 긴
　　　　 조 학우회에서 강연. 나나오로 향함

10월 21일 나나오에서 간담회. 항만을 시찰. 나나오를
　　　　 출발하여 다카오카에 도착. 헌정당원들의 환영회
　　　　 열림

10월 22일 도야마현 공예 학교 시찰. 후시키정에서 항
　　　　 만 시찰. 다카오카로 돌아와 세이안지에서 간담회

10월 23일 다카오카를 출발하여 도야마에서 간담회.

후쿠이로 이동

10월 24일 에이헤이지 참배

10월 25일 후쿠이를 출발하여 귀경길에 오름

이때도 이토는 십이 일 동안 여덟 개 지역에서 총 열 번이나 강연을 하였다. 강행군이라고 해도 좋을 것이다. 정우회 결성 한 해 전에 이토는 신들린 듯이 일본 각지를 다니면서 연설을 하고 국민에게 무엇인가를 호소하려 하였다.

확실히 이토는 그 유세에서 명확한 메시지를 드러냈다. 그의 행군에 미디어 전략이 동반되었다는 사실에서도 능히 짐작할 수 있다. 4월 나가노행에《도쿄니치니치신문》(이하《니치니치》) 기자 등 언론 관계자가 동행한 사실은 앞서 언급하였다. 그 후 그가 만유를 할 때에도《니치니치》기자의 동행이 일관되게 허용되었다. 곁에 기자들을 잔뜩 거느리고 거침없이 말을 내뱉으면서 떠들썩하게 다니는 이토의 모습은 정계 일부에서 빈축을 사기도 하였지만[4*] 그 자신은 태연하게 기자를 대동하고 지방유세를 거듭하였다.

이와 같이 수행 기자들을 통해서 유세 도중 이토의 일

거수일투족은 곧바로 도쿄로 타전되어 기사로 세간에 알려졌다. 이리하여 그의 동정이 독자들에게 날마다 알려졌던 것이다. 《니치니치》에는 그때까지도 이토가 전국을 유세하는 행적이 보도되었고 지방에서 한 연설이 실리기도 하였다. 그러나 이때의 보도 행태가 특히 눈길을 끄는 것은 「이토 후작 유서록(遊西錄)」, 「이토 후작 북정기(北征記)」 같은 제목이 붙은, 분명한 수행기가 연재되어 유세 여행 중 그의 언동을 빠짐없이 독자들에게 전달하려고 하였다는 사실이다.

이토의 행적만 전달하려 한 것이 아니었다. 그가 각지에서 한 연설도 차례차례 《니치니치》 지면에 게재되어 독자들이 열람하도록 하였다. 6월에 규슈에서 돌아온 후에 야마가타 아리토모에게 보낸 편지에서 이토는 "이즈음 각지를 만유하면서 어디에서나 수많은 군중 앞에서 이때까지 깊이 쌓아 왔던 저의 모든 생각을 피력하고 신문에 싣도록 하였으므로 귀하께서도 반드시 한 번은 읽어 보셨을 것으로 생각합니다."라고 적어 보내고 있다.(1899년 6월 29일 자 야마가타 아리토모에게 보낸 이토의 편지, 『야마가타 문서』①) 자신이 각지에서 했던 발언을 가능한 한 많은 사람들에게 알리고 싶었던 이토의 강한 의지를 엿볼 수 있는 대목이다. 그는 지방 유권자들의 지지와 환심을 얻으려 했다기보다는 신문이라는 미디어를 통하여 가능한 한 폭넓은 계층의 국민들에게 소신을 직·간접으로 침투시키고자 기도했다고 생각할 수 있다. 신문 지면에 실리고 난 후에 이토의 연설은 다시금 『이토 후작 연설집』으로 묶여서 《니치니치》 구독자들에게 배포되었다. 그가 일과성에 그치지 않고 보다 지속적으로 국민의 뇌리에 유세 내용을 각인하고자 노력했음을 추측케 하는 사실이다.

유세의 목적 ─ 입헌 국가 국민으로 계몽

그렇다면 이와 같이 미디어 전략까지 구사하면서 이토는 무엇을 호소하려고 하였을까? 지금까지 이때의 유세는 이듬해 입헌정우회를 결성하기 위한 일종의 준비 작업으로 설명되어 왔다. 정권을 맡을 수 있을 정도의 책임 정당을 창설하겠다는 목표를 세운 그가 사전 준비로 민심을 장악하려고 유세 활동을 했다는 것이다.

확실히 이토가 그런 효과를 노렸다는 점은 부정할 수

없다. 그러나 이 무렵 그의 강연록을 정독해 보면 그가 일본 전국을 돌면서 사람들에게 직접 말을 건네고자 했던 애초의 동기가 그것뿐이었다는 생각은 바뀌게 된다. 오히려 그는 이때 일본 국민을 입헌 국가 국민으로 계몽하려고 하였다.

본래 1899년(메이지 32)은 헌법 반포 십 주년에 해당된다. 그것을 기념하는 회의석상에서 이토는 그때까지의 십 년은 헌법의 "시험기"였다고 말하고, 그 결과가 "매우 좋았다."라고 총평하고 있다.(『연설집』①) 그 이유를 들어 보자.

그 증거로 헌법 반포 당시, 곧 1889·1890년(메이지 22·23) 국가 상황과 오늘날 상황은 크게 다릅니다. 헌법 반포 당시 인민의 부담은 불과 8,000만 엔에 지나지 않았지만 지금은 실로 그 배가 되었습니다. 인민이 이와 같이 정권을 향유하며 천하의 정치에 참여할 수 있게 되면서 동시에 국가에 다해야 하는 의무는 어떻습니까? 가령 재력이 나아졌다거나 나아지지 않았다거나 하는 것으로써 재정이 이 정도까지 팽창하는 것도 당연한 일이라는 논의를 펴는 이도 있을지 모르겠지만, 자신들의 대표자를 선출하여 그들이 군주를 도와 정치를 하게끔 하고 있습니다. 압제하에 놓여 있는 경우와는 크게 다르다는 점을 보지 않으면 안 됩니다. 이런 부분만 보아도 시험의 세월을 참으로 잘 넘겼다고 말해도 좋다고 생각합니다.

『연설집』①

이토는 헌법이 시행된 후에 충분치는 않지만 국민의 정치 참여가 실현되었고 그것이 당시까지 지속된 사실을 칭찬하였다. 그 십 년 동안 국가 재정도 팽창하였고 그만큼 증세 같은 국민 부담이 늘어났다는 뜻이기도 하지만, 국가가 국민의 대표자에게 자문하여 그 정책을 시행하였다는 점에서 압제정치와는 근본적으로 구별된다고 하였다.

처음부터 그 여정이 평탄하지만은 않았다. 비서구 세계에서는 처음이라고 해도 좋을 일본의 의회제 시도는 거듭되는 해산이라는 헌법 정지 위기를 극복하면서 어렵사리 유지해 왔던 것이 실상이었다. 그러나 그가 강조하듯이 의회제가 확고한 지반을 쌓은 것은 이미 누구도 부정할 수 없었다. 특히 의회를 승부를 겨루는 장으로 삼았던 정당 세력의 성장은 이제 기정사실이 되었다.

그러한 시험 기간이 끝난 지금, 일본은 다음 단계로 본격적으로 입헌제를 시행한다는 새로운 과제에 직면하였다. 이토는 그것을 의식하고 있었으리라. 그런 이유로 전국 여러 곳에서 사람들에게 직접 호소하여 입헌 국민으로서 의식을 각성시킨다는 것이 그 유세에 담긴 참뜻이었으며, 그 모습은 마치 헌법 전도사라고도 불러야 할 정도였다. 이토는 정말로 입헌 국가를 포교하기 위해 여기저기를 돌아다녔던(헌법 행각!) 것이다. 그러한 일에 나서는 기세를 그의 말로 직접 들어 보자.

헌법이라는 것에 대해서는 선배의 유지를 받들고, 지금 천황의 칙명을 받든 제가 유럽에 파견되어 헌법을 조사하고 돌아와서 초안을 상주한 것을 토대로 흠정헌법을 반포하였으므로 이 헌법과 함께 생사를 같이하는 무한한 책임을 저는 지고 있다고 생각합니다. 그래서 이 헌법에 대해서는 어떠한 학자가 나오거나 어떠한 정당이 나타나더라도 굴복해서는 안 되는 바에 있어서는 나는 굴복하지 않을 생각입니다.

『연설집』①

3 개정 조약의 시행과 문명국으로 진입

'국토 개방'에 대한 적극적 평가

1898년(메이지 31)은 번벌 정부가 '낙성'하고 정당내각이 탄생했다는 의미에서 메이지 헌정사의 일대 전환기였다. 그러한 획기적 의의를 이토도 강하게 의식하고 있었다. 애초에 전환기에 직면한 그의 위기의식은 단순히 국내 정치만을 향해 있지 않았다.

한편으로 국제 관계의 관점에서도 이 무렵은 커다란 전환기였다. 1899년 7월경, 앞서 무쓰 무네미쓰 외상이 타결한 불평등조약 개정안이 시행되어 일본은 치외법권을 철폐하고 관세자주권을 일부 회복하였다. 그와 함께 그때까지 유지된 거류지 제도도 폐지되어 일본 국내는 외국인에게 완전히 개방되었다. 이른바 내지잡거(內地雜居)[13]의 시작이었고, 그 덕분에 막부 이래의 개국 조치가 명실상부하게 완성되었다.

이토는 바로 이 점에 주목하였다. 유세 중에도 그는 거

---

13) 메이지 시대 전기에 특별히 거류지를 지정해 주지 않고 외국인이 자유롭게 일본 내에서 살 수 있도록 한 것을 가리킨다.

듭하여 개정 조약이 시행된 후 일본 국민의 마음가짐에 대해 이야기하고 있다. 그에 따르면 이렇게 조약이 개정 되면서 일본은 "개벽 이래 일찍이 겪어 보지 못한 형세를 조우"하게 되었다. 곧 진무 천황[14]이 즉위한 이래 처음으 로 "외국과의 교통을 열어 세계 사람들과 교류하게" 되었 다는 것이다.(『연설집』②) 개정 조약의 시행은 세계의 흐름 에서 고립되어 있던 섬나라 일본이 그 다이너미즘 속에 스스로 참여하는 역사적 쾌거였다고 이토는 간주하였다.

여기에는 두 가지 특별한 의의가 있었다. 하나는 나라 의 문호를 개방한 일본이 본격적으로 세계시장에 편입되 어 [이전과는 비교가 안 될 정도로] 활발하게 사람, 물건, 돈 그 리고 '지식'(과 정보)의 교류가 전개되는 것이다. 그로 말미 암아 서양 제국이 일본을 경제적으로 침탈할 수 있다 하 여 신조약에 대한 격렬한 반발이 당시에 일어났다. 이에 대해 이토는 오히려 국토를 개방해서 일본 경제의 발전 이 촉진될 것이라는 기대를 표명하고 있다.

구미 제국은 자본이 풍요할 뿐만 아니라 지식도 풍부 하고 경험도 풍부하기 때문에 일본에 와서 일본인과 협

---

14) 일본의 1대 천황으로 정사(正史)인 『일본 서기』에 등장하나 역사학자들은 그를 실 재했던 인물로 믿지 않는다.

동하거나 혹은 독자적으로 사업을 일으키기도 하는데, 독자적으로 사업을 하는 경우에는 그들의 성과를 눈여겨봐야 하고, 우리 나라 사람들도 그들과 경쟁하지 않으면 안 된다. 그 경쟁의 결과로 일본 상공업을 진보시키고, 또한 그 경험을 목격하면서 커다란 이익을 얻을 수 있으리라고 생각한다.

『연설집』②

막부 말기 이래로 서양통이었던 이토는 문명에 대한 신뢰와 메이지유신 이후 일본의 국력에 대한 자신이 있었을 것이다. 그러한 까닭에 나라의 문호를 한층 더 개방하면 외국의 앞선 기술과 지식이 유입되어 일본의 경제 성장이 촉진될 것이라는 긍정적 측면을 강조하였다고 생각한다.

차라리 이토는 다음의 측면을 우려하였다. 개국을 완수하면 일본은 이전보다 훨씬 더 세계의 이목에 노출된다. 이제 바야흐로 일본은 "대국의 도량으로" 세계와 상대하지 않으면 안 되게 되었다. 그것은 일본이 문명국 반열에 서게 되었음을 의미하였다. 반대로 말하면 신참 문명국으로서 그 수준을 항상 가늠당한다는 의미이기도 하다. 내지잡거와 그에 따라 외국인이 일본 국내에서 자유롭게 경제활동을 하게 된 것을 둘러싸고 외국인이 일본의 부동산과 자본을 수탈해 갈지도 모른다며 염려하는 소리가 높아 가고 배외적 언동이 빈발하던 무렵이었다. 이토가 유세 여행을 다닌 또 다른 목적으로 그와 같은 내지잡거에 대한 사회적 불안 해소라는 측면을 거론할 수 있겠다. 이와 관련하여 애국심에 관한 그의 견해를 살펴보자.

'문명국'이란 무엇인가

이 시기에 배외주의(排外主義) 열기가 높아져 가면서 '애국심'이 유행어가 되었던 듯하다. 그와 같은 풍조에 대해 이토는 "특히 애국심 운운하면서 외적 업무를 망각하고 애국심을 고취하는 일 등만 이야기하는 것은 실로 학자의 벽견(僻見)이다."(『연설집』③)라고 경고하고 있다. 그에 따르면 애국심을 부추기는 것은 '사실'을 망각하고 '허학(虛學)'에 골몰하는 관념적인 '학자'적 정론가의 행위였다. 그러나 "진정한 애국심이나 용기는 그렇게 어깨를 으쓱

거리며 눈을 부라리거나 하는 것이 아니다."(『연설집』③)
진정한 애국심이란 나라를 풍요롭게 만들려는 실용적 사
고라는 것이다.

　　부(富)에 의존하지 않으면 인민의 문화도 발전하지 못
　　한다. 애국심도 이것에서 비롯하여 발달시키지 않으면
　　안 된다. 나라를 지킨다고 말은 하지만 불모지를 지킨다
　　한들 아무런 소용도 없다.
　　　　　　　　　　　　　　　　《니치니치》 1899년 11월 15일

　　이토는 관념적 민족주의보다는 실생활에 근거한 경제
활동에 힘쓸 것을 요구하고 있다. 그 무렵 이토의 뇌리에
는 일본은 문명국이어야만 한다는 의식이 있었다. 예를
들면 그는 다음과 같이 주장하였다.

　　개정 조약을 실행하는 일이 원활하게 진행되지 않는다
　　는 것은 바꾸어 말하면 일본의 문명이 이른바 사회적 관
　　념에 있어서 진보하고 있는가 여부를 입증하는 사례로
　　충분하다. 만약 이것이 정체되어 원활하게 이루어지지
　　않는다면 곧 일본은 다시 문명의 대오에서 밀려나는 상

황을 각오하지 않으면 안 된다.

『연설집』②

　이처럼 이토는 무엇보다도 국제사회에서 동등한 위치
에 설 수 있는 문명국으로 완전히 탈바꿈하는 일을 줄기
차게 추구하였다. 그에 부합하는 정치체제와 국민의 의
식 개혁이야말로 이토가 첫 번째로 요망하던 것이다. 그
렇다면 이때 문명국이란 무엇으로 상정되어 있었는가?
이토 자신의 말을 그대로 옮겨 보자.

　문명의 정치란 다시 말하여 인민의 지능을 발달시키고,
일정한 질서 범위에서 인민이 응당 향유해야 할 권리를
획득하고, 그것을 통합한 바가 문명국이어야만 한다.

『연설집』①

　지적 수준이 높고 권리를 보장받은 인민으로 구성된 국
가, 그것이 문명국이다. 그에 따르면 문명국의 필요조건
으로 무엇보다도 지적으로 개화한 국민의 존재를 내세워
야 한다. 국민의 지력과 학력 향상이야말로 국력의 기초
라고 했던, 헌법 반포 직후에 황족과 화족 앞에서 한 강연

을 다시금 떠올리게 된다. 정치는 국민을 중심으로 이루어져야만 한다는 것이 이토의 변함없는 정치관이었다.

의회 제도 ― '문명국'의 완성

한편으로 국가는 그런 국민을 통합하고 질서를 부여하지 않으면 안 된다. 그렇지만 옛날처럼 우매한 민중을 통치하는 경우와는 사정이 달랐다. 문명국의 정치란 국민이 의견을 표명하게 함으로써 성립하며 "옛날처럼 인민이 물정을 알지 못하도록 하는" 것이 아니기 때문이다. 1889년(메이지 22)에 이토는 황족 등 국가 상층계급에 그러한 사실을 은근히 이야기하였지만 이제야말로 그 점을 다음과 같이 공언하고 있다.

교육을 받고 지식에 눈뜬 문명한 백성에게 표현의 자유를 주는 것은 분명히 지배라는 관점에서는 문제가 있다고도 할 수 있다. 국민에게 그들의 정부를 비판할 자유를 준다는 뜻이기도 하기 때문이다. 사정이 이렇게 되었을 때 정부가 위압적 자세를 취한다면 일이 진척되지 않는다. 질서를 유지하기 위해서는 권력을 가진 쪽에서도 질서 있는 지배를 필요로 한다. 그러기 위해서는 어떻게 해야 하는가? "일정한 헌법 또는 법률로 가장 중요한 법(大法)을 제시하고, 이어서 그 범위 내에서 활동"하도록 국민에게 요구하는 것이다. 이렇게 하여 문명국은 필연적으로 법치국가가 되라는 요청을 받는다.

무릇 나라를 다스리는 데에는 일정한 조직 방법이 있으니, 소위 문명 정치는 인민이 각자 응당 얻어야 할 권리를 부여하고, 진정으로 행해야 할 의무를 다하게 하고, 법률로써 인민을 다스리는 것을 일컫는다. 이를 법치국가라고 한다. 이러한 법치국가의 지배가 아니라면 결코 문명 정치라고 말할 수 없다.

『연설집』②

법으로 국민의 권리를 보장하고 동시에 그 한계를 규정하는 국가, 법에 의거하여 지배가 이루어지는 법치주의 국가, 그것이 문명국의 또 다른 요건이다. 여기에 표현되어 있는 대로라면 국민에게 일정 정도 자유로운 정치 활동을 보장해 주고 기존 지배 권력을 정당화하는, 바꾸어 말해 번벌 정부가 국민을 길들이고 통합하는 것을 정당화

하는 논리에 불과하다는 식으로 이해할 수 있을지도 모른
다. 그러나 이토는 한 걸음 더 나아가 다음과 같이 논하면
서 교육받은 국민을 기반으로 한 정치를 주장하고 있다.
인용이 길어지지만 그의 발언을 음미해 보자.

교육의 힘은 대단해서 (……) 교육의 힘으로 천하의 사
물에 능통해지지 않을 수 없는 까닭이 여기에 있다. 천
하의 사물에 정통하게 되면 정치의 득실도 알게 된다.
또한 그것을 알게 하고자 하는 것이 교육의 목적이다.
그것을 알고 나면 반드시 입으로 주장하는 것은 자연스
러운 결과이다. 그렇다면 전제정치와는 달라서, [전제정
치에서 국민은 통치에] 따라야만 하지 [정치를] 알게 해서는 안
된다는 [전제정치의] 수단 방법과는 크게 다르므로, 그것
을 알게 하고 말하게 하는 데 자체 질서가 없으면 안 된
다. 그렇다면 어떠한 방법으로 질서를 정할 것인가 하는
문제와 관련해 마침 그때 유럽 제국과 미국처럼 문명이
발달한 나라의 역사 또는 형세를 보니 저들은 소위 의회
라는 것을 개최하여 국정의 득실을 논의한다고 되어 있
다. 시비 득실을 논의하면서 완만하게 심의에 부치면 이
렇다 할 결론이 나오지 않으므로, 분분하고 떠들썩하니

논쟁을 거쳐서라도 하나로 정하는 바가 있지 않으면 안된다. 요컨대 국민의 의사, 국민의 관념이 의회라는 기관에 의거하여 발표되는 것이 헌법 정치의 요소 가운데 하나이므로 헌법 정치가 문명 정치라는 말을 대표해도 좋을 정도이다.

『연설집』③

문명의 정치를 어디까지나 국민을 주체로 한 정치로 이해하고 있다. 그리고 그것은 의회 제도를 전제로 한다. 다시 말하여 의회라는 곳에서 국민의 정치적 의사를 받아들여 공론으로 질서화하고, 그것을 국정에 반영하는 것이 문명 정치의 수순이다. 그와 같은 의회 중심 정치는 "헌법 정치의 요소 가운데 하나"에 다름 아니므로 "헌법 정치는 문명 정치라는 말을 대표"한다고 갈파하고 있다. 문명국, 의회제, 헌법―이것들이 삼위일체를 이룬다고 그는 생각하고 있었다. 그 가운데 기점이 헌법이다.

헌법 정치를 시행한다고 하는 때에 이르러서야 비로소 일본 국민은 확실한 국민의 지위를 얻었다. 곧 근대를 일컬어 문명의 정치라고 한다. 문명의 정치라는 것은 문

명한 백성이 아니면 불가능하므로, 그래서 문명한 백성
의 지위를 얻었던 것이다.

『연설집』②

헌법을 반포한 덕분에 일본인은 문명한 백성으로 정치
에 참여할 자격을 얻었다. 그와 같은 문명한 백성인 국민
이 의회를 근거로 질서 있는 형태로 정치에 참여할 수가
있을 때에 문명국은 완성된다. 다음과 같이 정식화할 수
도 있을 것이다. 곧 문명국이란 소프트웨어로 국민 정치,
하드웨어로 입헌제도라는 두 요소로 구축해야 할 대상이
다.

4 국민 정치의 주입

국민을 정치 주체로 만들려면

　이미 시사하였듯이 1899년(메이지 32) 일본 전국 유세 여행에는 지금까지 누누이 지적된 정당 창설을 준비하는 작업의 일환이라는 데에 그치지 않는 더 깊은 뜻이 있었다. 그에 대한 상세한 논증은 다음 장으로 미루고자 한다. 다만 여기에서는 이토가 남긴 연설을 자세히 검토했을 때 일개 정당을 창당하려고 계획했다기보다는 오히려 입헌정치의 판을 짜려고 다시 시도했다는, 더욱 근원적인 국가 구상이라고 불러야 할 무언가였음이 판명된다고 지적해 두고 싶다.[5]*

　이토의 국가 구상, 그것은 앞서 언급했듯이 입헌제도를 갖춘 문명국이며, 그것을 작동케 하는 에토스로 국민 정치를 주창하였다. 헌법을 반포한 무렵 국가 상류 계층을 향해 닫힌 문 안쪽에서 이야기한 내용을 이때에 와서는 널리 세상 사람들을 향해 말하기 시작했다.

　봉건시대에 일본 국민은 정치에 조금도 관여하지 못하

고 고분고분 지배당할 뿐이었으므로 정치가 어떻게 행해지는가를 알려고 해도 오직 자기 신상에 관련된 일 이외에는 알 수가 없었다. 그런데 오늘날에는 자기 자신과 관계없는 것까지도 알지 않으면 안 되며, 또한 알권리가 있다고 하는 인민이 되었다. 그런 인민이 된 이상 곧 국가 대사에 관여할 권리가 있으며, 이와 같은 제도와 방법이 행해지는 것을 문명의 정치라고 일컫고, 문명한 인민이라고 일컫는다.

『연설집』②

정치는 국민을 중심으로 하지 않으면 안 된다. 지금까지 논해 왔듯이 헌법 제정 이래 이토가 거듭해서 주장한 지론이었다. 그러나 위 인용문이 보여 주듯이 그는 이제야말로 국민이 곧 정치의 주체여야 한다고 주장하기 시작한다. "국민 스스로 국가를 맡는다는 관념이 일어나지 않으면 안 된다."(《니치니치》 1899년 10월 19일) 그는 이러한 정치 신념을 국민에게 직접 호소하였다.

이토는 "각종 사업에 몸담고 있는 사람들 가운데 정치와 관계없는 자가 있을 것인가."(『연설집』②)라고 말하고 있다. 그에 따르면 문명한 세상이란 정치가 인간의 사회

활동 전반에 침투해 있는 세계이다. 요컨대 인간이 행하는 모든 사업의 배후에 국가가 대기해 있고, 필요하다면 국가가 그들 사업을 뒷받침하여 추진하는 것이 예정되어 있는 세계이다. 이와 같은 인식에 입각하여 그는 국민이 정치 영역에서 객체로서뿐만 아니라 주체로서도 등장하기를 간절히 희망하였다. 그는 이 시기 중의원(衆議院) 의원 선거법을 개정하여 유권자층을 확대하고, 소득세 비중을 높이는 식으로 세제를 개혁하여 보다 넓은 계층의 국민을 납세자로 전환하려 하였다.[6*] 그것은 도시 상공업자를 정치적으로 동원하여 일본을 부르주아국가로 탈바꿈하려는 정책이었다는 사실이 지적되어 왔다.

그러나 이토가 그러한 정책을 일관되게 '문명의 정치'로 나아가는 절차라고 말했다는 사실을 간과해서는 안 된다. 그는 단지 도시 부르주아의 정치 참여를 주장한 것이 아니라, '문명'이라는 이념을 내걸고 좀 더 일반적 정치철학을 시종 전개하였다. 반복하지만 그러한 철학이란 국민을 정치 주체로 확립하는 것이었다.

문명한 인민은 단지 민간의 일에 능통할 뿐만 아니라 정부의 일도 알지 않으면 안 된다. 정부의 일을 알고서 정부가 어떻게 인민에게서 세금을 거두어들이는가, 그 거두어들인 돈을 어떻게 쓰는가 하는 일도 알아야만 한다.

『연설집』②

이토는 국가에 세금을 납부하는 국민이 국가의 통치를 점검하고 방향을 제시한다는 의미에서 국민국가를 생각하였다. 본래 그러한 국민에게는 일정한 요건이 있다. 첫 번째는 재력, 두 번째는 지력이었다. 이 두 가지 힘이 국력의 기반이라고 그는 설파하였다. 1889년 황족과 화족 앞에서 한 연설에서도 국민의 개화야말로 국력의 원천이라고 주장하였는데, 그것과 궤도를 같이하면서 다음과 같이 말하였다.

국민의 힘, 요컨대 국력이란 무엇인가 하면 인민의 경제적 능력과 생각하는 능력, 이 두 가지가 발전하지 않으면 안 된다. 이 두 가지가 발전하는 것은 하나는 무형의 진보, 또 다른 하나는 유형의 진보로, 이러한 유형적 진보와 무형적 진보가 서로 합쳐져 국가의 진운(進運)을 꾀하는 구조가 된다. 그리고 무형적 진보란 교육 발달을 가리키며, 유형적 진보란 요컨대 실업을 더욱 발전시키는 것을 일컫는다.

『연설집』③

　여기에서는 국민의 힘을 조성하는 것으로 실업과 교육을 거론하고 있다. 그중에서 더 기본적인 것은 교육이다. 그에 근거하여 실업도 부흥하고 입헌정치도 발전하기 때문이다. 그와 같이 정치에 참여하는 주체로서 국민을 성립시키는 것, 그 과정에서 단지 재산만이 중요했던 것은 아니다. 그 이상으로 강조된 것이 교육이었다. 그가 유세를 한 더욱 커다란 목적은 교육의 중요성을 국민에게 환기하는 데 있었다. 거기에는 그가 마음속에 그렸던 이상적인 정치상이 담겨 있었다. 다음으로 그 점을 검토해 보자.

5 실학(實學)으로 국민을 창출하다

비정치적인 교육을 주장하다

이토는 "한 나라를 흥하게 하려면 국민교육이 필요하다."라고 말하고 있다. 이토가 교육을 이야기하는 이면에는 국민 정치의식 향상이라는 속뜻이 있었다.

전제정치에서는 대부분 비밀에 부쳐지는 일이 많아서, 공자가 말하였듯이 [백성이] 따르도록 해야지 알게 해서는 안 된다고 하는 제도와 방법인 셈인데, 헌법 정치는 가능한 한 국민이 정치의 이해득실을 분명하게 알게 하려는 제도와 방법이다. 그리고 그것을 아는 것과 모르는 것은 교육 여부에 달려 있다. 본래 교육이란 하루아침에 진보시키기가 쉽지 않지만, 차츰차츰 자제들이 배움에 나아갈 수 있도록 하여 교육이 진보해 감에 따라, 아울러 시세의 변천에 따라 헌법 정치의 제도와 방법을 해석하는 일에 점차 경험을 쌓아서 정치든 그 밖의 어떤 일이든 잘 이해할 수 있도록 해야 한다.

『연설집』②

이 또한 일찍이 그가 황족과 화족 앞에서 했던 연설 내용을 상기시킨다. 그에 따르면 교육을 받고 개화에 성공한 국민은 "자신들의 국가란 무엇인가, 자신들의 정치란 무엇인가, 타국의 정치란 무엇인가, 타국의 국력은 무엇인가, 타국의 병력은 무엇인가 하는 것"을 이해할 수 있는 존재가 되어 있다. 그런 국민에게 "입 다물고 잠자코 있으라고 해 보았자 더 이상 나라를 다스릴 수 없"다. 그와는 달리 교육받은 국민에게는 "정치의 이해득실을 분명하게 알게" 하고 그들의 정치적 공론을 받아들여 논의하는 것이 중요하다. 그렇게 하기 위한 공적인 장이 다름 아닌 의회이다.

그런데 문제는 교육의 내용이다. 이토는 교육을 통하여 어떤 국민을 창출하려고 했을까? 오로지 정치에 종사하는 고전적인 고대 폴리스적 시민이었을까? 그에 대한 답은 '아니다.'이다.

역설적이게도 이토는 교육이 비정치적이어야 한다고 보았다. 무엇보다도 국민을 실업에 종사하는 전문 직업인으로 양성하는 일이 우선이었다. 이토는 "오늘날의 학문은 모두 다 실학"(『연설집』 ③)이라고 규정했다. 실학이란 구체적으로 무엇인가? 몇 가지 의의가 있는데, 먼저 첫째로 거론되는 것이 비정치성이다. 학문이라는 이름 아래 이토는 정담을 배제하자고 주장하였다. 이는 앞 장에서도 언급한 1897년(메이지 12) '교육의'에도 명기되어 있다. 거기에서 그는 실용적 과학을 보급하고 "정담의 무리"를 "극복"하자고 제창하였다. 다시 한 번 원문을 인용해 보자.

　고등 생도를 훈도하는 것은 모름지기 과학으로 나아가게 해야지 그들을 정담으로 이끌어서는 안 된다. 정담의 무리가 과다해지는 것은 국민의 행복이 아니다. 현재의 시세를 좇아가면 조금 재기가 있는 젊은 사인(士人)들이 서로 다투어 정담의 무리가 되고자 할 것이다. (……) 지금 그러한 폐단을 교정하기 위해서는 마땅히 공예 기술과 모든 분과의 학문을 널리 보급하고, 고등 학문을 배우고자 하는 자제들은 오로지 실용을 기하게 하고, 정밀하고 자세하게 관찰하기를 오랫동안 거듭하고, 뜻이 향하는 바를 하나로 모아 통일하여 부박하고 격앙되어 있는 폐습을 극복해 가야 할 것이다. 생각건대 과학은 실로 정담과 서로 성하고 쇠하는 관계인 것이다.

『이토 전』 중권

한학자(漢學者) 비판 ─ 과학적 교육을 위하여

1899년(메이지 32)에도 이러한 테제는 반복되고 있다. 없애야 할 대상이 달라졌을 뿐이다. '교육의'의 대상은 사립학교에서 재생산되는 자유 민권파 계열 운동가였다. 그로부터 이십 년이 지난 후 애국심을 내세우는 민족주의 계열 무리가 비판의 대상이 되었다. 이토가 보았을 적에 한학(漢學) 등에 의거한 국체론자(國體論者)들이 그러한 흐름을 부추기고 있었다.

이토는 한학자들은 "무엇이든 전제적이지 않으면 일본의 국체에 적합하지 않은 듯이 생각하고 있"지만 "그들의 안목이 좁고, 고금(古今)의 정치와 그 실체를 이해하지 못하"여 생겨난 잘못된 견해이며 "온 천하와 온 나라가 임금의 영토와 임금의 신하 아닌 것이 없다."라는 옛말을 오해한 결과라고 하면서 다음과 같이 말하고 있다.

그 취지는 임금의 영토와 임금의 신하 아닌 것이 없다고 하여서 조금도 지장은 없지만, 그러나 헌법 정치는 전제정치와는 달라서 저들의 것은 저들의 것이라 해야 하니, 저들의 것을 만약 다른 사람이 뺏으려고 할 적에는 어떻게 할 것인가. 그런 난폭한 일은 결코 하면 안 된다고, 다시 말해 법률하에 생명과 재산을 보호한다고 되어 있다. 그렇게 하지 않으면 전제라기보다 차라리 폭정이라고 하지 않으면 안 될 것이다.

『연설집』①

이토는 입헌정치가 무엇인가를 이해하지 않는 한학 따위는 "허학(虛學)"에 불과하다고 단호하게 부정하고 있다.

옛날 학문은 십중팔구는 허학이므로 약간만 논구하여 응용해 나가는 것과 같았다. 따라서 앞으로는 제군(諸君)이 요즘 배우는 것처럼 한편에서는 실제로 응용 가능한 학문을 해 가면서, 또한 문학적 수단 등으로 중국 서책 따위를 읽어도 좋을 것이다. 그러나 중국 학문만으로는 대체로 실제에 응용할 수 있는 일이 드물다.

『연설집』③

이토는 항상 민족주의와 거리를 둔 정치가였다. 개정 조약 실시에 반대하는 이들이 대부분 한학 등의 전통주의에 입각하여 오로지 정담만 떠벌리는 것을 본 그는 이십 년 전 '교육의' 정신을 좇아서 "과학"적 교육으로 그것을 "극복"하자고 주장하였다.

경험주의를 찬양하다

실학의 두 번째 의의는 바로 위 인용문에도 나타나 있듯이 "실제에 응용"되어야만 한다는 측면이다. 그에 따르면 학문이란 실학으로서 사실에 근거할 필요가 있었다. 그런 학문관은 영미류 경험론과 실용주의와 상통한다고 할 수 있다. 실제로 이토는 영국의 경험주의에 공감하고 있음을 숨기지 않았다.

낙타라는 동물이 어떻게 생활하는가 하는 사례를 연구해 보고자 한 프랑스인은 곧장 동물원으로 달려갔다고 한다. 동물원에서는 낙타를 키우고 있었다. 그러나 동물원에서는 낙타가 어떻게 생활하는지를 볼 수가 없다. 그곳은 낙타가 생활하는 장소가 아니다. 다음으로 독일인은 어떻게 했는가 하면 어떤 방에 틀어박혀서 서적에 의거해 그 생활의 이치를 탐구했다. 그런데 영국인은 어떻게 했는가 하면 곧바로 낙타가 생활하고 있는 이집트 지역으로 가서 낙타가 생활하는 모습을 직접 보면서 연구를 했다고 한다. 참으로 천박한 비유이기는 하지만 일본국이 발전하는 데는 이와 같은 실제적 응용에 의거하지 않으면 다른 나라에 뒤처지고 말 것이다.

『연설집』①

낙타를 연구하기 위해 프랑스인은 동물원에 가고 독일인은 서적을 찾아보지만, 영국인은 실제로 낙타가 사는 곳으로 간다고 하면서 그들의 현장 중심 경험주의적 자세를 칭찬하고 있다. 이미 보았듯이 이토는 한학을 허학으로 규정하고 혹독하게 비판하였지만, 나아가 프랑스와 독일까지 비판 대상으로 삼는 한편 관념적이고 사변적인 지(知)의 방식을 철저하게 배척하면서 경험주의를 원리로 내세우는 학문을 찬양하였다.

개인의 내력과 학문

실학의 세 번째 측면은 실용성이다. 이토에게 지(知)란 현실에 응용되어야만 하는 것이었다. 그런 까닭에 경험주의를 강조하였다. 사실에 입각한 지가 아니라면 실제에 응용할 수 없기 때문이다. 그와 같은 실용적 학문관은 학문을 도구시하는 쪽으로 기울기 쉽다. 그러한 경향은 다음의 인용문에서 잘 드러난다.

　학문이란 무엇이냐 하면 학문은 청년기의 인간이 성장한 후에 각자 지향하는 사업을 이루기 위해 필요한 수단에 불과하다. 학문 자체는 목적을 이루게 해 주지 않는다. 우선 학문은 세상에 대처하는 [중간] 단계로 삼고, 그러고 나서 배운 것을 실제에 응용하고서야 비로소 인간은 경험을 얻는다. 그런 경험을 쌓은 이는 어떠한 일에 종사하여도 그것을 이룰 수 있을 터이므로, 그 성취에 대하여 제군에게 커다란 희망을 품지 않을 수 없다.

『연설집』③

　학문은 "수단에 불과하다"고 단언하고 있다. 인간이 세상에 나아가기 위한 "단계"라는 것이다. 언뜻 보기에 학문을 실리주의적으로 폄하하는 말투지만 여기서는 오히려 이러한 발언에 내포된 메시지를 파악하려고 노력해 보자. 그렇게 하기 위해서는 우선 이토의 성장기를 떠올려 볼 필요가 있다.

농가에서 태어난 그가 공을 세워 이름을 드높일 수 있었던 것은 틀림없이 교육의 혜택 덕분이었다. 구루하라 료조나 요시다 쇼인과의 만남, 영국 학문을 배울 목적으로 감행한 밀항 등 그는 막부 말기에 왕성한 지식욕을 발휘하며 널리 세계를 알게 되었고 출세의 사다리를 타고 올라갔다. 지식 덕분에 그는 신분제도를 극복할 수 있었고, 양이주의라는 편협한 민족주의에서 벗어날 수 있었다.

이 같은 내력을 고려해 보면, 학문을 수단이라고 단언하는 그의 언설이 어떤 의미인지 다음과 같이 설명할 수 있겠다. 이토는 자기 자신의 경험에 비추어, 학문에 힘써 각자 인간이 지를 획득하여 스스로 개인으로서 자립하고, 신분 따위 사회적 굴레에 속박당하지 않고 세상에 대처해 나갈 수 있는 존재가 되는 것을 이상으로 여겼다. 이를 위해서는 실제 사회에서 지식을 활용할 필요가 있었다. 다시 말하면 개인과 사회를 연결하는 매개로 지는 존재하는 것이다. 지를 통하여 개인은 자기실현을 이루고 사회 속에서 활동하며 나아가 사회에 영향을 미치고 이윽고 그것을 바꾸어 변화하는 일까지도 가능해진다.

'실학'이라는 말에 내포된 메시지란 지를 통하여 모든 개인이 각자의 사회성을 충분히 개화하여 자기 자신을 확립할 수 있게 되는 것이라고 생각한다.

정책지(政策知)를 현실 정치로 ─ 의회와 정당

이 장에서 논의했던 내용을 정리해 보자. 1899년(메이지 32)에 이토는 일본 각지를 돌면서 유세를 하였다. 그 과정에서 그는 사람들에게 "문명한 백성"에 의한 국민 정치를 호소하였다.

이토가 추구한 "문명한 백성"이란 일차적으로는 비정치화된 경제인에 다름 아니었다. 정담에 정신을 빼앗기지 않고 나날의 경제활동에 힘쓰는 인간이다. 그러나 한편으로 이토는 그런 경제인을 새로이 정치에 동원하려고 시도한다. "각종 사업에 몸담고 있는 사람들 가운데 정치와 관계없는 자가 있을 것인가."라고 주장한 이토는 경제인이 스스로 본분을 다하기 위해서는 일정 정도의 정치성이 불가결하다고 주장하였다. 그 논리는 다음과 같이 설명할 수 있다. 국민 한 사람 한 사람은 평소에는 생업에 전념해야 하지만, 한편에서는 그렇게 하기 위한 조건을 갖추기 위해 정치에 적극적으로 참여할 필요가 있다. 요컨대 각자의 경제활동을 저해하거나 반대로 그 발전을 도와주는 정치적 요인이 존재한다면 국민 스스로 그 요인을 제거하거나 실현하는 것을 목표로 삼고 정책 형성에 관여해야만 한다.

이토는 전문적 지가 실제에 응용되는 가운데 국가 경제 발전에 이바지하는 정책적 지식과 견문이 창출되기를 기대하였고, 그런 정책적 지식을 현실 정치에 반영할 수 있는 국가 의사 형성 시스템을 구축하려 했다고 볼 수 있다. 그러한 목적을 위한 정치적 공론장으로 의회가 존재하고, 의회 안으로 정책적 지견을 거두어들이는 파이프 역할을 하는 정당으로 입헌정우회가 창출되었다고 생각할 수 있다. 다음 장에서는 정우회가 창설된 구체적 경위를 고찰하면서 이러한 점을 논증해 가고자 한다.

4장

지의 결사, 입헌정우회

1 입헌정우회로 나아가는 길

—정당 정치가로 변신하다?

정우회 결성과 이토에 대한 평가

1900년(메이지 33) 9월에 이토 히로부미를 초대 총재로
하여 입헌정우회가 결성되었다. 이 사건은 일본 최초의
정권 운영 능력이 있는 책임 정당의 탄생으로 대서특필
되었다.

마땅히 초연주의를 내세워야 할 원로 이토가 새로운
마음을 먹고 스스로 정당 결성에 나섰던 일은 메이지 정
치사상 중요한 전환점 중 하나로 손꼽는다. 그러나 지금
까지는 정우회 결성이 획기적이었다는 평가에 대해서는
이견이 없었으나 그 과정에서 이토의 역할에 대해서는
적극적 평가가 이루어지지 않았다. 애초부터 메이지 헌
법을 제정할 무렵의 발언을 증거로 끄집어내어 정당내각
을 부정하는 초연주의자라는 식으로 단정한 것이 일반적
이었다. 그렇게 이해하는 관점을 취하면 입헌정우회 창
설은 그의 본의가 아니었고 '어쩔 수 없이 얻은 결과'라는
식으로 결론이 정해지고 만다.

이러한 이토의 이미지는 역사가들 사이에 널리 공유되어 왔다고 해도 좋을 것이다. 덧붙여 말하자면 정우회의 결성과 운영에 관해 이토의 역할을 중시하는 경우는 학계에서는 드물고 "정우회 내부에서 구 헌정당계가 사실상 중심이 되었고, 그 가운데서도 호시 도루가 실권을 쥐었다."(미타니 다이치로)라든가 "이토 미요지가 이토와 헌정당을 결합하는 일에 노력하였다."(마스미 준노스케) 등 오히려 호시 도루와 이토 미요지를 정우회 결성의 핵심 주역으로 보려는 경향이 있다. 법학자 나가오 류이치가 일찍이 메이지 헌법 제정을 이토의 공적으로 돌리려는 견해에 대해서 전문 역사가들은 표면에서 요란스럽게 행동한 이토의 활동에 눈길을 빼앗긴 아마추어적 견해로 경멸한다고 지적하였던 사실은 본서 앞부분에서도 소개하였지만, 메이지 헌법 초안을 진짜로 작성한 사람은 이노우에 고와시라고 되어 있듯이 전문가들은 정우회를 진짜로 설계한 사람은 호시 도루이고 이토 미요지라고 보고 있다.

요컨대 이토에게 정우회란 결코 그의 정치적 신념에서 생겨난 적자(嫡子)가 아니라, 오히려 메이지 20년대[1880년대 말부터 1890년대]에 그가 구축하고자 했던 정치체제를 해체하는, 부모를 닮지 않은 아이였다고 간주하였다. 실제로 많은 역사가들이 창당한 지 얼마 되지 않아서 벌어진 제4차 이토 내각의 내분과 와해, 초창기 정우회에서 총재 이토가 당을 운영하며 겪은 좌절, 그리고 1903년 이토의 총재 사임 등을 고려하여 정우회 설립이 이토가 정치적으로 몰락한 시작점이라고 보고 있다. 정우회 창설과 관련해 이토의 리더십에 착안한 연구가 전무하지는 않았지만 단발적(單發的)으로 세상에 평가를 물었던 것일 뿐으로, 그 시점(視點)이나 문제 제기가 이후에 계승되고 심화된 경우는 오랫동안 없었다.[1]*

  이러한 통설과 정반대 입장인 경우로 최근 정력적으로 이토 히로부미를 재평가하고 있는 이토 유키오의 논의가 있다. 그는 이토의 정우회 결성이 "1880년대 후반에 개혁되고 정비된 일본의 행정과 관료 제도를 1900년 전후 산업혁명을 거치며 새로운 상황에 적응하는 형태로 대수정한다."(『입헌 국가와 러일전쟁』)라는 구상의 발로였다고 평가한다. 요컨대 이토는 헌법 시행 이후에 지방 명망가의 정치의식이 고양되고 상공업자의 사회적 영향력이 증대되는 변화에 맞추어 그들의 정치 참여를 확대하여 입헌정치를 완성하려는 의도로 정당 설립에까지 이르렀지만, 그것은 단순히 헌정상의 일대 혁신을 꾀하는 정도에 머무르지 않고 나아가 관제 쇄신이라는 행정개혁과도 연동한, 내정 전반을 개혁한 사업으로 평가받아야 한다는 것이다. 이토는 이처럼 내정 개혁으로 국력을 다지는 것을 최상으로 여겼기 때문에 외교 면에서는 대륙 정책에 깊이 관여하는 것을 피하고 일·러 협상을 중심으로 한 열강과의 협조책에 부심하였음을 강조하였다.

이러한 이토 유키오의 연구는 정우회 결성에 내포된 내정(內政)과 외정(外政)을 관통하는 이토의 국가 구상과 전략을 명확히 이해하고, 지금까지 다분히 상황주의적이며 즉흥적 성향의 소유자로 여겨져 온 이토 상(像)을 수정하여 확고한 신념의 정치가 모습을 부각하였다는 점에서 획기적이라 하겠다. 이 장에서는 이러한 이토 유키오의 정치사상 관련 연구를 토대로 이토의 정우회 창설 문제를 다른 시각에서, 다시 말하여 그의 사상에 착안하여 재론해 보고자 한다. 앞 장에서도 밝혔듯이 1899년부터 이토는 일본 각지에서 유세 등의 활동을 하면서 국민을 정치적으로 직접 교화하려고 시도하였다. 그것은 일본을 입헌 국가로서 자립시키려는, 헌법 초안을 잡을 때부터 세워 놓은 원대한 전략의 귀결점이었다. 1880년대에 입헌 국가의 바깥 테두리를 구축한 이토는 이 시기에 입헌

체제를 떠받치는 국민으로서의 정신을 거기에 주입하려
고 하였다. 그와 같은 시도 속에서 이토가 정우회를 어떠
한 형태로 구상하였는가, 그 현실은 어떠했는가를 여기
에서 논해 보자.

2 정당정치와의 거리

정당 정치가의 동분서주

1899년(메이지 32)에 유세 활동에 매진한 사람은 이토 혼자만이 아니었다. 헌정당의 이타가키 다이스케와 헌정본당의 오쿠마 시게노부 같은 영수급을 비롯한 정당 정치인들이 이 시기에 활발하게 지방유세를 펼쳤다. 그해 9월에 전국적으로 부현회 의원 선거를 앞두고 있었고, 그것이 초미의 관심사였던 정당 정치가들이 동분서주하고 있었다. 애초에 이는 1899년 3월 부현제(府縣制)·군제(郡制) 개정을 계기로 최초로 시행된 선거였다. 부현제가 개정되면서 부현회 의원 선거는 그때까지의 복선제(複選制)에 의한 간접선거 방식이 폐기되고 직접선거가 도입되었다. 이에 따라 각 당은 보다 직접적으로 민의에 호소하고 자기 당을 지지해 달라고 호소하게 되었다. 어떤 매체는 그러한 양상을 "현회(縣會) 의원 선거가 흡사 국회의원 선거를 보는 것 같다."라고 묘사하고 있고 "바야흐로 중앙 정당이 공공연하게 현회 의원 선거에 관여하고, 본부의 강력한 힘을 지방 경쟁에 이용하여, 이 한 차례의

전국 선거 유세에 나선 정치가들을 풍자한 그림. 오른쪽부터 이타가키 다이스케, 이토 히로부미, 오쿠마 시게노부. 《지지신보》 1899년 5월 24일.

선거에서 서로 당세 확장을 꾀하려 한다."라고 과열된 선거운동 양상을 보도하고 있다.(《고쿠민노토모(國民之友)》 제5권 22호)

그렇지 않아도 1898년 10월에 여당인 헌정당 내 자유파와 진보파(헌정본당)의 내분으로 와이한 내각이 붕괴된 일을 계기로 민당 세력 사이의 상호 투쟁이 창궐하였다. 그러한 사정도 있고 해서 정당 정치가들은 경쟁이라도 하듯이 더욱더 지방유세에 나섰고, 당세를 확장하기 위해 치열하게 싸웠다.

《지지신보》는 그런 상황을 야유하면서 이토, 이타가키, 오쿠마 등의 유세 여행 모습을 만평으로 다루어 금술잔과 염불을 소지한 이토, 말 엉덩이에 타고 있는 이타가키,

나팔을 불고 있는 오쿠마라는 식으로 희화화하고 있다.

오쿠마 시게노부와 호시 도루의 유세

당시 치열했던 선거 캠페인의 일부분을 헌정본당의 오쿠마 시게노부, 헌정당의 호시 도루라는 기성정당에 속한 두 핵심 인물의 동향에서 살펴보고자 한다.

우선 오쿠마 시게노부의 경우이다. 이토가 [유세를 떠난] 전후에 오쿠마 역시 유세 여행에 나섰다. 그는 도호쿠 지방으로 향했다. [1890년] 4월 16일에 후쿠시마, 18일에는 센다이로 내려간 오쿠마는 두 곳에서 감세 기성(減稅期成)[1] 동맹 대간담회를 개최하여 기세를 올렸다. 특히 센다이에서는 하루에 모두 다섯 차례 모임에 출석하고, 연설을 네 번이나 해치울 정도로 온 힘을 쏟았다.(「오쿠마 백작의 센다이행」, 《마이니치신문》 1899년 4월 21일) 『오쿠마 후작 85년사』에서는 "오쿠마의 센다이행은 피격 사건 이후 그가 처음으로 나선 정치적 여행이었다. 그는 스스로 이를 '조난(遭難) 후의 첫 출전'이라고 하였다."라고 전하고 있

---

1) 감세를 이루겠다고 꼭 약속한다는 뜻.

다.(②) 오쿠마가 이때의 유세를 1889년 조약 개정 반대 운동의 소동 속에서 폭탄 테러(이때 그는 한쪽 다리를 잃었다.)를 당한 이후 첫 출전이라고 간주하였다는 기술에서 그의 의기뿐만 아니라 앞서 언급한 정당 간의 긴박했던 분위기를 읽어 낼 수 있다.

실제로 오쿠마가 센다이에 간 것은 '정전(政戰)', 곧 정쟁(政爭)으로 묘사되었다. 4월 6일에 오쿠마보다 먼저 호시 도루가 센다이를 방문했다. 도호쿠 지역은 원래 호쿠리쿠와 견줄 만한 헌정본당의 근거지였다. 헌정당 영수인 호시 도루가 센다이를 방문한 목적은 당연하지만 헌정본당 세력의 결속을 흩뜨리려는 것이었다.(아리이즈미 사다오, 『호시 도루』) 오쿠마는 그러한 호시의 책략을 저지하기 위해 센다이에 가서 자신의 지반을 다지려 했다. 당시 어느 신문 지면에서 "자유당계와 진보당계의 양 파벌이 대치하고 있는 도호쿠의 정전은 어쩌면 근래의 장관(壯觀)일 것이다."라고 전한 까닭이다.(「도호쿠의 정전」, 《마이니치신문》 1899년 4월 14일) 그 후에 오쿠마는 다음 달 5월 말에 간사이 지역으로 가서 역시 증세 반대 운동 대회를 중심으로 웅변 솜씨를 발휘하여 자기 당 지지 세력을 획득하는 데 힘을 쏟았다.

오쿠마의 정적이었던 호시 도루의 그 후 행적을 좇아가 보자. 도호쿠에서 활동을 끝낸 다음에 그는 6월 하순에 호쿠리쿠를 방문하였다. 헌정본당의 또 다른 본거지를 겨냥한 행위임은 말할 필요도 없지만, 한편으로 신당 결성을 꾀하던 국민협회가 헌정당을 몰아내려는 공세에 대한 방어이기도 하였다. 국민협회의 영수 중에는 호쿠리쿠와 인연이 있는 인물이 많아서 국민협회는 주로 이 지역에서 세력을 부식하는 데 힘을 쏟고 있었다.(『이시카와현의 역사』④) 또한 그다음 달 7월에는 그의 선거구인 우쓰노미야에서 헌정당 집회가 열렸다. 이때 초대받은 이가 이토였다. 이토는 명목상 우쓰노미야 실업가 청대회에서 강연했다고 되어 있지만 실제로는 호시가 그 지역 지지 세력을 늘리기 위해 이토와 이타가키라는 정계 거물을 추대하려는 사전 준비의 성격이었다. 《요미우리신문》은 그러한 호시의 계략을 두고 "금력(金力)과 완력을 다하여 경쟁하려고 결심하였다."라고 전하고 있다.(1899년 7월 14일)

이질적인 이토의 유세

"금력과 완력"이란 정당 사이의 투쟁이 과열되던 당시의 구호라고 할 수 있다. "금력"이란 중앙 정당이 주도하여 지방으로 이익을 유도하는 일이다. 그 방면에서 호시가 기선을 잡았다는 사실은 누누이 지적되고 있다. 우쓰노미야에서 대회가 열린 뒤에 홋카이도를 돌고 나서 7월 말에 다시 도호쿠 지방으로 돌아왔을 때에도 호시가 쇼나이 지방 실업가들을 위하여 오우[2] 관선 철도를 사카타까지 연장하겠다는 계획을 선물로 들고서 야마가타에 갈 것이라는 관측이 나돌았다. (《마이니치신문》 1899년 7월 29일) 금력은 정당 세력이 지방으로 침투하기 위한 중요한 도구였다.

한편으로 정쟁이 심화되면서 완력이 횡행하는 사태도 벌어졌다. 7월 29일에 호쿠리쿠 유세를 끝내고 아오모리에 간 호시는 폭력배에게 습격을 당하였다. 호시뿐만 아니라 유세하는 정당 지도자를 표적으로 한 폭력 사태가 이 무렵에 빈번하게 일어났다. "근자에는 미우라 고로가 자헌파(自憲派) 때문에 호쿠에쓰[3]에서 상해를 입었다. 오

---

2) 무쓰와 데와를 합친 지역으로 지금의 도호쿠 지방을 가리킨다.
3) 지금의 니가타현과 도야마현.

늘은 호시 씨가 진헌파(進憲派) 때문에 공격을 당했다. 요즘 정계는 금력과 완력의 세상이 되고 말았도다! 정의와 공도(公道)는 어디에서 찾을 것인가?"《마이니치신문》1899년 7월 31일)라는 보도에서도 알 수 있듯이, 정당 간 항쟁은 "금력과 완력"을 동원한 인정사정없는 무자비한 싸움으로 변하고 말았다.[2*]

이토는 이 같은 정치적 맥락 속에서 유세를 감행하였다. 그러나 동시에 이런 흐름에 매몰되지 않겠다는 단호한 의지를 표명한 것이기도 하였다. 그런 측면은 유세 지역 선택에서도 잘 나타난다. 이토는 정쟁에 휘말릴 가능성이 있는 지역에 가는 것을 조심스럽게 회피하였다. 예를 들면 도호쿠 지역은 자유당과 개진당 양파가 선거에서 격전을 벌인 대표적 싸움터였는데, 이토는 그곳에 발을 들여놓지 않았다. 또한 10월에 호쿠리쿠를 방문했는데 당초에는 8월에 가기로 되어 있었다. 그러나 참모인 이토 미요지가 선거 전에 가나자와같이 정당 대립의 최전선 지역에 가면 반드시 영향을 받을 테니 연기하자고 건의하였고, 그것을 받아들인 이토는 선거가 끝난 후에 호쿠리쿠 지역에서 유세를 하였다.(『이토 문서 <각>』②, ③)

이런 사실들은 이토가 선거를 목적으로 하였던 기성정

당과는 다른 이유로 유세를 하였음을 시사하고 있다. 대다수 정당 지도자들과 마찬가지로 일본 전국을 누비면서도 이토에게는 그들과 엄격히 구별되는 다른 의도가 있었다고 필자가 판단하는 것도 그러한 까닭이다. 그리고 이는 이토 자신이 유세 중에 거듭하여 호소한 점이기도 하였다. 다음에 절을 바꾸어서 그의 발언을 정리해 보자.

3 입헌정치와 정당정치

천황에 대한 국민의 의무

이토에게 입헌정치는 어떠한 것이어야 했을까? 보통 입헌정치라고 했을 때 의회제 민주주의를 마음속에 떠올릴 것이다. 의회 제도를 통하여 국민의 정치 참여를 보장하는 것, 그것이 입헌제도의 중요한 요건이라는 데에는 이론의 여지가 없다. 그리고 정당이 의회정치를 맡으므로 입헌정치란 요컨대 정당정치와 동의어이다. 언뜻 보기에는 흠잡을 데 없는 논리이다. 실제로 메이지 헌법하에서 처음에는 자유 민권운동 활동가들이 이러한 논리를 주창했고, 나중에는 번벌 정부에 속한 사람들 대부분이 받아들였고, 이윽고 정당 정치가로 변신해 갔다.[3*]

그렇다면 정당 정치가로의 변신을 목전에 둔 이토는 이러한 점을 어떻게 생각하고 있었을까? 흥미롭게도 이 무렵 그는 정당정치와의 거리감을 거듭 표명하고 있었다. 다음과 같은 예를 들 수 있다. "나는 특별히 정당내각을 희망하는 것도 아니고 그렇다고 정당정치를 가로막는 것도 아니다."(『연설집』②)

이렇듯 뭔가 애매하고 에두른 표현의 배후에는 기존 정당정치를 시정하려는 정치적 의지가 있었다. 바꾸어 말하면 그는 입헌정치와 정당정치를 엄격히 구별하고 전자에 의하여 후자를 상대화하려고 했다. 이러한 논리 구조를 해명하기 위해 우선 그의 근본적 정치관을 상기해 보자.

이토는 문명의 정치를 주장해 왔다. 그것은 국민이 짊어져야 하는 정치였다. 그런 국민을 길러 내는 일은 교육의 문제지만, 문명한 백성인 국민의 정치 참여를 보장하는 시스템은 다름 아니라 입헌제도이다. 애초에 헌법을 제정할 때 그가 국가 발전의 기반을 국민의 문화력 향상에 두었다는 사실은 2장에서도 지적한 바 있다. 그렇게 해서 개화한 국민의 활력을 경제활동뿐만 아니라 국가 정치과정 속으로도 흡수시켜 "국민의 공적 생활"을 활성화한다는 것이, 그가 꿈꾼 입헌 국가 프로젝트였다.

국민의 정치 참여를 촉구하는 내용은 1899년(메이지 32) 유세에서도 반복적으로 공언하고 있다. 예를 들면 거기에서 입헌정치의 이념은 다음과 같다고 설파하고 있다.

헌법 정치는 상하 영역을 명확하게 구분하여 국민과

군주가 행해야 할 것, 그리고 군주가 행해야 할 것, 곧 군주가 마땅히 행할 권리, 국민이 누릴 권리를 분명히 하고, 뒤이어 국정을 요리하는 단계로 넘어가는 것이다.

『연설집』③

우선 입헌정치란 천황과 국민이 공동으로 국가를 통치한다는 군민공치(君民共治) 원리에 의거한 것이라고 주장하고 있다. 그렇게 말하였지만 중점은 국민의 정치 참여와 그 책임이라는 쪽에 있었다. 의회 제도와 국민의 참정권은 흠정헌법에 의해 천황으로부터 하사받은 것이다. "천자는 신민을 향한 윤언을 다시 들어가게 할 수 없는 땀[4]처럼 행하므로 이는 오랜 세월이 지나도 바뀌지 않는, 결코 움직일 수 없는 것"이니, 요컨대 "헌법으로 부여된 이러한 권리는 결코 박탈할 수 없다."라고 주장하였다.(『연설집』②)

흠정헌법이라고 하면 으레 천황이 단독으로 국민에게 헌법을 하사하는 것으로, 국민의 권리를 억제하고 천황

---

4) 『한서(漢書)』「유향전(劉向傳)」 등에 나오는 말로 윤언여한(綸言如汗)은 한 번 흘린 땀이 몸속으로 다시 들어갈 수 없듯이 군주의 발언이나 조칙 따위도 일단 반포되면 취소할 수 없다는 뜻이다.

의 강대한 정치적 대권을 유보하는 이미지가 연상된다. 그렇지만 이토는 흠정헌법에 의거하여 국민이 정치에 참여할 권리와 기회를 보장한다는 측면을 대단히 강조하였고, 더욱이 일단 부여된 권리는 주권자조차도 "함부로 박탈할 수 없"다는 점에서 헌법의 진가를 찾았다.

이처럼 이토는 이제야말로 국민이 천황조차 침범할 수 없는 정치적 권리를 보유하게 되었고, 그 권리를 행사하여 국가를 융성하게 하는 것이 천황에 대한 국민의 의무라는 점을 강조하고 있다. "국가라는 관념 위에서 헌법 조항에 열거되어 있는 권리를 향유하며, 국가에 대해 주어진 의무를 다하고, 그것을 그르치지 않도록" 하는 일, 그것이 오늘날 천황에게 충성을 바치는 길이라는 것이다.(『연설집』③) 이리하여 "언제까지나 잠자고 있어서는 안 되고, 잠자고 있으면 국가에 대한 의무를 다할 수가 없다."(『연설집』②)라고 하면서 국민의 정치의식이 깨어날 것을 호소하였다.

입헌정치의 목적

입헌제도란 이와 같이 국민의 정치화를 전제로 한다. 그러나 그 목적은 더욱 원대한 곳에 있었다. 바로 정치적으로 각성한 국민을 질서화하는 것이고, 앞서 언급했던 군민공치라는 정치 양식을 실현하는 것이다.

헌법 정치의 주요 목적은 (……) 한 나라를 통치하는 분인 천황과 국가를 구성하는 원소가 되어야 할 인민이 서로 조화하고 화목하게 하려 하는 것이다.

『연설집』②

바꾸어 말하면 군주와 국민이 사이좋게 지내는 것이야말로 입헌정치의 목적이고, 핵심 정신과 다름없다는 것이다. 그를 위해서 천황은 자신의 주권을 나누어 각각 국민에게 위임한다고 되어 있다. 따라서 수임자(受任者)인 국민은 "특정 당파에 치우치지 않은 천황의 대권을 위임받았다는 사실을 깊이 마음에 새기고, 일본 국민을 위하여 봄비가 만물을 적시는 것 같은 정치를 하지 않으면 안 된다는 책임"(『연설집』①)을 지는 것이다. 천황이 불편부당한 입장에서 통치권을 총괄하면서, 그 운용은 국민에게 위탁하고, 국민도 그와 같은 천황의 뜻을 받들어 수임한 권한을 공평무사하게 행사한다. 그 결과로 천황 아래에서 국민이 유화적으로 통합되는 것이 이토가 흠정헌법에 의탁한 국가형태였다.

이처럼 유화와 통합이야말로 이토의 입헌 국가사상의 귀착점이었다. 그것은 특별히 천황과 국민 사이의 일로만 한정되지 않는다. "입법부라든가 행정부라든가 하는 것들 사이에 요컨대 조화가 이루어지지 않으면—헌법의 운용도 그러한 조화에 근거하여 가능하므로 언제라도 틀어져서 어긋나면 나라의 운명이 앞으로 나아갈 수 없다."(『연설집』①)라고 하면서 정부와 의회 사이의 조화도 강조하였다. 그뿐만 아니라 국가 차원에서 수많은 권력과 세력이 조화를 이루는 것이야말로 이토가 줄기차게 주장한 바였다. "오늘날의 정치는 국가라는 것을 유일한 목적으로 한다."(《니치니치》 1899년 10월 29일)라고 전제한 뒤에 다음과 같이 말을 잇고 있다.

이렇듯 유일한 목적인 국가의 일을 담당하게 된다면 그것을 일개 현이나 군의 사무와는 달리 보지 않으면 안 된다. 나는 국내에서는 자잘한 분쟁을 멈추고 나서 국가 사업의 진보를 꾀할 것을 간절히 바란다.

앞서 언급했듯이 이토가 헌법을 알리기 위해 국내 여기저기를 돌아다니고 있을 때 부현제가 개정되면서 부현의회 선거에 직접선거제가 도입되어 최초의 통합 지방선거를 눈앞에 두고 있었다. 일본 각지에서 선거운동이 과격해지고 정당 간 상호 다툼이 점점 격화되어 갔다. 그와 같은 정당정치 현황을 비판하면서 그는 정쟁을 중지하고 국민이 협동하여 "국가사업을 진보"시켜 나갈 것을 호소하였다. 이토에게 정치란 결코 투쟁을 본질로 하는 것이 아니었고, 오히려 국가라는 국민 통합의 장을 창출해 내는 협조와 유화의 행위였다.

정당 개량의 필요성

따라서 그때까지 정당의 존재 방식에 대해서도 이토는 당연히 비판적이지 않을 수 없었다. 정우회를 창설할 적에 그가 정당을 개량하자고 주장한 것은 널리 알려진 사실이지만, 거기에는 이렇듯 그 자신만의 독특한 정치관이 개재해 있었다고 생각해야 할 것이다. 그가 보기에 당시 정당정치는 "복수(復讐)의 정치"(『연설집』②)로 타락하고 있었다. 미나모토씨와 다이라씨의 싸움[5]이나 닛타씨와 아시카가씨[6]의 싸움을 방불케 하는 보기 흉한 상태여서, 문명의 정치라는 관점에서 크나큰 문제가 있었다. "일본 제국의 의회를 높은 울타리로 둘러친 복수의 싸움터처럼 만드는 것은 참을 수 없다."(『연설집』②)라고 전제한 뒤에 그는 다음과 같이 호소하고 있다.

무릇 정당이란 한 국가의 정치적 이해를 둘러싸고 사람들 모두 저마다 견해가 있는데, 견해가 같은 이들이 모여서 요컨대 당파를 조직한 결과에 불과하고, 특히 미나모토씨와 다이라씨, 닛타씨와 아시카가씨가 쟁투를 벌였듯이 지금의 정당들이 서로 싸우는 것은 문명의 정치, 헌법 정치 아래에서 하기에 그 행위와 방법이 지나치다고 생각한다. 정당을 또한 조금 가볍게 봐야만 한다. 정당에 속한 자들은 자기 자신을 지나칠 정도로

---

5) 12세기 말 중세 헤이안 시대에 벌어진 내전, 곧 겐페이 전쟁에서 조정을 장악한 다이라씨와 지방 세력인 미나모토씨가 상호 항쟁을 벌여 다이라씨는 패배하고 미나모토씨가 전국을 장악하여 가마쿠라막부가 수립되었다.
6) 14세기 초 남북조시대에 천황가의 계승 문제를 둘러싸고 항쟁을 벌인, 북조를 지지하던 아시카가씨와 남조를 지지하던 닛타씨를 가리킨다.

너무 무겁게 바라보거니와 옆에서 지켜보는 이들도 그들을 지나치게 무겁게 대하고 있다. 아무래도 다수 국민이기 때문에 정치적 견해가 갈리는 것은 면할 길이 없지만, 지금처럼 정당이라는 관념이 지나치게 강해지면 끝내는 겐페이 전쟁 같은 사태가 벌어지고 말 것이니, 진실로 국가를 위해 바람직하지 않은 일이라고 생각한다.

『연설집』②

이토는 우선 "정당을 또한 조금 가볍게 봐야만 한다."라고 말한다. 그에 따르면 "이미 의회가 존재하는 이상 정당이 분립하는 것은 어쩔 수 없"다.(『연설집』②) 그러나 한편으로 정치란 "시종 움직이는 것이므로 이해(利害)에 근거해서 볼 수밖에 없으니, 이해관계를 따졌을 때 작년에는 틀렸던 것이 올해는 맞는다고 말해야 할지도" 모르는 일이다.(『연설집』②) 요컨대 하나의 고착된 교의만을 받아들여 그로써 현실을 재단하는 것이 아니라, 변화무쌍한 내외 환경을 꿰뚫어 보면서 상황에 따라 판단하고 행동하는 것이야말로 그에게 정치적 행위였다. 그때그때 형편에 따라서 국가의 이해가 변화한다는 견지에서는, 파벌을 구축하거나 정당을 결성해 우군을 모으기보다 차라리 어제의 적과 어떻게 하면 연대할 수 있을까를 모색하는 것이 정치적 사고이다. 그는 입헌정치에서 양보 정신에 대해 다음과 같이 말하였다.

영국의 헌법 정치는 왜 이렇듯 잘되어 가고 다른 곳은 잘되지 않는가 하고 물어서 들어 보면, 곧 영국인은 양보심이 강하다[고 한다]. 다른 나라는 양보심이 적다. 양보심이 적은 자는 헌법 정치에 적당하지 않은 인민이다.

『연설집』①

그에게 입헌정치의 진가는 국가를 구성하는 제반 세력을 유화하고 조화하는 데에 있었다. 그렇게 하기 위해서는 그들에게 통치권에 참여할 권한과 수단을 균등하게 보장하는 데에서 입헌제도의 묘미를 찾을 수 있어야 한다. 이와 더불어 제도를 구성하는 각각의 요소(factor)에는 그에 상응하는 양보 정신이 요청된다. 정당도 예외는 아니다. 오히려 한층 더 타당하게 그러한 요청을 할 수 있는 경우가 정당이다. 이념적으로 논하면 입헌정치는

반드시 정당을 필요로 하지 않지만, 현실적 상황에서는
정당 없는 입헌정치는 존립할 수 없기 때문이다.

　헌법 정치를 운용하는 것과 관련해 어느 국가를 보아
도 정당이 존재하지 않을 수 없으므로, 이를 두고 의논
하기보다는 차라리 사실상 어쩔 수 없이 생겨나는 것으
로 인정하는 편이 낫다. 도리로써 논한다면 어쩌면 필요
없을지도 모르지만, 현실을 고려하거나 역사에 의거해
서 본다면 헌법 정치가 이루어지는 국가에 당파가 없는
곳은 없으므로 어쩔 수 없이 [정당이] 발생한다고 인정하
지 않을 수 없다.

『연설집』②

　이렇듯 정당이 불가피하다면 그것을 개량하지 않으면
안 된다. 당시에 정당은 정쟁에만 몰두하는 존재로 비쳤
는데, 국민의 정치 참여와 정치적 책임감 자각을 입헌정
치의 핵심으로 보았던 이토는 국민과 정치를 매개하여
국민의 수많은 이해관계를 조정해 주는 존재로 정당을
쇄신해야 할 필요가 있다고 생각하였다.

가능한 한 조화를 도모하는 일에 당파가 주의를 기울이게 된다면 헌법 정치도 잘 진행되어 갈 것으로 믿는다.

『연설집』①

이러한 신념을 실행에 옮기기 위해서 그는 스스로 정당 결성에 착수하였다.

4 정우회 결성

정당을 창설하는 길

　여기에서 정우회가 창설되기까지 구체적 진행 과정을 적어 보겠다.[4*] 이토는 제3차 내각 시기인 1898년(메이지 31)에 오랫동안 구상해 온 정당 결성에 다시 도전하였다. 이러한 사실을 그가 공공연하게 발언하기 시작한 것은 6월에 증세안이 부결된 일을 계기로 중의원이 해산된 직후부터였다. 이때 해산이 이루어진 다음에 야당인 자유당과 진보당이 대연합을 하여 헌정당이 탄생하는데, 그러한 사태를 미루어 짐작한 이토는 헌정당에 대항하기 위해 내각회의에서 정당을 결성하겠다는 의향을 밝혔다. 지금까지는 이렇게 이해되어 왔다.

　그러나 실제 당시 이토의 신당 운동에는 그런 상황주의적이고 즉흥적인 정략만으로는 설명할 수 없는 경륜(經綸)이 있었다. 본래 제3차 내각 시기에 이토는 선거법과 세제를 개정하여 참정권을 확대하고 국가의 구조 전환을 추진하려고 하였다. 이토의 신당 운동 역시 그러한 관점에서 파악할 필요성이 있다.

1898년 5월에 이토 내각은 중의원의원선거법 개정안을 제국 의회에 제출하였다. 선거권 제한 기준을 낮추어서(직접국세 연간 15엔 이상 납세자 기준에서 지세 5엔 이상 또는 소득세나 영업세 3엔 이상으로 완화) 유권자층을 대폭 확대하려고 하였다. 또한 피선거권에 대해서도 재산 자격을 철폐하자고 제기하였다. "선거인이 이 사람이라면 적임자라고 인정할 만한 인물을 뽑을 수 있다면 납세 자격을 덧붙일 필요가 없다."라고 하였다.(『연설전집』)

이렇게 하여 "상공업 등이 발달하면서 시 대표자를 특별히 늘릴 필요가 있다고 인정하여" 유권자를 현재의 44~45만 명 수준에서 200만 명으로 늘리는 안이 나왔다.(『연설전집』) 그 제안의 배경에는 두 가지 의도가 있었다. 하나는 청일전쟁 이후 산업 발전에 발맞추어 여태까지 지주 중심으로 구성되어 있던 유권자층에 도시부 상공업자를 포함하는 형태로 전환해 가는 것이었다. 경제 구조 변화에 부응해 정치의 존재 방식도 변해야만 한다고 이토는 생각하였다.

다른 하나는 이른바 정론가(政論家)를 도태시키는 것이었다. 이토는 정담가(政談家)나 장사(壯士)[7] 같은 운동가들

7) 메이지 시대 자유 민권 사상을 외치며 다니는 사람들을 가리킨다.

을 혐오하였다. 1879년 '교육의'에서 정담의 무리를 없애고 과학을 널리 보급해야 한다고 주창하였듯이, 과학에 근거하여 정책을 수립하는 일이야말로 그의 정치 인생을 관통하는 테제였다. 나중에 한국 통치를 다루는 장에서도 그러한 문제를 논하게 될 것이다. 이때도 그는 "정론에 치우친 자들을 고려하여 실제 문제에 가까이 가게 하려고 희망하고 있습니다."(『연설집』③)라고 하면서 다음과 같이 논하고 있다.

헌법이 시행된 이래로 정론에 열중하는 자들이 상당히 많이 나타났는데, 정론에 열중하는 자가 정치적 공론(空論)에만 치우쳐 실업(實業)과 관련된 것에는 눈길을 주지 않는 상황이 매우 유감스럽습니다. 이렇듯 정론에 치우친 자들이 일본 사회의 경제적 상황 및 국민의 위생 교육 등 실제에 착안하게 하고, 또한 그 통계 등에 의거해 진보가 이루어지는 속도에 주의하여 가능한 한 사실에 가까운 논의를 하게 하고 싶다고 생각합니다.

『연설집』③

"정치와 민간사업은 서로 분리되어서는 안 된다."라고

주장한 이토는 "관리의 학식"과 "전문적인 일에 밝은 자" 가 정치에 관여할 것을 요청하였다. 민간 실업가의 실제적 전문 지식이 정치의 세계로 주입되기를 희구하였다. 그렇게 하여 정당에서 정담의 무리를 일소하는 것, 그것이 그가 원하고 바라던 바였다.[5]*

이때 선거법 개정안은 심의 기간 중에 의결되지 않아 성립되지 못했다. 그렇지만 실업계에 종사하는 이들을 정치적으로 각성시키고 정론가 성향의 정당인을 교정하여 바로잡아야 한다는 것이 이토의 강한 신념이었고, 그는 자신의 신념을 계속 실천해 나갔다. 그리고 그것이 신당 결성에 이르는 길이 되어 갔다.

재계의 상황

[1898년] 6월 10일에 이토는 중의원을 해산하였다. 그리고 내각회의에서 정당을 결성하고자 하는 의사를 표명하였다. 곧바로 이토는 재계 인사들을 규합하는 일에 착수하였다. 6월 14일에 데코쿠(帝國) 호텔로 실업가들을 초청하여 새로운 정당을 창설하기 위한 발기인 대회를 열

었다. 이때 이토는 시부사와 에이이치를 만나 협조를 요청하였다.(『이토 전』하권) 시부사와는 "자신이 주동하는" 것은 거절하면서도 이토의 "정책은 올바르다."라고 하였고 "내외에 그 점을 거리낌 없이 공언할 뿐만 아니라 다른 사람에게도 주저 없이 찬성하라고 말하겠다."라고 하면서 측면 지원을 약속하고 이토가 내민 각서에 서명하였다.(시부사와 에이이치 수기,「정우회 조직의 사전 면담」,『비록(秘錄)』) 실제로 시부사와는 도쿄 상업회의소에서 지조 증징 기성동맹(地租增徵期成同盟)(1898년 12월)과 중의원의원선거법 개정 기성동맹(1899년 1월) 등 이토가 내세우는 정책에 부응하는 조직을 결성하였고, 1900년 9월에 정우회가 창설될 즈음에는 실업가들을 규합해서 '정우회에 관한 협의회'를 개최하여 "모임에 참석하는 자 일동은 정우회, 곧 이토 후작의 정략에 전적으로 동의하고 찬성하며 그 긴밀한 관계를 도모하기 위해 힘쓴다."라는 최종 결의를 하였다.(『시부사와 전기 자료』별권 제1)

그러나 이러한 재계 규합 계책은 이토의 뜻대로 진행되지 않았다. 실제로 정우회에 입당한 실업가는 제한되어 있었다. '정우회에 관한 협의회' 결의문에도 사실은 다음과 같은 단서가 달려 있었다. "그렇기는 하나 은행과 회사를 운영하는 자는 지금까지 이어져 온 당파의 폐습을 거울삼아, 자신이 입당하면 그 관리 업무에 해를 끼친다고 걱정하는 이에게는 무리하게 입회를 요구하지 않는다."(위의 책)라는 내용이었다. 시부사와 본인도 입당을 보류하여 이토의 노여움을 샀다.(시부사와 에이이치 수기, 위의 책)

이와사키 야노스케의 그림자

지금까지 이러한 사실은 정치에 관여하는 것을 좋은 일로 생각지 않았던 실업가들의 전통적 비정치성이 작용하여 그들이 막상 정당에 가입해야 하는 단계에 이르자 주저하게 했다는 식으로 대체로 이해되어 왔다. 그러나 그에 못지않게 중요했던 것이 이토의 신당에 재계 인사들이 참가하는 것에 대한 구체적인 견제의 움직임이었다. 당초 그의 맹우였던 이오누에 가오루는 일본 은행 총재인 이와사키 야노스케가 방해하지 않을까 걱정하였다. 이토가 신당을 결성하겠다는 의지를 표명한 직후인 1898년 6월 19일, 이노우에는 "실업가 사회는 이와사키 야노스케의 의향 하나에 달려 있습니다."라고 하면서 다음과 같은 사정을 전하고 있다.

　이와사키의 경력에 대해서는 (……) 오쿠마 시게노부와는 수년래 서로 사귀며 정을 쌓아 와서 언제나 함께 동반하는 관계이고, 또한 진보당 인사들 중에 가장 활약하고 있는 이들 가운데 후쿠자와의 게이오기주쿠 출신이 많은데 후쿠자와와 이와사키의 교분 또한 수년에 걸쳐 있어 [이와사키가 후쿠자와에게] 10만 엔 정도까지 지원해 온 관계인 것 같습니다. (……)

『이토 전』하권

　요컨대 오쿠마와 후쿠자와가 깊은 관계이고, 진보당의 후원자인 이와사키 야노스케가 온갖 방법으로 방해할 것이라고 우려하였다. 이노우에는 이와사키가 재계에서 얼마나 영향력이 컸는가를 다음과 같이 지적하고 있다.

　실업가라고 하는 이들은, 여러 은행과 여러 회사에 있어서도, 이와사키의 재력과 일본 은행 세력을 합친 재력으로 그 여러 은행과 회사에 맞선다면, 그들도 내심으로는 현재 정당의 폐단을 충분히 알고 있겠지만 당장 눈앞에 닥친 금융이나 기업(起業) 따위에 방해되지 않을까 생각하면서 망설이게 되는 것이 인지상정이므로 아무리 실업가의 단결을 희망한다고 해도 될 수가 없는 것이 필연일 것입니다.

위의 책

은행가와 경영자들이 아무리 현재 정당의 폐해를 지각하여 이토의 신당 계획에 내심 찬동하였더라도, 일본 은행까지 장악하고 있는 이와사키 가문의 미쓰비시 재벌의 힘이 가로막을 적에는, 장차 금융과 기업(起業)에 방해를 받지 않을까 하는 우려가 그들 사이에 나타나는 것이 인지상정이므로 실업가를 결집하는 일은 불가능할 것이라고 적어 보냈던 것이다. 구체적으로 이와사키가 정우회 계열의 실업가들을 방해했는지는 분명치 않지만—덧붙여 이와사키는 1898년 10월에 일본 은행 총재직을 사임하였다.—앞서 인용한 정우회를 창설할 때 시부사와가 실업가들에게 호소한 '정우회에 관한 협의회' 결의문에는 자신이 입당하면 "업무에 해를 끼친다고 걱정"하는 사람이 다수 있다는 사실이 명기되어 있어, 정우회에 참가하는 것이 경제활동에 지장을 줄 것이라는 불안이 실업계에 널리 퍼져 있었음을 짐작하게끔 해 준다.

실제로 정우회에 가입하는 것은 본업에 지장을 초래하는 일이었다. 일례를 들어 보자. 귀족원 의원이었던 다키 효에몬이라는 이가 1900년(메이지 33) 9월 2일에 이토에게 편지를 보내 자진해서 정우회에 입당하겠다고 하였다. 세금을 많이 내는 의원이었던 그는 "삼부(三府)를 비롯한 주변의 가까운 실업가 여러 분을 [입당하게끔] 이끌고 싶다고 생각합니다."라고 적고서, 사업 동료인 실업가 여러 명도 함께 데리고 올 생각이라고 전하고 있다. 그러나 다키 효에몬은 이듬해 7월 6일에 탈회서(脫會書)를 제출하였다. "실은 저도 정우회 회원이라는 사실 때문에 은행에 영향을 미치는 일이 적잖고, 실업계와 귀족원에도 영향을 주는 일이 많아서 곤란을 견디기 힘듭니다."(『이토 문서 <각>』⑥)라고 토로하였다.

아마도 이와사키를 등에 업은 오쿠마계 정치가와 재계인들의 방해 책동이었을 것이다. 기성정당 간의 정쟁에 등을 돌리고 그때까지는 비정치적이었던 실업계를 기반으로 타협과 조화의 입헌정치를 구축하려고 꾀하였던 이토이지만, 결국 그 자신이 정쟁에 휘말리는 운명에 처하고 말았다. 당시 대표적 종합지《다이요》에도 "실제로 요즘에도 모 회사에는 구 개진당 시절 당원이었던 중역이 많아서 구 자유당 당원은 그를 싫어하니, 종종 불이익을 당하는 일이 있다면 (……) 정치가에게 의뢰할 야심도 없고, 하늘을 우러러보고 땅을 굽어보고 독립적으로 소신 껏 자신의 본업에 마음을 잡고 열중하려는 착실한 실업가를 억지로 어느 정당에 가입시켜 그로 인해 나머지 반대당을 적으로 돌리는 것과 같은 일을 혜안 있는 우리 실업가가 행하기를 바라지 않는다."(1900년 10월 1일호, 고야마 히로야, 「메이지 정당 조직론」)라는 기사가 보인다. 이 무렵 경제계에도 정당화의 파고가 거세지고 있었다.

헌정당을 모체로 한 정당을 결성하다

이처럼 자력으로 상공업자를 확보하려는 계획을 성공시키지 못한 이토는 그 대신에 헌정당—구 자유당—의 호시 도루의 수완에 의지하지 않을 수 없었다. 정우회 창설의 진정한 주역을 호시 도루와 이토 미요지로 보려는 견해가 있다는 사실은 4장 첫머리에서 언급한 바 있는데 틀림없이 이 두 사람이 신당을 준비했다는 사실은 의심할 나위가 없다. 1899년 7월, 헌법 행각차 이토는 우쓰노미야를 방문하였다. 그 지역의 실업가 단체의 초청에 응한 것이었으나 그 방문을 알선한 이는 호시 도루였다. 이때 이토는 이타가키 다이스케와 함께 초대받았는데, 그 모임은 흡사 우쓰노미야 구 자유당계 회합 같다고 야유를 받기도 하였다.(《요미우리신문》1899년 7월 14일)

또한 10월에 그가 호쿠리쿠가 간 것에 대해서도, 그에 앞서 6월에 호시 도루가 호쿠리쿠를 순행한 것과 연관되어 있다는 소문이 자자하였다. 『이시카와현의 역사』에 따르면 호시가 호쿠리쿠에 갔던 것은 "헌정당의 권세와 위엄을 더욱 융성하게 하려는 뜻도 있었고, 또한 가나자와시의 실업회를 잡아 두려는 계획이었던 것 같다."라고 기술하고 "그 후에 이토 히로부미 후작이 내유(來遊)하기에 이른 것도 주로 이때 호시 도루와 실업회 사이에 묵계가 성립한 데서 기인한다."라는 식으로 그릇된 방향으로 추정하고 있다.(『이토 문서 <각>』④)

1900년(메이지 33) 6월 1일 호시는 마쓰다 마사히사, 하야시 유조, 헌정당 총무 스에마쓰 겐초와 중의원 의장 가타오카 겐키치 등과 함께 이토에게 당수에 취임하라고 요청하였다. 그러나 다음 달 8일에 이토는 이러한 요청

입헌정우회 창립총회(1900).
주요 구성원들과 이토.(앞 열 오른쪽에서 열 번째)

을 거부하였다. 기성정당과는 선을 긋고 싶었던 그는 신
당 결성에 집착하였다. 이 무렵 이토는 신당 조직의 규
약을 작성하는 데 여념이 없었다.(7월 1일 야마가타 앞으로 보
낸 이토의 편지, 『야마가타 문서』①) 그는 완전히 새로운 정당의
이념을 정립하려고 하였다.6*

8월 23일에 이토는 호시 등을 비롯한 헌정당 간부들을
불러서 새로운 정당의 "주의 강령(主義綱領)을 내밀하게
보여 주었다."(『하라 일기』①) 이 일을 계기로 헌정당은 이
토에게 무조건 자기 당을 헌납하겠다고 제안하였다. 그
리하여 25일에 시바코요칸(芝紅葉館)8)에서 입헌정우회 창

---

8) 도쿄에 있었던 회원제 고급 요정으로 유명하였는데, 1945년 도쿄 대공습으로 불타
고 난 뒤에 그 자리에 도쿄 타워가 세워졌다.

립 위원회가 결성되었고, 신당 창립 선언 및 강령이 발표되었다. 이토의 이념과 호시가 이끄는 사람과 조직이 결합하여 정우회가 탄생하기에 이르렀다. 그러나 그것은 동시에 헌정당이라는 기성정당을 기반으로 하지 않았다면 이토의 신당은 창당될 수 없었음을 보여 주는 것이기도 하였다. 이토가 다소간 신당의 이념에 지나치게 신경을 쓴 나머지 정당으로서 '현실적' 측면에 대해 소홀했다는 점은 부정할 수 없는 사실이다. 다음 장에서 언급하겠지만 신당이 결성된 후에 이토의 당 운영은 혼선을 빚게되는데, 그것은 정우회를 창설할 때부터 지나치게 이념에 편중되었던 데에 원인이 있다고 해야 하겠다. 그는 당조직 실무를 소홀히 하고 있었던 듯하다.

  그것은 정치가 이토가 최종적인 일 마무리가 무르다는 약점으로 마땅히 비판받아야 할 점이다. 정치가는 벌어진 결과에 대해서는 책임을 져야만 하고, 이념이 숭고하다고 해서 정치가로서 높은 자질을 보장해 주지는 않는다. 그러나 그러한 사실을 염두에 두고서 그가 정우회에 품었던 이념을 새삼스럽게 조금씩 좇아가 보자.

5 '당(黨)'에서 '회(會)'로―정우회의 이념

'당(黨)'이 아니라 '회(會)'

기존 정당의 존재 방식에 비판적이던 이토는 몸소 정당을 조직할 것을 결의하지만, 현실적으로 정당 결성 과정에서 스스로 구상했던 실업가 계층을 동원하는 데 실패하였고, 결국 기성정당의 틀 안에서 정우회를 건립할 수밖에 없었다.

그런데 지금까지 '이토 신당' 등으로 써 왔지만 그는 자기 조직에 '당'이라는 명칭을 붙이는 것을 거부하였다. 문자 그대로 정우회는 '회(會)'였다. 이토는 정우회 창립이 임박하였던 1900년 7월 28일 자로 이토 미요지에게 보낸 편지에서 "종래의 당명을 고쳐서, 이번에는 단연코 입헌정우회로 해야 할 것."이라고 적고, 신당 명칭으로 '입헌정우회'를 널리 알렸다. 그 이유를 다음과 같이 고하였다.

'당(黨)'이라는 명칭을 포기하는 것은 관계나 실업계가 꺼려하는 바의 저항감을 피하면서 가입하기 쉽게끔 하려는 수단과 다름없습니다. 천박한 세상이므로 실제로

장애가 없는 이상 가능하다면 개정하고 싶습니다. '당'
은 요컨대 지나(支那)의 '붕당(朋黨)'이라는 말에서 유래하
므로 세간의 통속적 견해에서 보자면 가장 기피하고 싶
은 바이므로 이 점은 양해해 주시기 바랍니다.

『이토 전』하권

'당'이란 말은 '붕당'―도당(徒黨)을 만든다는 의미의
당―을 의식케 하고, 아직도 세상 사람들에게 받아들여
지기 쉽지 않으므로, 관계나 실업계에서 사람을 모으기
위해서라도 당이라는 명칭을 바꿔야만 한다는 것이다.
이러한 제안을 접한 이토 미요지는 "옛날의 붕당론으로
써 지금의 정당을 보려고 하는 완고한 이들은 어떻게든
입당을 허락한다 해도 아무런 쓸모가 없으므로 그와 같
은 배려는 쓸데없는 것이 아닌가 하고 외람되지만 생각
하고 있습니다."(8월 5일 이토 앞으로 보낸 편지, 『이토 전』하권)라
고 답장을 보내고 당이라는 명칭에 알레르기 반응을 보
이는 고지식한 무리는 이쪽에서 거절하겠다고 말하였지
만, 결국은 이토의 의사가 관철되어 정우회란 이름이 채
택되었다.

이 점은 단순한 명칭 문제로 치부해서는 안 될 것이다.

'회'라는 명칭 아래 이토는 이전의 정당과는 개념적으로 구별되는 새로운 정치조직을 생각하였던 것이다.

규약

이 편지에 앞서 이토는 신당의 규약을 이토 미요지에게 내밀하게 알렸다. ([1900년] 7월 20일 자 이토가 이토 미요지에게 보낸 편지) 그 규약이라는 것은 다음의 6개조로 되어 있다. (『이토 문서』 서류부, 166)

1. 대신의 선임은 천황의 대권에 근거한 것으로 당 바깥에서 선출되었다는 이유로 그 내각에 반대해서는 안 될 것임.
2. 내각은 천황을 보필하는 부(府)이고 동시에 책임정치의 부(府)이므로 당원이 대신으로 선출되었다고 해서 당내에서 그 일에 참견해서는 안 될 것임.
3. 행정 각부에 적임자를 배치하여 행정을 쇄신하는 일이 우리의 목적이지만 정당 바깥의 인재도 공평하게 선택받아야 하므로, 당원이라는 이유만으로

선임을 요구하지 말아야 할 것임.

4. 공익을 목적으로 행동하고, 분별없이 지방의 이해에 관여해서는 안 될 것임.

5. 시국 문제에 대해 당원의 의견으로 공표해야 할 것이 있을 때에는 총재가 결정할 것임.

6. 의원(議院) 내의 행동과 선거에 관해서는 담당자를 두어 총재의 지도를 받을 것.

이로부터 한 달 후인 8월 25일에 공표된 당 강령은 이것과는 달리 더욱 친기업적이고 실무적인 내용이었다. 그런 만큼 이때 이토 자신이 직접 기초한 위의 규약에는 그의 조직 철학이 기탄없이 표명되어 있다고 할 수 있다. 그 철학을 세 가지로 정리해 보면 다음과 같다고 할 수 있다. 첫째 당과 내각·정부의 엄격한 구별, 둘째 중앙 정치와 지방자치의 구별, 그리고 셋째 당내에서 총재의 강력한 지도권, 이상 세 가지이다. 각각에 담겨 있는 이토의 의도를 풀어 밝혀 보자.

당과 정부의 관계

우선 당과 정부의 관계이다. 이 점을 이해하기 위해서는 최초로 이토의 대의사(代議士)[9]에 대한 견해를 소개해 둘 필요가 있다. 그에 따르면 국회의원이란 국민 전체의 대표이고 "그 본존(本尊)은 국민"이었다.

대의사라는 자 또한 그가 대표하는 존재, 즉 본존인 국민의 의견을 잘 생각하고, 그 이해와 아픈 곳과 가려운 곳을 잘 살피고, 그러고 나서 중앙 의회에 나와 그들의 뜻을 충분히 성취할 수 있도록 행동하지 않으면 안 된다.

『연설집』②

이토가 영국 보수 사상가 에드먼드 버크의 "대의사는 국민 전체의 이해에 봉사하는 자."라는 말을 좋아했다는 사실은 이 책에서도 한 차례 언급한 바 있다. 여기에서도 이토는 버크의 말을 참고하여 의원이 개별적 이해의 대변자로서가 아니고, 국민 전체 이해를 대표하는 존재로서 의회에 결집할 것을 요청하였다.

---

9) 선출되어 국민 의견의 대변자로 국정을 의논하는 중의원 의원을 가리킨다. 현재의 국회의원에 해당한다.

그러나 현실의 의회는 그와 같이 기능하고 있다고는 볼 수 없었다. 그는 "의회에서는 가능한 한 승패를 다투는 것을 목적으로 삼지 않고, 심사숙고하여 국가를 위해 어떤 방법을 취하면 좋을까 하는 토의를 다하는 것이 필요하다."(《니치니치》 1899년 10월 22일)라고 하면서, 숙의(熟議)의 부(府)로서 의회를 기대하였지만 실제로 의회는 당파에 의한 "승패를 다투는" 장으로 변질해 버렸다. 그는 그러한 현상을 지적하면서 의회에서의 심의 이전에 "당파를 이룬 무리가 각각 자기 사무소를 설치하고 먼저 그 문제를 따로 토의한다고 하는 상태"이며 "지금 상태는 마치 이중으로 의회가 개설되어 있는 듯한 모양이다."라고 비난하고 있다.(『연설집』②)

　그 같은 상태로 정당내각이 생긴다는 것은 바람직하지 않다. "오늘날처럼 당파에 속한 사람들끼리 따로 모여서 행정상 온갖 주문을 하고 있는 동안 정당으로써 내각을 조직하는 일은 도저히 생각할 수도 없는 형편이다."(『연설집』②)라고 이토는 지적하고 있다. 그는 당리당략에 따라 집정부가 이익을 독점하는 사태를 혐오하였다. 그는 권좌에 오른 자는 그 지위를 얻기까지는 정당정치를 구사하면서 정쟁을 일삼아야 할지 모르지만, 일단 정권을 잡는 데 성공하면 공정한 관점에 서서 국민 전체를 위한 정치를 행해야 한다고 생각하였다.

정치란 어떠한 것인가 하면, 가령 정당정치를 시행하는 나라의 관념으로 보아도, 정권을 잡을 때까지는 정쟁을 일삼지만 일단 정권을 잡은 이상 공평하지 않을 수 없는 것이다.

『연설집』②

말을 이어서 이토는 다음과 같이 좀 더 부연하고 있다.

국민에 임하여, 정치를 행함에 있어서 자신의 정당에 이익이 되는 정치를 행한다는 식이 된다면 반대편에 서 있는 사람들은 시종 불행을 겪지 않으면 안 된다. 그러므로 정치는 결코 이와 같은 불공평을 허락하지 않는다. 어떠한 인물이 정부에 입각하여도, 어떠한 당파가 정권을 쥐어도 정치가 시행되는 이상은 자신의 당파에 관심을 두지 않고 공평하게 일을 처리하고, 국민을 대할 적에 자당과 타당을 구별하지 않고 오직 국민의 사업, 국민의 생활, 국가의 이해가 어찌 될 것인가 하는 것만을 보지 않으면 안 된다.

위의 책

　요약하면 이토는 정당을 반드시 전체적이고 국민적인 이익의 담당자라고 생각하지는 않았다는 내용이다. 따라서 공익의 실현자여야 할 집정부=내각을 선발하는 데 있어 정당이 중요한 모체 가운데 하나이기는 해도 그것에만 의지해서 이루어질 수는 없다. 반대로 말하면 공익을 구현해야 할 내각에 인재를 제공할 수 있는, 의회를 기반으로 삼는 중요한 정치단체 중 하나로 정당이 환골탈태해야 한다고 생각했을 것으로 추측한다. 그는 정당을 정치적 인재를 양성하여 비축해 두는 기관으로 여겼던 것이다.

중앙 정치와 지방자치

　둘째로 중앙 정치와 지방자치의 구별이다. 그는 투쟁을 원리로 하는 정당정치는 중앙 정계에 국한되고, 지방에서는 협동을 원리로 하는 자치가 행해져야 할 것이라고 논하고 있다.

　　정견이 달라서 벌어지는 다툼은 일본 전국, 요컨대 제
국의 정치상에서 이루어져야만 하고, 촌락의 사업상 관
련되는 무언가의 일은 가능한 한 마을 유력 인사들이
화목하게 상호 협동하여 일을 도모해 가야만 크게 발전
한다.

『연설집』②

　　그에 따르면 정당은 중앙 정치상의 것이고, 그곳에서
의 싸움을 "촌락 따위에까지 미치게 하지는 않는다는 관
념을 가져야만 한다."(『연설집』①)라고 하였다. 그러나 현
실은 그와는 정반대였고, 앞에서 언급한 바와 같이 부현
제 개정을 계기로 이익을 지방으로 유도하고자 하는 정
당 간의 정쟁이 지방을 무대로 점차 가열되었다. 말 그대
로 "근래 정당의 여폐(餘弊)가 여기까지 미치고 있다."(『연
설집』①)라는 실정이었다.

　　그러나 "가능한 한 당파는 한 국가의 정치를 목적으로
논의하는 것을 당연하다고" 하지 않으면 안 되는 것이
다.(《니치니치》 1899년 12월 3일) 본래 그에게 정치란 국가 전

체의 이익을 논하는 것이며, 지방자치와는 개념상 엄격히 구별되어야만 하는 것이었다.

　자치는 지방 정치라고 말하기보다는 차라리 지방행정이라고 말하지 않으면 안 된다고 생각하는데, 무릇 정치는 대개 전국에 걸쳐 있는 문제를 오로지 정치의 구역으로 삼아야 하는 것이 당연하고, 소위 정략(政略), 정치의 방침 등을 당파 따위가 빈번히 주장하고 있는데 이는 모두 일본 전국을 대상으로 하는 일을 가리키는 것이다.

『연설집』②

　이처럼 그는 중앙과 지방, 그리고 정치와 자치를 구별하면서, 정당은 어디까지나 중앙 정치의 담당자로 파악하고 있다. 그와 같은 것으로서 정당은 지방의 일에는 깊이 간여해서는 안 된다고 주장하였다. "지방의 사무 등에는 당파론을 지나치게 깊이 간여시키지 않고 가능한 한 화목하게 시행해 가는 것이 지방의 행복을 도모하는 데 필요할 것이라고 생각한다."(『연설집』②)라고 하였다. 여기에서도 정당정치를 상대화하려는 강한 의지를 엿볼 수 있다.

당수에게 절대복종한다

마지막으로 당초 규약에는 당수(총재)에게 강력한 지휘권이 부여되어 있었다. 이는 당수 전제주의로서, 그가 고집하여 초기 정우회의 조직 원리로 채택하였던 것이다. 이러한 점도 유세 중에 거듭 역설된 바였다. 이때 그가 종종 인용했던 인물이 글래드스턴과 병칭되는 19세기 영국의 의회정치가 벤저민 디즈레일리이다.

> 디즈레일리(……)는 이렇게 말하고 있다. "영국의 재상은 자기 당파에 충실하지 않으면 안 되고, 당원은 그 수령에게 절대적으로 충성하지 않으면 안 된다." 곧 당수의 지휘와 명령에 따르지 않으면 안 된다는 것이다. 의회에 다수가 모이면 반드시 기율이 필요하다. 그들은 그것을 정당하게 잘 조직된 군대와 같다고 일컫고, 물론 지도자가 필요하다는 것은 논할 필요도 없다.
>
> 『연설집』①

영국 보수당을 대중에 기반을 둔 국민정당으로 재생시켰던 디즈레일리에게, 정당 개량을 실천하여 수권 능력이 있는 책임 정당을 수립하려 했던 이토가 스스로를 투사시켰다고 해도 하등 이상할 것이 없다. 그중에서도 이토가 디즈레일리에게 가장 공감했던 부분은 앞의 인용에도 보이듯이 당수에게 절대적으로 복종하는 식으로 당규율을 확립했다는 점이었다.

이토는 1899년 10월 21일에 호쿠리쿠를 순회하는 도중 다카오카에서 헌정당 집회에 초대받아 연단에 올랐을 적에도 거듭하여 디즈레일리를 인용하면서 다음과 같이 말하였다.

당파의 수령인 자는 자당의 주의에 충실해야 하고, 그와 동시에 당원인 자는 그 수령의 지휘명령에 절대적으로 복종하지 않으면 안 된다.

《니치니치》1899년 2월 2일

이처럼 정당 개량이라는 명목 아래 무엇보다 당수 전제의 확립이 요청되었다. 정당내각의 가능성도 그 위에서 추구되었다. "적어도 정당으로써 내각을 만들려고 한다면 그 정당의 수령은 곧 국가 사무를 담당하여 그 중임을 완수할 수 있을 정도로 당파를 통일해 놓지 않으면 안 된다."(『연설집』②)라고 그는 주장하고 있다.

당파의 통일이란 국익을 실현하기 위해서도 불가결하다. 이토가 대의사를 국민 전체 대표로 삼아야 한다고 주장한 사실은 앞서 언급하였다. 그러나 실제로 의원이 지방과 계층의 온갖 특수한 이해로부터 완전히 자유로울 수는 없다. 자신들이 대표하는 [사람이나 집단의] 이해를 걸러서 공익을 추출해 내는 필터 역할을 그는 정당에서 기대하였다.

그렇게 하기 위해서는 당 전체의 의견을 종합하여 구현하는 당수가 필요하다. 당수는 타당의 당수와 의회의 장에서 의논을 거듭하고, 타협과 양보를 하면서 합의점을 모색한다. 그렇게 함으로써 의회라는 공개된 장소에서 국익이 무엇인가에 대한 합의가 이루어지는 것이다. 그리고 당수가 합의하고 결정한 일에 당원은 절대적으로 복종하는 것이다.

이렇게 해서 당수 상호 간에 의회라는 공개된 장소에서 토론과 합의가 이루어진다. 그는 다음과 같이 주장하면서 당수가 흑막정치에서 벗어날 것을 호소하였는데, 이상과 같은 정치과정을 염두에 두었던 것으로 이해해야 할 터이다.

오늘날 일본의 각 정당에 어쩌면 수령이 있는지 없는지가 굉장한 의문이라지만 명칭상으로 논하는 문제일 뿐 실권적으로는 분명히 존재한다. 그러나 그 당사자는 의원(議院)에 참석하지 않는다. 잘 생각해 보면 나도 이전에 흑막 따위라고 불렸던 적이 있지만, 아무래도 지금의 양상을 보면 정당의 흑막이 되는 사태를 면할 수가 없다. (……) 헌법 정치라고 불리는 것과 같은 정치는 공개적인 정치이므로 그와 같은 일은 정당에 있어서도 한번 포기해 보면 어떻겠는가?

『연설집』①

살롱적 정당

당수에게 강력한 통제권을 부여하는 한편으로, 이토는 정우회 조직을 구락부 형식으로 하자고 제안하기도 하였다. 이 점에 대해서도 여기에서 언급해 보고자 한다. 입헌정우회를 당명으로 못 박았던, 앞서 언급한 이토 미요지에게 보낸 편지에는 "본부 조직을 바꾸어 구락부로 할 것, 각 지방에도 지부 형태의 구락부를 설치할 것" 등과 같은 새로운 제안도 적어 두었다. 이토 미요지는 이 점에 대해서도 이의를 제기하였다. "정당을 하나로 묶어 연락을 원활히 하고 싶다면, 갑자기 본부와 지부를 폐지하고 완전히 구락부를 조직한다는 것은 실제로는 행하기 어렵습니다."(앞에 수록된 8월 5일 자 편지, 『이토 전』하권)라고 이토 미요지는 회답하였다. 구락부는 당의 문호를 넓히기 위한 사교 장소로 본부와 지부의 본래 조직과 병립하는 형태로 설치하면 좋지 않겠는가, 호시 도루도 같은 의견을 표명하였다. 아무쪼록 재고하여 주었으면 좋겠다는 식으로 간청하는 형태로 이토 미요지는 이토를 설득하려고 하였다.

이토는 당수의 전제 체제를 추구하는 한편, 정당 조직에 대해서는 구락부와 같은 느슨한 연계 형태를 구상하고 있었다. 이토 미요지가 말했듯이 당의 문호를 사회로 넓히기 위한 장소로서 구락부를 설치한다는 점은 이해가 되지만, 이토는 그뿐만이 아니라 본부와 지부까지도 구락부 형태로 바꿔 놓자고 주장하기까지 하였다. 이것은 당원의 규율에 대해 그토록 말이 많았던 사람이 한 말이라고 하기에는 일관성을 결여한 것처럼 들린다. 그렇지만 어쨌든 이토는 견고한 위계질서보다는 개방적인 살롱적 성격을 당의 존재 방식으로서 선호하였다. 강권적 리더와 살롱적 조직이라는, 얼핏 보기에 기묘한 결합방식에 담겨 있었던 이토의 진의는 절을 바꾸어 논하고자 한다.

6 두뇌 집단으로서의 정당

국민적 조화를 위한 공기(公器)

1900년(메이지 33) 입헌정우회의 창설은 초연주의자 이토가 정당 정치가로 전향한 결과로 간주되어 왔다. 그러나 이제까지의 논의에서 명백히 밝혀졌듯이 그가 진정으로 의도한 바는 정당정치의 소용돌이 속에 스스로 몸을 던져서 그것을 쇄신하고자 하는 것이었다. 초연주의냐 정당정치냐 이전에 그의 뇌리에는 입헌정치의 이념이 우뚝 자리 잡고 있었고, 국민을 통합하고 조화시켜 줄 입헌정치를 실현하겠다는 점에서 헌법 제정 이래 이토의 자세는 일관되어 있었다. 정당정치와 입헌정치의 관계는 다음과 같은 그의 말에서도 살펴볼 수 있다.

정당 등을 개량하려 꾀하는 것에 대해서도 국민이 아무쪼록 정치의 이해득실을 분명히 알아주었으면 하는 희망을 나는 품고 있다. 국민도 명확하게 물정을 알게 되면 정당의 악폐를 제거하는 데도 충분할 것이거니와, 또한 입법상 기능을 완수하여 상하의 일치·결합을 꾀하는 제도와 방법도 도모할 수 있을 것이다. 이것이 반대되는 결과로 나타나 상하 간에 불화가 생기는 것은 헌법이 희망하지 않는 바이다. 헌법 정치의 목적은 소위 통치자와 피치자의 사이를 조화시켜 상하 일치의 결과를 보는 것이다.

『연설집』③

정당이란 "통치자와 피치자의 사이를 조화시켜 상하 일치"를 가져다주는 입헌정치에 봉사해야만 한다는 것이다.

9월 15일에 마침내 입헌정우회가 결성되었다. 그에 앞서 이토는 다음과 같은 신당 설립 취지를 공식적으로 발표하였다. 출정식에나 어울리는, 천하를 차지하겠다고 일제히 구호를 외치는 형태가 아니라, 차라리 그들의 기세를 꺾으려는 듯 자중과 자숙을 요구하는 내용이었다. 그는 다시 한 번 이 조직이 정권을 탈취하기 위한 장치가 아니라, 국민적 조화를 위한 공기(公器)여야만 한다고 호소하였다.

무릇 정당은 국가에 전력을 다하여, 일심으로 봉공하

는 것을 스스로 나서서 맡지 않으면 안 된다. 무릇 행정을 쇄신함으로써 국운의 흥륭이 따르게 하기 위해서는 일정한 자격을 마련하여 당 내외를 불문하고 널리 적당한 학식과 경험을 겸비한 인재를 모으지 않으면 안 된다. 당원이라는 이유만으로 지위를 부여할지 말지 가부를 논하는 일은 단연코 경계하지 않으면 안 된다. 또한 지방 또는 단체와 관련된 이해의 문제에서는 하나같이 공익을 기준으로 삼고, 완급을 살펴서 그 시행 여부를 결정하지 않으면 안 된다. 혹은 향당(鄕黨)의 정실에 얽매이거나 혹은 사업하는 사람의 청탁을 받고 당 차원에서 원조를 해 주는 것과 같은 일은 또한 결단코 불가하다. 나는 동지와 함께 이와 같은 고루한 관습을 깨끗이 씻어 내기를 희망한다.

《세우(政友)》 창간호

　당원이라는 이유로 정부의 직책이 주어지지는 않는다고 소리 높여 주장하고 있다. 와이한 내각에서 나타났던 당원들의 엽관 운동에 대한 경계라고 해야 할 것이다. 이 인용문의 바로 앞부분에서는 "무릇 각료를 임명하고 해임하는 일은 헌법상 대권에 속한다."라고 주장하면서 소위 정당내각은 천황의 임면 대권을 간섭하여 침범하는 존재로 간주하였다.

그렇지만 한편으로 간과하면 안 되는 사실은 행정에서는 "널리 적당한 학식과 경험을 겸비한 인재를 모으지 않으면 안 된다."라고 주장하고 있는 점이다. 그에 따르면 지위를 부여할 적에는 능력을 논하지 않으면 안 된다. 그것을 분간치 못한 채 의회에서 다수를 차지한 정당의 당원이라고 세상이 제 것인 양 우쭐대면서 관직을 강제로 차지하는 것과 같은 일은 논할 가치도 없는 일로 여겼다.[7]*

이상과 같이 이토는 스스로 정당 정치가로 변신하여 예전부터 내려온 정당의 폐단을 억제하는 누름돌이 되기로 결심했다는 사실을 지적할 수 있다. 그가 당내 규율을 엄하게 요구하고자 하였던 것도 바로 그 점에 이유의 일단이 있었다. 그러나 그것만으로는 그의 신당 운동의 소극적인 의의만 인정된다고 하겠다. 거기에 적극적 의의는 없었을까?

정치적 인재의 등용 기관

그가 신당 창립에 부여한 적극적 의의, 그것은 앞서 지적하였듯이 정치적 인재의 등용 기관으로서 역할이라 하겠다. 각료에 대해 "당 내외를 불문하고 널리 적당한 학식과 경험을 겸비한 인재를 모으지 않으면 안 된다."라고 했던 선언은 바꿔 말하면 정당이 그와 같이 "학식과 경험을 겸비한 인재"를 발굴하고 육성하여 정부에 공급하는 장소 가운데 하나가 되어야 한다는 요청으로도 읽힌다. 한마디로 그에게 정우회는 '인재'가 모이는 장소여야만 했다. 그렇다면 그것은 어떠한 '인(人)'이고 '재(才)'를 가리키는가? 이토가 정우회의 중심 멤버로 실업가의 입당 사업에 몹시 부심했다는 사실은 앞서 언급하였지만, 그러한 사실을 토대로 그가 단순히 자본가의 계급정당을 만들려 했다고 결론짓는 것은 성급한 판단이다. 오히려 이토는 국가의 전체적 이해와 득실을 힘써 연구하고 국민전 계층의 의견을 집약할 수 있는 기관으로 정우회를 생각하고 있었다고 여겨진다. 문장이 다소 길지만 정우회집회에서 했던 이토의 발언을 인용해 보자.

헌법 정치 아래에서 국민인 자가 분발하여 국가의 이

해득실을 힘써 연구하지 않으면 안 된다는 것은 말할 필요도 없는 일이지만 그렇다고 아침부터 밤까지 국민 전체가 정치만을 생각하는 것은 불가능하다. 농민은 농업에 노력하고, 공업가는 수요와 공급을 헤아려 공업을 진보시키고 발달시킬 방법을 꾀하여 자신의 업무를 융성케 하는 데 힘쓰고, 상인은 농산물과 공업품의 유무와 많고 적음에 맞추어 공통의 편리를 도모하여 상호 이익을 증진하는 것을 목적으로 해야만 하는데, 요컨대 일개인의 이익이 발전해서 국가의 부를 만드는 것이다. 그와 동시에 일부 국민은 직무상으로 정치에 주의하여, 예를 들면 농산물은 어떻게 소비되는가 등의 사례에 비추어 타국에서 물품을 공급받기를 바라지 않고 우리 스스로 그것을 생산하는 등의 일을 연구하는 것이 중요하다. 즉 상공업에 주목하면 동시에 정치, 요컨대 정부 정책상에 나아가 이해득실을 애써 연구하는 것이다. 국민 전반이 정치 열기에 들뜨는 것은 말할 것도 없이 좋지 않으므로 국민을 대표하는 자가 능히 중용을 취하여 그것을 생산 실업에 응용하는 것으로 하고, 정론(政論)은 관리와 의원, 신문기자 등 전문직에게 맡기고, 일체의 국민은 자신의 업무를 본분으로 삼고, 한편에서는 정치에 주의를 게을리하지 않도록 해야 하니, 대개 이와 같은 것이 입헌정치에서 법칙으로 삼아야만 하는 방침이라고 생각한다.

《세유》제11호

이와 동일한 취지의 발언을 이토가 헌법 행각 시기에도 했다는 사실을 떠올려 보자.(3장 5절) 그는 "문명한 백성"을 추구했다. 그것은 비정치적인 경제인이었다. 날마다 생업에 열심히 종사하는 생활인이었다. 앞의 인용에 의거하여 말하면 농민은 농업에 관한 일을, 공업가는 제품 제조에 관한 일을, 상인은 상품 유통의 일을 제일로 생각해야만 하고, "국민 전반이 정치 열기에 들뜨는 것"은 바람직하지 않다. 그러한 "정론"은 본래 "관리와 의원, 신문기자 등 전문직"에 종사하는 이들에게 맡겨야만 하는 것이다.

정우회에 바랐던 것

한편으로 "문명한 백성"이란 정치에 대한 관심을 잃지

않는 존재이기도 하다. "자신의 업무를 본분으로 삼고, 한편에서는 정치에 주의를 게을리하지 않"는 국민이다. 각자 생업과 관련한 이해는 국가의 이해와 연결되고, 그런 의미에서 모든 사업은 정치와 연관된다고 말할 수 있기 때문이다. 이렇게 해서 그처럼 자신의 직업적 이익에 대하여 연구하는 국민 가운데 그것을 실현하기 위하여 정부에 정책을 제언하는 자가 나오게 된다. 그 사람이야말로 "국민을 대표하는 자"라는 것이 이토가 주장하는 바였을 것이다.

이토가 이상으로 여겼던 정당은 그와 같은 국민의 대표자를 규합한 조직이라고 생각할 수 있다. 그는 국가를 구성하는 다양한 직업적 또는 지역적 이해를 대변하는 자들이 모여서 의논하고, 더불어 국가정책을 연구하는 기관으로 정우회를 구상하지 않았을까? 경제활동 현장에서 터져 나오는 국가에 대한 요망을 구체적 정책으로 단련시키고 완성시켜서 중앙 정계에서 활약하는 정치가에게 전달하는 매개체이고, 국가 공공을 위한 정책지(政策知)를 이치를 따져서 연구하고 실현하는 것을 지향하는 기관이 정우회였다. 그가 마음속에 그렸던 정우회의 본래 모습이란 정책을 실현하기 위한 정치단체 외에, 오늘날 두뇌 집단에 가까운 성격이었다고 할 수 있다.

　이러한 두 가지 성격을 양립하기 위해 이토는 구락부 형태의 조직과 총재의 전제적 권한을 추구했다고 생각한다. 요컨대 구락부라는 느슨하면서 동시에 사회를 향해 열려 있는 유대 관계를 통하여 말단으로부터 지식을 흡수하고, 그것을 자유롭게 교환 내지 유통하는 것을 보장하고, 그렇게 하여 확정된 정당의 정책 목표를 달성하기 위해 당원은 일치단결하여 의회라는 장에서 총재의 통제에 따라 행동한다. 그처럼 지(知)를 발신하고 실천하기 위한 시도로서 그의 정우회 구상은 평가받아야 할 것이다.

1 정우회의 차질

야마가타 아리토모의 의도

이토는 입헌정치의 정신인 타협과 조화의 역군이 되어 줄 것을 기대하면서 정우회를 창설하였다. 그에게 입헌정치란 국민의 정치적(정책적) 관심을 높여 그들의 정치 참여를 촉진하고 국가의 정치적 통합력을 강화하여 국력을 키우는 행위였다. 그를 위해서는 기존 정당을 지배하고 있던 경쟁과 투쟁이라는 행동 원리가 아니라 타협과 양보야말로 정당 활동의 새로운 지침이 되어야 했다.

그것을 단적으로 보여 주는 일화가 있다. 1899년(메이지 31) 초엽 제3차 이토 내각이 막 성립했을 무렵의 일이다. 도쿠토미 소호가 그 무렵 처음으로 이토와 만났다. 도쿠토미는 그 만남에서 다음과 같은 대화를 주고받았다고 증언하고 있다.

이토는 나를 보자마자 "도쿠토미 자네는 천황에게 충성을 다하는 근황(勤皇)에 대해서는 이의가 없는가?"라고 물었기 때문에 "일본 국민이라면 누구라도 근황에 이의가 있을 리가 없습니다."라고 대답하자 "그렇다면 됐어, 자네도 우리 당 당원이네."라고 하고서는 세상 돌아가는 이야기를 하였다.

도쿠토미 소호, 『소옹(蘇翁)의 꿈 이야기』

당시 이미 새로운 정당의 결성을 염두에 두고 있던 이토가 그 동기를 투쟁이 아니라 유화(宥和) 쪽에 두고 있었음을 새삼 알게 해 주는 대목이다. (천황을 위해 충의를 다한다는) 근황의 기치 아래, 곧 일본 국민이라는 명목하에 대립을 뛰어넘어 국민적 조화를 실현하는 것이 그의 정치적 신조였다.

이토는 정우회가 발족하고 나서 초기부터 그 신조를 당원에게 호소하였다. 정우회는 당파심을 억제하고 정쟁을 자제하자고 요구하는 이토의 훈계와 함께 출범하였던 셈이다. 그렇지만 [정우회가] 나아가는 길은 발족 당시부터 혼미를 거듭하였다.

우선 발단은 당시 총리였던 야마가타 아리토모가 정우회로 정권을 이양하겠다고 제안한 사건이었다. 1900년(메이지 33) 8월 25일에 이토가 정우회의 선언과 강령을 발표하고 나서 얼마 지나지 않아 그의 처소를 방문한 야마가타는 북청사변(의화단사건)[1]이 일단락된 시점에서 총리 직을 사임하겠다는 의사를 통고하였다. 그리고 이토에 게 그를 대신하여 내각을 조각해 달라고 종용하였다. 야 마가타의 진의는 사실 정우회를 무너뜨리려는 것이었 다. 정당의 기반이나 운영이 미처 확립되지 않은 시점에 서 정우회에 정권을 맡겨 당을 와해하려는 그 나름의 심 모원려(深謀遠慮)의 계책이었다.

이토는 야마가타의 요청을 일단은 거부하였다. 단지 야마가타의 의도를 꿰뚫어 보았기 때문만은 아니었다. 앞 장에서 상세하게 논했듯이 처음부터 이토에게 정당 내각은 부차적 문제였다. 『이토 전』에 따르면 야마가타 에게서 그러한 제안을 받았을 적에 이토는 "이미 각하께 서도 이해하고 계시듯이, 진정으로 국가를 위해 충성을 다하도록 국토를 규합하고 한편으로 그로써 기성정당의 폐단을 시정하고 다른 한편으로 정부를 돕는 것에 정당 조직의 참뜻이 있다면 재야에 있어야만 비로소 그 목적 을 달성하고 입헌정치를 훌륭하게 완성할 수 있을 것입

---

1) 1900년 초 외세에 대한 중국인의 반감이 외세 배척 내지 반기독교 운동으로 전개 되면서 화베이 지방에서 일어난 난. 1900년 6월, 베이징에서 교회를 습격하고 외국인 을 박해하는 따위의 소동을 일으킨 의화단을 청나라 정부가 지지하고 나서면서 대외 선전포고를 하였기 때문에, 이윽고 미국과 일본을 포함한 8개국 연합군이 베이징을 진 압, 점령했다.

니다."라고 대답했다고 하는데(『이토 전』하권) 이러한 말을 어디까지나 자신의 능력을 드러내지 않으려는 도회(韜晦)라고만 규정할 수는 없을 것이다.

어쨌든 이토는 권력을 잡기 위한 투쟁을 정당의 본령으로 인정할 수 없었다. 그것은 정당을 창당하는 일에 임해서 그가 품은 이상이기는 했지만 정당이란 아무래도 정권을 획득하기 위해서 맹렬히 투쟁을 벌이는 곳이다. 이런 관점에서 그의 심복인 이토 미요지가 지적하듯이 "이토 후작의 계획은 단지 탁상공론"(『이토(伊東) 일기』①)으로 폄하되는 측면이 있다는 점은 부정할 수 없는 사실이다. 그가 직접 기초한 정우회 규약 및 강령 초안 등 창당 취지를 공표하는 문서를 야마카타 아리토모, 호시 도루, 이토 미요지, 하라 다카시 같은 정계 요인들에게 적극적으로 보여 줌으로써 자신의 이념을 퍼뜨리려고 노력한 이토였지만 그의 휘하에 모여든 '정우(政友)'들은 결국 동상이몽을 하고 있었다. 그들은 천하의 권력을 잡기 위해서 급히 모여들었던 것이다.

9월 26일 야마가타 내각이 총사직하였다. 29일 천황은 이토를 불러서 내각을 조각하라고 명하였다. 그러나 이토는 "내각을 조각하라는 어명이 있었지만 야마가타

내각이 사직할 필요가 없다는 점과 정우회 조직이 미비한 점과, 또한 외교 관련 사정상 현재 당국자가 경질되어서는 안 된다는 점 등의 사정"을 들어서 고사했다고 한다.(『하라 일기』①) 이에 대하여 당시 이토 미요지를 대신하여 창당 실무를 맡았던 하라 다카시는 이노우에 가오루와 의논하여 천황의 어명을 받아들이도록 이토를 설득하는 일에 나서고 있었다.(위의 책)

내각 인사의 난맥상

10월 7일 거듭 천황의 부름을 받고 궁궐을 방문한 이토는 다시금 내각을 조각하라는 명을 받았다. 더 이상 고사하는 것은 허용되지 않았고 이토는 네 번째로 총리직에 취임하게 되었다.(위의 책) 그런데 각료 인사가 문제가 되었다. 앞 장에서 논했듯이 이토는 결코 정당내각을 지향하지 않았고, 정당이란 대신이 될 만한 후보감을 모아 두는 중요한 원천이기는 하지만 그중 한 곳에 불과하다고 인식하고 있었다. 알맞은 인재라는 인사 원칙에 부합하기만 하면 정당 안팎에서 널리 인재를 구하는 것이 재상 된 자의 책무라는 것이다.

그러나 그러한 인사 방침은 일찍부터 난관에 부딪혔다. 이토는 애초에 재무 장관 격인 대장상(大藏相)에 내각 바깥에 있는 이노우에 가오루를 기용할 생각이었다. 이에 이토의 수하로 정우회 창립에 온 힘을 쏟아 왔다고 자부하던 와타나베 구니타케가 정면으로 반기를 들었다. 와타나베는 대장상 자리는 자신의 것이라고 굳게 믿고 있었다.[2] 그러한 기대가 어긋나자 그는 10월 9일과 10일 이틀에 걸쳐 도하(都下) 신문에 이토와 정우회를 비판하는 기사를 싣도록 하였다.

이와 같이 싸움을 걸어오는 와타나베에 대하여, 정우회 발족 초기에 유력 멤버가 탈퇴해 버리는 불상사가 일어날까 봐 두려워한 이토는 강경한 조치를 취하는 대신 간곡한 회유에 나섰고, 그 결과 와타나베도 비판을 멈추고 이토에게 사과하였다. 그렇지만 이러한 소동은 이토의 인사 철학을 측근조차 절대 받아들이지 않았다는 사실을 여실히 보여 준다. 뒤이어서 이토는 사이온지 긴모치를 통해 하라 다카시에게도 제4차 내각에 들어오라는

---

2) 와타나베 구니타케는 이미 1888년에 재무 차관을 역임하였고, 제2차 이토 내각에서 임명이 유력시되던 전 총리 마쓰카타 마사요시를 물리치고서 재무 장관에 기용되었다.

결정을 보류한다고 통보하였다. 그 소식을 전해 들은 하라 다카시는 내각 조각을 위해서도 자신이 꼭 필요하니 그 때문에라도 반드시 정우회에 입당해 달라고 권유하였던 이토가 그런 식으로 자신을 대하는 것은 "천만뜻밖의 일"이라고 하면서 다음과 같이 일기에 이토에 대한 비판을 남기고 있다.

추측건대 이토는 의지가 박약하여 마침내 구 자유당의 네 총무 위원을 입각시키지 않을 수 없게 되었고, 또한 마쓰카타 마사요시의 의뢰를 받아들여 가토 다카아키를 외무에 임명하고, 와타나베 구니타케의 협박을 겁내어 당사자를 재무에 임명하는 조치를 내정했기 때문에 나와 했던 이전의 약속을 저버리기에 이르렀다.

위의 책

하라 다카시는 이토에 대하여 그가 누구에게나 잘 보이려는 위선자가 되어 결국 강력한 지도력을 발휘하지 못했다고 비난하였다. 그러나 그 점은 당사자인 이토도 고민하던 문제였다. 같은 달 13일에 이토는 이노우에 가오루에게 다음과 같은 편지를 보냈다.

정우회의 속사정은 이와 같이 울래야 울 수도 없는 형편입니다. 홀로 끝없이 한숨짓는 것은 저들 중 어느 한 사람도 국가의 안위나 득실을 살펴서 나서는 것이 아니고 어느 경우나 할 것 없이 일신상의 이유에서 명예라든가 오욕이라든가 하는 식의 제멋대로 명칭으로써 각자 좋은 자리를 얻고자 내심 희망하면서, 겉으로는 근거도 없는 이유를 고의로 지어내는 것에 불과합니다. 그리하여 어느 한 사람도 우국의 진심에서 국정을 기획하고 운영하는 방법 등을 마음속으로 생각하는 경우를 보지 못했고, 오로지 타인에게 의존하여 영달과 이록(利祿)을 탐하고자 할 뿐입니다. 이와 같은 무리를 상대로 국가 비상 시기에 중책을 맡고자 하는 나의 어리석고 고지식한 충성심은 하늘의 동정을 바랄 수밖에 없다고 끝없이 비분강개하고 있습니다.

『이토 전』하권,『세외전(世外傳)』④

　　내각 인사 방침을 미리부터 철저히 모두에게 주지시켰다고 생각했는데 막상 뚜껑을 열어 보니 정우회 당원들의 엽관하려는 욕구를 통제하기가 어려웠다는 내용이다. 위의 편지는 그와 같은 자신의 궁한 처지를 하소연하면서 한편으로 이노우에 가오루에게 다시 한 번 대장상에 취임해 달라고 요구하는 것인데 이러한 읍소 작전은 성공하지 못하였다. 다음 날 이노우에 가오루는 다음과 같이 답장을 보내면서 이토의 요청을 거절하였다.

참으로 이 국난의 시기에 즈음하여 늙은 후작[3]께만 책임을 지우려는 것이 실로 나쁜 벗이라고 생각하실지도 모르겠습니다. 또한 내각을 조직하는 이상 앞서 말씀드린 사정에서 결국 타고난 짧은 생각 탓에, 요컨대 재작년 이토 미요지와의 [사이에서] 충돌이 일어난 것과 같은 사태가 발생하는 경우에는 우선 [귀하께서] 고심하게 되실 뿐 아니라 국가가 위난에 직면할 것이므로 국가를 위해서라도 그렇게 되어서는 안 되니 재삼 숙고하였지만 이번만큼은 소생은 이러한 중책을 맡을 수 없습니다. 아무쪼록 허락해 주셔서 소생의 결연한 사퇴를 가련하게 여겨 주시기를 바랄 뿐입니다.

『이토 전』하권

이노우에 가오루의 뇌리에는 두 해 전 제3차 이토 내각

---

3) 이토를 가리킨다.

시절의 참상이 스쳐 갔던 것이다. 그 당시 자유당과 제휴한다는 보증으로써 이타가키 다이스케가 입각할 것이라는 소문이 나돌았는데, 이를 추진하는 이토 미요지 농상무상(農商務相)과 반대하는 이노우에 가오루 대장상 사이에서 고민하던 이토는 고심 끝에 이타가키 다이스케의 입각을 거부하였고, 이를 본 이토 미요지는 사임하고 만다. 정우회 내에서의 혼란상을 관찰하면서 이노우에 가오루는 지금 이 상태로 대신직을 수락하면 다음에는 자신이 이토 미요지가 당했던 곤경을 겪으면서 이토와의 사이에 화근을 남길지도 모른다고 판단하고 아예 제의를 고사하였다. 결국 대장상 자리에는 와타나베 구니타케가 취임하게 되었다.

내각 불일치로 일곱 달 만에 퇴진

제4차 이토 내각은 10월 19일 출범하였다. 외무대신 가토 다카아키, 육군대신 가쓰라 다로, 해군대신 야마모토 곤베를 제외하고 그 밖의 대신은 모두 정우회 출신이라는 포진으로 문자 그대로 정우회 일당 단독의 정당내각이라고 해도 과언이 아닐 정도였다. 그렇지만 총리 이토의 휘하에 하나로 단결되었다고 보기는 어려웠던 내부 사정은 지금까지의 논의로 미루어 짐작할 수 있다. 무엇보다 와타나베 구니타케가 대장상으로 입각하는 것에 대해서는 총무 위원 전원이 반대 의사를 표명하였는데, 이는 앞서 인용한 하라의 일기에서도 언급되었듯이 총리 이토의 지도력에 암운을 드리우는 일이었다.

어쨌든 이토 내각은 출범하였고, 12월 25일 개원한 제15회 제국 의회에 임하였다. 이 시기 의회 최대 현안은 북청사변 파병 비용을 위한 증세 법안이었다. 당시 중의원에서는 정우회가 과반수를 점하고 있기 때문에 법안이 무난히 통과되었지만 상원인 귀족원에서는 부결되었다. 야마가타 아리토모는 "사태가 이 지경에 이른 것은 정부가 매사에 귀족원을 매우 냉담하게 대했기 때문이라고 생각합니다."(1901년 3월 1일 마쓰카타 마사요시에게 보내는 편지, 『마쓰카타 문서』⑨)라고 귀족원에 동정적 입장을 취하고 있다. 정우회 내각은 국민 정치의 원리에 입각하여 중의원을 기반으로 탄생하였다. 그러나 애당초 메이지 헌법 하에서 중의원은 여러 국가기관의 하나에 불과하였고, 이들 여러 기관이 권력을 나누어 가지는 체제가 그 헌법의 특징이었다. 중의원을 기반으로 정치적 통합이 이루어지기 위해서는 국민 정치의 실천이 더욱더 축적될 필요가 있었으니, 이 단계에서는 총리 이토가 헌법이 규정한 통치권의 총괄자인 천황에게 의존할 수밖에 없었다. 3월 12일 귀족원에 증세 법안을 가결하라고 명하는 조칙이 내려졌고, 천황의 명으로 정부 법안은 가까스로 통과되었다.

이토의 정책은 채택되었지만 정우회 내부는 여전히 혼란스러웠다. 귀족원에서 정부안이 부결된 직후 정우회 총무 위원이었던 쓰즈키 게로쿠도 반대 의견을 표명하였으므로 당내에서는 그를 제명하자는 여론이 비등하였다.(『세외전』④) 이윽고 증세 법안이 가결되고 난 이후에는 다시금 와타나베 대장상을 둘러싼 분쟁이 재연되었다. 4월 15일 내각회의에서 와타나베가 공채 지불을 전제로 한 관영사업을 중단하라고 주장하였는데, 스에마쓰 겐초, 가네코 겐타로, 마쓰다 마사히사, 하야시 유조, 하라 다카시 등 정우회 출신인 다섯 대신들이 이에 반대하면서 격렬한 대립이 발생하였다. 이러한 내각 안에서의 불화를 계기로 5월 2일 총리 이토가 사표를 제출하면서 제4차 이토 내각은 막을 내렸다.

이토의 정우회 내각은 이렇듯 만족스러운 결과를 얻지 못하고서 끝나고 말았다. 사임 직후인 5월 20일에 이토는 야마가타와 사담을 나누면서 "(메이지)유신 이래 인민의 지위가 향상되어 왔다면 그 결과로 인민의 의견을 듣지 않을 수 없고, 인민의 의견을 들으려면 당파가 생겨나는 것은 부득이하다 하겠으니 정당을 무시하는 일은 있을 수 없다."(『하라 일기』 ①)라고 자신의 정치철학을 다시 한 번 개진하고 있다. 제4차 이토 내각의 실패는 인민의 목소리를 집약하여 조화시켜 하나로 만드는 일이 얼마나 어려운 것인가를 잘 보여 주고 있다. 이 당시의 이토는 최측근들의 의견을 규합하는 일조차 성공하지 못했던 것이다.

일영(日英)동맹 체결에 실망하다

총리 권좌에서 물러난 뒤에도 이토의 정당 운영은 혼미를 거듭하였다. 이토의 뒤를 이어 가쓰라 다로를 수반으로 하는 내각이 들어섰다. 그때까지 원로급 인물이 주로 맡았던 총리 권좌에 차세대에 해당하는 가쓰라가 앉게 되었던 것이다. 각료들이 야마가타 파벌을 중심으로 한 비정당계로 구성되어 세상에서는 "작은 야마가타 내각"이라고 야유했다.

다시금 초연내각[4]이 등장한 것에 대하여 정우회 간부들은 당연히 당내 사정이 안정되면 정치 공세를 가할 심산이었다. 그런데 이토가 그것을 만류하였다. 9월에 미국 예일 대학에서 법학 명예박사 학위를 수여받는 식전에 참가하기 위해 이토는 미국을 방문하였다. 그러나 이 시기 외유를 했던 진짜 목적은 정부가 추진하던 일영동맹을 견제하면서 러일협약과 관련해 러시아 측과 교섭하고자 하는 것이었다. 그러나 이토가 그런 행위를 통해서 총리 가쓰라 쪽을 뒤흔들어 그들이 추진하는 (일영동맹) 정책을 방해하려 했던 것은 아니다. 이토는 자신의 행위와 러시아와의 교섭 과정에 대해 일본 정부와 긴밀히 연락을 취하고 있었다. 오히려 가쓰라 쪽이 이토를 따돌리고 선수를 쳐서, 이토가 러시아 측 람스도르프 외상과 협의를 진행 중이던 1901년(메이지 34) 12월에 일영동맹 체결

---

4) 메이지·다이쇼 시기에 독자적으로 일을 하는 초연주의를 바탕으로 특정 정당의 지지를 받지 않고 조직되어 의회의 제약을 받지 않고 정치했던 번벌·관료내각을 가리킨다. 메이지 헌법 반포 당시의 총리 구로다 기요타카가 정부의 독자성을 강조하여 제창한 데에서 유래하였다.

방침을 확정 지었다.

이토가 내심 몹시 실망했으리라는 것은 상상하기 어렵지 않다. 그렇지만 그는 일단 결정된 정부 방침은 지지하자는 주의였다. 때마침 일본 국내에서는 북청사변 승리로 청나라 정부에서 받은 전쟁배상금을 쓰는 문제를 놓고 내각과 정우회 사이에 긴장 관계가 고조되었다. 11월 29일 러시아를 방문하고 있던 이토는 이노우에 가오루를 수신인으로 해서 "국제적으로 경쟁을 해 나가려면 공고하게 영속해야 할 정부가 필요하므로, 국가적인 중대 사유 없이 내각에 반대하는 것에는 저는 동의할 수 없습니다."라는 정우회 당원에게 보내는 전언을 전신으로 보냈다.

하라 다카시는 이노우에 가오루에게서 이 전보 내용을 은밀하게 전달받고 "단순히 현 내각을 공고히 하고 또한 영속하지 않을 수 없다고 한다면 우리가 정당에 가입하여 정치 발전을 꾀하고 국가에 공헌하고자 하는 것은 무익한 일이 되며, 만일 과연 (이토) 각하의 이해에 부합하고자 한다면 만사를 포기하고 정부에 맹종하는 도리밖에 없을 것입니다."(『하라 일기』①)라고 반발하고 있다. 정부와 대결하는 행위를 일체 봉쇄하려는 듯한 이토의 지시는 하라의 입장에서 보기에 도대체 정치가 무엇인지 알지도 못하면서 억지를 부리는 어리석은 술책으로 보였다.

하라 같은 당인들이 이토의 지도력에 품은 불만은 1903년(메이지 36) 5월 21일과 23일에 열린 정우회 의원총회에서 극에 달한다. 그때까지 정부가 제시하는 해군 확장과 지조(地租)의 추가 징수에 반대하여 정부를 궁지에 몰아넣었던 정우회의 입장과는 반대로, 총재 이토는 가쓰라 총리와 타협점을 모색하였다. 그러한 방침이 총회에서 명백히 드러나자 당내에서는 당의 운영에 대한 불만이 봇물 터지듯 쏟아져 나왔고, 이토가 독단적으로 판단하여 타협한 것을 공공연히 비판하면서 정우회를 탈회하는 오자키 유키오 같은 사람까지 등장하였다.

6월 13일에 하라와 회담했던 이토는 정부를 대하는 자신의 태도에 대해 질문을 받자 "시시비비를 가려서 할 뿐이지 미리 반대라고 못 박아 두는 것은 좋은 계책이 아니다."라고 답하고서 "정권을 잡는 일에 급급해서는 안 된다고 주장"하였다. 여전히 변함없는 이토의 미온적 자세에 하라는 부아가 치밀어서 "각하 같은 분은 오늘날까지 많은 대업을 성공시키셨으니 별달리 바라는 바가 없겠지만 우리 같은 이들은 그렇지 못합니다. 또한 각하도 점점 노년에 접어드시니 서둘러 후계자를 만들지 않으면 훗날 당이 사분오열되는 결과가 벌어질 것입니다."(『하라 일기』②)라고 촉구하였다. 하라가 말한 대로 이윽고 당원들 사이에서는 이토의 지도력을 신뢰할 수 없다고 여기고 정우회에 가망이 없다면서 탈당하는 이들이 줄을 잇게 되었다.

추밀원 의장에 취임하다

7월 13일 이토는 정우회 총재직을 사임하기로 결심하고 추밀원 의장에 취임하였다. 그 배후에는 이토를 정당에서 배제하고 추밀원에 애써 밀어 넣으려는 야마가타와 가쓰라의 책동이 도사리고 있었다. 당 운영이 막다른 골목에 몰려 빠져나올 수 없는 지경이 되자 이토가 "야마가타와 가쓰라가 열어 놓은 퇴로를 좇아서 그의 유일한 안식처라 할 천황의 곁으로 되돌아갔다."라고 평가받는 이유이기도 하다.(미타니 다이치로,『일본 정당정치의 형성』)

이상에서 보았듯이 이토에게 정우회 초대 총재와 제4차 내각 수반의 경험은 쓰라린 것이었다. 입헌 국가와 국민 정치라는 고매한 이상을 가슴에 품었던 이토는 현실의 정국 한가운데에서 쓰라린 좌절을 맛보아야만 했다. 지금까지는 이러한 점을 중시하여 이 시기를 기점으로 이토가 정치적으로 몰락해 갔다고 간주해 왔다. 그렇지만 이와 같이 정국 중심의 시각에서 바라보면 이 무렵 이토의 진가를 제대로 평가할 수 없다고 생각한다. 이 시기에 이토를 추동한 것은 훨씬 장기적이고도 근원적인 국가 운영 구상이었으며, 그러한 점을 염두에 두지 않으면 한 정치가를 역사적으로 심판하는 데 공정성을 결여하게 된다고 판단하기 때문이다.

실제로 최근 몇몇 연구는 그와 같은 관점에서 정우회 및 제4차 내각에서 보여 준 이토의 정치 지도력을 평가하는 데까지 이르고 있다. 이토 유키오는 이 시기에 이토가 행정 및 재정 정책을 일관되게 추구했다는 점 이외에, 야마가타가 제정한 개정 문관(文官) 임용령[5]과 문관 분한령[6]에 근거해 정당원의 공직 취임을 제한하는 것을 고쳐 총리에 의한 정치 임용직 부활을 꾀하는 등 내정을 개혁하려고 했던 점을 부각하고 있다. 시미즈 유이치로 역시

---

5) 메이지 헌법하에서의 일반 문관 임용 자격에 관한 칙령으로 1893년(메이지 26)에 제정되었다. 고등문관시험 합격자 등 일정한 자격을 갖춘 자로 임용을 한정한 내용으로 처음에는 주임관 이하를 대상으로 했으나 1899년 개정으로 칙임관에도 적용되었다.
6) 문관의 신분 및 직무 보장에 관한 규정으로 1899년(메이지 32) 칙령으로 공포되었다.

이토 유키오의 연구와 동일한 방향에서 이토가 각 성의 관방장(官房長)[7]에 정우회 출신 인사를 임명하는 등 정당을 축으로 한 통합적 통치 구조를 구상하였다는 사실을 명백히 밝히고 있다.

이렇듯 입헌정우회 창설은 이토가 품었던 국가 구상의 한 부분으로 간주되기에 이르고 있다. 그에게 정우회란 국가 통치 구조 자체를 개혁하고자 하는 국제 개혁의 시도였다. 그러한 개혁의 장은 정우회로만 되는 것은 아니었다. 1900년(메이지 33)을 전후하여 그는 발본적인 국가 제도 개혁에 착수하고 있다. 그것은 그가 애당초 만들었던 메이지 헌법 체제를 총 점검하고 수정하는 일을 목표로 삼았다. 그러한 작업이 막바지에 이르러서야 비로소 자신이 바라는 메이지의 국가형태, 곧 메이지 국제가 가동할 수 있다고 보았다. 정우회를 창설한 것도 그러한 원대한 구상의 일환이었다고 말할 수 있다.

그와 같은 개혁의 전모는 1907년(메이지 40)에 분명히 드러났다. 이와 같은 이토의 개혁을 이 책에서는 '1907년 헌법 개혁'으로 부르고자 한다.

---

7) 주로 각 성의 대신 관방(大臣官房)의 우두머리로 관방 사무를 맡아서 처리하고 부하 직원을 지휘·감독한다.

2 정우회에서 제실제도조사국으로

─ 헌법 개혁에 착수하다

황실 제도의 확립

1900년(메이지 33) 9월, 이토는 입헌정우회 초대 총재에 취임하였다. 이에 앞서 그는 또 다른 조직의 총재 자리에도 취임한다. 그곳은 1899년 8월에 궁중에 설치된 제실제도조사국(帝室制度調査局)이었다. 이토는 이 기구에서도 초대 총재 자리에 앉게 되었다.

이 조사국은 황실 제도를 개선하기 위한 조사·심의기관으로 설립되었다. 이 기구에서도 이토의 의도가 강하게 작용하였다. 1899년 2월 그는 황실에 관한 10개조 의견서를 천황에게 제출하였다. 그 의견서에서 이토는 현행 황실 제도의 미비점을 지적하고 보완할 것을 건의하였다. 그 주된 항목은 황실 및 황족의 관혼상제, 황족의 신적(臣籍) 강하,[8] 황실 경제의 개혁 및 황태자의 보도(輔導) 등에 관한 내용이다.(『이토 전』 하권) 그 후에 이토가 재

---

8) 메이지 헌법하에서 황족의 신분을 잃고 신민(臣民)의 신분인 신적으로 내려가는 것을 말한다. 공신에게 성을 주는 사성(賜姓)이나 타가 상속(他家相續), 권리 박탈, 혼가(婚家), 혼인 해소 등에 의한 경우로 한정한다.

차 황실 제도 완비를 목적으로 하는 조사 기관 설치를 천황에게 건의하였고, 1899년 8월 24일 궁중에 제실제도조사국이 설치되었다.

9월 11일 이토는 조사국 부총재 히지카타 히사모토와 조사국 담당 실무 역들(호소카와 준지로, 다카사키 마사카제, 이토 미요지, 우메 겐지로, 호즈미 야쓰카, 하나부사 나오사부로, 다다 고몬, 산노미야 요시타네, 히로하시 마사미쓰)을 모아 놓고 제실제도조사국 설립 취지에 대해서 일장 연설을 하였다. 그 연설에서 이토는 당시 황실은 법적으로는 확연하게 정부와 분리되지만 "실제로 이러한 구별은 여전히 아직 분명하지 않은 감이 있다."(『이토 전』하권)라고 하면서 황실 및 황족의 법적 지위를 확정 짓는 것을 과제로 제기하고 있다. 그러고 나서 천황에게서 하명 받은 12개조 조사 항목을 공포하였다. 그것들은 다음과 같다. ① 황실 및 황족[9]의 혼례 및 장례와 제사, 그 밖에 조정 의식에 관한 사항, ② 황족 대우에 관한 사항, ③ 황족 및 훈신의 상여(賞與)에 관한 사항, ④ 작위를 하사하고 올려 주는 일에 관한 사항, ⑤ 청원 규정에 관한 사항, ⑥ 황족령(皇族令)에 관한 사

---

9) 천황의 일족으로 천황을 제외한 황제의 혈통인 남자 및 그 배우자와 황제의 혈통인 여자를 말한다. 황후, 태황태후, 황태후, 친왕(황태자와 황태손 포함), 친왕비, 내친왕, 왕, 왕비, 여왕의 총칭이다.

항, ⑦ 황족 신교(信敎)에 관한 사항, ⑧ 황족 재산 조세 부담에 관한 사항, ⑨ 황족 재산 민사소송에 관한 사항, ⑩ 화족령(華族令)[10]에 관한 사항, ⑪ 위계 제도에 관한 사항, ⑫ 그 밖의 황실 제도에 관해 임시로 자문받는 사항 등이다.(『이토 전』하권)

이들 가운데 여러 항목은 그 전해에 이토가 건의했던 의견서의 내용과 겹친다. 제실제도조사국이 이토의 의향을 받아들여 설치되었다는 것은 이 사실에서도 짐작할 수 있다. 1884년(메이지 17) 3월 이토는 메이지 헌법 제정에 앞서 예상대로 궁중에 제도취조국(制度取調局)을 설치하고 국가 제도 전반을 조사하는 활동에 착수하였다. 헌법은 황실 전범[11] 및 그 밖의 헌법 부속법(중의원 의원 선거법, 의원법, 회계법, 귀족원령)과 함께 발포되었는데, 이때에 성립된 것은 국가의 정무법(政務法)에 불과하였다. 그와 병행된 궁무법(宮務法)의 체계에 대해서는 그 대강에 해당하는 황실 전범은 제정되었지만 "황실 사무를 크게 주장하

10) 화족은 1869년(메이지 2)에 황족 아래, 사족 위에 설치된 족칭이다. 처음에는 옛 구교(公卿), 다이묘 가계의 신분 호칭에 지나지 않았지만, 1884년 화족령이 선포되면서 메이지유신의 공신과 나중에는 실업가에게도 적용되어 공·후·백·자·남의 작위를 수여받아 특권을 동반한 사회적 신분이 되었다.
11) 황실 계승, 황족, 섭정, 황실 회의 등 황실과 관련된 사항을 규정하는 법률로 1889년(메이지 22)에 제정된 옛 법은 대일본제국 헌법과 나란히 일본 성문헌법의 성질을 지니고 있었다.

는 것은 점차 행하기로 한다.”라는 방침에 따라(『메이지 천황기(紀)』⑥) 당초부터 훗날의 과제로 미루어 버렸다. 바꾸어 말해 헌법과 황실 전범을 각각 정점으로 하는 정무법과 궁무법의 이원적 국법 질서(전헌 체제(典憲體制))로서 성격을 부여할 수 있는 메이지 국가 체제는 아직 몸통만 완성된 조각상에 머물러 있었다.

헌법 제정자로 자타가 공인하던 이토에게 황실 제도를 확립하는 것은 헌법 제정 시에 채 마무리하지 못한 과제와 맞닥뜨린, 전헌 체제를 완성하기 위해 불가피한 일이었다. 메이지 헌법을 발포하고 나서 십 년째 되는 해에 이토는 다시 궁중에 조사국을 설치하고 그 과제에 착수했던 셈이다.

그렇지만 제실제도조사국(이하에서는 ‘조사국’이라 부르기로 한다.)이 성립된 이듬해 9월에 입헌정우회가 창립되면서 이토는 조사국 총재 자리에서 물러난다. 정당의 당수 자리에 있는 이가 궁중에서 일을 맡는다는 사실을 꺼렸기 때문이다. 부총재였던 히지카타 히사모토가 후임 총재가 되었지만 조사국 활동은 도중에 기세가 꺾이고 말았다. 그러한 침체가 타개되고 다시금 조사국이 활성화된 것은 1903년(메이지 36) 7월 이토가 정우회 총재직을 사임하고 나서였다. 이때 이토는 조사국 총재로 복귀하고 부총재 자리에는 이토 미요지를 앉혔다. 이후 러일전쟁이 벌어지는 동안에도 조사국은 착실히 황실 제도를 조사하고 입안을 하였고, 그 성과가 1907년을 기점으로 점차 나타난다. 그해 2월 법령을 공포하는 형식과 관련해 당시까지 규정이던 공문식(公文式)이 폐지되고 새로운 공식령(公式令)[12]이 제정되었고, 이에 따라 황실 전범을 증보한 뒤에 공포했을 뿐 아니라 황실 사무를 규정하는 황실령(皇室令)이라는 법령 형식이 확립되었다.

조사국은 증보 황실 전범이 공포된 2월 11일을 기점으로 폐지되었는데, 이후 황실 회의령(1907년), 등극령(登極令), 섭정령(攝政令), 입저령(立儲令)[13](이상은 1909년), 황족 신위령(身位令), 황실 친족령, 황실 재산령(이상은 1910년), 황실 회계령(1912년) 등 황실 관련 기본법이 황실령으로 속속 제정, 공포되었다. 말하자면 이 1907년이라는 해에 "제국 헌법을 최고법규로 하는 '정무법' 계통과 황실 전범을 최고법규로 하는 '궁무법' 계통이라는 이원적 헌법 질서가 출현했던"(오이시 마코토, 『일본 헌법사(제2판)』) 것이다.

---

12) 헌법 개정, 황실령, 칙서, 법률, 칙령, 국제조약, 예산, 그 밖에 관료 임명 등의 방식을 정한 칙령으로 1907년(메이지 40)에 공포되었다.
13) 공식적으로 황태자를 정하는 법령을 가리킨다.

이상에서 보듯이 1907년은 메이지의 전헌 체제가 그 외관을 확립했다는 의미에서 법제사상 매우 획기적인 해였다. 오이시 마코토는 헌법 개정이 이루어지지 않았으면서도 "통상 의회 제정법인 헌법 부속법의 개폐를 통해 헌법 질서를 달라지게 했던" 일이었다는 뜻에서 "헌법 개혁"이라는 용어까지 사용하였다.(오이시 마코토,『헌법 질서에 대한 전망』)[1]* 조사국은 진정 그와 같은 헌법 개혁을 시도했던 일로서 평가할 수 있다.

국법 체계의 완성과 문제

지금까지도 조사국 활동에 대해서는 헌법사, 법제사뿐만 아니라 정치사, 특히 천황제 연구와 군사사(軍事史) 같은 관점에서 고찰이 이루어져 왔다. 우선 헌법사와 법제사의 관점에서 이루어진 연구가 있다.(가와타 게이치,『근대 일본의 국가 형성과 황실 재산』) 이 연구에서는 앞서 언급했듯이 전헌 체제의 완성이라는 관점에서 중요한 업적이 발표되고 있다. 곧 증보된 황실 전범을 공포하기 위한 사전 작업으로 황실 제도의 정비가 순조롭게 진척되고, 한편으로 공식령이 제정되어 조서와 칙서의 성립 요건, 헌법과 황실 전범의 개정 수속, 황실령과 법률을 비롯한 법령을 공표하고 발효하는 절차가 정해지고, 통일된 국법 질서가 확립되었다는 점을 강조하고 있다. 그리고 이러한 과정을 통해 국가 제도상 일대 전환이 이루어졌다고 지적하고 있다. 곧 황실 전범이 국민을 대상으로 공포되지 않았다는 사실로도 상징되듯이 "황실 내부의 일은 국가와 전혀 관계없는 일로 하는" 것이 그 당시까지의 방침이었는데, 이제는 그러한 궁중과 부중(府中)[14]의 구별이 완전히 바뀌어서 황실을 하나의 국가기관으로 위치시키는 것이 국가 제도상 원칙이 되었다. 1907년(메이지 40) 전헌 체제의 완성이란 수렴 아래 감춰져 있던 궁중을 부중과 나란히 통치 기구로 법제상 공정(公定)한다는 의의까지도 지녔다.

이렇듯 국법 체계를 정비하고 완성한 측면이 강조되었던 한편으로 그와 같은 국가 제도의 내실이 당연히 문제로 등장하고 있다. 이 점에 대해서는 옛날부터 정치사 분야에서 연구 성과가 축적되어 왔다. 그것은 군부의 제도적 독립이라는 관점에서 이루어졌다.

---

14) 정치하는 공적 장소로 정부를 가리킨다.

요컨대 조사국이 입안하여 제정된 공식령이란 모든 칙령과 법령에 내각총리대신의 서명을 요구함으로써 총리의 권한을 크게 강화하는 것이었다. 그런데 이에 불안을 느낀 야마가타 아리토모 등이 획책하는 바람에 최종적으로는 기존 유악상주(帷幄上奏)[15]의 관행을 추인했던 군령(軍令) 제1호('군령에 관한 건')가 제정되었고, 이로 말미암아 쇼와 시기 군국주의의 제도적 기반이 되는 군부가 정부로부터 독립된 형태로 성립하게 되었다는 평가를 받는 것이다.(연구사 및 현재까지의 도달점에 대해서는 이토 다카오의 『다이쇼 민주주의 시기의 법과 사회』 참조) 이러한 점을 감안한다면 1907년 헌법 개혁은 전헌 이원 체제뿐만 아니라 거기에 군부까지 더한 삼원 체제를 도출해 냈다고 보아야 할 것이다.

어쨌든 조사국이 이름에서 연상되는 바와는 달리 단순히 황실 제도를 수정하는 일만 했던 것은 아니라는 점만은 확실하다. 조사국의 작업은 더 나아가 내각 제도를 개혁하고 국법 질서를 체계적으로 통일한다는 메이지 입헌제 자체에 대한 개선에 초점이 맞추어져 있었다. 한편에

---

15) 메이지 헌법에 명시되어 있던 내용으로, 일반 국무 외에 군을 지휘하고 통솔하는 일에 대해 통수 기관인 육군 참모총장과 해군 군령 부총장은 각의를 거치지 않고 직접 천황에게 아뢸 수 있도록 규정한 것이다.

서 조사국의 활동은 야마가타 등의 반발을 불러일으켰고, 군부의 독립이라는 의도치 않았던 결과를 초래했다. 과연 이러한 개혁은 메이지 입헌 체제의 완성이었던가 아니면 붕괴의 서곡이었던? 그에 대한 평가를 내리기 전에 먼저 조사국의 활동을 정밀하게 조사해 보고 이토가 수행하려 하였던 헌법 개혁의 실태를 명백히 밝혀 보고자 한다.

3 1907년 헌법 개혁 1

—한층 강화된 천황제의 국제화(國制化)

아리가 나가오

1903년(메이지 36) 7월 13일에 정우회 총재직을 사임한 이토는 그로부터 사흘 후에 조사국 총재에 복귀한다. 앞서 언급했듯이 이토가 돌아오면서 조사국은 활동을 재개하였다. 다음 달 17일 새로이 조사국 부총재에 임명된 이토 미요지는 '조사 착수 방침'이라는 제목의 문서를 이토에게 보냈다.(『이토 미요지』 하권)

문서 내용은 복잡다단하였지만 요컨대 "황실의 일을 천황의 사삿일로 규정하고 황실 전범은 황실 스스로 그 가법(家法) 조항을 정하는 것으로 단정하는 학설은 우리 일본 제국의 역사와 맞지 않으므로, 황실이 국가의 요소여야 하는 고유의 관계를 분명하게 증명하고 그것을 바꾸거나 고칠 수 없는 규준으로 삼아야 할 것임을 확정하는 것이다."라는 문구로 집약될 수 있다. 이리하여 다시금 황실의 지위를 바로잡아 국가기관을 삼고, 황실 전범을 "제국 헌법과 함께 국가의 근본법으로 대등한 효력을 지니는 것"으로 인식하여 전헌 체제를 완성하라고 강조하고 있다.

이러한 「조사 착수 방침」에 따라 이토 미요지는 이미 어떤 인물에게 그 사업에 착수하도록 명하고 있었다. 그의 이름은 아리가 나가오였다. 아리가는 이토 미요지가 강력하게 추천하여 실무 역[16]으로 발탁되었다.

조사국 부총재에 임명된 사실을 이토에게 보고하는 편지에서 이토 미요지는 "지난해부터 호의를 베풀어 주셨던 아리가 나가오를 (……) 내지(內地)에서 특별히 하는 일이 정해져 있는 것도 아닌 듯하므로 조사국에서 채용한다면 어떻겠습니까."라고 쓰고서 다시금 이 인물은 "약상자 속의 약처럼 수하에 놓아두신다면 장래에 반드시 쓸모가 있을 것입니다."라고 덧보태고 있다.(1903년 7월 18일자 이토 미요지의 편지, 『이토 문서 <각>』②) 이토 미요지가 아리가를 대단히 신뢰했음을 엿볼 수 있다.

이토도 이내 그러한 요청에 응했던 것 같은데, 같은 달 23일 자 편지에서 이토 미요지는 "아리가의 일에 대해 지시하셨던 바는 삼가 받들겠습니다. 각하의 호의와 배려

---

16) 원문에는 어용괘(御用掛)로 되어 있어, 본래 관청에서 명령을 받아 용무를 취급하는 직책을 가리키는데 담당 실무 역으로 번역한다.

를 당사자도 깊이 고마워할 것입니다."라고 감사의 뜻을 표하고 있다. (위의 책) 이리하여 아리가는 조사국에서 이토의 수하가 되었는데 본래 이 두 사람 사이에는 남다른 인연이 있었다. 1882년 헌법 조사 여행 당시 오스트리아 빈에서 이토가 사사했던 국가학자 로렌츠 폰 슈타인 교수에게서 아리가 또한 가르침을 받았다. 이토와 인연을 맺고 난 뒤 빈의 슈타인 교수 문하에는 그를 한 번이라도 만나 보려는 일본인이 줄을 이었는데, 그 모습이 "슈타인 참배"라고까지 불릴 정도였다. (졸저, 『독일 국가학과 메이지 국제』) 아리가도 그 참배자 중 한 사람이었는데, 그 정도에 머무르지 않고 슈타인 학설을 일본에 전파하는 뛰어난 제자라고까지 불렸다. 메이지 시기에 가장 널리 유포된 슈타인의 저술인 가이에다 노부요시 편 『슈타인 씨 강의』(1889)는 사실 아리가의 통역 덕분에 만들어진 책이다. 아리가 자신도 법학, 정치학, 경제학에 걸친 광범위한 분야에서 건필을 휘둘렀던 스승 슈타인을 본받아 『사회학』(1883~1884), 『국가학』(1889), 『행정학』(1890), 『일본 고대법해석』(1893), 『일청전쟁 국제법론』(1896), 『일러 육전(陸戰) 국제법론』(1911) 등 다채로운 저작을 세상에 내놓았다. 사실상 아리가는 슈타인 학풍을 가장 잘 체현한 국가학자였다. 어떤 의미에서는 슈타인을 매개로 이토와 아리가는 서로 이어져 있었다고 해도 과언이 아닐 것이다.

아리가가 죽고 난 뒤에 그가 창간했던《외교시보》에는 그에 대한 추도문이 몇 편이나 실렸는데, 그중에서 그와 이토의 관계를 전해 주는 몇 가지 증언이 발견되고 있다. 예를 들면 아리가의 대학 시절 학우로 훗날 와세다 대학 총장을 지냈던 다카타 사나에는 아리가가 대학 졸업 후에 "이토 공 측근이 되었고" "상당히 오랫동안 추밀원에 있었으며 어떤 때는 이토 공의 비서로 일했던 적도 있는 것으로 기억하고 있다."라고 술회하고 있다.(다카타 사나에, 「고 아리가 박사를 추모하는 글」) 그처럼 이토의 측근으로서 [아리가의] 지위를 확고부동하게 했던 계기가 다름 아닌 조사국 실무 역으로 취임한 것이었다.

이토와 이토 미요지의 브레인으로서 조사국 실무 역으로 등용된 아리가는 기대에 부응하는 활약을 보여 주었다. 앞서 언급한 「조사 착수 방침」을 전하는 이토 미요지의 편지에서 "이전부터의 방침대로 순서에 따라 조사에 착수한 것도 있으므로 이것들이 완성되는 대로 보실 수 있을 것입니다. 아리가 나가오에게도 조사를 명하여 놓았고 얼마간 서류도 완성되었으므로 추후에 한 차례 귀

아리가 나가오

경시키겠습니다."라고 쓰여 있듯이 정력적으로 조사에 임하는 모습을 엿볼 수 있다.(1903년 8월 17일 자 편지, 『이토 미요지』하권) 이러한 「조사 착수 방침」을 작성하는 일 자체에 아리가가 관여했을 것으로 충분히 짐작할 수 있는데, 1904년 10월에 제출된 중간 조사 보고서라고 할 수 있는 「황실변(皇室辯)」 역시 그가 작성한 것으로(가와타 게이치, 『근대 일본의 국가 형성과 황실 재산』) 사실상 제도의 입안자 역할을 담당하였다.

애초에 아리가는 황전(皇典) 연구소의 일원으로 황실 제도의 역사를 연구했던 경력의 소유자이기도 했다. 또한 조사국에 채용되기 이전인 1900년에는 「국가와 궁중의 관계」라는 강연도 했다.(《국가학회잡지》 제167호) 그것은 당시의 일본 국가 제도가 극복해야 할 문제를 ① 국가와 군대의 관계, ② 국가와 궁중의 관계, ③ 국가와 타이완의 관계 등으로 나누고, 각각에 대해서 고찰한 연속 강연의 하나였다.[2]* 거기에서 아리가는 전년도에 설치된 조사국을 언급하면서 "사실상 실무상 편리에 관련된 문제 한두 가지가 아니라 국가 전체의 편성에 영향을 미치는 근본적 문제"를 다루어야 한다고 역설하고 있다.(「국가와 궁중의 관계」) 조사국에 대한 그의 강한 기대감을 엿볼 수 있는 대목이다. 그 후에 조사국의 일원으로 정작 자신이 영입되자 그는 마음속으로 올 것이 왔다는 감회에 흠뻑 젖었을 것으로 보인다.

그와 같은 경력의 아리가가 조사국에서의 경험을 바탕으로 일본 입헌제도에 대해 체계적으로 해설했던 적당한 사료로 1908년 2월부터 이듬해 7월까지 이루어진 청나라 헌법 조사단에 대한 강의 기록을 들 수 있다. 아리가는 이토가 주선해 준 덕분에 이 강의를 할 수 있었다.(이토 미요지, 「청국 헌법과 우리 나라」) 지금까지 「헌정 강의」라는 제목으로 『이토 미요지 관계 문서』(국립 국회도서관 헌정 자료실 소장) 가운데 남아 전해지는 이 강의록에는 그 자신이 관여했던 이전의 헌법 개혁의 경위와 그 의의 및 한계에 대하여 상세히 논의되어 있다. 이하에서는 이 강의록도 활용하면서 1907년 개혁이 지향한 국가의 모습을 부각해 보자.

천황의 국가기관화를 지향하다

앞서 언급했듯이 조사국은 메이지 헌법을 제정할 적에 궁중과 부중(府中)을 구별했던 것을 재검토하고, 황실의 지위를 국가의 중요 기관으로 재정립하는 것을 기치로 내걸고 설치되었다. 그렇지만 이러한 생각이 창설 당시부터 확고한 지침으로 정해졌던 것은 아니었다. 실상은 그 반대였다. 이토 히로부미는 조사국 총재 취임에 즈음하여 당시의 황실은 법적으로는 정부와 확연하게 분리되지만 "실제로는 이러한 구별이 여전히 아직 명확하지 않은 감이 있다."(『이토 전』하권)라고 연설하고 있다. 이처럼 조사국 발족 당초에 이토는 헌법 제정을 정점으로 하는 메이지 중기에 이루어진 일련의 국가 제도 개혁의 기본 이념이던, 궁중과 부중의 구별을 더욱 밀고 나가서 완성하고자 했다.

그런데 1903년(메이지 36) 7월에 조사국이 활동을 재개하고 난 뒤에 상황이 아주 달라진다. 그다음 달에 제출된 앞서 언급한 「조사 착수 방침」에서 제기한 방침은 황실을 국가의 요소로, 황실 전범을 국가의 근본법으로 재정립하는 것이었다. 애초에 이토 총재가 내렸던 지시는 이로써 180도 방향 전환을 하고 말았다.

조사국이 국가와 황실을 분리한다는 그전까지의 국가 제도 원리를 바꾸어 국가 안에서 황실 위치를 재조정하려 했지만, 그렇다고 천황의 정치적 역할을 강조하고 그 결과 주권자로서 친정(親政)을 의도한 것은 결코 아니었다. 오히려 사정은 그 반대였다. 실제로는 천황 주권의 확립보다는 황위(皇位)와 황실을 한층 강력하게 제도화하거나 국가기관화하는 것을 지향했다고 볼 수 있다. 바꾸어 말하면 천황에 대해 국민이 멸사(滅私)하는 것이 아니라, 천황이 국가에 봉공(奉公)하는 것이 바로 주안점이었다.

아리가가 1900년에 한 강연, 즉 앞서 언급한「국가와 궁중의 관계」에서도 "천황이 국가에 군림하는 것은 상속인으로서 가독(家督)[17]이 개인 재산을 소유하고 지배하는 것이 아니라 천조(天祖)가 돌아가실 때 남긴 명령에 대하여 공직을 완수하는 것이다."라고 명언되어 있다. 유럽의 군주와 달리 일본에서는 국가를 천황의 개인 재산으로 간주하는 전례 따위는 없었다. 천황의 통치는 천조의 명령에 따라 행하는 공무이며, 국가에 대해 군림하기는

---

17) 집안을 감독하는 사람이라는 뜻으로, 집안의 대를 이어 나갈 맏아들의 신분을 이르는 말.

하지만 천황이 국가를 사유하는 것은 아니었다. 어디까지나 천조에게서 위임받은 공직이라는 것이다.

이러한 점은 천황과 정부 관리의 관계에서도 그대로 반영된다. "[정부 관리인] 유사를 천황이 개인적 신하로 부리는 관계는 일찍이 존재하지 않았다." 관리란 결코 천황 개인의 가신이 아니라 좀 더 공적인 일에 종사하는 공복이라는 것이다. 그 후에 청나라 사절에게도 명언하고 있듯이 "천황 폐하와 천황 폐하의 정부라는 것은 별개."(「헌정 강의」, 『이토 미요지 관계 문서』, 1909년 3월 14일, 이하 같은 사료에서의 인용은 날짜만 명기한다.)라는 것이다.

궁중과 부중의 융합을 주창했던 조사국의 진의가 이토의 입헌 방침과 결코 모순되지 않았다는 사실은 아리가의 「헌정 강의」의 줄기를 더듬어 보면 한층 분명해진다. 그 하나의 예로 아리가가 든 인상적인 비유를 들어 보자.(1908년 3월 29일)

아리가는 입헌정체가 수립되면서 국가와 황실을 구별할 필요가 생겼다고 하면서 그것을 회사 조직의 발전에 비유하고 있다. 어느 개인이 회사를 창업했을 때 그것은 창업자 개인에게 속하고 경영도 본인이 직접 하게 된다. 이러한 점에서 그 개인은 마치 두 집을 주재하는 것과 같다. 요컨대 자신의 가족과 회사이다. 이 양자에 대해 그는 모두 장(長)으로 군림하고 직접 통치한다.

그러나 사업이 발전하면 회사 경영은 점차 그의 전권(專權)에서 멀어져 간다. "주인은 본가의 가사만 직접 처리하고, [회사 경영인] 상업은 그 회사 조직에 의거하여 간접적으로 처리하게 되는 것과 같다." 곧 가장으로 집안을 직접 지배하는 것과는 달리, 회사 쪽은 경영 규모가 커지면서 조직이 자율화하고 사장으로서의 통치는 간접적 성격을 띠게 된다는 것이다. 회사는 분명히 그의 것이지만 회사의 사무는 자신이 전결할 수 없고 정관에 정해져 있는 기관이 처리하게 된다는 것이다.

이와 같이 경영자의 '본가'와 '회사'는 분리된다. 그와 동시에 경영자의 인격도 양면화한다. 곧 가장으로서의 측면과 사장으로서의 측면이다. 사인(私人)으로서의 측면과 공인으로서의 측면으로 바꾸어 말해도 좋다. 아리가에 따르면 입헌제도는 천황에 대해서 이와 같은 공사 구별을 명백히 한 것이나 다름없었다. 황실의 장으로서의 천황과 국가원수로서의 천황은 엄격히 구별되어야 했다.

이것은 "황실은 국가의 요소"라고 주장하는 조사국의 지침과 일견 모순되는 듯이 보인다. 그러나 황실을 국가의 지배 주체로 동원하는 것이 아니라 국가가 황실을 제도화하는 것, 곧 황실의 국제화(國制化)야말로 조사국의 숨겨진 의도였다고 한다면 해소될 수 있는 점이다. 말하자면 조사국이 추진한 일련의 황실 개혁은 황실을 국가 기관으로 편입하는 동시에 철저하게 제도화하려는 시도였다. 따라서 조사국이 궁중과 부중의 구별을 재검토했다고 해도 그것은 제도의 표면만을 두고 한 이야기라고 할 수 있다. 아리가의 논의에서 실질적 주안점은 천황 대권(大權)이 정치적으로 돌출하는 것을 방지하는 동시에 황실을 더욱더 제도화하는 데에 있었다. 그것은 메이지 헌법 제정 당시부터 이토 히로부미가 품은 생각과 전혀 다르지 않았다.

천황과 황실의 무책임화

조사국의 제도 편제는 궁중과 부중의 구별을 극복하는 것이라고 하기보다는 국가의 틀 안에 궁중까지도 포섭하여 제도화한 위에 새롭게 양자를 구별하는 것이었다.

이어서 천황이 국가원수로서 어떤 정치적 존재로 인식

되고 있는가를 살펴보자. 아리가는 국정을 시행하는 장(場)에서의 천황을 철두철미하게 구속된 존재로 묘사하고 있다. "본래부터 천황의 대권은 헌법을 좇아 받들어 행사되어야 하므로, 헌법 규정에 따르지 않는 군주의 명령은 헌법상 군주의 명령으로 볼 수 없다."(1908년 4월 28일)라고 중국 사절을 향하여 명언하고 있다. 그것은 그 자신이 수년 동안 펼쳐 온 주장이기도 하였다. 1901년(메이지 34)에 간행된 『국법학』에서도 "국법을 위반하는 것은 국가원수가 할 행위가 아니다."라고 단언하고 있다.

메이지 헌법에서 규정한 천황의 성격을 둘러싸고 제4조 "통치권을 총람"한다는 문구를 중시하는 군주주의적 정통학파와, 같은 조항 "이 헌법 조문의 규정에 의거하여 이를 행한다."라는 데에 비중을 두는 입헌학파의 대립이 있다는 사실은 잘 알려져 있는데(오이시 마코토, 『일본 헌법사(제2판)』), 아리가의 해석은 후자의 입장에 속했다. 그뿐만 아니라 그는 정통학파의 맹장인 호즈미 야쓰카가 헌법이 발포된 직후에 「제국 헌법의 법리」[3]* 라는 논문을 발표하여 그 입장을 선명히 했을 때 "호즈미 야쓰카 씨는 제국 헌법의 법리를 오도하고 있다."[4]* 라는 반론을 발표하여 호즈미에게 천황 기관설(天皇機關說)[18] 논쟁을 제기한 과거가 있었다. 아리가는 확고한 골수 입헌학파였다.

그렇지만 입헌학파라고는 해도 아리가 자신은 의회주의의 진전에 대해 비판적 입장이었다.[5*] 그는 입헌제도 하에서 통치 주체는 내각이 되어야 하고, 입헌정치란 내각에 의한 책임정치라고 생각하였다. 궁중과 부중의 관계로 되돌아가면 일에 대한 책임 소재야말로 "국가와 황실을 구별하는 표준"(1908년 3월 15일)이나 다름없다고 하였다. 책임 문제가 발생할 일이 있으면 황제가 아니라 정부가 국가의 사무로 이를 처리하는, 그런 간접 통치를 해야 황위가 책임 문제로부터 자유로워지고 평안해진다고 아리가는 주장하였다. 이에 덧붙여 다음과 같은 설까지도 언급하고 있다.

애초부터 입헌정체는 편리한 정치체제입니다. 군주가 만일 명군이면 그 결과가 곧 나타날 것이고 만일 군주가 나이가 어리다든가 병약하다든가 또는 평범하고 우둔

---

18) 메이지 헌법의 해석을 두고서 국가의 통치권은 천황에게 있다는 설에 대해서 통치권(主權)은 법인인 국가에 있으며, 일본 천황은 그러한 국가의 최고 기관으로 다른 기관의 도움을 얻어 통치권을 행사한다는 학설이다. 독일의 공법학자 게오르크 옐리네크로 대표되는 국가법인설에 근거를 두고 있다.

하면 그것이 겉으로 드러나지 않고서도 일이 이루어집니다.

1908년 11월 29일

이와 같이 황실의 지위를 국가기관으로 정하는 동시에 그 정치적 실권으로부터 멀리 떼어 놓아 발본적(拔本的)으로 제도화하는 것이 아리가가 본래 말하고자 한 바였다. 그렇게 해서 천황과 황실의 통치자적 성격을 형식화하고 정치적으로 무책임화하기를 기대하였다. 그 대신에 앞서 언급했듯이 정치상 책임 주체로서 대신을 더욱 중시했으며, 그 집합체로 내각이 존재한다고 하였다. 지금부터 그에 대해 살펴보기로 한다.

4 1907년 헌법개혁 2

—내각 중심 책임정치와 군부의 통제

내각 중시

아리가는 중국에서 온 조사단을 앞에 두고 제도를 움직이는 것은 살아 있는 인간의 정신적 활동이며 그것을 충분히 전개하게끔 해 주는 것이 국가 제도를 설계하는 데 가장 중요한 점이라고 다음과 같이 명언하고 있다.

헌법은 겨우 대체적인 규모만을 정해 둔 것일 뿐 이러한 편성을 실제로 운용하여 국가의 목적을 달성해 가는 것은 정신적 일입니다. 그러한 정신적 방면[의 일]은 살아 있는 인간이 아니면 도저히 할 수가 없습니다. 어떻게 하면 살아 있는 인간이 이러한 정신적 사업을 충분히 행하게끔 할 수 있는가의 문제가 곧 관제(官制)를 정할 적에 가장 중요하며, 그것이 관제의 목적입니다.

1908년 11월 13일

따라서 입헌제도하에서 국가를 어떻게 효과적으로 작

동시킬 수 있는가 여부가 국가 제도의 첫 번째 관심사이다. 본래 국가권력에 대한 제약이야말로 입헌주의의 본의라 할 수 있는데, 아리가는 그와 같은 소극적 제도관과 관련해, 헌법이 정한 국가 제도란 대강의 골격에 불과하고 오히려 그것을 어떻게 운용하여 실행하는가 하는 제도의 역동성을 중시하고 있다.

이와 같은 입헌제도론은 국가 행동의 제도 원리로 요약할 수 있다. 국가를 속박하는 것이 아니라 국가를 움직이게끔 하는 제도인 것이다. 그리고 그와 같은 국가 행동을 도맡아 하는 것이 내각의 역할이나 다름없다. "네거티브(negative) 내각은 결코 국가의 발전을 추동할 수가 없습니다. 국가는 포지티브(positive) 내각을 요구하고 있습니다."(1908년 12월 13일)라고 그는 주장하고 있다. 포지티브 내각, 곧 적극적 내각이란 바꾸어 말하면 정치를 통괄하는 내각이다. 아리가는 행정과 정치를 구별하여 말한다. 즉 전자는 "법률 또는 칙령에 의거하여 국가의 커다란 사업을 시행하는 일"이며, 후자는 "법률과 칙령 이외의 영역에서 일정한 주의를 세우는" 일이라는 식이다.(1908년 4월 7일) 곧 법률과 칙령을 단순하게 집행하는 것이 아니라 그것들을 포괄한 국가 경영 방침—'대정(大

政)의 방향'을 정하는 것이 내각의 임무이다. 따라서 그가 주창하는 책임정치란 단순히 국무대신의 보필 책임을 강조한 것에 그치지 않고 내각총리대신을 수반으로 하는 내각이 대정을 통괄하고 그 내각이 모든 정치적 책임을 지는 것을 의미함을 알 수 있다. 책임정치란 곧 내각 정치인 것이다.

공식령 제정의 의의—대재상주의(大宰相主義) 부활

이상에서 보듯이 아리가에게 입헌정치는 내각에 의한 책임정치라고 정의될 수 있었다.[6*] 그것은 조사국의 숨겨진 또 다른 과제이기도 하였다.

메이지 헌법이 시행되고 나서 이십 년 가까이 세월이 지난 시점에서 국가 제도를 둘러싼 내외 정세가 상당히 바뀌었고, 입헌 체제는 커다란 전환점에 도달해 있었다. 한편에서는 분명히 정당 세력이 출현하여 그동안 의회정치가 착실히 정착하고 있었다. 그러나 다른 한편에서는 청일과 러일 두 차례 전쟁을 치르면서 육·해군이 한층 강력해졌고, 타이완과 조선이라는 해외 영토에 대한 지배권을 새로 획득하면서 국가 통치 권력이 분산되는 문제도 발생하고 있었다. 이러한 정세에 직면하여 내각 휘하에 통치권을 집약하고 국가 제도의 분화를 방지하려는 것이 조사국이 제도를 설계하는 본래 취지였다고 이해할 수 있다.

황실 제도의 국제화는 그 한 부분에 불과하였다. 직접 이러한 목적을 이루기 위해 공식령과 그에 수반하는 내각 관제의 개정이 책정되었다. 앞서 언급했듯이 공식령이란 국가가 발하는 모든 공문의 공포 형식을 규정하고, 국법 질서를 체계적으로 통일하는 일을 도모하는 중요한 헌법 부속법이다. 이 법령에 의거해 황실 전범을 개정할 적에 공포 절차가 규정되었고(제4조) 황실 전범에 근거한 규칙 등 황실에 관한 규정을 정해 놓은 것으로 황실령이 법령 형식으로 추인되었다.(제5조) 정무법과 궁무법의 이원 체제가 확립된 것이다. 제3조에서 제국 헌법 개정 시기에 공포를 수속하는 절차가 규정되어 있는 것도 주목할 만하다. 가와타 게이치가 연구에서 밝힌 바에 의하면 이러한 공식령도 아리가가 초안을 만든 것으로 되어 있다.(가와타 게이치,『근대 일본의 국가 형성과 황실 재산』) 실제로 이 공식령의 근거는 이제까지 논해 왔던 아리가의 내각론에 있다고 하겠다. 일찍부터 지적되어 왔듯이 공식령이란 1885년(메이지 18) 내각 직권으로 규정되었던 대재상주의로 회귀하자고 시도한 것이었다. 내각제 도입 즈음에 제정된 내각 직권에서는 "내각총리대신은 각 대신의 수반으로 기무(機務)를 [천황에게] 보고하고, [천황의] 뜻을 받들어 대정의 방향을 지시하고 행정 각부를 모두 관할하여 감독한다."(제1조)라고 규정되어 있고 그 위에 "무릇 법률 명령에는 내각총리대신이 서명한다."라고 되어 있다.(제4조) 그러나 그 후 1889년에 내각 직권은 폐지되고 새로이 내각 관제가 성립한다. 그 제4조는 다음과 같이 규정하고 있다.

내각 관제

제4조 무릇 법률 및 일반 행정에 관계되는 칙령은 내각총리대신 및 주임 대신이 그에 서명하여야 한다. 각 성(省) 전임의 행정사무에 속하는 칙령에 대해서는 주임의 각 성 대신이 그에 서명하여야 한다.

요컨대 법률 및 일반 행정에 관계되는 칙령에는 총리의 서명이 필수적이지만 "각 성 전임의 행정사무에 속하는" 명령에 대해서는 각 성 대신의 서명만으로도 충분하며 총리는 관여할 필요가 없다고 되어 있다. 이리하여 총리대신의 지위와 권한은 크게 축소되고 말았다. 바야흐로 총리대신은 여타 국무대신과 권한이 엇비슷한 동료 가운데 수석의 지위에 불과해졌다.

이처럼 약체화된 수상의 권한을 다시금 강화한 것이 공식령 규정이었다. 여기에서 중요한 것은 제6조와 제7조이다.

공식령
제6조 ① 법률은 상유(上諭)[19]를 첨부하여 그것을 공포한다.
② 전항의 상유에는 제국 의회의 협찬을 거쳤다는 취지를 기재하고 친서(親署)한 뒤에 어새(御璽)를 찍고 내각 총리대신이 연월일을 기입하고 서명하거나 또는 여타 국무대신 또는 주임 국무대신과 함께 그에 서명한다.
③ 생략
제7조 ① 칙령은 상유를 첨부하여 그것을 공포한다.

---

19) 메이지 헌법하에서 법률, 칙령, 조약, 예산 등을 공포할 때 그 글머리에 붙여 천황의 재가를 표시한 말을 가리킨다.

② 전항의 상유에는 친서한 뒤에 어새를 찍고 내각총리대신이 연월일을 기입하고 서명하거나 또는 여타 국무대신 또는 주임 국무대신과 함께 그에 서명한다.

③ 이하 생략

이로써 모든 법률 명령에는 총리의 서명이 필요하다는 규정이 부활하였고, 아울러 기존의 내각 관제도 개정되었다. 앞서 보았던 제4조는 삭제되었고 그 대신 내각총리대신의 각령(閣令) 제정권과 경시총감·지방장관 등에 대한 지휘 감독권이 명문화되었다. 이리하여 제도상으로는 이전의 내각 관제에 대해 중요한 변경이 이루어졌고, 내각총리대신에게 국정을 통제할 수 있는 강력한 권한이 다시금 주어졌다. 이것이야말로 조사국을 설치한 진정한 목적이었으며 그러한 시도를 이론적으로 보강하고 실제로 설계하는 일에 아리가 같은 브레인의 활약상이 진가를 드러냈던 것이다.

유악상주권(帷幄上奏權)에 대한 도전

공식령을 제정한 이면에는 내각 관제를 개정하고 대재 상주의를 부활시킨다는 숨은 의도가 있었다. 총리의 지휘 아래 내각 중심 책임정치를 실현하는 일이야말로 조사국이 헌법을 개정하면서 시도한 진정한 과제였으며 숨겨진 임무였다.

공식령이 제정될 즈음에 조사국이 염두에 두고 있던 대항 세력이 있었다. 다름 아닌 군부 세력이었다. 모든 법률 명령에 총리 서명을 요구한 공식령은 군부의 유악상주에 대한 도전이나 다름없었다.

그것을 여실히 보여 주는 것이 국회도서관 헌정 자료실 소장 『이토 미요지 관계 문서』에 수록되어 있는 「군령(軍令)·군정(軍政)을 명백히 구별하는 일」(156)이라는 보고서 내용이다.(이하 「구별」이라고 일컫는다. 또한 이 사료는 『스이우소(翠雨莊) 일기』에도 번각되어 있다.) 조사국에서 사용된 괘지(罫紙)에 기록되어 있는 이 문서는 본래 메이지 헌법 제11조 통수 대권(統帥大權)에 관계되는 것에만 한정되어야 할 군령 사항이 비대화하여, 동 제12조 군의 편제 및 상비병 액수를 정하는 천황의 대권(편제 대권(編制大權))까지도 마치 통수 대권의 일부인 것처럼 되어 버리고 말았다고 지적하면서 군령 사항과 통상 군사행정에 관한 군정 사항의 구별을 다시금 바로잡아야 한다는 내용이었다. 집필이 이루어진 구체적 일자는 기록되어 있지 않지만 본문 가운데의 문구에서 1901년(메이지 34) 2월쯤에 정리된 것임을 추측할 수 있다. 요컨대 조사국 설립 당초에 아마도 이토의 지시를 받고 이토 미요지가 조사하여 작성한 문서라고 할 수 있다. 조사국이 활동을 개시했을 적부터 황실 제도의 정비와 함께 군부에 대한 통제를 중요한 임무로 띠고 있었음을 엿볼 수 있는 대목이다. 「구별」의 구체적 내용을 살펴보자.

어째서 군령과 군정은 구별되어야만 하는가? 군령은 유악상주, 곧 군부가 천황에게 직접 아뢰는 데에서 기인하는 것으로, 내각을 거치지 않고서 명령이 내려오고, 아울러 국민에게 공포할 필요도 없었기 때문이다. 이러한 유악상주의 권리란 협의로 해석하자면 전투에 임해서 참모본부와 같은 군령 기관[유악]이 [군의 최고 지도자] 대원수인 천황에게 전황이나 군의 지휘명령을 직접 보고하고 지시를 기다리는 구조를 보장했다. 그러나 군무에 대해서 문관이나 의회의 간섭을 꺼리는 군부가 평시의 군 편제나 조직 운영까지 이러한 규정을 확대해석해 갔다. 그 근거가 1889년(메이지 22)의 내각 관제 제7조였다.

　내각 관제

　제7조 군사기밀·군령과 관계된 사안을 아뢸 경우는 천황의 뜻으로 내각에 회부되는 사안을 제외하고는 육군대신, 해군대신이 내각총리대신에게 보고하는 것으로 한다.

이와 같이 제7조에서는 "군사기밀·군령"에 관한 사안에 대해서는 원칙적으로 내각을 거치지 않으며, 사후에 군부대신이 총리에게 보고하는 것으로 되어 있었다. 그런데 문제는 무엇이 "군사기밀·군령"에 해당하는가이다. 이에 대해 '군령·군정의 구별' 조항에는 다음과 같이 기술되어 있다.

　내각 관제 제7조 규정은 육·해군 당국자가 임의로 해석할 수 있어서, 그 때문에 육·해군대신이 군정 사항 가운데 군사기밀·군령에 속하는 것이라고 인정했을 때에는 그 실제 상황이 어떠하든 구애받지 않고, 내각에 대해 스스로 독립된 지위를 확보하게 되니, 대정 통일(大政

統一)의 임무를 맡고 있는 내각총리대신이 도리어 그 사유를 육·해군대신에게 묻지 않을 수 없는 사태가 벌어지게 되었다.

요컨대 무엇이 "군사기밀·군령"에 해당하는가의 해석은 군부 당국에 맡겨져 있고, 그로 인해 본래 군정 사항으로 통상의 국가행정 범주에 속하는 경우까지도 군부의 자의적 의향에 따라 유악상주를 거쳐 결정되었다는 사실이 지적되고 있다. 그 결과 군은 내각으로부터 독립하게 되었고 총리가 대정 통일을 하는 데 지장이 초래되었다는 것이다.

「구별」에 따르면 그 시초가 1890년(메이지 23) 11월 제정된 육군 정원령(定員令)이었다. 이에 따라 육군에 속한 관청 조직과 각종 학교까지 "군사기밀·군령" 사안으로 간주되어 각의를 거치지 않고 육군대신이 직접 천황에게 재가를 요청하는 상황이 되고 말았다. 이후로 육군 관료 조직과 학교 기관에 관한 방대한 규정이 이러한 수속에 의거해서 결정되었다.

특히 1896년 4월 「육군 하사 또는 판임 문관(判任文官)

결원을 충당하는 고원(雇員)[20]의 급료에 관한 칙령 발포의 건」이 지나친 경우였다. 표제와 같이 육군이 고용하는 사람들에게 급료를 지급하는 건에 대하여 당시 육군상이었던 오야마 이와오는 단독으로 천황에게 상주하여 재가를 구했고, 사후에 당연한 일처럼 각의에 상정해 승인해 달라고 요청했다. 그러나 예산 변경을 필요로 하는 사안이었고, 또한 군부가 이전에 각의에서 결정되었던 고용원의 급료를 훨씬 상회하는 액수를 요구하므로, 당시 총리였던 이토는 격노하였다. 그 결과 육군상의 청의(請議)는 거부되었고 총리 명의로 육·해군에게 유악상주를 남용하지 말라고 경고하는 통첩이 전달되는 지경에 이르렀다.

이와 같은 국가 제도적 상황을 바로잡기 위해 「구별」에서는 군령과 군정이 뒤섞이는 사안이 있다는 것을 인정하면서도 순수한 군령 사무와 군정 사무를 엄격히 구별하고, 후자는 유악상주를 인정하지 않고 내각총리대신이 상주해야 하는 것으로 규정하고 있다. 아울러 "내각 관제 제7조에서는 군령 사항 이외에 군사기밀 사항을 인정하였지만 본래 군정상으로 국무대신에게 비밀이어야만 하

---

20) 2차 세계대전 이전 일본 정부에서 서기 업무를 담당한 비관리(非官吏)의 한 종류.

는 사항이 있을 이유가 없다. 따라서 유악상주의 범위는 군령 사항에 한정하고, "군사기밀" 문구는 삭제할 것을 요청한다."라고 함으로써 내각 관제를 개정하여 "군사기밀"을 말소하는 것까지 제언하고 있다.

이상에서 보듯이 조사국의 활동에는 군사행정이 내각에서 분리되려는 경향을 재정립하고자 하는 의도가 처음부터 전제되었다. 거듭하는 말이지만 이것이야말로 1907년 공식령 제정과 내각 관제 개정의 숨은 의도였던 것이다.

결연한 이토의 자세

공식령이 발포된 당초에 정부는 그다지 관심을 보이지 않았다. 내상이었던 하라 다카시는 그 초안이 각의에서 결정되었을 무렵 일기에 "종래의 공문식 형식과 커다란 차이가 없다."라고 무뚝뚝하게 써 놓았다.(『하라 일기』②, 1906년 11월 13일 조) 각료조차도 그 진의를 깨닫지 못했던 것이다. 국가 제도에서 이는 극약과 같은 것이었기 때문에 신중히 숨겨 놓고 사용하지 않으면 안 되었다.

그러나 이윽고 그 효능이 명백히 나타났다. 공식령의 의도가 명백히 드러나자 일부에서는 격렬한 반응이 불거지기도 하였다. 두말할 것도 없이 군부, 특히 육군부터였다. 1907년(메이지 40) 3월 사이토 마코토 해군대신은 한국의 진해만, 영흥만 두 곳에 방비대를 배치하기 위해 조례안을 천황에게 올렸다. 사이토는 제정된 지 얼마 되지 않은 공식령 규정에 따라 총리와 해군대신의 서명을 첨부하여 이를 칙령으로 공포하려 하였다. 그러나 그전 절차와는 뭔가 차이가 있음을 이상스럽게 생각한 천황이 3월 23일에 한국 통감으로 임지에 부임해 있던 이토 히로부미에게 전보문으로 그 사안에 대해 질의하는 한편 같은 달 26일에는 한국에 사람을 보내 견해를 직접 묻기까지 하였다.(『메이지 천황기』 ⑪)[7]*

이 당시 이토의 회답은 다음과 같았다. 첫째, 방비대 설치 등의 사안은 국가행정 사항이며, 칙령으로 공포되어야 할 성질의 것이다. 왜냐 하면 방비대 설치 조례는 새로이 제도를 시행하기 위한 관제이며, 예산 문제가 발생하는 것 이외에 그 지역 내의 일본과 한국 주민에게는 방비대의 명령과 금령(禁令)에 복종해야만 하는 문제도 허다히 발생하므로, 대체로 법률과 동등한 효력을 지니기 때문이다. 유악상주라는 것은 "오로지 군사명령에 속하고 법률 또는 칙령의 범위 내에서 예산의 증감과 관계가 없고 국민의 권리에도 경중을 따지지 않는 사안에 제한해야만 한다."라고 이토는 단언하고 있다.

둘째, 무릇 칙령에는 내각 관제상 총리대신의 서명을 반드시 받도록 되어 있다. 방비대 설치도 예외는 아니어서 해군대신이 주무대신으로 함께 서명하는 것이 새로운 제도의 취지이다.

셋째, 분명히 그때까지는 주무대신이 단독으로 서명하는 것으로 충분한 사례도 있었지만, 내각 관제가 개정되고 새로이 공식령이 제정된 이상 총리대신의 서명이 불가결해졌다는 점은 "더욱더 명백해졌다." 따라서 공식령에 "의거하지 않고 여전히 종전의 관행을 계속하면 공식령은 쓸모없는 도법(徒法)이 되어 버리고 마는 것"이다. "공식령을 무시하고 해군대신 한 사람의 서명으로 방비대 편제에 대한 칙령을 발포하시는 일은 황송합니다만 합당한 처리라고 할 수 없습니다." 이상과 같이 이토는 천황에게 회답했다.(『메이지 천황기』⑪, 『비록』)

이와 같이 이토의 자세에는 결연한 바가 있었다. 천황에게 회답하기에 앞서 그는 이토 미요지에게 그 문안을 작성하라고 지시하였는데, 그 대강의 내용이 그의 의도를 제대로 드러내지 못하는 것이었다. 4월 10일 자로 이토가 이토 미요지에게 보낸 편지에 따르면 이토는 완곡한 표현 따위는 하지 말고 "유악상주와 칙령의 분명한 구별"로써 솔직하게 논하도록 질책하고 있다.(고바야시 다쓰오 편, 『스이우소 일기』) 이 질책에 대해 이토 미요지는 "천황 폐하가 질문하신 의향에 대하여 불경스러운 일이 있지 않을까 염려하였고" 그로 인해 "가능한 한 문구를 완곡하게 한 결과 뜻하지 않게 각하의 생각에 들어맞지 않는 표현이 되고 말았습니다."라고 변명하고 있다. 이 점에 관한 이토의 의지는 이렇듯 강고했다.

또한 같은 편지의 내용 중에 이토 미요지가 천황으로부터 유악상주를 거친 뒤에 칙령으로 공포하는 경우는 가능할지 질문을 받았는데 "최초에는 주임 대신이 단독 서명하여 올리면 재가하고 그 뒤에 특별히 그것을 발포할 즈음에 형식적으로 내각총리대신이 서명하게 하여도 문제가 없는가."라는 문의가 있었다는 사실을 보고하고 있다. 이토 미요지는 이에 대해서 "대단히 외람된 말씀입니다만 군사기밀과 관계된 군령과 정치적 명령의 구별에 대하여 천황 폐하는 아직 전연 이해하시지 못하고 있는 것으로 배찰되옵니다."라고 하고서는 "반드시 처음부터 각의를 거쳐서 총리가 주청해야 합니다. 따라서 발포할 즈음에 그 서명으로써 책임을 명백히 해야 한다는 것에 관해서는, 단지 발포할 즈음에만 형식적으로 [총리가] 서명하는 것 같은 일은 헌정에서 있어서는 안 될 일입니다."라고 회답했다고 전언하고 있다. 이토의 흉중을 대변하는 의견이었다고 해도 과언이 아닐 것이다.

야마가타 아리토모의 반격

이와 같은 한국 방비대 설치 조례 사건을 계기로 육군은 공식령을 제정한 의도를 비로소 깨달았다. 5월 13일에 야마가타는 데라우치 마사타케 육군대신에게 "이같이 변경을 가하면 (군대의) 통수 계통에 혼란이 일어나고 군제의 근간이 파괴되고 맙니다."(『데라우치 문서』)라고 편지를 보내고 난 뒤에 공식령 개정에 나선다. 그리고 나서 종래의 유악상주권을 보장하기 위한 법령 형식으로서 '군령'이 입안되기에 이르렀다.

이러한 법령 형식으로서의 군령은 8월에 접어들어 초

안이 완성된 것으로 보인다. 8월 10일 야마가타가 군령을 제정하는 건에 대하여 그때까지 신문 보도를 접하지 못했는데 어찌 되어 가고 있는가라고 데라우치에게 서면으로 질의를 하였다.(『데라우치 문서』. 이 무렵 데라우치는 도쿄를 떠나서 가나가와현의 오이소에 머물고 있었다.) 야마가타는 종래의 통수권 사항 때문에 발포가 미루어진 사안이 잔뜩 있다고 초조해하면서 독촉하는 편지를 보내고 있는데, 그로부터 아흐레 뒤인 8월 19일 「군령에 관한 건」이라는 제하의 군령 제1호를 재가해 달라고 요청하는 상주가 육·해군 양 대신의 연서(連署)로 이루어졌다. 그 이유서에는 "차제에 통수권 사항에 관한 명령은 특별한 형식, 곧 군령으로 공포하고 주임 대신만이 그에 서명하는 것으로 하여 행정 사항에 속하는 명령과 그것을 분명히 구별하고 통수 대권의 발동을 명확히 하고자 한다."라고 기술되어 있다.(「군무국 군령 형식 제정의 건」, 방위성 방위 연구소 소장. 『밀대(密大) 일기 메이지 40년』, 국립 공문서관 아시아 역사 자료 센터 C03022854500)

달이 바뀌고 나서 9월 2일에 한국 통감으로 일하다가 부임지 한국에서 일시 귀국한 이토와 야마가타는 군령에 관해서 회담을 했다. "군령 그 자체의 명맥이 단절되지나 않을까 하는 근심을" 가슴에 품고 이토와 대면했던 야마가타는 통수 사항과 행정을 명백히 구별하기 위해 이토로 하여금 법령으로서의 군령을 인정토록 하였다. (같은 날짜에 데라우치에게 보낸 야마가타의 편지, 『데라우치 문서』) 이토는 야마가타에게 양보를 하였다.

이리하여 9월 11일 군령 제1호 「군령에 관한 건」이 재가를 받아 성립하였다. 그 조항은 다음과 같았다.

제1조 육·해군의 통수에 관하여 칙령을 거친 규정을 군령으로 한다.

제2조 군령으로서 공시를 필요로 하는 것에는 상유를 첨부하여 친서한 뒤에 어새를 찍고 주임 육군대신, 해군대신이 연월일을 기입하고 그것에 서명한다.

제3조 군령의 공시는 관보로써 한다.

제4조 군령은 별도 시행 시기를 정하는 경우 외에는 곧바로 시행한다.

이로써 유악상주를 거쳐 명령이 내려진 통수 사항에는 군령이라는 명칭이 부여되었고, 그 가운데 공시되는 칙령은 육·해군 양 대신의 서명만으로 충분하게끔 요건

이토(왼쪽)와 야마가타 아리토모

이 변경되었다. 공식령이 성립한 이래 시작은 태산이 떠나갈 듯 요란했지만 결과적으로는 "군부가 그 법적 지위를 굳건히 지키는 형태로 결착되었던" 것이다. (이토 다카오, 『다이쇼 민주주의 시기의 법과 사회』)

5 이토 히로부미의 메이지 국제

입헌제도의 요점

이 장에서는 조사국에 의해 1907년(메이지 40)에 새롭게 시작되었던 여러 제도를 종합적으로 고찰해 보았다. 1907년 헌법 개혁이란 전헌 제도라는 이원적 국법 체제를 완성한 것이라기보다는, 궁중과 부중을 하나의 국가 제도 안에 포섭하고 나아가 그러한 국가 제도의 운영을 내각으로 일원화하려는 제도 구상이었다.

그 배경에는 의회정치의 정착, 정당 세력의 신장, 군사 행정의 자립화, 대륙 진출(제국화(帝國化))과 같은, 메이지 헌법이 시행된 이래 국가 제도를 둘러싼 나라 안팎의 환경 변화가 있었고, 그에 직면하여 국가 제도가 무분별하게 확산되는 것을 막으면서 재통합을 꾀하려는 것이 이토를 필두로 한 조사국의 의도였다.

그러한 조사국에서 실제로 제도 설계를 담당했던 인물이 아리가 나가오였다. 아리가는 메이지 입헌 체제의 새로운 출발을 시도하는 이토의 의도를 잘 구현하여 각종 법안을 조사하고 초안을 만드는 데 전력을 쏟았다. 이 점을 여기서 확인해 두고자 한다.

우선 두 사람은 제도론 및 입헌 체제론을 상호 공유하고 있었다는 점을 지적할 수 있다. 앞서 보았듯이 아리가에게 제도란 본래 사람을 속박하는 것이 아니라 움직이는 것이라 하겠다. 제도란 뭔가 가치를 실현하기 위한 행동을 촉구해야 한다. 따라서 입헌제도에서도 국가 활동을 제약하지 않고 촉진하는 측면이 원리로서 작동해야 한다고 여겼다.

이러한 생각은 바로 이토가 주장해 왔던 바이기도 하였다. 1장에서 인용했던 문구를 여기서 다시 한 번 상기해 보자.

이토는 "조직이 있고 나서야 비로소 나라가 움직인다."라고 말해 왔다. 이토 자신도 "조직", 곧 제도란 활기와 세력을 산출해 내고, 국가를 움직이게 하는 것이라고 여겼다. 그것이 다름 아닌 국가의 생명의 원천이다. 그와 같이 국민 생활에 활기를 불어넣고 국가를 강인하게 키우기 위한 최선·최량의 제도가 바로 입헌제도였다. 이 장에서 다룬 1907년이라는 해에 이토는 다음과 같이 자신의 입헌 국가관을 명언하고 있다.

우리 나라에서 헌법을 제정하고 그로써 해석해야 할 문제와 수행해야 할 목적은 단지 국내 각 계급의 이해를 조정하고 융해하는 것뿐만이 아니라 더 나아가 입헌정치에 의거해 국민의 공적 생활에 새로운 원기(元氣)를 불어넣고 새로운 세력을 부식하는 데에 있다. 바꾸어 말하면 여타 수많은 입헌군주국처럼 단지 국내 각종 인민의 이해를 조정하는 일 이외에도 더 나아가 국가 자체의 직분에 생생한 원기와 세력을 부여하고자 하는 것이다.

이토 히로부미, 「제국 헌법 제정의 유래」

앞의 인용문과 지금까지의 논의를 종합해 보면 다음과 같은 결론을 내릴 수 있다. 본래부터 이토는 국민의 활력이야말로 국가가 독립하는 근간이라는 견해를 표명해 왔다. 그에게 제도란 무엇보다도 국가와 국민을 이어 줌으로써 양쪽에 활기의 연쇄를 가져다주는 존재라고 할 수 있다. 국민과 국가를 다양한 형태로 매개하는 것, 전형적으로 국민의 사회·경제적 활동을 진작하는 동시에 국가 공민으로서의 의식을 개척하고 나아가 정치 참여를 고무하는 순환 작용이야말로 이토가 꿈꾸던 제도의 내실이었다고 생각할 수 있다. 이 가운데 후자의 경향, 곧 국민의 정치 참여 보장과 촉진이야말로 입헌제도의 요점으로, 이토는 메이지 헌법이 발포된 후에 그러한 측면을 확립하는 데 힘을 쏟았고, 입헌정우회 창설 역시 그 한 부분이었다고 할 수 있다. 그러한 점은 이 책에서 지금까지 누누이 설명해 왔던 바라고 하겠다.

야누스의 얼굴

입헌제도의 완성을 염두에 두고서 이토가 설립했던 또 다른 조직, 그것이 다름 아닌 조사국이었다. 그곳에서 아리가는 천황을 제도화하고 내각 통치를 확립하기 위해 제도를 입안하고 책정하는 일을 담당했다. 두 경우 모두 이토의 의도를 반영하여 행해졌던 것이라 할 수 있다. 특히 후자는 조사국 설립 당초부터 이토가 거듭하여 강조하던 바였다. 1899년(메이지 32) 헌법 순회를 할 때에도 이토는 이 사안에 대해서 여러 차례 언급하고 있다. 예를 들면 그 당시 자기 자신의 최대 관심사에 대해 다음과 같이 고백하고 있다.

지금 내가 가장 시급하게 여기는 것 중 하나는 정부를 길이 존립시키고 싶다는 희망이고, 다른 하나는 정당을 개량해야 한다는 필요성입니다.

『연설집』②

당시의 가장 시급한 과제가 강력한 정부 수립과 정당 개량이라는 것이다. 이 두 가지 사안이 이토의 생각 속에 연동하였음은 더 이상 구태여 말할 필요가 없을 것이다. 정당을 개량하여 뛰어난 정책통 정치가들을 불러 모으는 것이 이토가 정우회를 창립했을 적의 구상이었다고 앞 장에서 이미 자세히 의논한 바 있다. 정당은 내각에 인재를 공급하는 인재 풀과 같아야 한다는 것이다. 그와 같은 내각과 정당의 입장이 역전되어서는 안 된다. 의회 다수 당이 필연적으로 단독으로 내각을 구성한다는 정당내각의 논리는 거부해야만 한다. 내각은 정권 투쟁의 승자가 독점해야 하는 장이 아니라 국가적 견지에서 공평한 시정을 강구해야 할 지혜의 중심지이어야 하기 때문이다.

고인도 말했듯이 입법에 관계된 일은 되도록 중의(衆議)를 거듭해 계산 착오가 없도록 하지 않으면 안 되지만, 행정적 일과 관련해 정부는 중론의 중심지가 아닌 까닭에 인간의 재능과 지식에 의존해야만 하고 될수록 혼자 힘으로 명령과 계획 아래 일하도록 해야 한다는 것이 행정상 묘미이다.

『연설집』③

중론의 중심지 의회와는 달리 "재능과 지식"을 집약하여 일단 명령이 내려지면 신속하게 행동에 옮기는 것이 행정의 묘미라는 것이다. 그 위에 군림하여 통괄하는 내각은 국가의 두뇌이며 따라서 지혜의 중심지라고 일컬어도 무방하다고 할 것이다. 아리가가 말하는 "적극적 내각"과 다름없다.

1900년을 전후하여 잇달아 탄생했던 두 총재—조사국과 입헌정우회 총재—는 이와 같이 두 가지 개념상 엄격히 구별되는 국가의 기능—내각을 중심으로 하는 행정과 의회를 중심으로 하는 입헌—을 모두 개량하여 국가제도를 완비하려고 했던 이토 히로부미의 야누스 같은 두 얼굴이었다. 조사국 개혁은 도중에 중단되기도 하였지만 1907년에 성과를 도출한다. 통상 그 결과로 이전의 헌법을 받드는 정무법 체계와 함께 황실령이라는 법령

형식의 성립에 수반하는 궁무법 체계가 만들어져서 헌법
과 황실 전범의 이원적 국법 질서(전헌 체제)가 확립되었다
고 일컬어진다. 그렇지만 한편으로는 국가 질서의 실태
를 감안하여 이토 총재는 내각에 의한 일원적 국가 통치
를 구상하였다. 그를 위해 이토는 이토 미요지와 아리가
를 기용하여 공식령을 제정하고 내각 관제를 개정하였던
것이다.

이토가 양보했던 것일까

그렇지만 이토의 이러한 구상은 육군의 반발을 불렀
고 당시까지의 유악상주권을 제도화한 「군령에 관한 건」
이 제정되면서 또 다른 법령 형식으로 군령이 탄생하기
에 이르렀다. 당초 예상과는 달리 조사국에 의한 1907년
(메이지 40) 헌법 개혁은 표면상으로는 정무법 및 궁무법과
함께 군령 체계로서 군무법의 삼원 체제를 만들어 내었
다고 할 수 있다.

그러한 사태가 이토의 본의가 아니었다는 점은 의심할
여지가 없다. 육군에 양보하여 군령의 성립을 인정하면

서 이토가 추진했던 헌법 개혁은 최후의 마지막 단계에서 실패하였고, 그 자신이 그려 보았던 국가 제도의 그림에 화룡점정을 하지는 못하고 말았다. 아리가는 1909년 5월 9일 청나라에서 온 헌법 조사단 앞에서 한 강의에서 "지금 일본에서 이루어지고 있는 일 가운데 한 가지 내가 옳지 않다고 생각하는 일이 있다."라고 전제하고서는 그것이 군부가 군정에 속하는 사안까지 통수 사항으로서 군령으로 처리하고자 하는 것이라고 말하고 있다. 그리고 나서 "그것은 [여러분이] 현재의 일본 제도를 조사하는 과정에서 주의하지 않으면 안 되는 점이다."라고 주의를 촉구하고 있다. 군사행정을 내각의 통제 아래 두고자 한 것은 조사국이 끝내 실현하지 못한 숙원이었다. 아리가가 술회한 이와 같은 심정이 이토의 그것이라고 말해도 틀림없을 것이다.

그렇지만 과연 군령은 이토가 일방적으로 양보해서 성립했던 것일까? 천황에 대해서는 그토록 강경하게 몰아세웠던 그가 야마가타에 대해서는 속수무책 일방적으로 타협을 강요당했다는 것이 사태의 진상일까? 이 문제에 대해서는 일본 국내의 정국에만 시야를 한정해서는 충분하게 고찰이 이루어지지 않을 염려가 있다. 총재 이토는 이 시기에 한국 통감을 겸직하고 있었다. 그리고 군령 문제는 다름 아닌 한국에서 시작되었다. 이토의 헌법 개혁은 한국 통치라는 요인까지 가미해서 고찰하지 않으면 충분히 해명되지 않을 문제인 것이다. 어쨌든 다음 장부터는 일본뿐만 아니라 동아시아 정치 상황 안에서 이토의 국가 구상을 살펴보고자 한다.

6장

청말(清末) 개혁과 이토 히로부미

1 1898년 중국 방문 — 정우회로의 또 다른 여행

두 달 동안 만유하다

여기서 시간을 약간 거슬러서 정우회 결성 이전으로 되돌아가고자 한다. 정우회 창설 시기에 이토가 일본 각지를 돌아다니며 유세한 사실은 3장에서 논한 바 있다. 거기에서는 당시의 유세 여행을 "헌법 행각"이라고 이름 붙였다. 그는 메이지 헌법 발포 십 주년을 앞두고 헌법 정치를 다시 시작할 의도로 직접 국민에게 호소하고 몸소 돌아다니며 헌정 이념을 설파하였다. 정우회는 그 여행의 귀결이었다.

그러나 사실 정우회로 귀결된 여행이 또 하나 있었다. 1898년(메이지 31) 8월부터 약 두 달 동안 이토는 중국과 한국을 구경하며 돌아다녔다. 이 여행에서 이토는 캉유웨이 등 무술변법[1] 운동 지도자들에게서 크게 환영받았다. 그뿐만 아니라 그는 당시에 캉유웨이 등 변법 세력을 축출하기 위해 서태후가 일으킨 쿠데타에 휘말렸다. 이

---

1) 청나라 광서제 때 변법자강을 목표로 일어난 개혁 운동. 캉유웨이, 량치차오 등을 중심으로 1898년 6월에 시작하였다.

토는 무술정변[2]이라는 중국 근대사의 획기적인 사건 현장에 직접 있었다는 흔치 않은 경험을 했던 것이다.

그렇다면 그와 같은 중국 체험이 이토의 생각 속에 어떻게 승화되어 정치 구상과 외교관에 반영되었을까? 필자가 보기에 이때의 외유는 그의 정우회 구상에 적잖은 영향을 주었다. 이 장에서는 우선 첫째로 이 점을 논증하고자 한다.

이토는 제3차 내각에서 사직하고 나서 오쿠마를 수반으로 하는 헌정당 내각에 정권을 이양한 직후 중국에 갔다. 자신이 그토록 고집하던 정당 결성도 이루어지지 않아서 적잖게 상심한 것으로 여겨진다. 그 와중에 그는 8월 19일 나가사키를 출항하여 중국과 한국을 만유하는 길에 올랐다. 해외로 나가서 새로운 식견을 흡수하여 정치 이념을 심화하고 국가 건설에 대한 보다 폭넓은 전망을 안고 돌아와 정치가로서 위기를 극복하는 흐름을, 이토는 살면서 여러 번 반복하였다. 막부 말기 영국으로 밀항한 것에서 시작하여 이와쿠라 사절단 때에도 그러했고 헌법 조사 여행 때에도 마찬가지였다. 이 당시 청나라에

2) 1898년 9월에 청나라 서태후와 조정 보수파 관료들이 정변을 일으켜 개혁파를 축출하고 실권을 잡은 사건이다. 이로써 무술변법이 백 일 만에 끝났다.

갔던 것도 여타의 경우와 다르지 않았다. 이 점을 염두에 두고 이토의 행적을 추적해 가기로 한다.

나가사키를 출발한 이토는 [8월] 22일에 인천에 도착하여 우선 한국 땅을 밟았다. 25일 한성에 들어가 바로 지난해 10월에 국호를 대한제국(大韓帝國)으로 고치고 초대 황제 자리에 오른 고종을 알현하였다. 이때의 광경을 이토는 "[나에 대한] 조선 국왕 및 정부의 대우는 오늘날까지 어느 누구도 받아 본 적이 없는 수준."이었다고 우메코 부인에게 전하고 있다. (스에마쓰 겐초, 『효자 이토 공』) 청나라에 의존하던 사대주의와 결별하고 "제국"이라 명명함으로써 독립국가로 나아가는 길을 걷기 시작한 이 오래되고도 새로운 나라의 군주가 자주독립한 제국으로 일찌감치 서양 열강이 주도하는 국제 관계에 순응한 메이지 일본의 건설자 이토에게 정치 방책 등에 대해 친히 조언을 구했으리라는 점은 상상하기 어렵지 않다. 그렇지만 이때 고종은 자신의 눈앞에 있는 인물이 수년 후에 한국을 지배하는 통감으로 다시 오리라고는 꿈에도 생각지 못했을 것이다.

이토는 9월 8일까지 한국에 머물렀다. 그동안 향응은 계속되었다. 우메코 부인 앞으로 보낸 편지에 "매일 대접을 받느라고, 날마다 밤낮으로 여기저기 초대를 받고 [그 때문에] 땀이 물 흐르듯 할 정도지만 다행히 피곤한 줄 모르고 하루하루 돌아다니고 있소.”라는 문구가 보일 정도로 한국에서 자신을 환영하는 태도에 흐뭇해했음을 엿볼 수 있다. 다른 편지에서도 언급했듯이 그는 한국에 머무는 동안 “꿈속에 있는 듯한 기분”이었던 것이다.

환대를 받고 광서제를 배알하다

다음 방문지 중국에서도 [이토는] 꿈같은 기분을 느끼게 해 주는 접대를 받았다. 11일에 톈진에 도착한 그는 그곳에서 역시 부인에게 보낸 편지에 “청나라의 윗사람과 아랫사람이 모두 나를 환영하는 모습은 도저히 붓을 써서 문장으로 다 표현하기 어려울 정도.”라고 썼다. 이처럼 이토 자신이 놀랄 정도였던 환영 분위기는 손님을 극진히 대접하는 것을 예로 여기는 중국과 한국의 민정(民情)만으로는 설명이 안 되었다. 중국과 한국의 요인들이 이토에게 무언가 기대하고 희망하는 마음이 있었던 것이다. 이는 그가 보낸 편지의 다음과 같은 대목에 명백히 표현되어 있다.

연일 연회에서 수많은 중국인이 눈코 뜰 새 없이 와서
중국을 위해 힘을 다해 달라고 끊임없이 부탁하고 있다
오. 오늘까지 들은 바로는 황제는 상당히 현명한 군주인
듯하고 나이가 아직 스물일곱이라고 하니, 베이징에 가
면 여러 가지 하문도 있을 것 같다고 듣고 있소.

1898년 9월 13일 자 우메코 부인에게 보낸
이토의 편지, 『이토 전』 하권

이곳 중국에서도 이토는 근대화를 지도하는 인물로 비
쳤던 것이다. 이토 자신도 이 당시 그와 같이 끊임없이
이어지는 부탁의 목소리에 상당히 흡족해했다는 점은 앞
의 편지에서도 추측해 볼 수 있다. 베이징에 가면 황제가
직접 여러 가지 하문을 하리라. 그러한 예측을 가슴에 품
고서 14일에 이토는 베이징에 입성하였다.

바로 그즈음에 청나라 수도 베이징에서는 캉유웨이 등
이 주도한 변법자강 운동이 대단한 기세를 올리고 있었
다. 광서제가 그 운동을 정식 정책으로 채택하여 중국에
서는 전면적 입헌제로 향하는 개혁 분위기가 무르익고

있었다. 이러한 정세 아래 이토는 그때까지도 동쪽의 오랑캐(東夷) 정도로 무시당하던 일본에서 일찍이 헌법을 시행하여 문명화의 길을 걷게 하여 중국을 능가하는 강국으로 올라서게 만든 장본인으로 우상시되었다. 당대 제일의 개명파 지식인 옌푸가 발행한 일간지《구원바오(國聞報)》에 따르면 이토를 중국에 머물게 하여 고문관에 앉히려는 계획도 베이징에서는 논의되고 있었다는 것이다.(딩원장, 자오펑텐 편,『량치차오 연보 장편(年譜長編)』①)

  베이징에 입성한 다음 날에 이토는 건륭제의 증손으로 나중에 청나라 최초이자 최후의 총리대신이 된 경친왕과 회담하였다. 그로부터 닷새 뒤인 20일에 광서제를 알현하였다. 이 회견에 대해 이토는 "20일에 [황제를] 알현하였는데, 이제껏 전례가 없을 정도로 정중한 대접이었소. 그후에 경친왕이라는, 총리대신에 해당하는 황족이 접대를 해 주었는데 이것도 지금까지는 없는 일이라 하오."(1898년 9월 26일 자로 우메코 부인에게 보낸 이토 편지,『이토 전』하권)라고 말하고 있는데, 실제로 광서제는 이토를 자신의 옆자리에 앉히는 파격적인 대우를 하였다고 한다.(왕샤오추,『근대중일 계시록(啓示錄)』)

무술정변과의 조우

[이토가] 광서제를 알현한 바로 그다음 날에 무술정변이 발발하였다. 황제의 급진적 개혁에 위기감을 느낀 서태후를 중심으로 한 수구파 세력이 변법파를 일소하기 위해 일으킨 쿠데타였다. 이 정변으로 황제는 유폐되고, 변법자강 운동을 이끈 캉유웨이와 량치차오는 일본으로 망명한다. 캉유웨이의 동생 캉광런과 탄스퉁 등은 처형되었고[3] 광서제의 심복으로 이토와 황제 사이에 다리를 놓았던 장인환은 신장으로 유배되고 말았다.

사태로 인한 흥분이 채 가라앉기도 전인 26일에 이토는 역시 부인에게 보낸 편지에서 그간의 경위를 다음과 같이 설명하고 있다.

그런데 21일에 갑자기 변고가 생겨서 황태후가 다시 정사를 맡게 되었는데, 지금 황제가 개혁을 너무 좋아하여 모든 것을 일본을 따라 하고 의복 등도 서양식으로 바꾸는 등 사전 계획을 세운 사실이 황태후의 귀에 들어가 [황태후가] 이를 용납할 수 없었다고도 하고, 일설에는 [황제가] 황태후를 폐하려고 일을 꾸몄다고도 하는데, 무

---

3) 린쉬(林旭)·양루이(楊鋭)·양선슈(楊深秀)·류광디(劉光第) 등 4명이 더 처형당했다.

엇이 진실인지 중국의 일은 여간해서는 알 수가 없다오.

1898년 9월 26일 자로

우메코 부인에게 보낸 이토의 편지, 『이토 전』 하권

"중국의 일은 여간해서는 알 수가 없다오." 이 말은 자신을 성대하게 맞아 주던 개혁 분위기가 하룻밤 사이에 사라지는 광경을 자세히 목격한 이토의 실제 느낌이었을 것이다. 같은 편지에서 그는 리훙장에게 장인환의 목숨을 살려 주라고 구명 운동을 한 일도 기록하고 있다. 그 상세한 내용은 다음과 같다.

25일에 하야시 곤스케 청나라 주재 임시 대리공사의 관저에서 이토를 환영하는 만찬이 열렸다. 여기에는 리훙장도 초청받았는데, 연회 도중에 영국 공사에게서 사람이 와서 장인환이 그다음 날 처형될 것이라는 전문 정보를 전해 주었다. 영국 공사가 보낸 사람은 "이토 후작께서 이 처형을 막기 위해서 힘을 써 주시기를 바란다."라는 뜻을 전하였고, 이토가 이를 받아들여서 리훙장에게 장인환의 구명 운동을 벌인 것이라고 추측해 볼 수 있다.(『외문』 ㉛⑴) 이토는 앞서의 편지에서 리훙장과 장인환은 서로 껄끄러운 관계인 것 같지만 자신에게는 "두 사람 모두 [나의] 지인인데 [장인환을] 죽인다는 것은 너무 지나친 일이므로 어제저녁에 리훙장에게 제발 장인환을 구명하는 데 힘써 달라고 간곡히 말하였다."라고 쓰고 있다. 영국 공사에게서 이런 부탁을 받을 정도였으니 당시 이토의 국제적 명성이 어느 정도인가를 알 수 있다고 하겠다.

베이징에서 뜻하지 않은 소동에 휘말리긴 했지만 여정에 커다란 변경이 생기지는 않았으므로 이토는 중국 순유 여행을 계속하였다. 29일에 베이징을 뒤로하고 톈진으로 향하였고, 달이 바뀐 10월 2일에는 톈진에서 상하이로 향했고, 5일경에 상하이에 도착하였다. 상하이에 도착한 뒤 부인에게 보낸 편지에는 "도처에서 중국 관리들은 말할 것도 없고 학자와 상인까지 빈번히 찾아와서 내가 온 것을 기뻐하면서 이야기를 들으려고 나를 초대해 향응을 받느라 상당히 바쁘다오."(스에마쓰 겐초, 『효자 이토 공』)라고 기록되어 있어 변함없이 가는 곳마다 환대받았던 사실을 보여 주고 있다.

13일에 이토는 양쯔강을 거슬러 가서 우한으로 향했다. 후광 지역 총독으로 그 지역을 통치하던 장즈둥과 한커우에서 만나기 위해서였다. 이때의 만남은 장즈둥의 초청을 받아 이루어졌다. 이토가 상하이를 방문한다는 소식을 들은 장즈둥은 사람을 보내 우한까지 와 달라고 요청하였다. 그 초청에 응하였던 것이다. 이때 장즈둥과의 회담은 무술정변과 함께 이토의 중국 방문에서 절정에 해당하는 사건이라고 할 수 있다. 그 의의에 대해서는 뒤에 논하기로 한다.

17일에 한커우를 출발한 이토는 19일에 난징에 도착하였다. 그곳에서는 양강(兩江) 총독으로 그 지역을 통치하며, 장즈둥과 견줄 정도의 지방 정치 실력자였던 류쿤이와 만나고 나서 22일에 상하이로 되돌아왔는데, 원래는 이때부터 다시 중국 남쪽 지역을 시찰하기로 예정되어 있었다. 그러나 그의 책임으로 성립된 와이한 내각이 붕괴되었다는 소식이 일본에서 전해졌고, 귀국하라는 칙명을 받고 서둘러 귀국길에 올라 11월 7일에 나가사키로 돌아왔다.

이토를 기다리고 있던 것은 야마가타에게 내각을 조각하라는 대명이 내려졌다는 소식이었다. 이토가 이끌었던 정당내각 노선은 전면 부정되었고, 다시금 삿초 번벌의 초연주의 내각으로 되돌아갔던 것이다. 마스다 도모코는 "이러한 조치는 천황의 두터운 신임을 자랑하면서 원로 가운데 우두머리를 자부하던 이토의 권위가 땅

에 떨어졌다는 사실을 말해 주고 있다."(마스다 도모코,『입헌
정우회로 향하는 길』)라고 하면서, 이때부터 이토는 야마가타
를 중심으로 한 관료벌(官僚閥)에 대항하기 위해 정당 정
치가의 길을 걷지 않을 수 없었다고 주장한다.

　그러나 이제까지 거듭 논의해 왔듯이 그와 같이 정국
에 좌우되어 타산이나 권력욕에 기반을 두고 서서히 구
축한 결과, 이토가 입헌정우회로 나아가게 되었다고 보
아서는 안 된다. 이듬해부터 시작되는 헌법 행각에서도
호소하고 있듯이 거기에는 헌법 제정 이래, 아니 그 이전
부터 이토의 뼛속까지 사무쳐 있던 헌법 정치, 문명 정치
의 이념이 맥박 치고 있었다. 그에게 정당정치란 정국이
아니라 정치 이념과 국가 구상의 문제였다. 나는 그러한
이념을 깊이 있는 것으로 만들고 그 구상에 전략적 성질
을 부여해 주었던 것이 이토의 중국 체험이었다고 본다.
이에 관련된 논증으로 논의를 옮기고자 한다.

2 무술정변과의 조우

변법파에 대한 이토의 태도

이토가 1898년(메이지 31) 중국 여행에서 얻은 견문과 학식은 과연 무엇이었을까? 한마디로 요약하면 정경분리의 중국관이다. 이토는 중국의 정치와 경제를 별개로 간주해야 한다고 하면서 중국은 정치적으로는 향후에 점점더 혼미해져 갈 것이지만 경제적으로는 커다란 잠재력이 있어 중국과 경제적 연계를 강화하는 것이 일본에도 긴요한 과제라고 주장하고 있다. 그가 관찰한 중국의 정치와 경제는 어떠했는지 순서대로 살펴보자.

우선 중국 정치관 문제이다. 자신을 환대해 준 변법파지도자들이 하룻밤 사이에 숙청되는 것을 두 눈으로 생생하게 목격하고서, 그는 중국의 상황은 "도저히 알 수 없다."라고 개탄한 바 있다. 이 정변으로 이토가 중국 정치를 불신하는 마음을 품게 되었음은 의심할 여지가 없다. 그렇지만 사실은 이토는 훨씬 전부터 중국의 개혁 방향에 위화감을 느끼고 있었던 같다. 대체로 그가 베이징을 방문할 당시 물밑으로는 캉유웨이와 량치차오 등 변법파와 서태후를 등에 업은 보수파 사이에 치열한 권력 투쟁이 벌어지고 있었으며, 정세는 변법파에 불리하게 돌아가고 있었다. 9월 7일에 변법파의 책동으로 리훙장이 총리아문 대신에서 파면되었다는 소식을 접하고 서태후는 군대를 동원하여 무력 탄압을 하려는 준비에 착수한다. 이에 대항해 변법파는 서태후를 유폐할 쿠데타를 계획하고 신건육군(新建陸軍)[4]을 거느리고 있던 위안스카이와 접촉하려고 시도하였다.

이토는 바로 그와 같은 일촉즉발 상황에서 베이징에 도착하였다. 그의 방문에 "곤경에 처해 있던 변법파는 커다란 기대를 걸었다."(기쿠치 히데아키, 『마지막 황제와 근대 중국』)[1]* 그러나 당사자인 이토는 그와 같은 변법파의 입장을 잘 알고 있었다. 총리아문의 여러 대신들도 변법에 반드시 찬성하지는 않는다는 것을 간파한 그는 변법파와 거리를 두었다. 무엇보다도 몇 해 전부터 협상 파트너로서 노련하면서도 중용을 취하는 정치가로 역량을 인정하였던 리훙장을 파면했다는 점 때문에 그는 변법자강 운동을 크게 경계하게 되었다.

---

4) 신군(新軍)으로도 불리며 청나라가 청일전쟁에서 패배하고 난 뒤 재편성하여 새로이 만든 근대적 육군이다. 신군은 군제와 장비 및 훈련까지 완전히 서양식으로 탈바꿈한 군대로 청나라 말기에 정규군 역할을 담당하였다.

9월 18일 서태후 일파가 거사를 일으킬지도 모른다는 가능성이 고조되던 이날에 캉유웨이는 일본 공사관으로 이토를 찾아와서 변법을 지지하도록 서태후를 설득해 달라고 간청하였다. 그러나 이토가 말을 이랬다저랬다 돌리기만 하자 캉유웨이는 "후작께서는 우리 중국을 몹시도 멸시하고 있습니다."라고 실망을 나타냈다. 정변이 일어난 뒤 일본에 망명한 캉유웨이를 추방하라고 장즈둥이 일본 정부에 압력을 가했을 적에 "이토 후작이 베이징에 도착한 날에 그가 캉유웨이에게 불만이 있다는 말이 전해지자 캉유웨이는 마침내 [청나라] 황제에게 이토 후작을 만나지 말도록 청했고 아울러 일본을 믿어서는 안된다고 몰래 상주했던 소(疏)도 남아 있다."라고 전하였다.(장즈둥,「캉유웨이의 사실」『외문』㉛(1)) 이를 액면 그대로 믿을 수는 없지만 긴박한 정세하에서 지푸라기라도 붙잡는 심정으로 이토와 면담하였으나 거절당하고 말았던 캉유웨이의 입장에서 보자면 기대가 컸던 만큼 틀림없이 분노도 컸을 것이다.

지금까지 정변 당시 이토의 대응을 개략적으로 설명하였고, 다음으로 이 당시 그의 견해를 1차 사료에 근거해서 정밀히 살펴보고자 한다. 『이토 문서』안에는 「이토 히로부미 청국 관계 자료」(375)라는 제목으로 경친왕과 광서제와 회담한 기록이 수록되어 있다. 이토의 여행에는 반드시라고 해도 좋을 만큼 자주 대동하였던 고용 비서 모리 가이난[한시인(漢詩人)으로서 저명하였던 모리는 취미로 한시를 지었던 이토의 작품을 첨삭하는 역할도 맡았다.]이 필기를 담당하였고, 「일본국 주청(駐淸) 공사관」의 괘지에 기록되어 있다. 그 가운데에는 분명히 "국가의 이해득실에 관계된 사안이면 마땅히 가장 신중하고 주도면밀해야 할 것이다. 단연코 급하고 경솔한 행동을 해서는 안 된다. 그러므로 위로는 노성(老成)하고 숙련된 이가 개혁 방침을 확립하고, 아래로는 혈기 왕성하고 기백이 대단한 사(士)가 그를 보좌하게 하는 식으로 각자 자기 사무를 담당하게 하여 그 성과를 기대해야 한다. 만일 이러한 점을 세밀하게 고려하지 않고 경솔하게 급격히 법을 고치려 들면 다만 소란이 일어날 뿐이다."라는 이토의 발언이 실려 있다. 급격한 개혁을 경계하고 "노성하고 숙련된 이"와 "혈기 왕성하고 기백이 대단한 사" 사이의 조정을 주장하는 그의 설법은 변법파가 기대한 바와는 동떨어진 것이었다. 그렇지만 애초에 그와 같은 점진주의는 이제까지 살펴보았듯이 이토에게는 자신의 정치철학과 다름없는 것이었다고 할 수 있다. 그와 유사한 발언을 그는 항상 해왔으며 중국에 와서도 거듭 되풀이한 것에 불과하였다.

경친왕에게 조언하다

오히려 이 당시 경친왕과의 회견에서 인재 양성과 관련된 이토의 견해에 주목해야 할 것이다. 일찍이 총리로 재임하던 무렵 청나라 주일 공사로부터 중국 병제 개혁에 대해 의견을 요청받은 것을 회고하며 다음과 같이 술회하고 있다.

당시 나는 무릇 병제의 요점은 사관(士官)이 좋은지 나쁜지 여부이며 양질의 사관을 선발하여 기르는 것은 무엇보다도 학교의 육성에 달려 있으므로 귀국의 대황제 직할 사관학교 설립을 제일 먼저 할 일로 삼아야 할 것이라는 취지로 답했다. 단지 병제에 대해서뿐만이 아니라 제반 개혁이 모두 그러하다. 요는 사안의 완급질서(緩急疾徐)[5]를 각각 비교하고 생각하여 헤아려 그 순서를

---

5) 해야 할 일 가운데 급히 할 일과 천천히 할 일.

틀림없게 하고, 순번에 따라 그것을 실행하는 것을 목적으로 삼는다면 설령 아무리 힘든 일이라도 아무쪼록 성공을 기대할 수 있는 것이다.

병제의 좋고 나쁨은 그 안에 속한 사관의 질에 따라 좌우되는 것으로 양질의 사관을 육성하기 위해서는 학교를 세우는 일이 급선무라고 지적하고 있다. 그리고 결코 서둘러서는 안 되고 순서를 밟아 점진적으로 실행하는 것이 성공 비결임을 강조하고 있다. 후반부에서 이야기하는 것은 예의 점진주의와 다름없고 전반부에 개진한 내용도 이토의 정치 신조 가운데 하나이다. 여기서 그는 제도의 요체는 사람에게 달려 있다고 갈파하고 있다. 바꾸어 말하면 제도의 귀추는 그것을 움직이는 사람의 지력과 학력에 달렸다는 것이다. 병제에 대해서도 "학교가 설립된 뒤에 구체적으로 사관이 양성되면 병졸 훈련 방법 같은 것은 정밀하지 않아도 근심할 필요 없다."라는 것이다. 요컨대 하나의 제도를 확립하고 싶다면 설령 다소 돌아가는 것처럼 보여도 그것을 지탱하는 인재를 양성하는 법부터 바꿔 나가야 한다는 것이다.[2*]

제도론을 교육론으로 환원하는 이토의 논법에는 사람

이 제도를 움직인다는 사상이 있다. 경친왕과의 회담에서 그는 인재를 초석으로 하는 나라를 만들어야 한다는 생각을 말하려고 했던 것이다. 그것은 "나라를 부유하게 만드는 방법은 무엇인가? 또한 해관세(海關稅)[6]를 기본으로 삼아야 하는가?"라는 경친왕의 질문에 "절대 아닙니다. 나라를 부유하게 하는 근본이 어찌 관세에 있겠습니까? 무릇 한 나라의 부의 원천은 국민의 재산을 불리는 데 있습니다."라고 결연히 답하고 있는 데에서도 엿볼 수 있다.[3]*

자질구레한 제도 변경보다는 다름 아닌 국민의 활력이 국가 존립의 근원이라고 이토는 생각하였다. 그를 위해서는 학교 제도를 개혁하여 인심을 일신할 필요가 있다고 주창하였다. 국가가 국민의 물질적·정신적 활력으로 지탱되어 간다는 주장은 이듬해부터 감행된 헌법 행각에서도 거듭 반복하여 표명되었다. 이 회담에서 그는 국가 건설에 관한 자신의 지론을 솔직하게 전하였다.

---

6) 청나라 때 해관, 곧 세관에서 바닷길로 오가던 수출입품에 부과하던 관세를 가리킨다.

종교와 국가가 혼동될까 두려워하다

이 무렵 중국에서도 식산흥업의 기초로서 학교와 서양 학술에 기반을 둔 실학이 필요하다고 인식하였고, 이미 수많은 학교가 설립되어 있었다. 변법자강 운동에서도 그것은 중요한 개혁 항목이었지만 그 본연의 모습에 대해서는 변법파와 이토의 생각에 커다란 차이가 있었다.

캉유웨이는 당시 양무파의 개혁과는 달리 국민교육의 보급이라는 견지에서 소·중학교를 개혁하고 신설하겠다고 나섰지만(이토 아키오, 『변법 유신 운동과 그 사상』) 이토는 중국을 방문하기 전부터 그와 같은 방침에 비판적이었다. 한국을 떠나서 톈진으로 향하는 선상에서 그는 "중국의 개혁은 일모도원(日暮途遠)[7]한 느낌이다."라고 회의적인 견해를 토로하였다. 그러고 나서 "나더러 중국을 위해서 뭔가 일을 꾸미라면 소·중학교 같은 것은 잠시 보류하고 먼저 학술을 전문으로 하는 학교를 설립하여 국가가 긴급히 필요로 하는 인재를 양성해 곧바로 국가의 유용한 사업에 써먹을 것이다."라고 열변을 토하였다. 이토에 따르면 교육에는 "인간으로서의 교육"과 "국가로서

---

7) 해는 저물고 갈 길은 멀고 아득하다는 뜻.

의 교육"이 있는데 지금 중국에 필요한 것은 후자의 "국가로서의 교육"이었다. "국가가 긴급히 필요로 하는 인재를 얻어서 국가가 시급히 해야 하는 사업을 맡길 수 있도록" 전문교육에 중점을 두어야 한다는 것이다.(「이토 후작의 청나라 교육 이야기」,《고쿠민신문》1898년 9월 29일. 펑쩌저우,『중국의 근대화와 메이지유신』) 우선 현시점에서 고등교육을 받은 이들의 의식을 개혁하여 국가 엘리트를 배출해 내고, 그로부터 점진적으로 민중 일반에 대한 교육을 충실하게 해 나간다는 것이 이토의 진의였다고 할 것이다.

　덧붙이면 이토와 캉유웨이 사이에는 교육관 문제에서도 근본적 차이점이 있었다. 통상적으로 변법자강 운동은 양무파의 중체서용론(中體西用論, 중화의 전통 문명을 '체(體)'로 삼고 서양 문명을 '용(用)'으로 하여 도입한다는 한정적인 근대화론)을 반박하는 입장의 사상운동으로 간주되지만 그 내실을 자세히 검토해 보면 캉유웨이의 주장에도 "[중국의 학술인]중학(中學)은 체이며, 서학은 용이다."라는 중체서용론적 언사가 나타나고 있다. 무라타 유지로는 캉유웨이가 벌인 논의의 특색은 차라리 '중학' 속에 무엇을 담을 것인가에 있다고 지적하고 있다.(무라타 유지로,「캉유웨이와 '동학(東學)'—『일본서목지(日本書目志)』를 중심으로」) 요컨대 캉유웨이는 중국의 고전 경서에서 공자교(孔子敎)라는 종교를 이끌어 냈고 그것을 국교화하여 국가를 개혁하는 공자 개제설(孔子改制說)을 제창하였는데, 바로 그 점에서 캉유웨이 주장의 독자성을 찾을 수 있다.

이와 같이 종교와 교육, 나아가서는 종교와 국가를 혼동하는 것을 이토는 있는 힘을 다해 피해야 한다고 보았다. 그는 이듬해에 시작한 헌법 행각에서도 "오늘날에는 이미 종교가 같은지 다른지도 묻지 않습니다. 허락받은 각종 권능을 행사하는 일에 대해서는 더욱 추궁할 수 없습니다. 불교든 신도든 기독교든 모두 무방합니다."(『연설집』①)라고 주장하고 있다. 관리 임용에 대해서 이야기한 대목인데 이토는 교육받은 사람이 그 능력에 따라 국가 관직에 나아가는 것을 이상으로 여기고 있었다. 따라서 교육과 국가는 세속화되고 종교적으로는 중립을 요구하였던 것이다.

이토가 변법자강 운동에 시종 거리를 두었던 것은 거기에 내포되어 있던 공자교라는 종교화 경향을 수상쩍게 여겼기 때문이 아닐까 하고 추측해 볼 수 있다. 후에 귀국하고 나서 메이지 천황을 배알하고 중국과 한국 여행에 대해 보고할 적에도 "향후 황실은 종교와 종파에 대하여 모두 평등하게 대하고 편파적 조치를 내려서는 안 된다."라는 의견을 아뢰고 있다.(『메이지 천황기』⑨) 국가가 종교에 휘말리는 사태의 위험성. 그 점이야말로 이토가 중국의 개혁 운동을 보고 깊이 명심한 바가 아니었을까? 이토와 캉유웨이 사이에는 개혁에 담고자 했던 사상적 내용에서부터 본질적 차이점이 존재했다.

3 장즈둥과의 만남

변법파 지식인을 구명하다

베이징에서 정변이라는 뜻밖의 돌발 사태에 휘말리기는 했지만 이토는 당초 예정을 변경하지 않고 여행을 계속하였다. 앞부분에서 보았듯이 캉유웨이 등이 적극적으로 권유했는데도 그의 마음속에는 변법자강 운동에 대한 공감이 일어나지 않았고, 오히려 그 앞날에 의심을 품기까지 했다. 이토의 눈에도 쿠데타가 일어나는 것이 시간문제로 보였다.

한편으로 이토는 정변으로 위태로운 처지에 빠진 사람들을 구제하는 데 힘을 보태고 있다. 장인환의 구명에 나선 사실은 앞서 언급하였지만, 그 밖에도 해임당한 일본 주재 외교관 황쭌셴의 목숨을 구해 주고 안전을 보장해 달라고 청나라 정부에 요구하도록, 중국에 체재 중인 10월 10일에 상하이 총영사관을 통하여 일본 정부에 요청하였다.(『외문』㉛⑴) 황쭌셴은 개명한 외교관인 동시에 뛰어난 시인이었다. 일본에 부임한 경험과 학습한 지식을 바탕으로 1895년(메이지 28)에 『일본국지』를 간행했는데,

서문에서 "외환에 시달렸던 일본이 서양 문명을 도입하는 것을 누군가가 비웃음거리로 삼는 데 대해 신랄하게 비판한" 이 책은 "청나라의 대외 인식의 역사에서 커다란 전환점"이 되었다. (히라노 사토시, 『대청 제국과 중화의 혼미』) 이토는 변법자강 운동 자체에 대해서는 어딘가 미심쩍어하였지만 그 변혁이 좌절된 사건을 빌미로 중국의 개혁파 지식인이 남김없이 제거당하는 사태에는 가슴 아파했음이 틀림없었다.

캉유웨이와 견줄 만한 변법자강 운동 지도자 량치차오를 대우하는 방식이 그 증거이다. 량치차오는 이 당시 이토의 도움으로 일본에 망명하였다. 정변이 발생했다는 소식을 들었을 때 탄스퉁을 만나고 있던 량치차오는 그의 권유로 일본 공사관으로 달아났다. 그 후에 이토의 지시로 일본 군함에 승선하여 일본에 망명하였다. (『량치차오 연보 장편』①) 일본 망명 중에 그는 일역서를 중심으로 서양 근대의 정치·경제 이론을 적극적으로 섭렵하고서, 중국 사회가 서양 문명을 수용하는 것을 촉진하여 입헌제를 도입하기 위한 터전을 닦는 역할을 하기에 이른다. (하자마 나오키 편, 『공동 연구 량치차오』)

이토는 량치차오에게서 그와 같은 가능성을 알아차렸

을지도 모른다. 당시 청나라 주재 대리공사 햐야시 곤스케는 이토가 "량치차오라는 젊은이는 대단한 친구야. 실로 탄복할 만한 친구지."라고 하면서 "량치차오를 도와주게. 그리고 일본으로 달아나게끔 해 줘. 일본에 도착하면 내가 보살펴 주지. 량치차오 같은 젊은이는 중국에는 아까운 인재야."라고 지시했던 일을 술회하고 있다. (하야시 곤스케, 『나의 칠십 년 인생을 말한다』) 이토는 캉유웨이와 달리 량치차오에게는 공감을 느꼈던 것 같다. 이 당시 량치차오는 표면상으로는 캉유웨이의 주장을 토대로 서술하면서도 차츰 스승이 주장하는 공자교 수립 같은 종교적 경향에는 회의를 품었고 서구의 학술을 좀 더 정확하게 이해해야 할 필요성을 통감하고 있었다고 한다.[4*] 이토는 량치차오의 그와 같은 탈종교적 근대 지향의 성향을 알아차렸을지도 모른다.

본래 하야시 곤스케는 "량치차오는 일본에 와서 이토 공에게 신세 질 예정이었는데, 이내 오쿠마 씨가 후원자 역을 자처하고 나섰다. 이토 공은 그런 일은 시원시원하게 받아 주는 사람이었다."라고 술회하고 있다. (하야시 곤스케, 위의 책) 확실히 량치차오와 캉유웨이가 일본에 망명하고 난 뒤에 이토는 그들과의 접촉을 피하고 그 대신에 오쿠마를 통하여 이누카이 쓰요시가 그들을 보살피게 하였다. 그러나 이토와 일본 정부는 일본에서 공공연히 청나라 정부를 비판하는 캉유웨이와 량치차오의 정치 활동과 그 두 사람의 인도를 요구하는 청나라 정부의 요청 사이에서 곤란한 처지에 놓여 있었다. 고심 끝에 그는 야마가타 총리에게 캉유웨이는 7,000엔을 지급하여 미국으로 추방하고, 량치차오는 일본에 머물게 하되 한 달에 250엔을 지급하기로 그들의 후원자인 이누카이 쓰요시와 합의했다는 이야기를 전하고서 "이상의 금액을 지급하고 이 일에서 손을 떼고자 합니다."(1899년 2월 12일 자로 야마가타에게 보낸 이토의 편지, 『야마가타 문서』①)라고 촉구하고 있다.

이토는 국제적 도의에 입각해서 일을 처리하고 싶어 했다. 량치차오에 대해서는 일본 망명 기간 중에는 조용히 서양 학문을 깊이 연구하는 데 힘을 쏟았으면 하는 심정이었음이 틀림없다. 만약 그것이 불가능하다면 출국시키고자 했던 것이다. 그러나 량치차오의 뛰어난 지성에서 앞날의 가능성을 본 이토는 최종적으로는 량치차오를 일본에 머물도록 했다. 아울러 1899년 10월에 캉유웨이의 인도를 요구하러 중국에서 사절단이 방문했을 적에 이토는 그 사안에 대해서는 그 지난해에 정변이 있었던 직후 베이징에서 리훙장의 면전에서 "캉유웨이가 국사범의 처지로 일본으로 도망해 온 것에 대해 일본은 만국공법의 성규(成規)에 근거하여 결코 그를 체포해서 인도할 수 없다는 점을 반복 설명"했다고 하면서 중국 사절에 대해 "대단히 경솔한 행동이라고 하지 않을 수 없다."라고 호통치듯이 몰아세우고 있다.(『이토 문서』376) 속마음과는 상관없이 어디까지나 문명의 규칙을 좇아서 결정하려는 자세를 굽히지 않았다.

장즈둥의 사상

이야기를 중국에서 이토의 행적으로 되돌려 보자. 1898년(메이지 31) 11월에 접어들어 일본에서 오쿠마 내각이 붕괴했다는 소식을 접하고 그는 부득이하게 급거 귀국할 수밖에 없었지만 그 동안에도 정력적으로 시찰을 거듭하였다. 그중에서 특히 눈에 띄는 일이 한커우에서 장즈둥을 찾아갔던 것이다. 본래 리훙장과 함께 중국 정계의 실력자로 당시 후광 총독을 맡아서 지역 개발과 발전에 수완을 발휘하고 있던 그는 변법자강 운동 이전의 개혁 노선이던 양무운동의 이론가로도 명성을 떨쳤는데, 이토가 중국을 방문하기에 앞서서 유명한『권학 편(勸學篇)』(1898년 3월)을 저술하였다. 이 책은 "온건한 개혁론을 제창하여 캉유웨이의 급진적 변법론을 비판하는 뜻이 담겨 있었던"(오노가와 히데미,『청 말 정치사상 연구』) 것으로 평가받으며, 또한 중체서용론을 체계적으로 정리한 저작으로도 알려져 있다. 이 책에 의해서 "서양 학술의 유효성과 채택 필요성이 비로소 공식적으로 인정되었고" 그 때문에 이 책은 유학생 파견, 과거제 폐지, 입헌제 도입 같은 청대 말기의 주요 개혁을 정당화하는 중요한 "이데올로기적 역할"을 담당했다고 평가받는다. (타오더민,『메이지의 한학자와 중국』)

"온건 개량론"이라는 점에서 사실은 이토와도 통한다고 하겠다. 10월 13일 이토는 상하이를 출발하여 한커우로 향했다. 그곳에서 장즈둥과 만나기 위해서였다. 앞서 언급했듯이 이 만남은 장즈둥의 초대에 이토가 응하여 이루어진 것이다. 그 이면에는 상하이 총영사 대리 오다기리 마스노스케의 주선이 있었음을 추측해 볼 수 있다.[5*] 일찍부터 장즈둥이 관할하는 후광 지역의 경제 발전, 특히 아시아 최초의 근대적 제철소인 한양철창(漢陽

장즈둥

鐵廠)을 중심으로 한 그 지역 철강업에 주목하던 오다기
리는 이토를 반드시 장즈둥에게 소개해 주리라 염원하고
있었다.

한편으로 이토 쪽에서도 중국으로 가기 전부터 장즈둥
이 통치하던 경제권의 상황에 관심을 기울이고 있었음을
보여 주는 증거가 있다. 이토의 구장(舊藏) 문서류를 편찬
한 『비서유찬(秘書類纂)』에는 「청국 양호(兩湖) 총독 사업 보
고」라는 제목의 한양과 우창의 산업에 대해 기술한 보고
서가 발견되고 있다. (아쓰시 히라쓰카, 『비서유찬 외교 편 (하)』) 또

한『세가이 전』에는 이노우에 가오루가 1897년 시점에서 야하타 제철소에 원료를 보급하기 위해 중국 광산을 조사했다는 기록이 있고, 이노우에의 명령을 받고 청나라로 건너간 [제철 기사] 니시자와 기미오는 귀국한 뒤에 이노우에뿐 아니라 이토에게도 조사 결과를 보고하였다고 되어 있다.(『세가이 전』⑤) 이토가 귀국하고 난 뒤에 장즈둥이 관할하던 다예 광산과 야하타 제철소 사이에 급히 업무 제휴가 이루어지는데 아마도 그 교섭의 단서가 이토와 장즈둥의 회담이었을지도 모른다. 이에 대해서는 뒤에서 다루기로 한다.

이토는 장즈둥을 만나기 전에 그의 사상에 대해 일정한 정보를 제공받았다. 일본과 중국의 우의를 위해 다대한 열정을 쏟고 있던 기시다 긴코는 이토가 중국을 방문한다는 소식을 듣고 재빨리 편지를 한 통 보냈는데 그 안에 장즈둥의 새 책『권학 편』을 언급하고 있다. 기시다 긴코에 따르면 이 책은 내편과 외편 2부로 구성되어 있고 내편은 "유학자풍의 수구설(守舊說)"이지만 외편에 대해서는 "변법, 과거제 개혁, 유학(遊學), 열보(閱報), 광역(廣譯), 농공상학, 병학, 광물학, 철로 등 널리 서양 문물을 채용하려는 생각이고 특히 우리 일본을 모범으로 삼으려는 것 같습니다."라고 소개하고 있다. (1898년 8월 22일 자로 이토에게 보내는 기시다 긴코의 편지, 『이토 문서 <각>』④) 이토는 기시다의 편지를 톈진에서 받았을 것으로 보이는데 이윽고 한커우로 가기 전에 장즈둥의 식견에 대해 어느 정도 학습해 두었을 것으로 여겨진다.

사상적 공명(共鳴)

이리하여 14일에 이토는 처음으로 장즈둥과 회견하였다. 16일에는 이토를 위한 성대한 연회가 개최되었다. 그다음 날에 이토는 장즈둥과 작별하였다. 한커우에 머무르는 동안에 두 사람은 무슨 이야기를 나누었을까? 오다기리 마스노스케는 이토가 귀국하고 난 뒤에 장즈둥이 다음과 같은 이야기를 하였다고 보고하고 있다.

요전에 이토 후작이 내방하였을 적에는 베이징 정변 이후 많은 시간이 지나지 않았기 때문에 마음속으로 이야기하려 해도 이야기할 수 없는 바가 있었다. 입으로 물어보고자 해도 물어볼 수 없는 바가 있었다. 천재일우의 기회를 평범한 응대로 놓쳐 버리고 만 것은 지금도 마음속에 한없는 아쉬움을 느낀다고 하였다. 당시에 총독이 얼마나 언사를 삼가고 조심하였는가를 살피기에 충분하다고 할 것이다.

『외문』㉛(1)

캉유웨이 등 변법파와 사상을 달리하면서도 개혁 지향이라는 측면에서 같은 줄에 놓일 수 있던 장즈둥은 베이징에서 정변이 일어난 뒤 며칠 지나지 않은 시점에서 아무래도 발언에 신경 쓰지 않을 수 없었을 것이다. 그런 이유로 이토를 대면하고서도 "마음속으로 이야기하려 해도 이야기할 수 없는 바가 있었다. 입으로 물어보고자 해도 물어볼 수 없는 바가 있었다."라는 일종의 자기 검열 상태에 있었다는 것이다. 천재일우의 기회를 놓치고서 한없는 아쉬움을 느꼈다고 장즈둥은 유감의 뜻을 내비치고 있다.

액면 그대로 받아들이면 두 사람의 만남은 형식적으로 경의를 표하는 정도로 끝났고 실질적 이야기는 하나도 이루어지지 않았던 것처럼 보인다. 과연 그랬을까? 이토는 급거 귀국할 수밖에 없었던 즈음에도 장즈둥에게 편지를 한 통 띄우고 있다. 그 편지에서 그는 면담할 때 선물받은 『권학 편』을 이미 일독하고 그 탁월한 학문적 식견에 탄복했다는 점, 변법자강의 설은 시의를 놓쳐 버렸고 이를 포기하는 것은 중국뿐만이 아니라 동아시아 존망에 관계되는 사안이기도 하다는 점, 그를 위해서 내외의 두터운 신망을 얻으면서 중국을 지탱해 갈 수 있는 인물은 각하를 빼고서는 달리 없다는 점 등을 써서 보내고 있다. 황급하게 귀국 준비를 서두르지 않으면 안 되었던 상황에서도 일부러 붓을 잡고 이러한 내용을 써 보낸 것을 보면 면담하는 동안에 두 사람이 어느 정도 의기투합했는가가 눈에 선할 정도이다. 앞서 언급한 장즈둥의 술회 역시 두 사람의 회담이 성과 없이 끝났다는 표현이 아니라 이야기하고 싶은 내용이 더 있었는데 시간이 모자랐다는 아쉬움의 표현이라고 해야 할 것이다.

이 면담으로 이토와 장즈둥 사이에는 명백히 친교가 싹텄다. 급격한 개혁을 피하고 점진적 근대화를 꾀한다는 사상적 공명이 상호 간에 있었기 때문이라는 한 가지 이유를 생각해 볼 수 있다. 두 사람은 무엇을 계기로 상호 공명할 수 있었을까? 교육론을 통해서였을 것이라는 추측이 가능하다.

융통의 정신

경친왕에게 전문교육의 충실성을 강조하는 등, 이토가 중국에 머무르는 동안 교육론을 거듭 설파한 사실은 앞서 언급하였다. 이 밖에도 장즈둥과 헤어지고 나서 난징에 갔을 적에, 그곳에서 장즈둥과 나란히 당시 중국 지방 정치 실력자였던 류쿤이 양강 총독과 면담했을 적에도 공업학교 설립 필요성을 설파하고 있다. 이러한 이토의 충고를 받아들여 이듬해에 류쿤이는 일본의 "농공 교육의 실상을 시찰"할 인원을 파견하였다. 이를 중개했던 오다기리 상하이 영사는 이토에게 "도쿄에 도착하면 [이토] 각하에게 [자신이 파견하는 인원에 대해] 충분히 지도하고 가르쳐 달라고 부탁하라는 총독님의 의뢰가 있었습니다."(1899년 3월 23일 자로 이토에게 보내는 오다기리의 편지, 『이토 문서 <각>』③)라는 부탁 편지를 보냈는데, 이토의 헌법 행각 때문에 실현되지는 못했다.

이와 같이 교육론을 거듭 강조하던 이토는 장즈둥에 대해서도 당연히 지론을 설파했을 것이다. 장즈둥 역시 주저인 『권학 편』에 대해서 앞서 약간 언급하였듯이 교육론에는 제 나름대로 일가견이 있었다. "자강"은 힘에서 생겨나고, 힘은 지(智)에서 생겨나고, 지(智)는 배움(學)에서 말미암는 것이다."(『권학 편』 외편 익지(益智) 제1)[6]* 라고 하면서 "천하에 널리 학당을 세우고"(『권학 편』 외편 설학(設學) 제3)[7]* 중학(中學)을 체(體)로 삼고 서학을 용(用)으로 삼아 어느 한쪽에도 치우치지 않는 중용을 취하는 인재 육성을 주장했던 그의 책은 서양의 기술 교육을 제한적으로 받아들여 공자 문하의 학문을 부활시키고자 한 것이며, 서양 문명의 피상적 수용을 정당화하는 책으로 일반적으로 평가받는다. 그렇다면 유학을 근본적으로 구시대 유물로 보고 범연히 여겼던 이토와 장즈둥이 과연 서로 뜻이 맞았겠는가 하는 의문이 생겨날지 모른다.

그러나 장즈둥의 사상에 관해서는 『권학 편』 성립의 시대적 배경을 치밀하게 검토했던 가와지리 후미히코에 따르면 "후난의 유신파를 중심으로 제기된 〔장즈둥의〕 '중체서용론'은 오히려 서양의 학문과 제도를 도입하기 위한 적극적 이론이기도 하였다고 생각할 수는 없을까?"(가와지리 후미히코, 「중체서용론과 학전(學戰)」)라는 식으로 재검토 필요성이 제기되고 있다. 분명히 『권학 편』 외편 설학 제3에서 서양의 학술을 정(政)과 예(藝)의 두 가지로 분류하고[정(政)이란 정치경제학에 속하는 여러 학문, 예(藝)란 수학·광물학·의학 등 이화학을 가리킨다.] 그 양자를 익히는 데 언제부터 어느 정도 시간을 들여서 학습하면 좋은가를 면밀히 연구해 놓은 점을 살펴보면(니시 준조 편,『원전 중국 근대사상사』제2책) 중국의 학술에 서학을 적당히 접목하는 것이 장즈둥의 진의였다고는 보기 어려울 것이다. 요컨대 두 사람 사이에 서학의 진가와 그 도입을 둘러싸고 기본적으로 서로 생각이 통했고 그 때문에 두 사람은 함께 기뻐할 수 있었다고 필자는 생각하고 싶다.

그 방증으로 장즈둥이 캉유웨이를 비판한 것을 예로 들 수 있다. 장즈둥의『권학 편』은 같은 해에 간행된 캉유웨이의『공자개제고(孔子改制考)』에 대한 논란의 시작이기도 했다.『권학 편』은 첫머리에서 "오늘날 커다란 사고나 재난에서 세상을 구하는 사람의 이야기에는 세 가지 종류가 있다. 하나는 나라를 지킨다고 하고, 하나는 종교를 지킨다고 하고, 하나는 화종(華種)을 지킨다고 한다. 그러나 이 세 가지는 일관되어야 한다. 보국(保國), 보교(保教), 보종(保種)을 합하여 일치한 마음으로 행하는 것을 동심(同心)이라고 한다. 화종을 지키려면 반드시 먼저 종교를 지켜야 하고, 종교를 지키려면 반드시 먼저 나라를 지켜야 한다."라고 주장하고 있다. 그런데 "보국, 보교, 보종"은 캉유웨이가 주창한 테제이기도 하였다. 의식적으로 캉유웨이가 만든 어구를 그대로 받아들여 주장을 펼친 장즈둥은 어떤 방식으로 캉유웨이를 비판하였는가? 그것은 "화종을 지키려면 반드시 먼저 종교를 지켜야 하고, 종교를 지키려면 반드시 먼저 나라를 지켜야 한다."라는 한 문장에 명시되어 있다. 무라타 유지로에 따르면 장즈둥은 "캉유웨이 일파에 의해 공자를 숭배하여 종교를 지키는 것(尊孔保敎)과 화종을 지켜 무리를 이루게 되는 것(保種合群)이 고조되는 사태를 가장 걱정하였다. 장즈둥의 눈에는 그것들은 이미 나라를 지킨다는 대전제를 벗어나고 있는 것으로 비쳤다."(무라타 유지로, 「캉유웨이와 '동학'」)라는 것이다. 종교를 내세운 과격한 혁신 운동을 반대하고 나라를 지키는 것을 최우선으로 하는 온건한 개혁을 주장한다는 점에서 장즈둥과 이토 사이에는 서로 공명하는 바가 있었다.

방증의 사례를 또 하나 들어 보자. 이토와 장즈둥의 대담은 영어로 이루어졌는데 그때 장즈둥의 통역을 맡은 이가 당시 그의 수하에서 비서로 일하던 구훙밍이었다. 젊은 날에 십 년 이상이나 서구 각지를 유학하고 1915년에는 『중국인의 정신(The Spirit of the Chinese people)』을 저술하는 등 동·서양 문화에 정통한 당대 일급 지식인이었다. 구흥밍의 회상에 따르면 통역을 맡았을 적에 그는 자신이 번역한 『논어』 영역본을 이토에게 선물하였다. 이것을 받아 든 이토는 공자의 가르침 따위는 수천 년 전의 것으로 이후 20세기에 어떤 의미가 있는가라고 비아냥거렸다고 한다. 이에 응수하여 구흥밍은 수천 년 전이나 20세기인 지금이나 3×3=9라고 잘라 말하듯 반박하였다. 그러자 그 말을 듣고 있던 장즈둥이 "20세기 수학의 변혁을 알지 못하는가? 오늘날에는 우리가 외국에서 차관을 들여오면 3×3=9는커녕 3×3=7이 되지만 역으로 되갚을 경우에는 3×3=11이 되네."라고 구흥밍을 꾸짖었다고 한다.(구흥밍, 『장원샹 막부 기문』) 이것은 장즈둥이 아니라 이토의 대답이라고 하여도 이상하지 않다. 중국의 학술을 오로지 보수하는 데 그치지 않고 시대의 추세에 부응하여 유연하게 적용해 가는 융통의 정신으로 장즈둥은 이토와 함께 기뻐하지 않았을까?

야하타 제철소의 요청

이토가 장즈둥을 방문한 것은 구체적 사업 용건도 있었

기 때문이다. 이미 앞서 간단히 언급했던 야하타 제철소의 원료 문제였다. 이 무렵 일본에서는 관영 야하타 제철소가 사업을 시작하기 위한 준비를 착착 진행하고 있었다.(1901년 2월 조업 개시) 철강업의 확립은 메이지 국가의 염원이었으며 일본 최초의 근대적 철강 공장 야하타의 창립은 만반의 준비 끝에 이루어진 국가적 사업이었다.

사업 개시를 위해 여념이 없던 이 무렵 제철소가 직면한 현안 가운데 하나가 양질의 철광석 원료를 대량으로 지속적으로 확보하는 것이었다. 당초에는 해결책으로 니가타의 아카타니 철광산이 조달처로 검토되었지만, 그 철광산이 미개발 상태였기 때문에 좀 더 확실한 구입처를 구할 필요가 있었다. 그때에 특별히 선정된 곳이 장즈둥이 통치하던 후베이성에 위치한 다예 철광산이었다. 앞서 언급했듯이 후베이성에는 야하타 제철소보다 앞선 19세기 말에 아시아 최초의 근대적 제철소 한양철창이 세워졌는데, 다름 아닌 장즈둥의 주도하에 설립된 것이었다.

1917년(다이쇼 6)에 농상무성(야하타) 제철소 도쿄 출장소에서 작성한 『제철소 대(對) 한예핑 공사[8] 관계 제요』라는

---

8) 한예핑 매철(煤鐵) 공사는 중국 청나라 말기에 설립된 최대 제철 회사의 이름이다.

방대한 책자에 따르면 이토가 중국을 방문한다는 소식을 듣고서 당시 야하타 제철소 장관 와다 쓰나시로가 중국에서 철광석을 구입할 수 있게 도와 달라고 요청하였고, 그를 수락한 이토가 장즈둥과 면담할 때 그 이야기를 끄집어냈다는 요지의 기술이 있다. 이 책자에는 두 사람의 회담 내용이 다음과 같이 기록되어 있다.

〔이토〕 공작〔당시는 후작이었다.〕은 후베이성 우창에서 장즈둥 총독과 회견했는데 일본과 중국의 실업이 제휴해야 하는 필요성을 제창하고 무엇보다 먼저 일본에서 코크스를 매입하고 그 대신 다예의 철광을 일본에 매도하는 안을 역설하여 장즈둥 총독이 수긍하도록 하였다. 그후 이 사안에 대한 협의를 진전시키기 위해 메이지 32년 봄에 와다 장관 자신이 중국에 건너갈 때에 즈음하여 장즈둥 총독은 만일에 있을 반대를 염려하였고, 일본과 중국의 실업을 제휴하는 과정에서 다예 철광석 구입 계약을 체결하기 위해 와다 제철소 장관을 중국에 파견하여 좀 더 깊이 상의하기를 요청한다는 취지를 담은, 고(故) 이토 공작이 고 장즈둥 총독에게 보내는 첨서(添書)를 지

1890년에 후베이성의 한양철창, 다예 철광산, 장시성의 핑샹 탄광을 통합하여 만들었다.

참한 채 와다 장관은 바다를 건넜다.

『제철소 대 한예핑 공사 관계 제요』,
사이구사 히로토, 이다 겐이치 공편
『일본 근대 제철 기술 발달사』

이 기록에 따르면 1898년 10월 회담 시에 이토와 장즈
둥 사이에는 중국의 철광석과 일본의 석탄을 교환 매매
한다는 내약이 있었고, 이를 이어받아 와다 장관은 계약
을 체결하려고 중국을 방문했는데 그 당시 이토가 장즈
둥에게 보내는 서신을 지참하고서 바다를 건넜다는 것이
다. 이토의 서신의 소재를 필자는 확인할 길이 없었지만
이 사실은 장즈둥 측 자료로 입증되고 있다. 『장원샹 공
연보』광서 24년 9월조(條)에 따르면 장즈둥과 이토가 회
담했을 적에 일본의 코크스와 중국의 철광석을 교환하자
는 협의가 분명히 진행되었다는 사실이 기록되어 있다.
그에 따르면 이토는 "마땅히 일본의 석탄을 운반하여 후
베이에 내려놓고, 배를 돌릴 적에는 다예의 철광을 그 대
가로 살 수 있어야 할 것이다."라고 말을 꺼냈고, 이에 장
즈둥은 조속히 검토해 보겠다고 답했다고 되어 있다.[8]*

다예의 철광석은 그 후에 저 악명 높은 21개조 요구[9]에 포함되어 있듯이, 일본 철강업에서 불가결한 자원 공급처가 되어 간다. 그 [철광석을] 획득하는 선제 작업이 이당시 이토와 장즈둥 사이에서 이루어졌다.

이상에서 다룬 내용을 감안하면 이토와 장즈둥의 회견은 단순히 일본과 중국의 2대 정치가의 기묘한 조우 정도에 머무르지 않고 그 후 두 나라의 관계를 규정하는 데 커다란 의미가 있는 사건이었음을 엿볼 수 있다. 통상 야하타 제철소와 다예 철광산의 관계는 일본이 중국을 경제적으로 침탈했다는 단서로, 일본 제국주의의 일면으로 간주되어 왔다.

그렇다면 이 당시 이토가 중국에 보냈던 시선도 그와 같은 약탈자의 것이었을까? 지금부터는 중국에서 돌아온 이후 이토의 발언을 토대로 그의 중국관을 추출해 보자.

---

9) 1915년 1월 18일 1차 세계대전 중 일본이 중국에 요구한 스물한 가지 특혜 조건을 말한다.

4 '헌법 행각' 속의 중국관

―정우회의 통상 국가 전략

정치 능력에 실망하다

중국에서 돌아온 다음 해에 이토가 감행한 '헌법 행각'에는 전년에 중국에서 겪은 체험이 담겨 있었다. 이토는 중국에 대해 어떻게 이야기하고 있었을까?

우선 그는 총체적으로 다음과 같이 중국을 평하고 있다. 요컨대 중국이라는 나라의 "풍속, 인정, 예로부터 내려온 습관, 또는 그들이 믿고 있는 학문 등이 오늘날 세계가 해마다 급격하게 새로이 변화해 가는 원소(原素)를 받아들여 개혁을 실행하는 흐름과 서로 합치되지 않는 상태."라고 하면서 "내 주장을 받아들여 실제로 행하는 것은 불가능한 사정과 상태."이며 "대단히 유감스러운 마음으로 돌아왔다."라고 말하고 있다.(『연설집』②) 여기서 이토는 변법자강 운동이 좌절되었다는 측면보다는 개혁이든 수구든 어느 쪽이든 과격으로 치닫는 중국의 정치적 상황을 가리켜 말하는 것으로 보인다.

변법파에 속한 량치차오 등 정변으로 숙청 위기에 놓

인 유능한 인재를 구하는 일에 나선 사실에서 알 수 있듯이 이토는 개혁에 공감하기는 했던 것으로 판단된다. 그러나 그에게 개혁이란 급한 고비를 넘기는 임시변통식으로 이루어져야 할 일은 결코 아니었다. 개혁을 실현하기 위해서는 기존 질서나 환경과 타협해 나가고 차츰차츰 그것들을 새로운 사태에 순응시키면서 변혁한다는 수순이 필요하다는 것이다. 다음과 같은 발언은 직접적으로는 한국인을 향한 것이지만 그전 중국에서의 경험이 반영되었다고 보아도 크게 틀리지 않을 것이다.

학문으로써 그들을 유도한다고 해도, 평화를 유지하면서 진보해 가는 것이 중요하다는 사실을 그들의 머릿속에 주입하는 [시기적] 수단을 잘 고르지 않으면 안 된다. 자세히 말하자면 왕가나 정부에 반하는 일은 불가하다. 오히려 왕가와 함께 진보하는 상황이 아니라면 근거 있는 개혁은 바랄 수 없을 것이다. 중국은 물론 조선에서도 혁명을 통해 진보를 꾀하는 등 경솔한 행동을 하면 도리어 모든 일에 해를 끼쳐서 쓸데없이 여러 나라에서 신속히 물의를 일으킬까 우려되므로 그들을 가르칠 적에는 이러한 점에 더욱 유의하여 그들 자신이 충분한 역

량을 기르고 난 뒤가 아니라면 어떠한 일도 불가능하다
는 도리를 그들에게 가르쳐 주면 좋겠다.

『연설집』①

무술변법은 이 점에 있어서 실패했다. 중국이 체제 개
혁을 이루어 독립된 지위를 유지하는 일은 동양의 안전
을 위해서도 크게 이로운데도 "그것을 바란다고 해도 도
저히 얻을 수 없는 형세에 처하고 말았다."라는 상황이
되었다. 그 결과 어떠한 상황이 벌어졌는가? 지금 중국
은 유럽 열강에 의해 분할되려 하고 있고, 일본은 장차
"겨우 일의대수(一衣帶水)[10]의 지척에서 유럽 제국과 상
대해야 하는 형세"에 놓이고 말 것이라고 진단하고 있
다. (『연설집』②)

이와 같이 이토는 청나라의 통치 능력에 실망하여 중
국은 곧바로 유럽 열강에 석권될 것이라고 보면서 일본
은 바야흐로 일의대수의 지척에서 유럽과 대치할 것으로
예견하고 있다. 이토는 중국 정치에 대하여 그와 같이 암
담하게 전망하고 있었다.

---

10) 겨우 강물 하나를 사이에 둔 가까운 이웃.

경제 발전에 대한 기대

그렇지만 한편으로 그는 중국의 경제 발전에 커다란 감명을 받고 있었다. 그의 발언은 다음과 같다.

〔중국〕 정부가 이와 같이 곤핍한 반면, 인민은 근면하여 충분히 자신들이 하는 일에 열과 성을 다하니 세계에서 그 유례를 거의 찾아볼 수 없을 정도이다. 따라서 일반 인민의 부유함이 또한 대단하므로 재정 방침을 개혁하고 전반적 개량을 시행한다면 중국 제국이 더욱 발전하는 일은 결코 어려운 일이 아닐 것이다.

『연설집』①

여기에서도 엿볼 수 있듯이 이토는 중국 경제에 대해서는 일본보다 낫다며 경의를 표하고 있고, 긴 안목으로 보면 그것을 이용하여 중국이 국가로서도 번영할 가능성이 크다고 생각하고 있다. 이토가 중국 경제를 높게 평가한 이면에는 중국에 유입되는 서구 자본과 중국인의 노동력이 결합하여 하나의 거대 경제권이 탄생하고 있다고 보는 인식이 도사리고 있었다. 비록 중국인 자신이 산업을 일으키지 못한다고 하더라도 "유럽인이 차츰 들어와 공업을 일으키고 철도를 놓는 상황이므로 이들 사업도 상당히 거대"해질 것이라고 보았던 것이다.

이리하여 이토는 국가로서의 중국은 일단 괄호에 넣고 유보해 두면서도 시장으로서의 중국에는 일본이 접근해야 한다고 주장하고 있다. 그와 같은 일·중 관계론은 후쿠오카, 기타큐슈 지방 연설에서 개진되고 있다. 예를 들면 다음과 같은 내용이다.

중국의 제반 사업이 커지면 "단지 석탄뿐 아니라 각종 상업도 번성하고 그러한 사정에 따라 이 지역에 제조소도 건립할 필요가 생길지도 모른다. 그런 일 등이 모두 이 지역을 번영시키는 밑천이 될 수 있을 것이다."(1899년 5월 13일 시모노세키 실업가 초청회에서, 『연설집』②) 중국의 수요는 이제부터 틀림없이 비약적으로 늘어갈 것이므로 일본 경제는 그것을 무시해서는 안 된다. "설령 중국 정부가 어떻게 되든, [중국의] 주권이 어떻게 되든 중국 인민의 수요는 틀림없이 날로 늘어날 것이고, 그리하여 일본은 중국 수요에 대응하기에 가장 편리하고 좋은 위치에 있다."(1899년 5월 20일 후쿠오카에서, 『연설집』②)라고 하며, 유럽 제국보다 뒤늦게 경제적 진출을 하여 후회하는 것 같은 어리석음을 범해서는 안 된다고 역설하고 있다.(위의 책)

"중국과 가까이 있는 일본국은 여타의 나라들에 비해 가장 편리한 상황이므로 바깥으로 향하여 상공업을 발달시키는 것은 일본에게 거의 생존 운명과 관계되는 중요한 문제"(《니치니치》1899년 11월 10일)였던 것이다.

이러한 주장의 배경에는 야하타 제철소를 중심으로 한 지역과 장즈둥이 이끄는 후베이 경제권 사이의 협력이라는 구체적 구상이 있었다고 생각하여도 틀림없을 것이다. 중국의 정치와 경제를 분리하여 전자에 대해서는 거리를 두지만 후자에 대해서는 적극적으로 관여해 간다. 그것이 이토 자신의 개인적 중국 체험에 근거한 국가 전략이었다.

대(對)중국 전략은 제국주의인가?

이토의 그러한 대중국 전략은 제국주의적이라고 말할 수 있는가? 이에 대해 지금의 필자로서는 충분히 논의를 펼칠 준비가 되어 있지 않지만 적어도 이토가 생각하는 중국 진출이 영토적 야심에 근거를 두지 않았다는 점은 지적할 수 있겠다. 다음과 같은 발언이 있다.

오늘날 각국 사이에 가로놓여 있는 문제는 결코 영토 문제가 아니고, 설령 영토 문제가 발생한다고 하더라도 각자 상공업의 이익을 획득하는 수단과 방법에 불과하다. 아무리 영토를 확장해도 이익이 없으면 쓸모가 없다.

『연설집』②

이토는 이상과 같이 주장하면서 적극적인 대륙 진출은 억제하고자 하였다. 그에게는 경제적 이익이 있는가 여부가 중요했다. 역으로 경제적 타산이 맞으면 식민지화도 생각해 볼 수 있다는 투로 들릴 수도 있지만 이 경우에 그가 일본 국내도 외국자본의 진출에 문호를 개방해야만 한다고 생각했다는 사실도 아울러 고려할 필요가 있다. 이전에 "부에 의존하지 않으면 인민의 문화도 발전하지 못한다. 애국심도 이것에서 비롯하여 발달시키지 않으면 안 된다. 나라를 지킨다고 말은 하지만 불모지를 지킨다 한들 아무런 소용도 없다."라는 이토의 주장을 소개한 바 있다. 이토는 영토 문제에 대해서는 욕심이 없는 정치가였던 것 같다. 국민의 복리가 더욱 중요하다고 여겼다. 따라서 일본도 외국자본에 대해 영토를 폐쇄하는 것은 긴 안목으로 보면 국가 이익에 도움이 되지 않는다고 주장하였다.

아울러 다음의 발언도 굳이 한 번 더 인용해 두고자 한다.

구미 제국은 자본이 풍요할 뿐만 아니라 지식도 풍부하고 경험도 풍부하기 때문에 일본에 와서 일본인과 협동하거나 혹은 독자적으로 사업을 일으키기도 하는데, 독자적으로 사업을 하는 경우에는 그들의 성과를 눈여겨봐야 하고, 우리 나라 사람들도 그들과 경쟁하지 않으면 안 된다. 그 경쟁의 결과로 일본 상공업을 진보시키고, 또한 그 경험을 목격하면서 커다란 이익을 얻을 수 있으리라고 생각한다.

『연설집』②

설령 구미의 강력한 자본이 일본에 들어왔다고 하더라도 그들이 가져오는 지식과 경험을 흡수하여 경쟁의 밑천으로 삼으면 좋은 것이다. 그렇게 되면 결과적으로 일본 산업 발전에도 기여할 것이라는 인식이었다. 이토는 영토 문제를 과도하게 깊이 생각하지 않았고 새로운 지식이 유입되면서 초래되는 경제사회의 진화를 중시하였다고 판단된다. 이와 같은 견해의 배경에는 설령 외국의 경제적 진출이 물밀듯이 밀려온다고 해도 일본에는 확고한 정치제도가 존재한다는, 자신이 이룩해 놓은 입헌제도에 대한 자신감이 도사리고 있던 것으로 보인다. 이에 반해 중국에 대해서는 그 나라의 정치제체가 동요하여 불안정하기 때문에 그 국토에 분별없이 진출하면 정치에 휘말려서 커다란 재앙이 벌어질 수밖에 없다고 경계하였던 것이다.

한편으로 이 시기 이토의 발언 가운데에는 동아시아에 대한 문화적 진출을 촉구하는 언사가 나타나고 있다. 1899년(메이지 32) 2월 14일 대일본 해외 교육회 연설에서 그는 문명의 학문을 중국과 한국에 수출해야 하며, 그것은 "동양의 솔선자(率先者)인 우리 나라"의 도덕상 의무(『연설집』①)라는 점을 강력히 주장하고 있다. 동시에 "이때까지 일본인이 해 왔던 사업 중에 어수선하고 소란스러운 조선 형세와 관계된 것이 종종 있었던 것 같은 느낌이다. 아마도 한국 사람들이 사리에 어두웠던 탓이겠지만 아무리 그래도 그들을 지도하려고 하는 이는 이러한 점을 가장 유의하지 않으면 안 될 것이다."(위의 책)라고 가르쳐 타이르고 있는 점이 주목된다. 후에 이토는 통감으로 한국 통치를 맡으면서 "문명의 전도사"를 자임하게 된다. 위에 인용한 발언에서 그러한 자부심의 바탕이 이미 이 시기에 배태되었다는 것을 엿볼 수 있다. 이 문제는 다음 장에서 다루고자 한다.

통상 국가 창설과 중국 여행

이토의 중국 체험은 그가 정우회를 구상하는 데 어떠한 의의가 있었을까? 여기서는 그 점을 정리해 보자. 이미 이 책에서 명백히 밝혔듯이 이토에게 입헌정우회 창설이란 메이지 헌법 제정 이래 숙원이던 국민 정치를 실현하기 위한 하나의 계단이었다. 이토는 교육을 받고 실학을 체득한 국민이 일상에서 생업을 영위하면서 배양한 정치에 대한 요망을 흡수하는 정치 시스템을 희망했다. 그와 같은 국민의 요망을 흡수하여 정책으로 변환해 가는 것, 그것이 정우회의 이념이었다.

정치가로서 점진주의를 신조로 삼았던 이토는 단번에 국민 전체가 정치에 참여하는 수준을 생각하지는 않았다. 1900년(메이지 33) 시점에서 그가 염두에 두었던 것은 정우회 결성에 즈음하여 시부사와 에이치에게 적극적으로 입당을 권유하는 등의 행위가 상징적으로 보여 주듯이 도시 상공업자를 정치 쪽으로 규합하는 일이었다. 이토는 향후 일본이 나아가야 할 앞길을 산업 입국과 통상 입국으로 확정했으며, 그를 위해서는 대도시와 지방의 실업가를 광범하게 정책 형성에 참여시키는 일이 요구되었다. 정우회란 그와 같은 국가적 구상을 실현하기 위한 정책적 수단이기도 하였다.

정우회에 의탁한 그러한 통상 국가 전략을 1899년 유세 여행 방문지 선택에서도 엿볼 수 있다. 이토는 서일본과 호쿠리쿠 지방을 중심으로 유세 여행을 진행하였다. 서일본 지역에서도 기타큐슈 지방에 이토의 관심은 조준이 맞춰져 있었다. 그것은 야하타 제철소와 다에 철광산을 중심으로 일·중 교역 관계를 수립하려는 목적이었으며, 더 나아가 그가 중국 시장 개척을 염두에 두고 있었다고 보아야 한다는 것은 앞서 논의한 대로다.

호쿠리쿠 지역 순유에 대해서도 마찬가지 사정을 적용할 수 있다. 이토는 호쿠리쿠 지역 후쿠이에서 하부타에[11] 공장을 견학하고 그 외에도 빈번히 항만을 시찰하고 있다. 거기에는 2차 세계대전 이전까지 일본의 중요한 수출품이었던 하부타에를 이용하면 해당 지역이 중국 대륙에 대한 경제적 진출의 전초기지가 될 수 있을 것이라는 전략적 판단이 있지 않았을까? 실제로 이토는 여기에서도 "오늘날 세계에서는 어느 국가나 외국과의 무역을 발달시키는 데 주로 힘쓰고 있다."라고 하였다. 아울러 "정부 정책으로 하고 외교정책으로 하는 바도 오늘날에는 모두 상공업 발달이 목적이다."라고 강조하면서 통상 국가 확립을 지향하고 있다. 그러고 나서 하부타에 산업의 발전을 다음과 같이 전망하였다.(「이토 후작의 연설 <10월 16일 후쿠이 시 쇼슈칸에서>」,《니치니치》1899년 10월 19일)

이 지방과 같은 곳에서는 요즈음 하부타에 제조 산업 발전 속도가 대단히 빨라지고 있다고 할 수 있는데, 그 진도가 더해진 결과의 생산물을 외국에 수출하면 반드시 농민에게도 영향을 미칠 것입니다. 일례를 들자면 저 누에고치를 만드는 단순한 농업만 놓고 보아도, 상공업이 번성하면서 농민이 엄청난 영향을 받는다는 사실이

---

11) 얇고 결이 고운 순백색 비단의 일종.

분명해지리라고 생각합니다.

이상의 인용에서도 엿볼 수 있듯이 이토는 공업을 일으키고 해외와의 통상을 진흥하면 농업 등 국내 산업 전반에 그 이윤의 혜택이 미치며 국가의 부강도 이룰 수 있다는 비전을 품고 있었다. 바꾸어 말하면 국가 흥륭의 열쇠는 상공업자들이 더한층 활약하는 것이며, 그들의 이해를 더욱 직접적으로 정책에 반영하는 일이나 다름없다. 그를 위해서는 선거법을 개정하여 그들 상공업자와 정치를 잇는 통로를 만들어 주고, 새로운 정당을 창당하여 그들의 의견을 정치 현장에 흡수할 필요성이 있다. 그러한 점을 이토는 여기에서 다음과 같이 반복하여 강조하는 것이다.

선거법 개정과 관련하여, 당파적 관념을 지닌 이들은 단순히 인민의 권리 관계 문제나 다름없다고 생각할지도 모르지만, 내가 보기에는 현재 상태에 머무르지 않고 상공업을 더욱 발달시키고자 하는 생각, 곧 일국이 성하고 쇠하는 관점에서 관찰한 결과 상공업자 대표를 더욱 많이 의회에 내보내야 한다는 생각에서 마땅히 [선거법 개정안을] 제출한 것입니다.

위의 책

이와 같이 정우회를 통하여 이토가 지향한 국가상은 통상 국가의 모습이었다. 정우회를 창립하기에 앞서 그가 중국과 일본 국내로 두 차례 여행을 떠난 것은 정우회를 통한 통상 국가 창설을 염두에 둔, 지극히 전략적 선택이었다고 말할 수 있다.

5 중국에 대한 재인식

—청 말 헌정 조사단과 중국관의 변용

일본에 온 청나라 시찰단

의화단사건과 러일전쟁을 거치며 중국에서는 나라가 망할지도 모른다는 위기의식에 다시금 개혁 운동이 솟아 나고 있었다. 1901년(메이지 34) 이후 위로부터의 전면적 근대화 운동으로 '청말신정(淸末新政)'[12]이 시작되었다. 이러한 신정 운동의 핵심 사업 가운데 하나가 중국의 입헌화였다.

1905년 말 청나라 정부는 입헌정치를 조사하기 위해 두안광과 짜이쩌를 대표로 하는 시찰단 두 그룹을 구미와 일본으로 각각 파견하였다. 그중에 짜이쩌가 이끄는 시찰단은 이듬해인 1906년 1~2월까지 일본에 체류하면서 이토 히로부미와 면담하고 그 외에 도쿄 제국 대학 교

---

12) 청말신정의 주요 내용은 국가 최고 원로가 된 장즈둥과 류쿤이의 의견을 대폭 수용한 것이었다. 그것은 군사권의 중앙 집중화를 중심으로 하는 군사 개혁, 과거제 폐지와 전국적 학제 수립, 해외 유학 확대 등을 주 내용으로 하는 교육개혁, 개혁을 위한 자원 확보와 확대일로에 있던 지방재정의 중앙 회수를 중심으로 하는 재정 개혁, 서양의 자본주의적 산업 기술을 도입하는 상공업 진흥 등 광범한 내용을 포함하였다. 그러나 입헌 의회제 도입 같은 정치체제 개혁안은 포함되어 있지 않았다. 기존의 황제 전제 체제는 개혁하지 않은 채 자본주의 요소 도입을 확대하고, 군사·재정·교육권 등을 중앙 정부로 회수하여 집권 체제를 강화하고자 하는 것이 개혁의 지향점이었다.

수 호즈미 야쓰카 등에게서 강의를 듣기도 하였다. 더욱이 1907년 12월에는 위안스카이가 황제에게 아뢰어 실현된 제2차 일본 헌정 조사단이 일본에 와서 일 년 이상 장기간에 걸쳐 조사를 하였다. (슝다윈, 『근대 중국 관민의 일본 시찰』. 소다 사부로, 『입헌 국가 중국으로의 시동』) 이때 중국 측 조사에 커다란 공헌을 한 인물이 조사국에서 이토의 헌법 개혁을 도왔던 아리가 나가오였다. 그는 1908년 2월부터 이듬해 7월까지 약 육십 회에 걸쳐서 조사단의 우두머리인 다서우(1908년 5월에 그가 귀국하고 나서는 후임인 리자줘에게 이어졌다.)에게 강의를 해 주었다. 그와 관련된 기록이 앞 장에서 인용했던 「헌정 강의」라는 사실은 이미 언급한 바와 같다.

아리가가 청나라에서 온 조사단에게 강의를 하게 된 데에는 이토의 지시가 작용하였다. 동아시아에서 최초로 입헌정치를 도입하고 정착시킨 정치가로서 이토의 명성은 여전히 상한가를 치고 있었다. 그와 같이 이토가 명성이 높았던 연유로 1906년 조사 때에는 청나라 쪽에서 그의 의견을 청취하고자 하였고, 1908년에는 총리인 가쓰라 다로와 함께 이토에게도 조력해 달라는 요청이 들어왔다. 그리하여 이토가 주선하여 이 당시 아리가가 청

나라 조사단에 강의를 하게 되었다.(이토 미요지,「청국 헌법
과 우리 나라」)

　이토 미요지에 따르면 이토는 중국의 입헌화에 매우
적극적이었다고 한다. 이토가 암살당하기 직전 하얼빈
으로 출발하기에 앞서 그에게서 "내년에는 베이징에 가
서 중국의 입헌제도에 도움을 주고자 한다."라는 말을 들
었다고 이토 미요지는 전하고 있다.(위의 글) 아리가가 이
토의 주선으로 다서우에게 강의를 하던 그 시점에 이토
자신은 한국 통감으로 한반도의 통치 개혁에 여념이 없
었다. 과연 이토는 메이지 입헌제가 거둔 성과를 널리 중
국과 한국까지 확산시키고, 입헌제로 이끌어서 동아시아
지역의 정치적 안정을 꾀하고자 하였던 것일까?

중국의 입헌화를 회의(懷疑)하다

　그러나 이토 미요지의 증언과는 정반대로 이토 자신은
중국의 입헌화에 대해 거리를 두는 듯한 태도를 분명히
나타내고 있다. 1906년 1월 짜이쩌와 면담하였을 적에
이토는 청나라가 일본을 모델로 삼아 입헌화하라고 권장

하였다. 그러나 회담 말미에 이르러서는 그것을 근본적으로 철회하는 듯한 발언도 하고 있다. 요컨대 어떠한 방법과 순서로 헌법을 제정하면 좋은가라는 짜이쩌의 질문에 이토는 "질문하신 문제가 너무도 방대하여 답하기가 어렵습니다."라고 전제한 뒤에 대략 다음과 같이 답하고 있다. 곧 중국은 광대한 데다 다민족, 다문화, 다언어 사회이고 교통도 아직 정비되어 있지 않으며 국내 지역 간 교류도 어려운 편이다. 일본같이 균일한 국가와는 다르므로 통일된 법제를 실시하기는 어렵다.(숭다원, 『근대 중국 관민의 일본 시찰』) 요컨대 이토는 중국같이 국민국가로서 동질성이 희박한 경우에는 입헌제도가 충분히 기능하는 일을 기대하기 어렵다고 여전히 생각하고 있었다.

더욱이 이토는 그와 같은 중국 사회에 입헌제도를 시행하면 오히려 나라가 혼란스러워지고 나아가 일본까지 재난이 미칠까 두려워하고 있었다. 1909년 8월 강연회에서 그는 "중국의 헌법 정치가 성공할지는 애초부터 의문이다."라고 하면서 단도직입적으로 다음과 같이 말하고 있다.

　　일본 같은 나라는 교통이 편리하다는 이점이 있으니,

첫째 사면이 바다로 둘러싸여 있어 수운이 편리하고, 더하여 철도를 부설해 한층 왕래하기 편리하도록 꾀하고 있으므로 해마다 의회를 열어도 그다지 곤란하지 않다. 그런데 중국같이 국토가 광대한데 아직 철도조차 편리하게 이용하기 어려운 나라에서 해운은 겨우 일부 교통을 보조하는 수단에 불과하고 산속에 들어갈 적에는 하천의 편의에 의존할 수밖에 없다. 그런데도 중국 지식인들은 어떠한 방법으로 신속히 의원들을 소집하려고 하는 것인가? 본인은 의혹을 품지 않을 수 없다.

이상에서 언급한 물리적 이유 이외에도 이토는 예전부터 전해 내려오는 제도를 존중하는 경직된 제도관, 메이지 일본은 지방관 회의부터 시작하여 착실하게 점진적으로 입헌화의 길을 걸어왔다는 점을 들면서 중국이 입헌화하는 것을 상당히 냉정한 태도로 보고 있다. 만일 입헌 정치를 도입하면 중국 정치는 도리어 혼미해지고 그 폐해가 주변 제국까지 퍼질지도 모른다. 그와 같은 두려운 마음을 나타내고 있다.

중국의 헌법 정치가 동양 평화와 어떻게 관련되는가는

실로 중대한 문제라고 하지 않을 수 없다. 중국의 영토
가 광대한 점, 그 관습이 쉽게 바뀌지 않는 점, 지방자치
가 튼튼하지 않은 점, 교통기관이 제대로 갖추어지지 않
은 점, [이렇듯] 법률과 관습이 근본적으로 부합하지 않는
바를 제정하여 과연 작동시킬 수 있을까? 만일 작동되
지 않으면 그 결과 대안(對岸)의 영역이 가장 방대한 중
국이 과연 어찌될 것인가에 생각이 미치자 간담이 매우
서늘해짐을 금할 수 없었다.

『비록』속편

중국의 입헌화가 일단 파탄하면 어떠한 결과가 나타날
까? 그것을 생각하면 "간담이 매우 서늘해짐을 금할 수
없었다." 그것이 이토의 솔직한 견해였다.

요컨대 입헌제도는 동질성이 높은 국민으로 이루어
진 중소 영역 국가에 적합하지, 영토가 광대한 다민족국
가―제국에는 어울리지 않는다는 것, 그러한 다문화 사
회에서 국민의 정치 참여를 인정하는 체제가 성립하면 도
리어 내란의 불씨가 된다는 것이 이토의 진단이었다. 입
헌제도의 요체는 운용에 있으며, 그것이 매우 순조롭게
이루어지면 국가가 발전하지만, 그렇지 않은 경우에는 오

히려 국가가 해체되는 결말로 이어지고 만다는 것이다. 이토에게 입헌정치란 양날의 검이었다. 국민 정치가였던 이토는 중국의 정치 질서가 불안정해져서 그 여파가 일본까지 미치는 사태를 방지하기 위해서는 어찌하면 좋을지를 기본적으로 생각하였다. 그리고 중국의 입헌화가 도리어 그러한 점에서는 마이너스라고 인식하였다.

이상에서 보듯이 이토는 중국의 정치 개혁에 관여하는 일에 대해서는 시종일관 소극적이었다. 그만큼 한 나라의 제도는 국민의 관습에 기초한 것으로, 그것을 개혁하는 일이 하루아침에 이루어지지는 않는다고 생각하고 있었다.

그렇지만 그러한 생각과는 모순되게 청나라 말기에 헌정 개혁이 진행되던 당시에 그는 또 다른 동아시아 전통 국가에 가서 제도 개혁을 진두지휘하고 있었다. 1906년 이래로 이토는 통감으로 한국의 문명화 작업에 착수하였다. 과연 이러한 그의 행동은 청나라와 한국을 분리하여 전자에 대한 제국주의적 침략은 자제하지만 후자에 대한 식민지화는 추진한다는 이중적 기준의 산물이었을까? 장을 바꾸어서 다음부터는 이토의 한국 통치 논리를 검토하지 않으면 안 될 것이다.

1 통감과 총재

두 개의 통치

5장에서 이토의 「1907년 헌법 개혁」 시도에 대해서 논의하였다. 당시 조사국 총재로 황실 제도를 확립하기 위해 진력하였던 이토는 더불어 내각을 주체로 한 책임정치를 구현하기 위한 국가 제도 개혁에도 여념이 없었다. 아니, 오히려 이토는 국가 제도에 대한 내각의 구심력을 회복하는 데 주안점을 두었으며 조사국은 그러한 본심을 감추기 위한 수단이었다는 관점이 가능하다고 5장에서 자세히 논하였다.

그런데 1907년(메이지 40)이라는 해는 일본과 한국의 관계사에서 커다란 전환이 일어난 시점이었다. 그 지난해 3월에 초대 한국 통감으로 취임하여 정력적으로 한국의 보호국화(保護國化)를 추진한 이토였지만 그해 7월에 일어난 헤이그밀사사건을 계기로 그의 대(對)한국 정책에 변화가 일어났다. 고종 황제는 헤이그에서 열린 만국평화회의에 밀사를 파견하여 일본의 한국 통치가 부당함을 국제사회에 호소하고자 했지만 그 계획은 불발에 그쳤고 이토를 비롯한 일본 정부의 노여움을 사는 바람에 퇴위를 강요당하게 되었다. 그 결과 제3차 한일협약[1]이 체결되었고, 이에 따라 법령 제정 및 중요한 행정처분 승인권, 관리 임면권 등 통감이 내정을 폭넓게 지도·감독할 수 있는 권한을 인정받게 되었다. 그다음 달에는 한국 군대도 해산되어 일본이 실질적으로 한국을 병합한 것으로 간주되고 있다.(모리야마 시게노리, 『근대 일한 관계사 연구』)

이처럼 1907년은 일본의 한국 통치에 있어 커다란 한 획을 그은 해이자 통감 이토 히로부미에게도 다사다난한 해였으리라는 점을 상상하기 어렵지 않을 것이다. 그런데 앞서 언급했듯이 그해에 이토는 단지 통감으로서 한국 통치에만 전념하였던 것은 아니다. "통감"이자 "총재"였던 그는 한국 통치뿐만 아니라 일본의 통치 개혁에도 힘쓰고 있었다.

이 장에서는 이토의 정치가 인생 마지막 장에 해당하는 한국 통치 시기를 살펴보기로 한다. 그것이 그의 화려한 경력의 대미를 장식하였다고는 도저히 말할 수 없겠

---

1) 한일신협약이라고도 한다. 1907년(융희 1) 7월 24일 대한제국과 일본 사이에 체결된 불평등조약이다. 조약이 체결된 해가 정미년이기 때문에 정미칠조약이라고도 부르며 제1차 한일협약, 제2차 한일협약(을사늑약) 등과 구분하기 위해 제3차 한일협약이라고도 한다.

다. 늘그막에 [명성을] 더럽혔다고 하는 쪽이 일반적으로 수긍되는 견해라 하겠다. 일본에서 입헌 국가를 수립했다는 위업을 내세워 한반도에 왕림한 이토는 일본의 대륙 진출을 위한 선례로 한국을 병합하는 길을 닦는 역할을 맡았다. 그로 말미암아 이토는 1909년 10월 26일 하얼빈에서 한국 독립운동 의사 안중근에게 생명을 잃었다. 독립운동가의 테러로 죽임을 당하는 바람에 이토는 일본에 의한 한국 식민지화의 원흉으로 당시부터 오늘날에 이르기까지 상징적 인물이 되어 버렸다.

사실 이토의 통감 정치는 이제껏 한국 식민지화의 일부분으로만 다루어져 왔다. 그것도 한국을 병합하기 위한 정지(整地) 작업이었을 뿐이라는 소극적 평가였다. 이에 반하여 통감 이토가 행한 정치의 실상을 해명하려는 움직임이 없었던 것은 아니지만[1]* 학계에서조차 "이토=한국 병합의 첨병"이라는 투의 고정관념을 전제로 한 논법은 여전히 무너뜨리기 어렵다고 인식해 왔다.

그렇지만 이토 히로부미의 사상을 내재적으로 명백히 하고자 하는 이 책의 입장에서는 그와 같은 사고의 틀은 받아들이기 어렵다. 지금부터는 이토가 한국 통치에 품었던 사상과 전략을 기초 사료에 근거하여 밝히고자 한다. 문제와 관심사를 구체화하면, 한국 통감으로 취임하기 직전에 조사국 총재로 헌법 개혁에 매진하던 이토의 국가 구상 속에 어떠한 형태로 한국 통치에 대한 구상이 얽혀 들었고, 그러한 사상 체계와 정합되었는가 하는 것이다. 반복하여 되풀이하면 통감 시절에 이토는 한국의 시정만을 골똘히 생각하지는 않았다. "총재"이기도 하였던 그는 일본과 한국이라는 상이한 지역의 정치에 관여하고 있었다. 한 인물이 동일한 시기에 서로 다른 두 나라의 통치 개혁을 지도하였던 것이다. 과연 이 두 나라의 개혁 사업은 연동되어 있었을까? 만일 그렇다면 어떤 방식으로 가능했을까?

이상이 이 장에서 이루어질 고찰의 기본 시각이다. 그렇지만 애초에 "총재" 이토는 어째서 "통감"이 되었을까? 흔히 이야기하듯이 "새로운 일을 벌이기 좋아하는 사람"(도쿠토미 소호)이 공명심에 사로잡혔기 때문일까 아니면 그의 머릿속에 한국을 식민지화하려는 명확한 계략이 있었기 때문일까? 우선 이토가 한국 통감으로 취임한 경위부터 확인해 보자.

1904년 고종에게 건의하다

1904년(메이지 37) 3월, 러일전쟁이 시작된 이래 얼마 지나지 않은 이 시기에 이토가 한국을 방문하였다. 방한 명목은 한국 황제를 위문한다는 것이지만 그 진정한 목적은 전쟁의 원인이던 한국에 일본의 방침을 알아듣도록 설명하고 대일본 협력을 성사하는 것이었다. 그 때문에 이달 18일과 20일에 이토는 황제 고종과 대면하였다. 1898년 8월에 이토가 청나라와 한국을 만유할 적에 회담한 이후 5년 남짓 만의 재회였다. 그렇지만 이때의 회견은 그전의 환영 분위기와는 분명히 선을 긋는 긴장감 가득한 분위기에서 진행되었다.

고종에 대하여 이토는 10개 조항에 이르는 의견을 건의하였다. 주된 요점은 다음과 같았다. ① 동양 평화를 유지하기 위해 구미 제국을 본보기로 삼아 문명을 증진하고 자립을 도모할 것 ② 다른 인종이나 종교를 배척하고 구미 문명을 적대하거나 하지 않을 것 ③ 국가의 존립을 위해 자국의 풍속, 습관 가운데 해가 되는 것은 개량하거나 폐기하는 대책을 강구할 것 ④ 이상은 일본이 이제껏 삼십여 년간 취해 온 주의이며, 청나라와 한국 두 나라도 이에 따라서 구미 문명과 조화하여 자강의 길을 걸어야 할 것 ⑤ 구미 문명의 형태를 빌려 침략을 꾀하는 러시아를 배척할 것 ⑥ 근래 교통기관이 발달하면서 국제적 의사소통이 활발해지고 그 결과 "유무(有無)를 교환하고 인생을 위해 필요한 물자를 증식하고 순차적으로 그 부강의 결실을 거둠으로써 스스로 자립을 꾀하고 (……) 경쟁의 틈바구니에서 국가가 생존하는 길을 모색하는" 것이 문명이며 이를 폭력으로 저해하려는 야만을 허용해서는 안 될 것.(『이토 전』하권)

러일전쟁을 정당화하는 논리를 저의로 깔고 있다고 하더라도 오늘날의 관점에서 참으로 낙천적인 문명 예찬의 변으로 들린다. 오 년 전 [한국을] 방문했을 때 이토는 새로운 문명의 기수로 환대받았다. 그리고 이제 그는 참으로 문명을 고취하는 역할로 재림한 셈이었다.

이와 같이 문명의 창도자로서 이토는 한국과 인연을 맺기 시작했다. 고종에게 앞서 인용한 문명론을 강한 태도로 강요한 뒤에 이토는 4월 1일에 일본으로 돌아갔다. 그 후에 일본 정부는 차근차근 한국을 보호국으로 만들기 위해 움직여 간다. 5월 31일에 내각회의에서 결정된 대한 시설 강령(對韓施設綱領)은 "한국에 대하여 정치적, 군사적 보호의 실권을 획득"할 것을 주장하고, 외교적 부

고종

분뿐 아니라 재정 부분도 감독하며, 한국의 철도와 통신 기관을 장악하고 일본인이 주도하여 개척하고 식민(植民)하라고 명기하고 있다. 이듬해인 1905년 11월에 체결된 한일협약(제2차 한일협약)[2]에서는 "전적으로 외교에 관한 사항을 관리하기 위해"(제3조) 일본인 통감을 두게 하였다. 그러나 처음부터 일본의 한국 보호 정책에는 내정을 장악하려는 의도도 포함되어 있었다. 그것은 후에 이토의 통감 정치를 논하는 대목에서도 확인된다 하겠다.

1904년 8월의 제1차 한일협약[3]은 일본 정부가 추천하

---

2) 을사늑약. 대한제국 외부대신 박제순과 일본 주한 공사 하야시 곤스케 사이에 체결된 불평등조약이다.
3) 러일전쟁이 한창 진행 중이던 1904년 8월 22일에 대한제국과 일본 사이에 체결된 협약이다. 협약의 정식 명칭은 한·일 외국인 고문 용빙에 관한 협정서(韓日外國人顧問傭聘에 關한 協定書)이다.

는 일본인 재무 고문과 외국인 외교 고문을 고용한다는 내용을 담은 것으로, 이에 근거해 대장성 주세 국장(主稅局長) 메가타 다네타로와 외무성이 고용한 미국인 더럼 스티븐스가 각각 고문으로 채용되었다. 이 시기 일본 정계에서는 한국 보호국화 정책이 이미 공고한 방침으로 굳어진 분위기였는데, 하라 다카시가 해군성에 가서 야마모토 곤베 해군대신을 만났을 때 "더불어 한국에 대한 방침을 이야기하였는데, 결국 보호국으로 하는 것 이외에는 없었다."라고 술회하고 있다. 또한 하라 다카시는 이때 이토가 다시금 한국으로 갈 예정이라는 소식을 야마모토와 사이온지 긴모치에게서 듣고 있다. "만일 조선의 운명을 결정할 큰 결심이 있다면 또 몰라도, 그렇지 않다면 몇 해 전의 이노우에 가오루 백작과 마찬가지로 실패로 끝나고 말 것이다."라고 하라 다카시는 기록해 두고 있다.

  이토의 맹우 이노우에 가오루는 1894년 10월부터 약 반년 동안 한국에 머무르면서 한국의 내정 지도에 힘썼다.(제2차 갑오개혁[4]) 그러나 이노우에가 1895년 6월에 일

---

[4] 1894년 11월부터 1895년 5월까지 이루어진 개혁. 제2차 갑오개혁 때는 김홍집과 박영효의 연립내각이 꾸려졌다. 의정부를 내각이라 고치고 7부를 두었다. 인사 제도 면에서는 문무관을 개편하고 월봉(月俸) 제도를 수립하였으며, 과거제를 없애고 총리대신

본으로 귀국하였을 적에 고종이 개혁을 부정하는 조칙을 내리는 바람에 이노우에의 개혁은 좌절할 수밖에 없게 되었다. 하라 다카시를 비롯한 정계 소식통들 사이에서는 이토가 이노우에 가오루가 완수하지 못했던 대업을 대행하여 보호정치의 담당자로 한국으로 건너갈 것이라는 억측이 이미 상당히 퍼져 있었다는 사실을 엿볼 수 있는 대목이다. (1904년 7월 28일 자『하라 일기』②)

제2차 한일협약을 강요하다

1905년(메이지 38) 4월 8일에 한국에 대한 보호권의 확립이 내각회의에서 정식으로 결정되고(외무성 편, 『일본 외교 연표 및 주요 문서』상권, 문서 부문) 9월에 포츠머스 강화회의[5]에서 러시아도 그러한 사실을 용인하여 일본은 본격적으

을 비롯한 각 아문 대신들에게 관리 임용권을 부여했다. 또한 행정제도를 23부로 개편하고, 신분제도를 개혁하여 문무, 반상(班常)의 구별을 폐지하고, 사법과 군사 업무를 중앙에 예속시켜 근대 관료 체제를 이룩하였다.
5) 1905년 9월 5일 미국 뉴햄프셔주에 있는 군항 도시 포츠머스에서 일본 전권 외상 고무라 주타로와 러시아 재무 장관 세르게이 비테 간에 맺은 러일전쟁 강화회의 및 그 조약을 말한다. 일본은 1895년 청일전쟁에서 승리한 데 이어 1905년 러일전쟁에서도 승리하면서 조선에 대한 지배권을 확보한다. 이 조약에서 러시아는 일본이 조선에서 정치, 군사, 경제적인 우월권이 있음을 승인하고 또 조선에 대해 지도, 보호, 감독에 필요한 조치를 취할 수 있음을 승인한다.

로 한국을 보호국으로 만드는 작업에 착수한다. 이 시점에서 이토는 다시금 한국으로 건너갔다. 이번에도 표면상 이유는 황제를 위문한 것이라 했지만 진짜 임무는 일본에 한국의 보호권을 위임하는 제2차 한일협약을 체결하는 것이었다. 11월 15일 고종을 알현한 이토는 [일본이] 한국을 보호하려면 한국의 외교 사무를 위임받아야 한다고 강요하였다. 그러나 그렇게 되면 오스트리아에 대한 헝가리와 같은 지위로 전락하고 말 것²*이라고 고종이 항변하자 이토는 "헝가리에는 황제가 없지 않습니까? 폐하의 지위는 그대로 존속할 것이며, 한국에서는 하등 국체상 변동이 일어나지 않을 것입니다."(『이토 전』하권)라고 대응하였다.

고종은 거듭 "짐은 지금 그것을 재결할 수 없다. 짐은 정부 신료에게 자문해 보고 또한 일반 인민의 의향도 살필 필요가 있다."라고 저항하였지만, 이토는 "귀국은 헌법 정치를 시행하지 않고, 모든 일을 폐하께서 친히 재결하여 결정하는 이른바 군주전제국이 아닙니까? 더욱이 인민의 의향 운운하시지만 아마도 인민을 선동하여 일본에 반항해 보려는 폐하의 뜻이라고 사료되옵니다."라고 잘라 반박하였다.(『이토 전』하권) 1897년에 수립된 대한제국은 그 헌법에 해당하는 대한국 국제(大韓國國制)에서 황제에 의한 전제정치를 규정하고 있었다.(제2조) 이토는 말하자면 이것을 역으로 써먹었던 것이다. 또한 고종이 은밀하게 재야 반일 운동을 지시하거나 그에 자금을 지원하고 있지나 않은지 의심하였다.

그러나 고종은 말을 얼버무리면서 교섭을 회피하고자 하였다. 17일에 세 번째로 입궐한 이토를 고종은 몸이 아프다는 이유로 만나지 않고 그 대신 "정부 대신이 상의와 타협을 완수"하라고 명령하였다. 이것을 이토는 "타협을 끝맺어라."라는 식의 칙령으로 제멋대로 바꾸어 대신들에게 협약 체결을 승인하라고 억지로 요구하였다.(기무라 간, 『고종·민비』) 고종이 할 수 있던 최후의 저항은 협약 전문(前文)에 "한국이 부강해졌다는 결실을 인정할 수 있을 때까지 이 목적을 위하여 다음에 이어지는 조목들을 약정함."이라는 문구를 삽입해 달라고 요구하는 정도였다. 이토는 그 요구를 받아들여 스스로 붓을 들어서 문구를 첨가하였다.(『집성』상권)

이러한 제2차 한일협약[6]에 의거하여 "전적으로 외교에 관한 사항을 관리하기 위해" 일본 정부의 대표로 통감을

---

6) 공식 명칭은 한·일협상조약(韓日協商條約)이라 하며, 일명 을사조약이라 한다.

한성에 머무르게 하도록 결정되었다.(제3조)[7] 조문상으로 내세운 방침과는 달리 일본 정부가 한국의 내정을 장악하고자 했음은 앞서 논한 바와 같다. 그러한 의도를 실현하기 위한 통감 자리에 이토가 의욕을 보였다는 사실도 앞서 인용한 『하라 일기』의 서술 내용에서 엿볼 수 있다. 한국 통치에 남다른 관심을 보였던 이토에게 협약이 성립된 직후인 19일에 가쓰라 다로 총리로부터 통감부 관제 작성을 부탁한다는 의뢰가 전달되었다.

한국 보호 협약이 이미 성립한 이상 가능한 한 신속하게 통감부 및 이사청(理事廳)에 관한 칙령을 발포할 필요가 있습니다. 그러니 이전부터 약속했던 대로 각하의 의견을 시급히 전보로 알려 주시기 바랍니다.

『집성』 상권

이러한 전달을 받고서 이토는 통감부 관제의 초안을

---

7) 제3조의 전문은 다음과 같다. "일본 정부는 그 대표자들로 하여금 한국 황제 폐하의 궐하에 1명의 통감을 두되 통감은 전적으로 외교에 관한 사항을 관리함을 위하여 경성(京城)에 주재하고 친히 한국 황제를 알현하는 권리가 있음. 일본 정부는 또한 한국의 각 개항장 및 기타 일본 정부가 필요하다고 인정하는 지역에 이사관을 설치하는 권리를 가지며, 이사관은 통감의 지휘하에 종래 재한국 일본 영사에게 속하였던 일체의 직권을 집행하고, 이울러 본 협약의 조관을 완전히 실행하기 위하여 필요로 하는 일체 사무를 관리함."

잡는 일에 착수하였다. 그 경위를 스스로 다음과 같이 기록으로 남기고 있다.

제가 귀국한 뒤 이번 달 8일에 복명하고 나서 내각에서 원로 및 각 대신과 함께 한국에 대한 우리 나라 정책을 어떻게 가져갈지 큰 방침을 결의하고, 통감부의 관제 및 훈령, 그 밖에 나머지 초안을 잡는 일에 착수하여 이삼일 사이에 모두 정리하여 추밀원에 의견을 묻는 절차를 거친 다음 발포를 완료하고, 주요한 통감부 직원 등을 임명하여 우선 그 [한국] 통치의 단서를 열어 놓았습니다.

1905년 12월 29일 자로
하야시 곤스케에게 보내는 이토의 편지,
동아동문회 편,『속 대지(對支) 회고록』하권

이토가 직접 초안을 잡은 통감부 및 이사청 관제는 1905년 12월 21일에 공포되었다. 그 자신의 말을 빌리면 "한국에 대한 우리 나라 정책을 어떻게 가져갈지 큰 방침"의 단서가 이로써 열리게 되었다.

통감 취임과 군 통제권

그런데 이토라는 거물이 직접 작성에 참여했는데도 통감부 관제는 일부에서 커다란 파문을 불러일으켰다. 그 표적이 된 것은 관제 제4조였다. 그것은 다음과 같은 규정이었다.

통감부 및 이사청 관제
제4조 통감은 한국의 안녕질서를 온전하게 잘 지켜 나가기 위해 필요하다고 인정할 때에는 한국 수비군 사령관에게 병력을 사용하라고 명할 수 있다.

이와 같이 통감에게는 한국에 주둔하는 군대의 사령관에 대한 지휘명령권이 인정되었다. 보호국화에 즈음하여 반일 기운이 높아 가던 당시 한국 상황을 감안한다면 그 조항 자체는 당연한 조치였다고 할 수 있다. 문제는 그러한 통감 지위에 문관인 이토가 취임하려고 한다는 것이었다.

또한 이토가 한국에 머무르던 11월 27일 한국 주둔 사령관 하세가와 요시미치에게서 현지 실황 보고를 받은 야마가타는 "무관 가운데 통감을 채용하는 것이 이 시점에는 적합합니다."(『데라우치 문서』360-42)라는 의견을 데라우치 육군대신에게 전달하고 있다. 군의 입장에서는 애초에 군인이 통감 직책을 맡는 것을 당연시하고 있었는데, 이토가 그와 같은 소리를 묵살하고 스스로 통감이 되었던 것이다. (야마모토 시로, 『한국 통감부 설치와 통수권 문제』)

12월 21일에 이토가 통감에 임명되자마자 현지에서 일본군을 지휘하던 하세가와 요시미치는 데라우치 육군대신에게 다음과 같은 의문을 개진하고 있다.

제4조에 통감은 사령관에게 출병을 명할 수 있다고 되어 있습니다. 애초에 사령관은 통감 아래에 예속되는 것입니까? 사단장이라도 이미 천황에게 직접 예속해 있습니다. 하물며 군사령관이 천황에게 직접 예속해 있음은 말할 나위도 없는 사실입니다. 그 천황에게 직접 예속해 있는 사령관에게 통감은 명령할 수 있는 권능을 행사할 수 있는 것입니까? [사령관에게 명령할 수 있는 것은] 아마도 천황 이외에는 없다고 생각합니다.

『데라우치 문서』38-14

군대는 천황에 직속된 조직이며, 그와 같은 군대가 통

감의 명령에 따른다니 어찌된 일인가라는 의문이다. 나중에는 통수권 간섭이라고 규탄받았을 문제이다. 군부 쪽에서 나온 이러한 목소리를 이토는 천황의 권위를 내세워서 억눌렀다.

1906년 1월 14일 메이지 천황은 육군대신 데라우치 마사타케, 참모총장 오야마 이와오에게 손수 칙어를 내려서, 통감에게 한국 수비군 사용 권한을 부여하므로 국토를 방위하고 군사를 부리는 계획과 마찰이 일어나지 않도록 하라고 명령하였다. 천황 칙어의 효과는 절대적이어서 한국 사령관 하세가와도 "황공하게도 칙령이 내려온 이상 어떠한 이의도 없어야 할 것입니다."(1906년 1월 26일 자로 데라우치에게 보내는 편지, 『데라우치 문서』 38-16)라고 하며 통감 아래에 직속되는 것을 받아들이지 않을 수 없었다. 이렇게 하여 메이지 헌법하에서 유일하게 문관이 군대 지휘권을 쥘 수 있는 관직이 탄생하였다. 그 작성자였던 이토는 스스로 그 자리에 앉아 3월 2일 한국 한성에 부임하였다.

한국 통감에 취임한 이유

이토는 어째서 한국 통감 자리를 스스로 떠맡았을까? 지금까지 이야기한 통감 취임 경위를 되짚어 보면 다음과 같은 두 가지 논점이 머릿속에 떠오른다. 그 하나는 "문명"이며 다른 하나는 군부에 대한 통제이다.

우선 첫 번째 문명에 대해서 이야기하자면 1898년(메이지 31) 청나라와 한국을 방문한 이래 이토의 마음속에 "동양의 맹주"라는 의식이 싹텄다고 추측할 수 있다. 본래 앞 장에서 보았듯이 이토는 중국 문제에 제한적으로 관여하였다. 그는 중국 시장의 중요성에 대해서는 대서특필했지만, 그 정치에 대해서는 향후 더욱 혼미해질 터이니 그에 개입하는 것을 억지해야 한다는 입장을 시종일관 취하였다.

그렇지만 중국에서 귀국하고 얼마 되지 않아 그는 "동양의 솔선자인" 일본의 도덕상 책무를 소리 높여 주장하고 있다. 앞 장에서도 약간 언급했지만 1899년 2월 14일 이토는 경성 학당 등을 설립하여 운영하면서 한국에서 일본어 교육 보급에 힘쓰던 대일본 해외 교육회에 초청되어 연설하였다. 이 연설에서 그는 다음과 같이 주장하고 있다.

이미 해외에서 교육을 하겠다고 한 이상 유독 한국인만 교육할 것이 아니라 또한 중국[인]도 교육할 필요가 있습니다. 대개 우리 나라에서 문명에 관한 학문을 수입하는 것은 [중국] 사람들에게 간편할 뿐만 아니라 그 효과가 신속하게 나타나기 때문입니다. 또한 우리 나라 입장에서는, 토지가 광대하고 인구가 많은데도 문명의 학문 수준이 아직 미숙한 나라를 동양의 솔선자인 우리가 이끌어 준다면 스스로 세력을 키울 수 있다는 이로움이 있습니다. 필경 이러한 일들은 쌍방의 행복을 증진해 주며, 덕의(德義)상 우리 나라의 의무에 속한다는 점을 깨닫지 않으면 안 됩니다.

『연설집』①

한국에서의 교육 보급 활동을 목적으로 하는 단체에게 중국에서 활동하라고 종용하여 그 현장에 있던 이들이 조금 당혹스러워했을지는 몰라도, 그 배경에는 청나라에서 량치차오나 장즈둥 등과 같이 개화사상을 갈망하는 지식인층의 존재를 알게 되었던 일이 있었을 것이다. 어쨌든 이때에 이토는 동아시아에 "문명"을 확산하는 일에 대한 사명감을 표명하였던 셈이다. 앞에서 러일전쟁 개전 직후인 1904년 3월에 이토가 고종에게 문명을 고취하였던 일을 언급하였다. 그로부터 이 년 후 이토는 이번에는 실제로 문명을 이식하기 위해 한국 땅을 직접 밟았다.

두 번째는 군부 통제 문제이다. 통감에게 군대 지휘권을 부여한 것과 관련해 최근의 주목할 만한 견해로, 이토와 육군, 더불어 가쓰라 다로, 고무라 주타로, 고토 신페이 등 차세대 관료 사이에 대륙정책이나 한국 병합 구상을 둘러싼 대립이 표출한 것이라고 설명하는 관점이 있다. 그러한 견해에 따르면 통감의 군 통제권은 목적이 아니라 수단이 된다고 하겠는데 처음부터 이토는 군 통제권을 탈취하고 운용하는 것을 목적으로 삼았다고 생각할수는 없을까? 이것이 이토의 사상을 내재적으로 재구성하는 것을 과제로 삼은 이 책의 관점이다.

그러한 경우에 일본의 "헌법 개혁" 측면을 잊어서는 안된다. 당시 이토는 조사국 총재로 공식령을 책정하고 내각을 중심으로 군정을 통솔하느라 여념이 없었다.(5장 4절) 이토의 계략은 육군의 반격에 부딪혀 결국「군령에 관한 건」이 성립하면서 물거품이 되고 말았다. 그러한 이토가 동일한 시기에 한국에서도 군대를 장악하려고 시도하였던 것이다. 이렇듯 일본과 한국에서 정치와 군의 관계를 개혁하고 [새롭게] 구축하려 한 것은 과연 통일적으로 파악될 수 있는 문제일까? 당연히 한번 생각해 볼 필요가 있다.

이하에서는 앞서 말한 두 가지 관점에서 이토의 한국 통치를 재검토해 보자.

2 "문명" 정치의 전도

―유교지(儒教知)와의 대결

한국 통치 철학

이제까지 누누이 논해 왔듯이 이토는 일본 국민을 문명한 백성으로 계몽하고 그러한 계몽된 인민이 협동하여 국가를 건설하는 것을 문명의 정치로 보고 있었다. 그렇다면 한국에 대한 보호정치에 즈음하여 그는 도대체 어떠한 철학으로 그 일에 임했을까? 우선 인상적인 에피소드를 하나 들기로 하자.

1906년(메이지 39) 10월 니토베 이나조가 방한했을 때 이야기다. 니토베는 통감부 농상공무를 맡고 있던 기우치 주시로의 의뢰를 받고 일본인의 한국 이민을 촉진하는 방안을 호소하기 위해 이토를 만나러 오게 되었다. 그런데 이야기를 꺼내자마자 이토는 "조선에 내지인을 이주시키자는 논의가 제법 많은 듯한데 우리는 이에 반대합니다."라고 말하였다. "그러나 조선인만으로 그 나라를 개발할 수 있겠습니까?"라고 니토베가 반론을 제기하자 이토는 다음과 같이 대답했다고 한다.

니토베 군, 조선인은 뛰어납니다. 이 나라의 역사를 보아도 그 발전 수준이 일본보다 훨씬 뛰어났던 시대도 있어요. 이 민족이 이 정도 나라를 스스로 경영해 나갈 수 없다고 볼 이유가 없어요. 재능에 있어서는 결코 마찬가지로 뒤떨어지지 않았어요. 그런데도 오늘날 같은 상태가 되어 버리고 만 것은 인민이 아니라 정치가 나빴기 때문이에요. 나라만 잘 다스려지면 인민은 양에서나 질에서나 부족한 데가 없어요.

『니토베 이나조 전집』⑤

이 중언에 따르면 이토는 가능한 한 한국인의 잠재력을 개발하고 그들 스스로 자신들의 나라를 경영해 나가는 것을 이상으로 여기고 있었다. 그를 위해서는 무엇보다도 정치 개혁 추진을 우선시했다. 그렇게만 하면 한국인도 자연히 문명화되어 갈 것이라고 하였다. 여기서는 그와 같은 이토의 통치책을 "문명 정책"이라 부르기로 하고 그 내실을 검토해 보고자 한다.

이토가 한국 통치에 임해 품었던 소신이나 그가 내렸던 구체적 지시 등을 체계적으로 살펴볼 수 있는 장으로 '한국 시정 개선에 관한 협의회'가 있다. 그 협의회는 한국 각료들을 모아서 이토가 주재했던 실질적인 내각회의였으며 의사록은 김정명 편 『일한 외교 자료 집성』 제6권에 망라되어 있다. 이 의사록에 수록된 이토의 언명을 중심으로 그의 한국 통치 철학을 재구성하기로 한다.

원칙상으로는 일본에 의한 한국의 보호국화는 외교권만 박탈하는 정도로 한정되었다. 그러나 주지하다시피 실제로는 1904년(메이지 37) 5월에 내각회의에서 결정된 「대한 시설 강령」이 여러모로 보여 주듯이, 일본 정부는 외교에만 그치지 않고 재정, 인프라, 산업 전반 같은 한국 내 내정 사항을 폭넓게 장악하는 것을 방침으로 내걸었다. 이러한 방침을 이어받아 보호정치를 책임지게 된 이토는 그 점을 어떻게 정당화하였을까? 시사했듯이 그것은 "문명을 전도한다."라는 논리였다. 한국 인민을 문명한 백성으로 이끌려고 한 것이다. 그는 통감 부임 당초부터 그 점을 널리 알려 떨치게 하였다. "내가 이 땅에 부임해 온 것은 한국을 세계의 문명국으로 만들고자 바랐기 때문이다."라는 식으로 말이다. (시정 개선 협의회, 1906년 7월 3일 <제7회>, 『집성』 상권)

민본주의, 법치주의, 점진주의

그렇다면 이토는 문명국의 구체적 내용을 한국 측에 어떤 식으로 설명하였을까? 이토의 설명은 민본주의, 법치주의, 점진주의라는 세 가지 요소로 이루어져 있었다고 할 수 있다.

우선 첫째로 민본주의이다. 앞서 헌법 행각의 장에서 상세히 논했던 국민 정치의 이념을 바꾸어 말한 것이나 다름없지만 한국에서도 그것을 되풀이하고 있다. 통감으로 부임하고서 채 며칠이 지나지 않았던 1906년(메이지 39) 3월 25일에 고종을 알현했을 때에도 "한국의 국력을 키우고 국운의 융성을 추구해 나가려면 짐이 어떻게 해야 하는가?"라고 고종이 하문하자 이토는 "국민의 부력(富力)에 의존하지 않으면 안 됩니다."라고 대답하고 있다.(『집성』상권) 후에 한국 각료들에 대해서도 "정부는 인민을 아끼는 것을 첫 번째 목적으로 삼고, 온갖 방법을 동원해 관리를 아끼는 것을 멈추지 않으면 안 된다."(시정 개선 협의회, 1907년 4월 9일 <제14회>, 『집성』상권)라고 하면서 국민 본위의 정치를 주장하고 있다. 국민의 문화 수준을 높여서 식산흥업을 도모하는 문명화=근대화 프로젝트를 내걸었다는 점에서 일본에서의 통치와 한국에서의 그것사이에 서로 다른 점은 없었다고 할 수 있다.

이처럼 인민을 소중히 여기는 무민(撫民) 정책이라는 점에서 이토의 통치 철학은 유교적 왕도 사상의 민본주의와 궤를 같이한다고 지적할 수 있지만,[3]* 이어서 이토는 왕도론이 아니라 법치주의를 주장하였다. 앞서 언급한 고종과의 만남에서도 국민의 경제력을 증진하기 위해서라도 "먼저 신체와 재산의 안전을 보장하지 않으면 안 됩니다."(『집성』 상권)라고 주장하면서 더불어 "저 탐관오리 때문에 언제나 생명과 재산을 잃을 위험에서 벗어날 수 없다면 국민은 필연적으로 하루라도 편안히 자신의 생업에 종사하고 재산을 증식하는 데 힘쓸 수 없을 것입니다."(위의 책)라고 말했듯이, 국가 권력을 자의적으로 남용하지 않도록 제약해야 한다고 강조하고 있다. 법에 근거해 통치하는 것은 국민 본위의 정치를 베풀고 국력을 증강하기 위해 불가결한 전제인 것이다.

이토는 이상에서 말한 시정 방침은 "세계의 상태"이며 그에 반하는 정책을 취할 수는 없다고 하였다.(시정 개선 협의회, 1906년 11월 16일 <제12회>, 『집성』 상권) 그렇게 하여 한국이 사대주의와 결별하고 국가로서 자립하고 독립하는 것.[4]* 적어도 처음에 이토가 언명한 한국 통치 철학은 그와 같았다.

그러한 철학을 실천하기 위해 그가 채택했던 방법이 다름 아닌 점진주의였다. 이러한 방침은 시정 개선 협의회 제1회 회합에서 이미 공표되었다. 곧 그 회의석상에서 교육제도를 개혁하자고 주창한 이토는 "처음부터 원대한 계획을 세워 손실을 입어서는 안 된다."라고 하면서 "처음에는 작은 계획을 세우고 점차 발전시켜 가야 한다."(시정 개선 협의회, 1906년 3월 13일 <제1회>, 『집성』 상권)라는 점을 강조하고 있다.

애초부터 점진주의는 정치가 이토의 온몸에 스며들어 있는 정책이었다. 통치의 대(大)방침은 신념으로서 견지하지만 그것을 실행할 때에는 신중하게 시세를 지켜보면서 점진적으로 일을 추진해 가는 것이 그의 정치 스타일이었다.[5]* 일본에 입헌정치를 도입할 적에도 그러한 주의에 입각해서 일을 추진하였던 것이다.

한국을 통치할 때에도 이러한 점에는 변화가 없었다. 이토는 한국의 기존 질서와 가치관을 가능한 한 존중하면서 점진적으로 문명국으로 전환하고자 하였다. 그러나 일본에서는 점진주의가 의회 제도의 정착이라는 성과로 이어진 반면 한국에서 이토의 통치는 혼미를 거듭하였다. 그 점을 그의 교육정책에 입각하여 살펴보자.

교육개혁에 대한 의욕

　통감으로 부임했던 당초부터 이토는 "교육은 시간과 부담을 필요로 하지만 [시급히] 착수하지 않으면 그 효과를 볼 수 없기 때문에 될수록 조속히 교육 사업을 시작해야 한다."(시정 개선 협의회, 1906년 3월 13일 〈제1회〉, 『집성』상권) 라고 하면서 교육개혁에 의욕을 보이고 있다. 지금부터 이토의 한국 통치에서 교육이 차지하는 의의와 사정(射程)을 추출해 보자.

　이토는 제1회 시정 개선 협의회에서 통치에 있어 교육의 중요성을 역설하고 있다. 거기에서 그는 징병과 징세의 역군을 양성한다는 점을 교육의 효용으로 거론하고 있다. "징병제를 실시하기 위해서는 (……) 교육을 보급하여 학문적 소양을 키우지 않으면 안 된다."(『집성』상권) "교육을 하면 어린아이는 어째서 국민이 조세를 부담해야 하는지 그 이유를 스스로 이해하게 된다."(『집성』상권) 요컨대 국가를 위한 의무를 떠맡을 충성스럽고 선량한 신민을 길러 내는 일이야말로 이토가 교육개혁에서 높이 내걸고자 했던 목표였다.

이처럼 이토는 통치의 객체로서의 국민을 창출하기 위해 교육을 활용하려 했다고 일단 지적할 수 있겠다. 그렇지만 그것이 전부였을까? [이토가] 일본에서 통치할 때 교육을 보급하여 국민이 개명하는 것이 통치하는 데에는 양날의 검이라고 인식하였다는 사실을 상기해 보자. 그가 그린 [이상적인] 국민상은 솔선하여 국가의 공납을 떠맡을 뿐만 아니라 자신이 내는 혈세가 어디에 쓰이는지에 대해서도 엄중히 감시의 눈을 번득이는 공공성의 담당자였다. 이토가 한국인에 대해서도 이러한 측면을 인정하지 않았던 것은 아니다.

1908년(메이지 41) 12월 시정 개선 협의회의 장에서 이토는 "내가 보기에는 각 지방 인민도 옛날처럼 관리에게 머리를 조아리거나 평신(平身)하며 오로지 그 명령을 따르기만 하는 풍조에서 벗어나려 하고 있다."라고 전제한 뒤에 "이것은 곧 이른바 민권의 발달이다."라고 주장하고 있다. 이것을 단순히 강한 체하는 흰소리로만 치부할 수는 없다. 교육 정도가 발달하면서 관리의 부패를 규탄하는 민권 의식이 높아지는 것은 그에게 당연한 흐름이었다. 그 결과 "관리가 악행을 저지르는 일도 점차 감소하게 되었다."(시정 개선 협의회, 1908년 12월 8일 <제63회>,『집성』하권) 인민이 개화하면서 동시에 통치도 합리화하지 않으면 안 되었던 것이다. 일본을 통치할 즈음에 이토가 품었던 테제(2장 6절)는 여기에서도 유지되고 있었다고 볼 수 있다.

다음에 이토가 기대했던 교육의 내용을 검토해 보자. 이 고찰의 출발점으로 1908년 12월 시정 개선 협의회에서 그가 밝혔던 다음과 같은 체험담을 인용하고자 한다. 곧 이토는 "나 같은 사람은 어릴 적부터 한문으로 쓴 책을 배워서 [고대 중국] 주나라의 태평성대를 늘 귀로 들어왔지만, 처음 서양에 갔을 때 그들의 문물제도와 각종 기술이 엄청나게 발달한 것을 보고서 진정한 주나라의 도는 서양에서 이루어지고 있음을 알게 되었고, 국가라는 것은 이와 같지 않으면 안 된다고 생각하고" 귀국하였다는 것이다.(시정 개선 협의회, 1908년 12월 25일 <제65회>,『집성』하권) 여기서 동양적인 한학의 전통과 결별하고 서양 학문에 입각하여 사회구조를 혁신해야 한다는 메시지를 표명하고 있다는 사실을 쉽게 알아차릴 수 있다.

서양이 학문의 본보기가 되어야 하는 이유는 사회의

실용에 적합한 학문=실학이었기 때문이다. 이러한 점도 일본에서의 통치 지론을 그대로 답습한 것이라고 하겠다. 교육은 국민을 실업으로 이끌어야만 한다. 그렇게 해야 비로소 "인민이 가난하고 궁색하다"는 사회문제를 해결할 수 있다. 이토에게 교육이란 식산흥업을 촉진하여 사회적·경제적 실익을 만들어 내는 인적 자본을 공급하는 일이었다.

유교는 국가를 망친다

이상과 같은 관점에서 이토는 한국의 전통적 유교지(儒敎知)에 비판적 자세를 보인다.

1906년(메이지 39) 7월 이토는 고종이 자신에게 보내는 편지에서 "이토 후작"이라고 쓰면서 "통감"이라는 호칭을 회피한 사실, "섬나라 오랑캐 도적(島夷敵) 이토, 하세가와"라는 고종의 말이 기록된 서류가 발견된 사실, 궁중이 폭도들과 연락하고 자금을 제공하고 있다는 사실 등을 거론하면서 고종을 규탄하고, 궁중 개혁을 위해 조사 위원회 설치를 승낙하라고 요구하는 한편, 궁중에 사람의

출입을 규제하는 궁금령(宮禁令)을 지시하였다. (내알현 시말
(內謁見始末), 1906년 7월 2일, 『집성』 상권)

여기에서 이토는 유림을 궁중에서 멀리 몰아냄으로써
한국 통치 계획과 위정자의 의식을 근본적으로 변혁하려
고 의도하였다. 이토에 따르면 한국 엘리트가 지켜서 보
존하고 있는 유교는 국가를 망치는 공론일 뿐이었다. 한
국이 세계의 대세에 뒤떨어지고 이렇듯 초라한 지위로
전락하고 만 것은 오로지 "이러한 옛날 법을 존중하고 있
기" 때문이 아닌가 하면서 그것을 "폐기"하라고 촉구하고
있다. "안목을 키워서 문명의 법식에 따르고 나라의 이익
과 국민의 행복을 증진하려 하는 오늘날에는 이러한 유
해무익한 오래된 관례를 속히 폐기하는 쪽이 오히려 한
국에 충성을 다하는 바가 아니겠는가?"라는 식으로 말이
다. (시정 개선 협의회, 1906년 7월 3일 <제7회>, 『집성』 상권)

한국 쪽에서는 유림 가운데 사람을 뽑아서 수시로 궁
중에 불러 그의 주장을 듣는 일은 군자(君子)의 직무이
며[6]* "예로부터 지금까지 학자를 후하게 대접하는 것이
우리 나라의 풍습."(민영기 탁지부 대신)이라는 변호가 있었
다. (시정 개선 협의회, 1906년 7월 3일 <제7회>, 『집성』 상권) 모든 국
가 체제에는 그 통치를 정당화 내지 합리화하기 위한 지

의 체계 및 학식자(學識者) 층의 존재가 포함되어 있고, 그러한 의미에서 지는 국가 제도의 요소(factor)(국제지(國制知), knowledge as constitutional factor)라고 생각할 수 있다.(졸저,『독일 국가학과 메이지 국제』) 한국에서 유학은 참으로 그러한 존재로, 예로부터 전해 내려온 통치 구조 속에 편입되어 있었다.

그러나 그와 같이 항변하는 고종 등의 언설에 이토는 귀를 기울이지는 않았다. "설사 어떤 학자가 깊은 산속 으슥한 골짜기 어딘가에 깃들어 산다고 한들 그가 수목(樹木)과 마주 앉아 세계의 대세를 달관하고 국가를 경영하는 탁견을 얻을 수 있다는 이치가 어찌 가능한가?"라든가 "산림에 은거하는 유림을 먼 곳에서 불러와 그와 국정을 논의한다니, 차라리 공자의 백골을 구해 와서 그것과 마주 앉아 국정을 논하는 편이 훨씬 낫지 않겠는가?"라는 식으로 지극히 신랄하게 대응하고 있다.(내알현 시말, 1906년 7월 27일,『집성』상권)

이토는 개인적으로는 한학적 소양을 중시하는 문인 기질의 소유자였다. 그러나 그에게 공적인 국가 통치 기구가 전근대적 유학에 의해 장악되는 사태는 허용하기 어려웠다. 그는 서양적 과학지(科學知)에 의해 국가가 구성되어야 한다고 생각하였다. 유학의 가르침이라는 것은 말하자면 중국 고대 주나라라는 한 시기의 정치사회를 본보기로 삼은 것에 불과하다. 그러한 언설을 금과옥조처럼 여기면서 현재 상황을 처결하려는 것은 시대착오의 극치이며 유림은 "세상의 변천에 대응하는 활동 능력이 결여된 존재."(『집성』상권)로 여겼다.

더욱이 하나 더 덧붙이면 배척해야 할 대상은 유림뿐만이 아니었다. 앞서 언급한 궁금령이 제정된 또 다른 계기는 고종이 이노 기치사부로를 한국 궁중에 초빙하려다가 미수에 그친 사건이었다. 이노 기치사부로라는 인물은 러일전쟁이 벌어지고 있는 판국에 수많은 선탁(宣託)을 행하여 고다마 겐타로와 도고 헤이하치로 등과 같은 일본 군인들을 심복하게 했다고 전해지는 (신흥종교의) 행자(行者)였다. 훗날 일본판 라스푸틴[8]이라는 별명을 얻었는데 그 신통력으로 한때 일본 정계에 일정한 영향력을 행사했다고 한다. 고종은 이노 기치사부로의 위엄과 권위가 이토나 야마가타 아리토모 등 원로들까지 납작하게 눌러 버릴 정도라는 잘못된 소문을 믿고서 그를 궁중으

---

8) 20세기 초 러시아 수도사로 니콜라이 2세의 총애를 얻고서 종교, 내정, 외교정책 등에 관여하다가 귀족들에게 암살당했다.

로 초빙하여 이토를 조종해 보려는 생각에 밀지를 내려 불러오고자 했다. (1906년 4월 1일 자로 야마가타 아리토모에게 보내는 이토의 편지, 『야마가타 문서』①)

이토가 보기에 이노 기치사부로는 "점쟁이까지는 아니더라도 학식이나 인물 면에서 공히 결코 가치 있는 인물"이라고 할 수 없었다. (시정 개선 협의회, 1906년 7월 3일 <제7회>, 『집성』상권) 그 정도의 인물을 고종이 "고금에 견줄 이가 없을 정도로 선견과 학식을 갖춘 사람"으로 보고, 아니 그건 고사하고 "원훈 야마가타나 이토 같은 이들도 그의 무릎 아래 절하여 엎드려서 그 교시에 따라 행동한다."라는 식으로 자신을 무시했다는 사실에(위의 책) 개명주의자 이토가 통한의 극치를 느꼈으리라는 점은 쉽게 상상이 간다. 사태가 이 지경에 이른 까닭은 다름 아니라 유림뿐만 아니라 "서무녀(筮巫女)" 무리까지 궁중을 출입하면서 황제의 근대적 계몽을 방해하고 있었기 때문이다. 그와 같은 무리들이 함부로 날뛰는 한국 궁정은 이토의 눈에 "복마전"으로 비쳤다. (『이토 전』하권)[7]* 궁중을 필두로 온갖 공공 공간에서 유학뿐만 아니라 모든 구습을 일소하고 그것들을 대신하여 서양을 본보기로 과학지를 충전하지 않으면 안 되었던 것이다. 궁금령에는 이토의 한국 통치 이념이 응축되어 있었으며 한국 궁정을 탈전통화하여 일본이 추진하던 신문명의 상징으로 국민 교화에 이바지하게끔 하려는 전략이 깔려 있었다고 생각할 수 있다.

자금 면에서 한계에 부딪히다

이토는 한국에 "문명"이 뿌리 내리게 하려고 하였다. 이제까지 논의에서 살펴보았듯이 그러한 문명이란 식산 흥업으로 이룬 물질적 번영에 머무르지 않고 민중의 정신적 개화까지 추구하는 것이었다. 그를 위해서 이토는 교육개혁과 지의 쇄신을 중요시하였다.

이토 통감의 교육정책에 대해서는 그 요란한 구호와 달리 실제로는 교육에 중점을 두지 않았다는 지적도 있다. 그렇다고 해서 이토의 교육론이 공론(空論)이었던 것은 아니다. 오히려 그에게 교육개혁은 지극히 미묘한 문제였다. 이토는 교육이 인간 정신 구조를 변혁하는 것과 관련된 문제는 결코 하루아침에 해결되지 않으며 한 걸음 한 걸음 착실히 기반을 튼튼하게 다질 필요가 있다고 보았다. 여기에서도 그는 점진주의를 신봉했으며 또한 그리 하지 않을 수도 없었다. 점진주의에 근거하여 교육을 보급하려는 방침은 예를 들면 다음과 같이 나타나고 있다.

> 나는 지금의 한국 국민에게는 희망을 품고 있지 않지만, 미래의 한국인을 계발하기 위해 우선 학교를 설립하여 교육을 베풀어 놓으면 교육받은 자와 받지 않은 자 사이에 모든 면에서 대단한 차이가 드러날 것이므로, 점차 교육을 보급한 후 오랜 시간이 지나면 최종적으로 한국 국민도 모두 문명한 국민이 되어 있을 것이다.
>
> 연설 필기, 1908년 6월 5일, 『집성』 중권

이것은 1908년 6월에 한국 각료들 앞에서 한 강연의 한 부분이다. 이 무렵 한국 사회에서 항일운동이 격화하면서 이토의 한국 보호정치는 궁지에 몰려 있었다. 그럼에도 "점차 교육을 보급"하여 언젠가는 한국 국민을 "문명한 국민"으로 만든다는 비전을 이토는 포기하지 않았다. 점진적 교육개혁은 이토의 보호정치에서 일관된 관심사였다고 할 수 있다.

그렇지만 이토의 정책 이념이 어떠했든 현실에서 한국

의 교육개혁은 그 기대만큼 진전되지는 못했다. 이하에서 정책으로서의 점진주의를 규정하고, 그로 인해 파탄에 이르게 된 여러 사유를 고찰해 보자.

이토는 통감으로 부임하고 나서 얼마 후에 열린 제1회 시정 개선 협의회에서 교육을 개혁하는 과정에서 점진주의로 임하겠다고 공표하며, 그 시점에 다음과 같은 개혁 과제를 제시하고 있다. "제일 먼저 필요한 것은 자금이다. 그다음이 교사이고 교과서이다."(『집성』 상권)라는 발언이었다. 요컨대 개혁을 위한 재원과 새로운 교육을 실천하는 데 필요한 인적·물적 자원이 현안이었으며, 더불어 교육을 수용할 사회적 바탕이 이토가 직면한 문제였다. 이들 문제점에 대해 잠깐 살펴보자.

우선 자금 문제인데 이토는 한국 사회에서 교육 관련 비용을 징수하여 개혁 재원으로 삼는 방책은 명시적으로 부정했다. 당초 이토는 일본 정부에서 무상으로 차관을 끌어오려고 준비했다. 제1회 시정 개선 협의회 석상에서 일본 정부로부터 1,000만 엔을 공여받아 산업 진흥에 충당하는 방안이 제기되었다. 그 속에는 교육 개선 비용도 계상되어 있었다. 교육개혁 재원은 일본에서 들여온 차관으로 꾸려 나가기로 되어 있었다.

그러나 1,000만 엔 가운데 교육 확장에 할당된 액수는 50만 엔에 불과하였다. 애초에 일본 정부가 한국 통치의 지침으로 1904년 5월에 정한 「대한 시설 강령」 안에서 교육 정비 사업은 일고의 여지도 없던 항목이었다. 강령에 들어 있지도 않은 교육 관계 분야에 일본 정부 차관을 공공연히 투자하는 것을 꺼렸다고 추측해 볼 수 있다. 결국 교육개혁은 한정된 재원으로 시작할 수밖에 없었다.

전통과 민족성을 중시한 이면

다음으로 교사와 교과서 문제인데, 여기서는 특히 전자를 언급해 두고자 한다. "바로 지금 교사의 수가 더 늘어나야 할 것이다. 아무리 학교를 많이 세워도 교사로 일할 만한 합당한 사람을 구하지 못하면 마치 용을 그려 놓고도 눈동자를 그리지 않은 것과 같다고 할 것이다."(『집성』상권)라고 언명하듯이, 교사 부족 현상은 이토의 교육 정책을 속박하는 중대한 요인이었다. 문제는 단순히 숫자가 부족한 것만이 아니었다. 오히려 더욱 신경을 썼던 문제는 교사의 질이었다. 이토는 한국에서 교육에 종사하는 일본인 교사들에게 한국인의 민족성을 존중하라고 강조하고 있다. 곧 한국에 건너와 보통교육 교사로 새롭게 임명된 일본인에게 한국의 전통 종교에 관해서 다음과 같이 훈계하고 있다.

불교든 유교든 기독교든 불문하고 세상 사람들을 계발한다는 점에서 종교의 이치는 하나이므로 저것을 옳다고 하고 이것을 그르다고 여길 이유가 없다. 우리 나라에서는 종교의 자유를 헌법으로 보장하고 있다. 한국에서는 특별히 이 문제와 관련해 어떠한 제한도 없다. 여러분은 이 점을 주의하여 종교인들이 하는 일에 대하여 이유 없이 시비선악을 분석하고 논해서는 안 된다.

「보통교육에 종사하는 일본인 교사를 위한 가르침」,
1907년 4월 14일, 『전집』② 「학술 연설」

이상에서 보듯이 위정자로서 이토는 한국의 민심과 관례를 배려하라고 틈나는 대로 언급하고 있다. 한국 전통 의학을 단속하는 문제나 단발 문제에 대해서도 이토는 신중한 자세를 보였다. 예를 들면 전통 의학에 대해서는

"일단 한방의의 개업을 금지하면 한국에는 의사가 모두 없어져 버리고 말 것이다."라고 하면서 "점차 서서히 의술 관련 개업을 단속해 나가야 옳지, 급격한 조치는 합당하지 않다."라는 인식을 보이고 있다. (시정 개선 협의회, 1906년 4월 9일 <제3회>, 『집성』 상권) 단발에 대해서도 법률에 의해 강제적으로 시행하기보다는 자연스러운 추세에 맡겨서 자발적으로 폐지하는 편이 옳다고 여기고 있다. (시정 개선 협의회, 1908년 6월 9일 <제41회>, 『집성』 중권) 이들 내용에서 엿볼 수 있듯이 이토가 한국의 민중 문화나 관습을 보호하려고 했다고는 할 수 없으나 적어도 방임한다는 것이 기본 입장이었던 것이다.

그리하여 보통교육의 장에서 한국의 전통과 민족성을 최대한 배려하려는 자세는 앞서 궁금령으로 상징되는 궁중에 대한 대책과 좋은 대조를 이루고 있다. 말하자면 이토는 한국 사회를 전통적 생활 세계와 합리주의적 국가 기구로 양분하여 전자에 대해서는 점진적 방책을 취하고, 후자에 대해서는 신속히 "탈주술화(脫呪術化)"한다는 이중 기준을 적용했다. 종교의 자유를 내걸고 서민의 신앙에 관용적인 입장을 표명하였지만 그 이면에는 종교와 국가를 분리해서 전자를 공공의 장으로부터 몰아내 사적 영역 안에 가두려는 의도가 있었다고 생각해야 할 것이다.

따라서 전통과 관례를 존중하자고 주장했다고 하더라도 이토가 그것들을 통치의 전제로 유지하고 보존하려고 생각했던 것은 아니다. 오히려 긴 안목에서 문명에 의해 서서히 소멸해 갈 것이라고 보았다. 이토는 밑으로부터 서서히 민중의 의식을 개혁해 나가기 위한 방책으로 한국의 초등교육에 기대를 걸었다고 할 수 있다.

애국 계몽 운동과 사립학교

점진주의를 핵심으로 내세운 이토였지만 현실 개혁의 장에서 그 점진주의는 혼미를 거듭하였다. 가장 큰 [방해] 요인은 여러 항일운동, 그중에서도 구체적으로는 애국 계몽 운동과 의병 투쟁이었다.[8*] 교육정책에 대해서도 이 시기에 이토의 정책과는 별개로 한국 지식인층이 주도하여 교육열이 끓어오르고 학교 설립 운동이 고조되어, 이토의 개혁 구상과 대립하고 경합하게 되었다.[9*] 여기에서는 애국 계몽 운동과 이토의 교육관이 대립한 것에 대해 간단히 언급해 두고자 한다.

애국 계몽 운동 세력은 말 그대로 애국주의적 민족주의 보급을 목적으로 하는 교육을 지향하였다. 운동 과정에서 설립된 사립학교에서는 단순한 사회적 실용을 위한 문자 해독 능력을 기르고자 했을 뿐만 아니라 정치교육을 통해 민중의 정치의식을 각성시켜 민족주의를 함양하고자 하였다.

이는 이토의 교육관과 병립할 수 없었다. 이미 앞서 보았듯이 1879년(메이지 12) '교육의' 이래로 이토는 과학에 의거해 교육을 하고 거기에서 정담은 배척해야 한다는 신조를 표명하고 있다. "정담의 무리가 과다해지는 것은 국민의 행복이 아니다."라는 것이 이토의 일관된 사상이었다. 따라서 민족주의 같은 과열된 국민감정에 이토가 냉담한 시선을 보내지 않을 수 없었다. 그는 한국에서 다음과 같이 호소하고 있다.

오늘날 급선무는 먼저 한국인의 의식이 빈곤해지지 않도록 하는 것이고, 그리고 난 뒤에 그 능력을 발달시키는 교육을 실시하지 않으면 안 된다. 단지 독립만을 외치고 애국을 부르짖어도 무위도식하고 빈둥거리면서 일하지 않으면 국가를 위해서 어떠한 이로운 바도 없다.

연설 필기, 1908년 6월 17일, 『집성』 중권

여기서도 이토는 "단지 독립만을 외치고 애국을 부르짖는" 정담을 학교교육에서 몰아내자고 주장하면서, 인간 생활의 물질적 풍요를 증진해 주는 과학을 찬양하고 있다. 일찍이 일본에서 주장하였던 바를 한국에서도 강조하지 않으면 안 되었다. 그런 의미에서 여기서 그는 사립학교와 "재회"한 셈이다.

1880년대 일본에서는 자유 민권운동의 기세가 전에 없이 고양되었는데 그 과정에서 인재를 공급하고 운동의 기반을 마련한 것이 게이오 의숙이나 와세다(당시는 도쿄 전문학교) 등 사립 법률 학교였다. 이에 대항하여 이토는 제국 대학을 창설하여 행정주체의 국가학을 도입하고, 그러한 교육을 받은 인재를 정부 관료로 등용한다는 제도와 이론의 개혁을 추진하는 한편, 사립학교에서의 정치교육을 없애는 방안을 꾸며 효과를 거두고 있다.(2장 4절) 이토는 당연히 한국에서도 같은 정책을 꾀하였는데 이번에는 소기의 목적을 달성할 수 없었다. 이토 통감 시기에 교육개혁이 어떻게 변화해 갔는지 간단히 살펴보자.

　교육은 "세상의 흐름에 따라 그 보급을 꾀하지 않으면 안 된다."라고 제1회 시정 개선 협의회에서 언명한 이토였지만 그로부터 세 달 후에 벌써 궤도 수정된 방침을 시행하고 있다. 두 달 동안 일본에 일시 귀국했다가 한국으로 되돌아온 직후인 1906년 6월 23일, 제6회 시정 개선 협의회에서 이토는 그때까지 교육개혁 임무를 담당하던 학정참여관(學政參與官) 시데하라 다이라를 경질하고 그 대신에 미쓰치 주조를 그 자리에 앉힌다. 이토는 시데하라 다이라가 "교관으로는 아마도 적임일지 몰라도 저술가로서는 부적임"이기 때문에 경질한다고 하면서, 시데하라가 맡았던 교과서 편찬 작업이 지지부진하다며 불만을 토로하고 있다. 그런데 그 이면에는 "가능한 한 신속하게 교육 확장 사업에 착수하고자 합니다. 아동 교육을 증진하지 못하면 도저히 한국의 발달을 기획할 수 없습니다."라는 절박한 생각이 깔려 있었다.(시정 개선 협의회, 1906년 6월 25일 <제6회>, 『집성』 상권)

　세 달 전까지만 해도 느긋한 자세를 보이다가 급변하여 교육개혁을 속성으로 추진하려 한 것은 한국 정계가 불안하여 상황이 변화할까 염려하였기 때문으로 추측할 수 있다. 이토가 자리를 비운 사이에 한국 각지에서 소요가 빈발했고, 근무지로 돌아온 이토는 정세가 험악해지는 상황을 목도하고 한때 유서를 써 두었을 정도다. (『이토전』하권) 그와 같은 정세에서 이토는 당초의 방침을 되돌아볼 필요성을 느꼈던 것이다.

그렇지만 그 후에도 상황이 나아질 기미가 보이지 않았다. 1908년 6월에도 이토는 한국 각지에서 소집한 관찰사를 향하여 한국에서 한창 발흥하는 사립학교가 결코 국민을 부강하게 하는 데 도움이 되지 못하고 "쓸데없이 공론만 장려하는" 폐단에 빠지고 말 것이라는 인식을 내비치고 있다. 그래서는 안 되고 "될 수 있으면 국민을 실업(實業)에 나아가게끔 하는 교육을 하지" 않으면 안 된다는 것이다. (연설 필기, 『집성』중권)

이리하여 그 후로 이토는 법률을 제정하여 사태를 통제하려고 시도한다. 같은 해 8월 통감부는 사립학교령, 사립학교 보조 규정, 학회령, 교과서 검정 규정 등을 제정하였다. 이것들을 통해 정부가 사립학교를 인가하고 교과서를 편찬하고 검정하는 조치가 법령으로 정해지고 사립학교에 대한 통제가 대폭 강화되어 사립학교의 수가 감소하는 추세로 나아가게 되었다. (사토 유미, 『식민지 교육정책 연구』)

그렇지만 한국의 민족주의가 고양되는 기세는 꺾일 줄 몰랐고 항일운동도 수그러들 기미를 보이지 않았다. 한다하는 이토도 대책이 궁색해졌다고 느꼈는지 그해 연말에는 통감부가 정책을 내면 낼수록 인심은 멀어져 간다고 하면서 "지금의 인심을 완전히 바꾸어 놓으면 한국은 충분히 개선될 수 있다. 따라서 너무 급진적 시책은 합당하지 않다."라고 밝히고 더욱더 궤도 수정이 필요하다고 강조하고 있다.(시정 개선 협의회, 1908년 12월 25일 <제65회>,『집성』하권)

그렇지만 여기서 어떤 방향으로 궤도를 수정할 것인가에 대해서는 이토에게도 확고한 방침이 없었던 듯하다. 오히려 잠시 동안 정세를 관망하면서 적극적으로 정책을 내는 것을 삼갔다. 실업학교를 설립하자고 주장하는 목소리에 대해서도 모든 세상사는 수요와 공급 관계에 유의하여야 한다고 하면서 실업교육을 일으켜도 배출되는 졸업생의 수요를 한국 사회가 감당할 수 있을까 의문이라고 답하고 있다. 또한 일본에 유학생을 파견하는 정책과 관련해서도 교육보다 식산흥업할 수 있는 국민적 기풍을 양성하는 것이 중요하다고 강조하고 있다.(위의 책)

매우 지당한 면도 있지만 그때까지 그의 지론이었던 교육론과 서로 모순되지 않는 면을 찾기가 어렵다. 이토는 초등교육을 착실하게 추진하여 실업교육을 수용할 수 있는 국민성을 함양하는 정책을 점진적으로 도모한다는 당초 방침을 철회하지 않을 수 없었다. 그러나 그것은 점진적으로 발전해 가는 양상이었다기보다 진퇴양난의 양상이었다고 해야 할 것이다.

한국 지식인에 대한 대응

그 방법상에 동요가 있다고는 하나 보통교육의 보급이 이토의 숙원이었다는 점은 시종 변함이 없었다. 그렇지만 이 점은 그가 일본에서 시행한 정책과 중국 개혁에 대해 해 주었던 조언과는 어긋나고 있다. 일본에서 우선 그는 고등교육 개혁과 통치를 담당할 엘리트 육성이라는 지식인 대책에 착수했다. 또한 중국에 대해서도 "국가에 시급히 필요한 인재를 얻어 긴급한 사업을 맡기기" 위한 전문 고등교육을 제일 먼저 충실히 다지라고 역설하였다. 이 점을 염두에 두고서 이토가 한국 지식인에 어떻게 대응했는지 언급하고자 한다.

이토는 "인간 사회의 일은 모두 사람에게 달려 있음을 잊어서는 안 된다."라고 생각하였다.(시정 개선 협의회, 1908년 4월 29일 <제39회>, 『집성』 중권) 그렇다면 이토가 말하는 "사람"이란 어떠한 존재일까? 한마디로 말하자면 "기능이 있는 인물"(위의 책)이다. 이토는 그 인재가 행정 수완이 있다면 그의 사상이나 경향에 관계없이 폭넓게 등용해야 한다고 주창하고 있다. 그가 보기에 그때까지 한국의 지방 관리 인사는 정실에 좌우되었다. 이와 관련해서는 폭도의 주장에도 일리가 있다는 것이다. 관계를 쇄신하고 인심을 장악하기 위해서라도 "단연코 문호를 개방하여 널리 인재를 등용해야 한다."라고 주장하고 있다.(위의 책)

그렇다면 그와 같이 "기능이 있는 인물"이란 구체적으로 어떤 인물일까? 서양 학문도 조금은 익히고 사무도 처리할 줄 아는 인물"이다.(위의 책) 한편으로 유림에 대해서는 "유생도 나쁘지는 않지만 사무 [능력]에서는 거론할 만한 실적이 없을 것이다. 단순히 세상 사람들이 우러러 보는 덕망이 있다는 것만으로는 안 된다."라고 하면서 그러한 인물을 등용하는 것에 물음표를 던지고 있다. 이토는 유림 같은 노인을 "입으로는 청산유수로 말을 잘해도

[일을 위해서] 손발을 움직이지는 못 한다."라고 간주하면서 그보다는 "능력이 있어 쓸모가 많은 청년을 발탁해야 할 것이다."라고 주장한다.(위의 책) 당초 이토는 반일 운동가들 중에서도 인재를 모으고 유림을 중심으로 한 지배 체제를 쇄신하자고 도모하였다.

원래 이토는 정적이나 야당 정치가 등 정부에 위협이 되는 인물을 정권 측으로 끌어들여 체제 내의 인물로 만드는 수완이 탁월하였다. 그리하여 사이온지 긴모치, 모리 아리노리, 무쓰 무네미쓰, 이타가키 다이스케, 오쿠마 시게노부와 같이 당시 정부로부터 위험인물로 지목되던 이들이 이토의 연줄을 타고 정부에 등용되거나 복귀할 수 있었다. 이미 지적하였지만 어떻게 적을 타도할까가 아니라 어떻게 적과 타협할까를 생각하는 것이 이토의 정치 스타일이었다.

자신의 그러한 스타일을 이토는 한국에서도 관철하려고 하였으며 "유림의 기둥"이라고 불리던 이용직을 학부대신으로 임용한 것이 그 사례라고 하겠다.(고마쓰 미도리, 『한국 병합의 이면』) 마찬가지로 그는 조금이라도 개화사상을 품고 있는 인물들을 보호정치에 편입하려는 계획을 세워, 애국 계몽 운동에 투신하던 반일 지식인들과도 타협점을 찾으려 노력하였다.

유림을 회유하는 데 실패하다

그렇지만 이토의 예측은 어긋나고 만다. 이토와 한국의 애국 지식인 사이에 가로놓인 민족주의의 벽은 너무나도 높고 두꺼웠다. 이토는 민족주의를 중요하게 생각하지 않은 정치가였다. 일본에 있을 때부터 외국을 배척하는 애국주의에 시종일관 거리를 두었고, 산업을 진흥하기 위한 개국주의를 역설하였다. 반면 애국 계몽 운동은 민족의 독립을 고양하는 배일 민족주의를 근본이념으로 삼고 있었다. 민족주의를 둘러싼 양자의 세계관 대립은 상호 이해를 막았다.

이리하여 본래 근대화라는 측면에서 사상적으로 유사하였던 애국 계몽 운동을 설득하는 일에는 성공하지 못했다. 궁지에 몰린 이토는 전통적 지배 엘리트층인 유림을 회유하기 위해 나섰다. 한학을 싫어한다고 하면서도 한학적 소양은 풍부했던 이토는 한시를 통하여 유학자와 서로 사귀며 즐거움을 나누는 활동을 벌였다. 그 "치국평

천하식 공론"에 대한 근본적 거부감을 가슴속에 감추고서 이토는 "지금 한국의 인심을 지배하는 두뇌"에 해당하는 유생과 협조하고 그들을 활용할 길을 모색하였다.(시정 개선 협의회, 1908년 12월 25일 <제65회>, 『집성』하권. 최재목, 「이토 히로부미의 한국 유교관」)

　1909년 1월 12일에 이토는 대구의 이사관(理事官) 관저에서 군수, 양반, 유생 등 약 400명을 모아 놓고 연설을 하였다. 그 연설에는 앞서 언급한 목적을 담아 유림에게 전한 이토의 메시지가 포함되어 있었다. 이토는 "지금 일본은 한국이 지금까지의 형세를 완전히 바꾸어 백성을 지식으로 이끌고 산업으로 유도하여 일본과 동등하게 문명의 은혜와 혜택을 누릴 수 있도록 한데 힘을 합치라고 요구하고 있다."라고 하면서, 일본, 한국, 중국은 모두 "공맹의 도덕에 근거해 인심을 유지하는 나라들"이며 육체적으로나 정신적으로나 한국은 일본과 중국에 뒤지지 않는 나라라고 유림들에게 아첨하고 있다.(「일본의 목적은 한국의 부식(扶植)에 있다 <대구 이사관 관저에서의 군수, 양반, 유생에 대한 훈시>」, 1909년 1월 12일, 『전집』② 「정치 연설」) 유학자들이 자주적으로 사상적 변혁을 이루어 이토 자신이 주장하는 문명을 향해 나아가라고 호소하였던 것이다.

그러나 강연 진행 도중에 청중석 한가운데에서 한 유생이 뭔가를 주장하면서 이토에게 따지려 대들다가 체포되는 불상사가 발생하였다. 얼굴을 붉히며 안색이 변한이토는 다음과 같은 말로 연설을 끝맺었다.

　　본 통감은 지금 진심을 보이면서 여러분이 한국 황제폐하의 성지에 복종할 것을 권고하고 있습니다. 한국인이라면 모름지기 온 나라의 방향을 바꾸기 위해 노력하지 않으면 안 됩니다. 여러분 가운데 단독으로 일본에저항하고자 원하는 이가 있다면 와서 해 보십시오.

위의 책

　　유림과 대화하려던 이토의 시도는 결국 이와 같은 공갈과 위협으로 끝날 수밖에 없었다.

3 군제 개혁으로서의 한국 통치
─ 헌법 개혁의 연장

한국 통감 이토는 동시에 조사국 총재이기도 하였다. 한국 통치에서 그런 측면을 찾아낼 수 있을까? 이제부터 문제 삼는 것은 이토에게 한국 통치가 일본 헌법 개혁의 한 부분이 아니었을까 하는 점이다. 구체적으로 말하자면 앞에서 시사한 바 있듯이 이토가 한국 통치를 군부를 억누르기 위한 실천의 장으로 여겼다고 볼 수 있다는 주장이다.

이와 관련한 상징적 대목이 5장 4절에서 살펴본 바와 같이 공식령을 제정한 진정한 의도가 판명되면서 군령이 성립하는 계기로 작용했던 사건이라 할 수 있는데, 다름 아니라 한국의 진해만과 영흥만 두 곳에 해군 방비대를 설치하는 문제를 둘러싸고 벌어졌던 일이다. 이토는 공식령에 근거하여 군사행정을 내각이 일원적으로 관리하는 체제를 한국에 수립하고, 1907년(메이지 40) 체제가 지향하는 이상적인 정치와 군부의 관계를 한국에서 실천하고 싶었던 것이 아닐까? 그러한 의미에서 한국 통치는 일본의 통치 개혁으로 나아가기 위한 선례를 쌓는다는 일면이 있었다고 생각해 볼 수 있다. 여기서는 그와 같은 측면을 염두에 두고서 군령의 성립과 그 운용에 대해 재고해 보고자 한다.

5장 끝 부분에서 제기한 물음으로 되돌아가 보자. 과연 이토가 일방적으로 양보하여 군령이 성립하였을까? 이 문제로 이토와 야마가타가 대표자 회담을 했을 적에 두 사람 사이에 무언가 묵계가 이루어지지 않았을까? 이와 같은 물음을 제기하는 것은 『하라 다카시 일기』[9] 가운데 다음과 같은 서술이 있기 때문이다. 「군령에 관한 건」이 재가되었던 1907년 9월 11일의 관련 대목이다.

> 오전 정례 내각회의에 출석하였다. 총리 (사이온지 긴모치)가 군령의 규정에 관해 보고하였다. (일찍이 의논되었던 유악상주에 관한 건으로 야마가타 원수가 그전에 비해 터무니없이 확장된 안을 직접 천황에게 아뢰어 벌어진 일인데, 또한 신중히 이토와 야마가타 두 사람이 협의하여 아뢰라는 취지를 담은 지시가 있었다. 사이온지 긴모치부터 이토와 야마가타에 걸쳐 협의한 결과 이토는 헌법상 허용할 수 없다는 정론을 주장하였고 총리 역시 그에 동조하여 [천황에게] 공손

---

9) 『하라 다카시 일기』는 메이지, 다이쇼 정치사의 근본 사료로서 매우 중요한데 2차 세계대전 후에 공간되었다.

히 답하였던 바, 마침내 그렇게 답하여 아뢴 대로 재가가 이루어졌으니,
그전보다 권한을 축소한 셈이 되었다. (……)

『하라 다카시 일기』②

　당초 야마가타 쪽에서 유악상주의 적용 범위를 터무니
없이 확대하는 안이 올라왔는데, 이토는 그것을 "헌법상
허용할 수 없다."라고 정론을 폈고 최종적으로는 그전보
다 유악상주의 권한을 축소하는 방안으로 재가 되었다
는 것이다. 하라 다카시는 군령의 성립에 위화감을 느끼
고 있지 않을 뿐만 아니라 오히려 그때까지 군이 행사하
던 권한에 제약을 가했다고 긍정적으로 평가하고 있다.
그가 저간의 무대 뒤 사정을 어느 정도까지 알고 있었는
가는 분명하지 않지만 적어도 내각의 일원이라는 입장
에 있었던 정당인으로서(하라 다카시는 당시 제1차 사이온지 긴모
치 내각에서 내무대신이었다.) 군령에 대한 그의 견해는 주목할
만하다. 당시 정부 주요 당국자들 가운데 그 덕분에 군
행정을 입헌화하는 데 일정 정도 성공했다고 보는 견해
도 있었다는 사실을 하라 다카시의 일기는 보여 준다.

군령의 성립과 이토·야마가타 회담

이러한 점을 염두에 두고서 군령의 성립 과정을 여기에서 다시 한 번 되살펴 보자. 발단은 1907년(메이지 40) 3월 말에 사이토 마코토 해군대신이 한국 진해만과 영흥만 두 곳에 해군 방비대를 설치하기 위한 조례안을 천황에게 상주했던 것이다. 천황은 왜 종전과 절차가 달라졌는지 한국 통감으로 임지에 부임해 있던 이토에게 하문하였다. 이러한 질문을 받은 이토가 공식령을 엄격하게 적용해야 한다고 역설했던 일에 대해서는 이미 앞에서 이야기하였다.

이와 같은 공식령 문제를 놓고 총리가 서명한 다음에 해당 조례를 성립시키는 안을 이토가 도모하자 육군 총수 야마가타는 그렇게 일을 처리하면 통수 계통이 흐트러진다고 맹렬히 반발하였다. 육군 당국이 야마가타를 전면에 내세워 반격하자 공식령 적용에 대한 예외 법률로 군령의 안이 정리되어 1907년(메이지 40) 8월 19일 천황에게 올라갔다. 이것을 받은 천황은 이토와 야마가타에게 자문을 받도록 사이온지 긴모치 총리에게 명하는 한편으로 22일에는 시종장 도쿠다이지 사네쓰네를 데라우치 마사타케 육군대신에게 보내 군령안에 대하여 하문하였다. "지금까지 유악상주로 처리하던 종류의 문제를 모두 군령으로 해야 하는가, 그렇지 않으면 분할 구분하여 내각에 제출해야 하는가?"(『메이지 천황기』⑪)라는 의문을 품었다. 곧 그때까지의 유악상주 범위를 그대로 유지해야 하는가, 아니면 범위를 축소해야 하는가 여부를 질문하였다.

이러한 천황의 하문에 대하여 다음 날인 23일에 데라우치 마사타케는 입궐하여 공손히 대답하였다.(상동) 그런데 그 내용이 분명하지 않다. 과연 육군은 그때까지의 관행을 그대로 법률로 규정해 달라고 요구했을까? 이 점에 관해서 당사자들 사이에 합의를 이끌어 내기 위해 9월 2일 이토와 야마가타가 회담을 한 것으로 보인다. 이때에 이토는 야마가타와 타협했다고 앞에서 쓴 바 있다. 그러나 그러한 타협은 일방적인 것이었을까? 양 거두 사이에 무언가 거래가 이루어지지 않았을까? 야마가타가 회담 양상을 전하기 위해 데라우치 앞으로 보낸 편지 내용을 보자.

오늘 아침 슌포〔이토의 호〕가 내 처소를 찾아와 한국 문제와 그 밖의 국내외 사정에 관해서 이야기를 나눈 결과, 노생이 군령 사안에 관한 이야기를 꺼냈는데 지금까지 일의 경과와 군령 및 행정을 구별하기가 매우 복잡하니 당국자가 아주 분명히 구별하여 [천황에게] 아뢰게 해야 한다는 점을 개략적으로 설명하자, [이토는] 행정과 군령을 매우 명확하게 구별해야 한다고는 생각하지만 [총리가] 서명하는 것이 어떻겠는가 하는 문제에 대해서는 어떻든 간에 육군대신이 [천황의] 명령을 받들고 있는 이상 일반 군대와 군인은 육군대신이 서명한 다음에 그것을 전달하지 않으면 육군 조직이 원활하게 운용되지 않아 실제로 행동하기가 어려워질 것이라고 이야기했습니다.

1907년 9월 2일 자로 데라우치에게 보내는
야마가타의 편지, 『데라우치 문서』 360-62

위 편지에 나온 대강의 내용에서 다음과 같은 사실을 지적할 수 있다. 우선 첫째로 군령과 행정의 구별을 확정 짓는 일에 대해서는 이토와 야마가타 양자 사이에 견해 차이가 없었다. 둘째로 이토는 서명의 문제, 즉 무릇 군정 사항에 대해 총리가 서명해야 한다고 고집하였다. 셋째로 그 이야기를 들은 야마가타가 "어떻든 간에" 운운하는 대목은 약간 둘러대는 듯한 어감이 있다. 야마가타는 총리 서명을 강요하는 이토에 맞서서 육군대신의 서명이 없으면 군대의 통솔과 사기에 지장이 있을 것이라며 납득할 수 없다는 뜻을 나타내지만 정면으로 거절하는 데까지는 이르지 않고 있다. 이 내용에 이어서 야마가타는 다음과 같은 문구를 덧붙이고 있다.

대체적으로는 구태여 반론이 없는 것처럼 느꼈습니다. 또한 구체적인 것은 귀관[10]이 보고하는 편이 좋다고 생각합니다. 지나치게 꼬치꼬치 번거롭게 따지지 말라고 알아듣게 말해 두었습니다.

서명의 존재 여부 문제로 애매한 부분이 남아 있기는 하지만 대체로 합의를 보았다고 전하고 구체적 문제는 데라우치 쪽에서 설명하라고 써 놓고 있다. 그러면서 지나치게 꼬치꼬치 캐물어 성가시게 하지 말라고 이토에게 말해 두었기 때문이라고 설명하였다.

---

10) 데라우치 마사타케를 이른다.

통수 사항을 무너뜨리다

이상 야마가타가 보고한 정황에 근거해서 보면 그쪽에서 일방적으로 이토에게 양보를 요구하는 그림은 나오기 어려웠던 것 같다. 서명 문제를 어름거려 넘기려고 했듯이 야마가타도 이토의 추격을 받고 일정 부분 타협할 수밖에 없는 상황이 아니었나 하는 추측이 가능하다.

앞서 언급했던 1907년(메이지 40) 8월 22일에 천황이 데라우치에게 내린 질문에 입각해서 말하자면 야마가타는 그때까지 유악상주로 처리해 오던 사항을 모두 군령으로 전환하는 것은 포기하고 일정한 사항에 대해서는 분할, 구분하여 내각에 제출하는 안을 인정했던 것이 아닐까? 물론 야마가타는 그 분할의 정도를 최소한으로 하고자 하여, 대폭적 분할을 요구하는 이토에게 "어떻든 간에" 운운하면서 연막을 피우려 했다. 그렇지만 적어도 이토의 입장에서 보자면 군령의 성립에 대해서는 타협하였지만 그 운용에 대해서는 야마가타 쪽의 양보를 끌어내는 데 성공했던 것이 아닐까? 그리고 그 결과로 그때까지 관행화되어 있던 유악상주 권한을 제한하고, 군 행정에 내각이 개입할 수 있는 발판을 마련했다는 만족감은 얻지 않았을까?

그렇게 추정하는 또 다른 증거로 쇼와 이후의 일이기는 하지만 당시 관계자의 회고담이 있다. 그 당시 육군성 군사과에 근무하였던 하야시 야사기치 소좌는 공식령이 공포되었던 때를 회고하면서 "그런데 지금식으로 표현하자면 총알을 맞고 암살당할 일이라고 생각하지만 그 무렵에는 우리도 상당히 온건한 편이어서 (웃음) 어떻게 해서든 [통수 사항이나 유악상주와 관련해] 그것을 개정하려고 하였습니다."라고 하면서 군령 성립의 무대 뒤 사정을 전해 주고 있다. 이어서 무사히 군령이 제정되었을 적에 야마가타에게 보고하러 갔더니 다음과 같이 질책을 당했다고 회고하고 있다.

아마도 [야마가타] 원수에게 칭찬을 들을 것이라고 예상하였는데, 칭찬을 하지 않으리라고는 전혀 예상치 못했다. "자네, 조달법(調達法)인가 하는 것이 생겼다고 남용하면 용서하지 않을 거야."라고 질책을 당했다. (……) 이렇듯 야마가타 원수가 꾸짖는 바람에 법제국과 상의하여 그때까지 존재하던 칙령을 모두 점검하여서 통수에 관련된 부분이 많으면 군령, 국무에 관련된 부분이 많으면 칙령 하는 식으로 칙령과 군령을 정확하게 각각 구분했다.

하야시 야사기치, 「병권과 정권의
분해 운용에 관하여」, 『마키노 노부아키 관계 문서』126

야마가타 자신이 직접 군령을 남발하지 말라고 부하에
게 경계했다는 것이다. 그러한 야마가타의 일갈을 계기
로 군 당국은 내각 법제국과 협의하여 칙령과 군령을 가
려서 나누었다는 것이다. 실제로 군령이 성립된 이후로
그때까지는 육군대신이 단독으로 보필하여 결제하였던
칙령 가운데 적잖은 사항들이 군령이 아닌 공식령에 근
거한 칙령으로, 요컨대 총리까지 포함된 연서로 집행되
도록 개정되었다.(육군 급여령, 헌병령, 육군 복제(服制), 육군 무관
관등표, 육군 보충 조례 등이다.) 군령 자체의 수도 억제되었다
고 할 수 있거니와 앞서 하야시가 증언한 내용은 [이러한]
사태에 의거한 것으로 평가할 수 있겠다.

이와 같이 살펴보면 군령의 성립이라는 사안은 1907년
헌법 개혁이 좌절되었다거나 통수권을 확장하는 법적 근
거가 확립되었다는 건이라고 하기보다는, 기존의 통수권
사항을 무너뜨린 것에 대해 군부 쪽에서 기득권을 사수
하려 한 시도였다고 볼 수 있다.

이토가 군령을 인정한 것은 분명히 타협이겠지만 헌법 개혁의 성과를 향후 한층 확충하여 유악상주권을 더욱 제한하고 군 행정의 입헌화를 점진적으로 추진해 간다는 입장은 확고해졌다고 볼 수 있다. 그리고 그것을 행하기 위한 실천의 장이 다름 아닌 한국이었다. 이토가 초대 한국 통감으로 한국의 보호국화를 자임하고 나섰던 하나의 커다란 이유를 마땅히 1907년 헌법 개혁과 연계하여 파악해야 할 것이다.

군사행동의 법치화

우선은 한국 통감 취임 경위를 상기해 보고자 한다. 이토가 초안을 잡은 통감부 및 이사청 관제는 주한 일본군의 지휘명령권을 규정한 내용인데도 문관인 이토 자신이 자진해서 초대 통감으로 취임하는 행동으로 치고 나왔다. 그 행위는 육군 쪽에서 커다란 반발을 불러일으켰다.

이와 같이 이토의 한국 통치에는 초기 단계부터 군부와의 팽팽한 긴장 관계가 잠복해 있었다. 앞서 언급한 해군 방비대 조례 사건은 그러한 배경 위에서 터져 나온 것이나 다름없다. 그러나 거기서 그치지 않고 이 시기 이토는 군의 팽창을 견제하기 위해 거듭 움직이고 있다. 그렇게 움직이기 위한 최전선이 다름 아닌 한국 통치 영역이 아니었을까 하는 추측이 성립할 정도이다. 이 점과 관련하여 이토가 행한 일련의 시책으로 다음과 같은 것들이 있다.

우선 이토는 한국에서 군사행동을 법치화하려고 하였다. 1906년(메이지 39) 7월 한국인 각료와의 협의회에서 육군의 토지 수용에 관한 논의가 벌어졌다. 그 회의석상에서 이토는 그때까지 육군이 군용지를 수용해 온 행태를 비판하고서 "배상금과 관련해서는 군수와 일본 관청이 입회한 상태에서 그것을 직접 소유주에게 나눠 주기로 하였습니다."라고 발언하고 있다.(시정 개선 협의회, 1906년 7월 12일 <제8회>, 『집성』 상권) 토지 수용에 대해서 정확하게 보상해 준다는 방침이었다. 이는 진해만 부근의 일정 지역을 수용하고 싶다는 해군 쪽 요망을 접수하고 나서 이루어진 발언이었다. 이토에게 진해만에 방비대를 설치하는 것은 통감을 맡으려는 초심을 관철하기 위한 첫 번째 관문이었던 셈이다.

또한 다음 달인 8월에는 그전에 일본군이 한국의 치안을 유지하기 위해 공포하였던 군율을 완화하고 있다. 이러한 조치에 의거해 처벌 규정 항목이 줄어들었을 뿐 아니라 사형 제도가 폐지되었다.(마쓰다 도시히코,『일본의 조선 식민지 지배와 경찰』) 이토는 한국 통치에 군정의 색깔을 일신하고 민정화를 촉진하고자 하였다. 그것은 한국 민중을 회유하는 측면이 있는 정책이고 동시에 군대까지 법치주의에 종속시켜 군의 자립화를 억제하려 했던 일본 헌법 개혁의 의도와 연동되는 것이라고 하겠다.

군 사령권을 장악한 이토는 군을 통수하기 위한 리더십을 발휘하였다. 1907년 6월 9일 사이토 마코토 해군대신이 이토에게 진해 방비대 사령관으로 미야오카 나오키 소장의 겸임을 타진하자, 이토는 "지극히 적당하다."라고 회답했다. 이것은 이토가 "한국 내의 일이라면 해군 인사에도 관여하였다."(이토 유키오,『이토 히로부미』)라는 사실을 보여 주고 있다.

그뿐만이 아니었다. 같은 시기에 하세가와 요시미치 사령관이 폭도를 진압하기 위한 병력을 더 많이 늘려 보내면서 부하에게 내린 훈령 가운데, 이토 자신의 의도에 부합하지 않는 부분이 있다면서 그것을 말소하라고 요구하여, 하세가와 사령관은 결국 일단 원안을 철회한 뒤에 수정하여 훈령을 표하였다. 요컨대 주둔군의 조직 구성뿐만 아니라 군 내부의 상세한 지휘 전달 체계까지 이토는 감시의 눈을 번득였다. 하세가와 사령관은 그와 같은 조치에 대해 "근자에 군을 대하는 통감의 태도에는 바람직하지 못한 측면이 있다."(1907년 7월 2일 자로 데라우치에게 보내는 하세가와 요시미치의 편지, 『데라우치 문서』 38-24)라고 보고하고 있는데, 그것은 분명히 기존의 정치와 군부의 관계에서는 이해할 수 없는 현상이었다.

일본군 팽창을 억제하는 정책

이토는 군의 행동이 폭발하지 않도록 영향력을 행사하기도 하였다. 이와 관련하여 통감부 간도 파출소 개설 문제를 언급해 두고 싶다.(1907년 8월) 그 파출소는 청나라와의 국경 지대인 간도에 거주하는 한국인을 보호한다는 명목하에 개설되었는데, 실상은 러시아의 남하에 대처하기 위한 거점이었다.(모리야마 시게노리, 『근대 일한 관계사 연구』) 그러나 이토가 그 파출소에 내렸던 지령을 살펴보면 오히려 일본군의 과잉 행동을 방지하는 것이 진정한 의도가 아니었을까 하는 추측마저 든다.

1907년(메이지 40) 10월 25일, 통감부 파출소장 사이토 스에지로 육군 중좌가 간도의 한국인을 한국의 재판관할권 아래에 두어야 한다고 건의해 왔다. 이에 대해 이토는 "그렇게 하면 일면으로는 간도가 청나라 영토라는 사실을 인정하는 꼴이 된다."라고 지적하면서 청나라와 한국의 국경 문제가 해결되지 않은 상태에서 "우리 쪽에 불리한 논거를 상대편에 주는 일은 피하지 않으면 안 된다."라고 주장하였다.(『외문』40(2))

이에 앞서 이토는 사이토 파출소장에게 "간도와 관련해서는 앞으로 국경을 결정하는 커다란 문제가 남아 있기 때문에 현재 귀관의 행동이 이 큰 문제를 해결하는 데 지장을 주지 않도록 가장 신중하게 주의해 주길 바란다."라는 지시를 내리고 있다. 그처럼 신중하게 주의해 달라는 것은 청나라가 일본의 행위를 "점령 내지 침략을 실행하는 것으로 오인"하게끔 해서는 안 된다는 뜻이며, 그러기 위해서는 "한국인의 곤란한 사정을 들었을 때에는 곧바로 청나라 관헌에게 이첩하여 그 관헌이 책임지게끔 해야 한다."라는 것이다. 이토는 간도라는 작은 한 지역의 문제가 "나아가서 만주 전체에 파급되어 중대한 사태에 이르는" 경우를 회피하려고 했다.(위의 책) 그러한 의미에서 간도 파출소는 이토에게 일본군의 팽창을 억제하기 위한 저지선이었다.

마지막으로 구체적 군사행동에 즈음하여 이토의 견해를 살펴보자. 제3차 한일협약이 체결되고 한국군이 해산된 이후에 반일 의병 투쟁의 기세가 오르고 있었다. 이토 역시 항일 의병을 소탕하기 위해 일본군을 증파해 달라고 본국에 요청하고 있다. 그렇지만 한편으로 실제 군사행동은 자중해 달라고 요구하고 있다.

1908년 6월 12일에 이토는 육군 장교들을 소집하여 연설을 하였다.(『구라토미 문서』 30-1) 그 연설에서 그는 "본관은 통감으로 일본국을 대표하여 이곳에 임하여, 폐하께 직접 예속되어 한국을 보호하는 일을 하고 있으므로 본관의 소견을 여러분께 토로하는 일은 통감으로서 당연한 임무라고 믿는 바이다."라고 하고서 통감이 한국에 주둔하는 일본군에 대해 감독권자의 입장임을 부각하고 다음과 같이 훈시하고 있다.

우선 첫 번째가 "조약상 명문이 없는 한 결코 평시에 병력을 이끌고 국경을 넘어가서는 안 된다.", 곧 절대로 군대를 이끌고 국경을 넘어서는 안 된다는 것이다. 두 번째는 "폭도는 결코 내란을 일으킨 것이 아니며, 겨우 지방의 소요에 불과하다. 그렇다면 그들을 토벌할 적에도 양민에게 위해를 가하지 않도록 가장 조심해야만 할 것이다."라는, 폭도를 진압할 때 일반 주민에게까지 위해를 가하지 말라는 것이다. 세 번째로 의병을 토벌하는 행위 자체가 정도를 지나쳐서는 안 된다고 지시하였다. 이토가 관찰한 바로는 의병 투쟁에 참가하는 자 가운데 "다수는 협박을 받아 그 무리에 투신한 이들로서 일반 국민의 뇌리에 다소 배일사상이 있다 해도 공공연히 무기를 들고 일본에 대항하는 이들은 아니다."라는 것이다. 협박을 받아 어쩔 수 없이 의병에 가담한 자가 많으며 한국인 일반에는 공공연한 항일 의식이 없다는 것이다. 따라서 토벌에 임해서는 진짜 의병과 그렇지 않은 경우를 식별하는 것을 잊어서는 안 된다고 요구하고 있다. 이렇게 해서 일본군의 과도한 행동을 억제하고 한국 국민에 대해서도 완전히 규율을 지키면서 대하라고 이토는 요청하였다.

이상과 같이 함으로써 이토는 한국에서 일본군의 행동을 감독하고 있었다. 그것은 일본에서의 군제 개혁과 연동되었다고 할 수 있다.

4 한국 통치의 좌절

일본·한국 통치라는 두 개의 얼굴

한국 통감으로서 이토는 야누스의 두 얼굴을 지니고 있었다. 하나는 "문명"의 전도사의 얼굴이며, 한국을 향해 보여 주는 것이었다.

국민을 중심으로 하는 정치를 펼쳐 문명국에 도달한다는 것이 그의 정치 신조였다. 그러한 점은 한국 시정에서도 그대로 지적할 수 있겠다. 그는 일본에서 했던 것처럼 한국 국민을 문명한 백성으로 이끌고자 했다. 그를 위한 방책으로 민본주의, 법치주의, 점진주의를 채택하였다. 이토의 한국 통치 방침에 대해서는 제3차 한일협약을 계기로 그때까지의 "문화 정책"에서 "자치 육성 정책"으로 전환했다는 평가가 이루어져 왔다.(모리야마 시게노리,『근대 일한 관계사 연구』)

그렇지만 한편으로 이토의 통치의 보다 깊은 저층에는 "문명 정책"이라고 불러야 하는 무언가가 맥맥이 흐르고 있었다. 국민을 개화하고 문명 정치를 시행하면 국력은 자연히 향상할 것이라는 신념이었다. 그러한 신념을 품고 이토가 일본에서 통치해 왔다는 것은 이제까지 자세히 논의한 대로지만, 그것은 한국과 일본에 공통되게 기초적으로 적용된 통치 철학이었다. 이러한 "문명 정책"을 이토는 일관되게 견지하고 있었다. 통감 말기 무렵에 스스로 순종 황제를 내세워 한국 국내 남북 순행을 감행했을 때에도 그는 다음과 같이 호소하고 있다.

지금 일본은 한국이 지금까지의 형세를 완전히 바꿔 국민을 지식으로 이끌고 산업으로 유도하여 일본과 동등하게 문명의 은택을 누리게끔 하여 한데 힘을 합치도록 요구하고 있다.

『이토 전』하권

이러한 "문명 정책"의 관점에서 그가 특히 힘을 쏟았던 정책 가운데 하나가 궁중 개혁이다. 일본에서도 그는 헌법 제정 즈음에 궁중의 비정치화를 꾀하였고, 1907년(메이지 40)에는 천황의 국가기관화를 추진하였다. 그렇게 하여 이토는 서구 입헌군주제와 어깨를 나란히 하도록 일본의 천황제를 개혁해 나가고자 했다. 한국 황제와 황실에 대해서도 이토는 마찬가지 자세를 취하여 그들이 앞

장서서 제도와 생활양식의 근대화를 도모하고 국민의 모범이 될 것을 기대하였다고 추측할 수 있다.

1905년 11월에는 고종과 한국 각료들에게 협박조로 제2차 한일협약을 체결하라고 강요했던 이토였지만 소기의 목적을 달성하고 난 뒤에 일본으로 귀국하기 전 고종에게 고별인사를 하였을 적에 그로부터 다음과 같은 당부를 들었다.

경은 지금 귀밑머리가 반백이 다 되었다. 생각건대 경이 지금까지도 오로지 국사에 온 힘을 다해 애쓴 결과 그리되었으리라. 바라건대 일본국 정치는 후배 정치가에게 맡겨 두고 지금 남아 있는 검은 귀밑머리의 반으로써 짐을 보필하는 데 힘써 주지 않겠는가? 아마도 경의 귀밑머리에 서리가 내리는 것을 볼 즈음이 되면 경이 우리나라에 위대한 공헌을 하여 그 좋은 결과를 기약할 수 있을 것이로다. 짐이 경의 노구를 돌아보지 않고 이렇듯 강요하는 까닭은 진실로 우리 정부 대신보다도 더 경을 신뢰하기 때문이다.

『집성』상권

고종은 태도를 완전히 바꾸어 떠나가는 이토를 만류하였다. 일본에서 국사에 전력한 결과 이토의 귀밑머리가 반백이 되었다면서, 이제 나머지 절반은 한국을 위해 써 주었으면 한다는 것이었다. 본성이 단순한 이토는 고종의 이 말을 듣고 감동했을 것이다.

이토의 측근이었던 고마쓰 미도리는 한국에 부임할 적에 이토가 "현대의 인물들 중에서 각하가 가장 존경하는 인물은 누구입니까."라는 질문을 받고 즉석에서 "천황 폐하"와 "한국의 전하"를 들면서 고종이 앞서 했던 당부의 말을 인용했다는 사실을 전하고 있다.(『슌포(春畝) 공과 간세쓰(含雪)[11] 공』) 헌법 제정기에 메이지 천황은 이토의 요구에 응하여 입헌군주로 변모하였고, 이후 이토의 시정을 잘 이해하고 그 국가 제도 구상의 기축이 되어 주었다.(이토 유키오, 『메이지 천황』) 당초에 이토는 한국의 고종 역시 그와 같이 변모하여 이인삼각으로 한국의 근대화에 매진해 갈 수 있으리라고 느꼈음이 틀림없다.

그렇지만 그러한 기대는 맥없이 무너지고 만다. 앞서 언급했듯이 고종은 기회가 있을 때마다 이토의 정책에 저항하였고, 그뿐만 아니라 항일운동과 연계하면서 그것

---

11) 간세쓰(含雪)는 야마가타 아리토모의 호.

을 지원하기도 하였다. 이토는 궁금령을 제정하여 궁중의 근대화를 꾀하였지만 한국 궁정 문화의 관록을 경시하였기 때문에 성공을 거두지는 못하였다.[10*] 이러한 좌절로 알 수 있듯이, 한국 통치에서 이토의 최대 오산은 현지에서 자신의 개혁을 지원해 줄 파트너를 찾지 못했다는 점이다.

통감 이토가 지녔던 또 다른 얼굴은 일본에서 헌법 개혁자로서의 그것이었다. 앞서 서술했듯이 1907년(메이지 40) 헌법 개혁을 실천하는 장이 바로 한국이 아니었을까? 진해만, 영흥만 두 곳의 해군 방비대 설치 문제를 비롯해 이토는 일본의 군사행정개혁을 계속 한국에서부터 시행했다고 할 수 있다. 통감부 관제를 근거로 문관 신분이면서도 군의 지휘명령권을 부여받았던 이토는 한국 주둔 일본군의 행동과 군사행정을 장악하고, 1907년 체제가 지향하는 정치와 군부의 이상적 관계를 한국에서 구축하면서, 본국인 일본을 향해 선례로 삼고자 하지 않았을까 하고 추정해 볼 수 있다.

이와 같이 이토의 한국 통치는 한국뿐만 아니라 일본까지도 염두에 둔 두 얼굴을 지녔다. 그러한 두 얼굴은 한국 통감이 되기에 앞서 그가 몰두하였던 일본에서의 국가 제도 개혁 사상에 기원을 두고 있다고 하겠다. 이토에게 한국 통치란 일본 국내 개혁의 문제였던 것이다.

그렇다면 이토는 한국 병합을 어떻게 생각하고 있었을까? 본 장을 끝맺기에 앞서서 이 문제에 관해 시론을 개진해 보고자 한다.

한국 병합에 대한 신중한 자세

통감으로 부임한 당초에 이토가 한국을 즉시 병합하자고 주장했던 일이 종종 지적되곤 한다. 그 근거로 제시되는 것이 1907년(메이지 40) 4월 13일에 하야시 다다스 외무대신에게 보냈던 전문이다. 그 전문에서 이토는 "한국의 형세가 지금처럼 진행되면 해가 갈수록 '어넥세이션'(annexation=병합)은 더욱더 곤란해질 것"이라고 하면서, 한국 문제를 근본적으로 해결하기 위해 즉시 병합하자고 주장했던 것으로 되어 있다.(『외문』40(1))

그렇지만 이 대목 전후로 주고받은 내용을 아울러 읽어 보면 그와 같이 논단하는 것은 조금 성급하지 않은가 하는 생각이 든다. 차라리 이토는 여기에서 러시아에 대해 만주와 몽골 문제를 양보하자는 것을 주안점으로 삼으려 했고, 만주와 몽골 지역으로 일본 세력을 확대하는 정책을 고집하다가 러시아를 자극하면 한국 보호 정책에도 영향을 미친다는 것이 그의 진의였다고 판단한다. "어넥세이션"이란 외무성을 설득하기 위한 그의 레토릭이라고 생각할 수 있다.

실제로 이 시기에 이토는 한국 문제보다는 만주 문제를 최종적으로 해결하는 쪽에 외정(外政)상 관심을 쏟고 있었다고 해도 좋다. 앞 절에서 보았듯이 이토는 간도라는 일개 지역의 문제가 만주 전체로 파급되는 사태를 염려하고 있었다. 그를 위해 한국인 거주민에 대한 보호국의 책임을 다소 희생해서라도 주권 문제에서는 청나라에 양보하라고 현지 주재 무관들에게 지시하고 있다.

이에 머무르지 않고 이토는 만주를 일본 세력권 내에 두고자 하는 어떤 움직임도 단호하게 반대하였다. 그러한 면을 보여 주는 유명한 예가 1906년 5월의 '만주 문제에 관한 협의회'이다. 여기에서 이토는 만주를 통치하에 두려는 육군의 하부 기관 설치 방식을 비판하면서, 만주에 주재하는 관동 총독(關東總督)의 기관을 평시 조직으로 개편하고 군정서(軍政署)를 순차적으로 폐지할 것을 결의하게끔 한다. 이토의 만주 경영 부인론이 고다마 겐타로 참모총장의 적극적 경영론을 봉쇄하였던 것이다.(고바야시 미치히코,『일본의 대륙정책』)

이상과 같은 레토릭으로서의 병합론을 제외하고는 이토가 병합을 입에 올렸던 적이 없다. 공식적으로는 오히려 "합병할 필요는 없다. 합병을 하면 매우 귀찮아진다."(1907년 7월 29일, 한성의 일본인 구락부에서의 연설,『전집』②「정치 연설」)라는 식으로 계속 신중론을 주장하였다.

마음을 바꾸다

이토는 1909년(메이지 42) 4월에야 생각을 바꾸어 병합을 인정하였다. 그해 3월 30일 고무라 주타로 외무대신은 가쓰라 총리에게「대한(對韓) 대방침」및「대한 설시(設施) 대강」을 제출하였다. 그 내용은 "적당한 시기에 한국 병합을 단행할 것"을 내걸고 내각회의에서 한국 병합을 결정해 달라고 촉구하는 것이었다. 가쓰라 총리는 이의가 없었지만 이토의 의향이 당면한 문제였다. 가쓰라와 고무라는 이토가 병합에 반대한다는 사실을 잘 알고 있었기 때문이다.

두 사람은 이토와 한국 병합에 대해 직접 담판하리라 결심하고 4월 10일에 각오를 단단히 하고 상경해 있던 그의 처소를 방문하였다. 그런데 이토는 깨끗하게 병합을 승인하여 가쓰라와 고무라는 허탕을 친 셈이 되고 말았다.(『이토 전』하권) 이렇듯 최대 장애물이 제거됨으로써 7월 6일에 한국 병합이 내각회의에서 정식 결정되기에 이르렀다.

이토는 왜 이때에 이르러 합병을 인정했을까? 이 점을 이해하기 위해서는 당시 이 문제와 병행하여 또 다른 외교적 현안이 처리되었다는 사실을 아울러 고려할 필요가 있다. 이성환에 따르면 "한국 병합 정책은 일본의 간도 정책과 거의 병행해 동시에 진행하는 것으로 추진되었다."(이성환,『근대 동아시아의 정치 역학』) 요컨대 이 시기에 간도 귀속 문제를 중국이 국제중재재판소에 제소하려는 사실이 일본 정부에 통고되었고(3월 23일) 그 지역에 대한 분쟁이 국제 문제가 된다는 불안이 퍼져 가고 있었다. 일본의 대외 진출에 국제사회가 개입할 수도 있는 사태를 근심한 야마가타 등은 이즈음에 간도를 포기하고 한국을 확보하는 방안을 일본 정부에 제언하였다.

이리하여 간도를 비롯해 만주 문제를 일괄 해결하자는 입장을 견지하며 물러서지 않던 중국 정부에 일본은 양보하였고, 만주 문제를 떼어 내고 한반도를 확보하는 쪽으로 결단을 내렸다.(이성환, 위의 책) 한국 병합은 만주에 대한 권익을 일시적으로 단념하는 일과 짝을 이루며 결정되었다.

이토가 한국 병합에 동의했던 것은 아마도 그와 같은 배경이 있었기 때문일 것이다. 이제까지 보아 왔듯이 이토가 근본적으로 외정에서 집중한 관심사는 일본의 군사력이 만주 지역으로 확산되는 사태를 막는 데에 있었다. 한국 통감으로서 그는 일본군을 한국에 붙잡아 두는 누름돌 역할을 자임하였던 것이다. 일본 정부가 만주 경영을 포기한다는 이토의 숙원 사항을 수용하자, 그도 한국 병합을 용인했다고 여겨진다.

한국 통치에 대한 구상

그렇다면 이토는 병합 이후의 한국 통치에 대해 어떤 구상을 하고 있었을까? 이제 와서 이토에게 그러한 문제

이토와 한국 황태자 이은(1908)

는 결국 속 터놓고 친해질 수 없는 과거의 장소가 되고
말았던 것일까?

여기에 메모가 하나 남아 있다. 이토의 사위 스에마쓰
겐초가 남긴 문서 가운데 남아 있는 것으로 그 전문은 다
음과 같다.

한국 팔도에서 각각 의원 열 명을 선출하여 중의원을 조직할 것

한국 문무 양반 가운데에서 원로 오십 명을 호선으로 선출하여 상원을 조직할 것

한국 정부 대신은 한국인으로 구성하고 책임내각으로 삼아야 할 것

정부는 부왕(副王)의 지배하에 속할 것

완전한 합병이 이루어지면 협상할 필요 없이 선언만으로 족할 것

한국 황실을 어떻게 처리할 것인가

각국에 대해 어떤 조치를 취해야 할 것인가

호리구치 오사무, 니시카와 마코토 감수·편집

『스에마쓰 자작가(子爵家) 소장 문서』하권

한번 읽어 보면 분명히 알 수 있듯이 병합 절차와 그 후의 통치 구조에 관한 생각을 적어 둔 것이다. 이토 유키오가 고증한 바에 따르면 이토가 합병을 받아들인 1909년(메이지 43) 4월 이후에 쓰인 것으로 추정된다. (이토 유키오, 『이토 히로부미』) 전반부에는 통치 형태를 구상하

고 있는데 그에 따르면 국민을 대표하는 기관을 포함한 상·하원 양원의 의회 제도와 통감을 대신하는 부왕의 감독을 받는 한국인 내각이 주요 통치 기구로 고안, 제시되고 있다. 특별히 두드러지는 것은 이토가 병합 후에도 의회를 개설하고 한국인으로 구성된 책임내각을 구축하겠다고 구상하였다는 사실이다. 국가로서의 한국을 해체하기는 했지만 거기에 독립된 식민지 의회를 설치하고 최대한 자치를 보장해 주려고 이토는 생각하고 있었다.

의회를 인정했다는 사실은 정치적 의사 결정에 [한국인을] 참여시키려 하였다는 뜻으로 식민지 주민의 자결권을 인정한 것이다. 이토는 일본에서나 한국에서나 언제나 능력 있는 이들이 정부를 구성하고 국민이 그러한 정치를 감시하는 것을 문명의 정치로서 찬양하였다. 필자는 이상과 같은 구상 속에 한국 국민의 문명도가 고양되고, 자치 능력이 갖추어져 의회정치가 정착하는 때가 도래하면 한국이 다시 독립할 길이 열리고 진정한 일본과 한국의 동맹이 구축될 수 있으리라는 이토의 꿈이 의탁되어 있는 듯하다는 생각을 금할 길이 없다.

그러한 꿈을 실현하기 위하여 이토는 더한층 자신의 모든 것을 바치려 했던 것일까? 아니면 이제는 한국 통치라는 악몽으로부터 자기 자신이 해방되기를 원했던 것일까? 그에 대한 답은 1909년(메이지 42) 10월 26일, 하얼빈에서 울린 총성과 함께 역사의 저편으로 묻혀 버리고 말았다.

후기 — 지(知)의 정치가

2009년은 이토 히로부미 사후 백 주년 되는 해였다. 또한 이토가 제정했다고 해도 과언이 아닌 대일본제국 헌법이 공포된 해로부터 백이십 주년 되는 해이기도 하였다. 그렇지만 이 두 가지 사항을 현창하거나 재고하려는 움직임은 전혀 없었다고 해도 좋을 정도로 눈에 띄지 않았다. 이토와 인연이 깊은 야마구치현 하기시[1]와 히카리시[2] 등지에서는 기념 심포지엄이 열리기도 하였지만, 전국적 단위에서 이토 히로부미와 메이지 헌법의 역사적 의의를 재검토하려는 기획은 일반 사회는 물론 학계에서조차도 내가 아는 범위 안에서는(뒤에서 언급하는 이토 유키오 교수의 대작을 제외하고) 없었다.

그 이유는 쉽사리 짐작이 간다 하겠다. 애초에 이토와 메이지 헌법의 이미지라고 하면 후자는 강대한 천황 대권을 규정하여 훗날 군국주의의 길을 열었던 좋지 않은

---

1) 에도막부 말기 이곳의 쇼카손주쿠에서 이토 히로부미 등 많은 인재를 배출하였다.
2) 이토 히로부미의 고향.

헌법이며, 전자는 그 헌법을 만든 장본인이라는 식이다. 거기에 덧붙인다면 이토는 초대 한국 통감으로 일본이 한국을 합병토록 길을 열어 놓았고, 2차 세계대전 이전 일본의 한국 지배를 상징하는 인물이기도 하였다.

이 책에서는 그러한 이미지와는 정반대라고 해야 할 이토 상을 그려 보았다. 그 과정에서 여러 표어("제도의 정치가", "국민 정치", "문명 정책" 등)를 써 보았는데, 그것들을 한데 묶어서 이토의 진가를 표현할 수 있는 말이 다름 아닌 "지의 정치가"라고 생각한다.

역사를 좋아하는 이라면 역사 속 이토의 캐릭터라고 했을 때 으레 제일 먼저 "난봉꾼"[3] 이미지가 떠오를 것이다. 확실히 그는 스캔들이 많은 정치가이다. "지"가 아니라 "치(痴)"라고 불러야 한다는 소리가 들려오는 듯하다.

그렇지만 한편으로 이토는 남들에 비해 유별날 정도로 지를 동경한 정치가였다. 막부 말기에 그는 새로운 문명의 지식에 대한 억누를 길 없는 욕구를 발전의 계기로 삼아 해외로 밀항하여, 이윽고 세계적 시야를 얻고서 귀국하였다. 그와 같이하여 몸에 체득한 지식 덕분에 신분제

---

3) 이는 이토의 지나친 여성 편력과 관련이 있는데, 당시 그는 여성을 닥치는 대로 만나고 이내 차 버린다는 의미의 화류계 은어로 "빗자루"라는 별명을 얻었을 정도다.

도의 굴레를 벗어나 세상에 나아갈 수 있었다. 이토는 이러한 체험을 바탕으로 교육받은 국민이 신분의 틀에 얽매이지 않고 자유로이 직업을 선택하여 자신의 재능을 발전시켜 가는 것을 국가를 만드는 과정에서 최우선 과제로 삼았다. 메이지유신 이후 그는 그러한 것을 가능케 하는 제도를 구축하기 위해 매진하였다. 그리하여 헌법, 제국대학, 제국 의회, 입헌정우회, 책임내각, 제실제도조사국, 한국 통감부와 같은 여러 제도들이 만들어졌다.

이들 제도는 궁극적으로는 "국민 정치"를 실현하기 위해 구상되었다. 이토는 메이지 시기 첫해부터 국민의 정치 참여를 보장하는 의회 제도를 도입해야 한다고 촉구하였다. 그는 근대 일본을 대표하는 민주주의 정치가였다. 1장에서 이토가 토크빌의『미국의 민주주의』를 애독하였다는 쓰다 우메코의 증언을 소개한 바 있다. 잘 알다시피 민주주의론의 고전인 이 책은 민주주의를 덮어놓고 찬양하는 내용은 아니다. 구체제 귀족 출신인 토크빌은 민주주의가 불가피하다고 인정하면서도 그것이 인간 정신에 미치는 영향을 비관적으로 논하였다.

이에 반하여 가난한 농가에서 태어난 이토는 평등 사회의 근간인 민주주의의 진전을 호의적으로 보았다고 짐작된다. 토크빌이 주장하는 역사의 추세로서의 민주주의에 이토는 적극적으로 참여하였고, 그에 입각한 정치체제를 수립하자고 도모하였다.

이렇게 이야기하면 이토는 자유 민권운동 이론가나 후쿠자와 유키치 같은 계몽 사상가의 아류처럼 생각될는지도 모른다. 그러나 이토의 정치사상과 국가 구상은 다음과 같은 점에서 자유 민권파 운동가나 후쿠자와 유키치 같은 계몽 사상가들과는 구별되는 차이점이 있었다.

첫째로 그의 점진주의적 질서관과 세계관이다. 책임 정치가인 이토는 즉시 의회를 개설한다든가, 곧바로 광범위한 계층의 국민에게 선거권을 부여한다든가 하는 일은 하지 않았다. 어느 한 가지 제도를 이식하는 과정에서는 그로 말미암은 면역 부전[4]이 일어나지 않도록 세심한 주의가 요구된다. 그지없이 변화하는 역사의 흐름 한가운데에서 민주주의라는 추세를 깨달아 알게 된 이토는 내외 정세와 국민의 정치적 성숙, 그리고 경제력 등을 감안하여 점진적으로 의회 제도의 도입과 정착을 꾀하였다.

두 번째로 지의 성격을 규정하는 것에 관한 문제이다. 이토가 내걸었던 지는 "실학"이다. 그는 사변적 관념적

---

4) 여러 원인으로 효과적인 면역반응 능력을 잃은 상태.

학문을 혐오하였고 편리함을 증대하고 경제적 생활을 풍요하게 해 주는 경험주의적이고 실용적인 지식을 중시하였다. 그러한 견지에서 그는 민권운동가나 교조적 유학자 및 국학자의 의론을 정담(政談)으로서 배척하였다.

이러한 점에서 이토는 후쿠자와 유키치와 상통하는 측면이 있었다. 그렇기는 하지만 두 사람은 실학적 지를 실천하는 방식을 둘러싸고 입장이 갈라진다. 후쿠자와가 관과 민을 엄격히 구별해야 한다고 고집하면서 관을 배제한 민간의 자유로운 경제활동을 자신의 기반으로 삼았던 것에 반하여, 이토는 지를 매개로 관과 민을 연결하고 이윽고 하나의 공공권(公共圈) 형성을 추구하였다. 그가 창립한 정우회가 민간 실업의 진흥 속에서 생성되는 지(知)를 흡수한 다음 그것을 정책지로 가공, 육성하여 의회 현장에 도달하게끔 하는 싱크 탱크 같은 역할로 구상되었다는 점은 본론에서 상술한 바와 같다. 마찬가지로 제국대학도 그 테두리 안에서 학자뿐 아니라 정치가, 관료, 실업가 등 국가의 경륜에 관여하는 온갖 사람들이 모여서 지식을 교환하는 포럼을 창설하려고 하였다.(국가학회(國家學會)[5]) 이토에게 지란 사람들 사이를 관류해 가야 할

5) 1887년(메이지 20)에 설립된, 지금의 도쿄대 법학부의 전신인 제국대학 법과대학의 연구 단체를 가리킨다.

무언가였으며, 그가 만들려고 했던 국가는 지를 순환시키는 하나의 포럼, 그 자체가 아니었던가 하는 생각이 들 정도이다. 거기에서 관과 민의 구별은 상대적인 것일 뿐이다.

그러나 한편으로 정치가로서 이토의 한계는 지나치게 주지주의적이었던 사상에 있었다. 그 예증으로 민족주의에 대한 인식 부족을 들 수 있다. 일본에 있었을 적부터 그는 분별없이 배외적인 민족주의를 비판하였지만, 통감으로 한국에 부임하고 나서도 끝내 한국인의 반일적 민족주의가 무엇인지 이해하지 못했고 결과적으로 그것이 그의 한국 통치가 좌절된 원인이 되고 말았다. 그는 민족주의 같은 비합리적 감정은 문명화가 진전되면 자연히 해소되는 문제로 보았다. 앞장서서 문명을 주장하고 그에 의거하여 통치 제도를 정비하는 일은 일본에서든 한국에서든 이토에게는 본질적 차이가 없었건만, 한국인에게 이토는 어디까지나 외부에서 온 "타자"였으며 그러한 타자에게서 문명을 억지로 강요받는 일은 참기 어려운 것이었다. 그러나 이토는 이러한 점을 납득하지 못했던 것이리라. 그의 내면에서는 통치를 한다는 점에서 일본인과 한국인이 본질적 차이가 없었던 것으로 보인다.

일본인이나 한국인 모두 그에게는 하나같이 타자이며, 동시에 이해 가능한 파트너가 될 수 있다고 여겼기 때문이다.

그와 같은 이토의 사상은 한국인에게 이해받지 못했을 뿐만 아니라, 그의 명성에도 불구하고 일본에서조차 이해받지 못했다고 말할 수 있다. 헌법에 의탁한 국민 정치의 이념, 정우회를 통한 정당정치의 교정, 제실제도조사국 총재와 한국 통감으로서 헌법 개혁 시도. 이 책에서 밝혔던 이런 일들에 담긴 이토의 진의를 과연 동시대 사람들 가운데 어느 정도가 이해할 수 있었을까? 그런 의미에서 그는 살아생전에 국민적 인기를 누렸는데도 결국 고고한 정치가였으며 오늘날에는 망각된 사상가라도 해야 할 것이다. 그러나 그의 사상과 이념은 정권 교체와 통치 구조 변혁이 공공연히 운위되고 있는 요즘에야말로 비로소 정당하게 재검토되어야 할 시기라는 느낌마저 든다.

되돌아보면 대학원 박사과정에 진학한 이래로 필자의 학문은 이토 히로부미라는 거대한 봉우리를 끝없이 기어오르는 시도였다 하겠다. 그러한 의미에서 이 책은 신서라는 형태를 취했지만 십오 년에 이르는 필자의 연구를 집대성했다는 의미도 함께 지니고 있다.

본래 신서란 어느 한 방면을 깊이 연구해 일가를 이룬 전문가가 자신이 가장 잘 아는 분야에 대해서 붓 가는 대로 자유롭게 일반인을 대상으로 이야기보따리를 푸는 계몽서와 같다고 해야 할 것이다. 그러나 이 책은 그런 것과는 사뭇 다른 성격이다. 필자가 이 책을 집필하는 과정은 사료를 꿰뚫어 보면서 자문자답을 거듭하고 이윽고 문장을 거듭 써 내려가는 고심의 연속이었다. 필자가 이미 알고 있는 사실들을 더욱 알기 쉽게 독서인에게 알려 준다는 의미보다는 학계에서도 아직 알려지지 않은 바를 이미 아는 사실로 입증해 가는 학술 연구서를 쓸 때와 같은 마음가짐으로 이 책을 썼다. 아울러 서술과 논지를 알기 쉽게 하려고 애썼지만 아직도 생경한 표현이 곳곳에 보일지도 모르겠다. 독자 여러분이 꾸짖어 바로잡아 주시기를 바라는 바이다.

이 책이 완성되기까지 실로 많은 분들이 지원하고 조언해 주셨다. 집필 과정에서 이 책의 일부가 된 이야기를 보고할 기회를 만들어 주셨던 연구회와 학회, 이토 기념 심포지엄 관계자 여러분들, 사료 조사에 편의를 제공해 주셨던 관계자분들, 중국어에 능하지 못한 필자를 위해서 문헌 검색과 독해를 도와주셨던 여러 학우들과 선생님들. 그 한 사람 한 사람의 이름을 명기하기가 너무도 번거로우므로 여기에서는 생략하기로 한다.

그러나 다음 세 사람의 이름만은 언급하지 않으면 안 될 것이다.

우선 교토 대학의 이토 유키오 선생이다. 독일 법제사를 전공하며 공부해 오던 필자가 일본 전공으로 월경하는 하나의 계기가 되었던 것이 선생이 교토 대학에 부임해 오셔서 처음 했던 대학원 세미나였다. 그 세미나 주제가 공교롭게도 이토 히로부미였으며, 선생과 만남으로 인해 석사 논문에서 로렌츠 폰 슈타인을 다루었던 이후 늘 관심을 쏟고 있던 이토 히로부미에 대해 색다른 분야로부터 본격적으로 도전해 보고자 하는 결의가 생겨났다.

선생은 이토 사후 백 주년이 되기 한 해 전에 그의 정전(正傳)이라고도 해야 할 결정적 평전(『이토 히로부미—근대 일본을 만든 남자』)을 출간하였다. 사료를 널리 찾고 정치가 이토 히로부미뿐만 아니라 가정에서의 모습까지도 남김없이 해명하여 인간 이토 히로부미를 총체적으로 묘사해

낸 이 책은 타의 추종을 불허한다 하겠다. 선생이 이러한 대저를 세상에 내놓은 것은 그 뒤를 잇는 이들에게 커다란 압박감을 주는 일이 틀림없지만 반대로 크게 부담을 덜어 주는 일이기도 하였다. 본래부터 이토록 깊이 있게 학문적으로 규명된 이토의 전기를 나 자신은 쓸 수 없겠다는 사실을 새삼 깨달으면서 자세를 바로잡는 한편으로 기존의 이토 히로부미 연구에서는 다루지 않았던 나만의 이토에 대한 이미지를 확고하게 굳혔기 때문이다. 필자만의 이토의 이미지는 다름 아닌 사상가로서의 이토 히로부미이다. 필자는 이토를 정치가보다는 그야말로 후쿠자와 유키치와도 견줄 만한 근대 일본의 위대한 정치 사상가로 묘사하고자 했다. 이 작은 책자가 그러한 기도에 성공했는가 여부는 어디까지나 독자의 판단에 맡기고자 한다.

두 번째로 감사를 드려야 할 분은 기타큐슈 시립대학의 고바야시 미치히코 교수이다. 고바야시 교수에게는 이토 유키오 선생과 함께 연구회 모임에서 언제나 신세를 지고 있지만, 이 책을 준비하는 과정에서는 신일본 야하타 제철소 등지로 떠난 사료 조사 여행에 동행해 주셨을 뿐만 아니라 여러 귀중한 조언을 해 주셨다. 특히 평소 익숙지 않았던 일중 관계사에 뛰어들어 방도를 몰라 난감해하던 필자에게 "이토와 장즈둥의 관계가 중요할지 모른다."라며 힌트를 제공해 주셨던 분이 바로 고바야시 선생이다. 이 책의 6장은 선생의 이 한마디가 돌파구가 되어 쓸 수 있었다. 선생의 저서인 『일본의 대륙정책』의 발문에는 「강구조(剛構造)의 논문」이라는 인상 깊은 삽화가 인용되어 있다. 그 내용인즉 "좋은 논문'이란 실증으로 뒷받침된 논리가 긴밀하게 연결되어 있고, 그 연결의 어느 한 고리라도 끊기면 전체 구조가 함께 붕괴되고 마는, 그와 같은 긴장감으로 일관되어 있는 「강구조의 논문」"과 같아야 한다는 것이다. 이 책도 그와 같은 강구조의 책이라 할 수 있을까? 그것이야말로 필자의 염원이다.

마지막으로 쥬코신쇼(中公新書) 편집부의 시라토 나오토 씨를 들어야겠다. 생각해 보면 처음 시라토 씨를 만나서 이 책을 집필해 달라고 의뢰받았던 것이 2005년 봄이었던 것 같다. 이토 사후 백 년에 맞춰서 그의 평전을 내야 한다고 열렬히 주장하는 시라토 씨에게 정작 나 자신은 이토에 관한 책을 써야 한다는 사실에 별다른 감흥도 느끼지 못하면서 그래도 앞으로 사 년이나 남아 있다는 식으로 건성으로 답을 했던 것 같은 기억이 남아 있다.
그 후에도 시라토 씨는 몇 차례나 내가 사는 간사이 지방
으로 찾아오셨고, 그 열의에 이끌려서 나 자신도 서서히
똑같이 느끼게 되었다. 그러나 다루어야 하는 대상의 크
기와 집필하는 나 자신의 능력 부족은 어찌해 볼 도리가
없어서 시라토 씨가 그토록 바랐던 2009년 간행 시기에
는 맞출 수가 없었다. 지금은 다만 이 책이 시라토 씨의
열정에 조금이나마 보답하는 것이기를 마음속으로 바랄
뿐이다.

2010년 3월
이토 히로부미가 초대 지사를 지낸
효고현 니시노미야시의 우거에서
다키이 가즈히로

역자 후기

　호수에 떠 있는 보트를 젓는 일과 마찬가지로 사람은
언제나 등을 뒤로 돌리고 앉아 과거를 응시하면서 미래
를 향해 나아가는 것이다─폴 발레리

　옮긴이가 과거에 재직했던 대학에서는 매년 방학 기간
을 이용해 학생들을 단기간 외국에 파견하는 프로그램이
있었다. 학생들 스스로 교양이나 전공과 관련된 주제를
기획하여, 유관한 해외의 여러 현장을 체험하고 관련된
탐구 조사를 몸소 행하게 함으로써 소기의 교육 목적을
달성케 하려는 일종의 탐방 프로그램이다. 그런데 2010
년도 봄 학기에 옮긴이가 가르치는 학과 학생들 몇몇이
찾아와 옮긴이를 지도 교수로 이 프로그램에 응모하려는
뜻을 밝혔을 적에 학생들의 뜻을 격려하면서 탐방 목적
지를 일본으로 할 것을 그들에게 제안했다. 그것은 다름 아니라 그 당시 2010년이라는 해가 한국이 일본에 강제 병합되는 비극적 사건이 발생한 지 100년째가 되는 역사적 해이므로 당연히 일본 지역을 탐방하는 것이 학생들의 역사적 이해와 식견을 넓히는 데에 의의가 있을 것이라는 나름의 판단에서였다. 아울러 학생들에게는 두 나라 사이에 있었던 과거의 불행한 역사를 청산하고 미래의 새로운 공존과 번영의 시대를 추구하기 위해 이른바 구동존이(求同存異), 곧 서로의 차이를 인정하면서 공통점을 추구해 나가는 자세로 탐방에 임해야 할 것임을 거듭 강조했다.

다행히 학생들이 세운 계획은 대학의 최종 심사를 통과하여 채택되었다. 이윽고 그해 여름방학, 옮긴이를 포함한 일행은 부산을 출발하여 쓰시마, 후쿠오카, 시모노세키, 하기, 이즈모, 마쓰에 등을 거쳐 오사카와 교토를 경유하여 다시 부산으로 돌아오는 기나긴 일본 역사 탐방 길에 올랐다. 13일이라는 짧지 않은 기간 동안 강행군하며 돌아본 곳을 꼽으라면 쓰시마의 세잔지(西山寺), 아메노모리 호슈 관련 유적, 하카타의 다자이후 유적 및 가라쓰의 임진왜란 관련의 나고야 성터, 고대 한반도와 관련 깊은 이즈모 지역의 유적들, 독도 문제로 심각한 갈등을 겪고 있는 시마네현 수부(首府) 마쓰에 지역의 유적, 그리고 도요토미 히데요시와 관련된 오사카성을 비롯한 오사카와 교토의 유적지 등 이루 헤아릴 수 없을 정도였다. 노정의 중간 지점에 해당하는 하기에서는 메이지유신과 관련해 요시다 쇼인 및 이토 히로부미 관련 유적지를 돌아보았던 일은 지금도 기억에 새롭다고 하겠다.

그러나 일행은 구동존이의 자세로 임하고자 했던 애초의 결의가 무색해질 정도로 두 나라의 역사적 관계가 복잡다단한 것임을 탐방 초기부터 절감하게 되었다. 그 계기는 역사적으로 일본의 관문이었던 시모노세키 부두 근처에 있는 '조선통신사상륙엄류지지(朝鮮通信使上陸淹留之地)'라는 기념비를 방문하고 나서부터였다. 그것은 임진왜란을 겪고 나서 유례가 없을 정도로 오랜 평화를 유지했던 한 시대를 대표하는 상징이라 할 조선통신사가 일본의 내해인 세토내해를 항해하기에 앞서 머물렀던 곳을 기념하는 조형물이었다. 그곳에 이르자 조선통신사와 마찬가지로 쓰시마를 통해 동일한 여정을 밟아 왔던 우리 일행 역시 감회가 깊지 않을 수 없었다. 그러나 일행을 더욱 깊은 역사적 상념에 빠지게 했던 것은 바로 그 기념비를 마주한 건너편 언덕에 자리 잡고 있는 일청강화기념관(日淸講和記念館)의 존재였다.

　잘 알다시피 시모노세키의 명물 복어 요리로 유명한, 고급 여관 순판로(春帆樓) 이름으로 더 알려진 이 기념관은 1894년 동학농민운동의 여파로 발발했던 청일전쟁의 강화를 위해 1895년에 두 나라 사이에 저 유명한 시모노세키조약이 맺어졌던 장소였다. 기념관 안에는 강화회의 장소를 그대로 재현해 놓았는데 협상 테이블을 사이에 두고 일본 측에는 이토 히로부미, 무쓰 무네미쓰, 이토 미요지가 보이고, 맞은편에는 중국 측 대표인 리훙장과 마젠충(馬建忠)의 복제 인물상들이 전시되어 있었다. 그러나 일행을 더욱 착잡하게 만들었던 것은 다름 아닌 "청국은 조선국이 완전무결한 자주독립국임을 확인한다."라는 조문으로 시작되는 강화조약 내용이었다. 이로부터 짐작되듯이 청일전쟁은 단순히 청과 일본의 전쟁에서 그치지 않고, 실질적으로는 조선과 청, 그리고 일본의 전쟁이라고 해야 할 것이며, 전쟁의 결과 일본은 요동반도와 대만, 그리고 오늘날 중일 갈등의 핵심이 된 센카쿠 열도(중국명 댜오위다오)를 획득하게 되었다. 동시에 이 조약으로부터 일본의 실질적 조선 침략이 시작되었고, 이윽고 '제국'으로 변모했던 일본에 의해 1910년의 경술국치라는 역사적 파탄에까지 이르게 되었다는 점은 한국인이라면 누구나 상기해야 할 역사적 사실이라고 하겠다.

이렇듯 근현대 한국사에서 비극과 치욕이 시작된 원점이라고 해야 할 장소를 마주하고서 임진왜란 이후 한국과 일본 두 나라, 아니 동아시아의 평화를 위해 노력했던 조선통신사의 기념비가 나란히 서 있는 광경이야말로 역사의 무상함과 아이러니를 보여 주는 하나의 상징적 사례로 새삼 그 의미를 곱씹어 보게끔 하였다. 뒤이어 방문하였던 야마구치현의 하기시에서 메이지유신의 사상적 원류이자 정한론의 출발점이기도 했던 요시다 쇼인의 유적 및 그의 제자로 메이지유신 이후 근대 일본의 기틀을 놓았던 기도 다카요시와 이토 히로부미 관련 유적 등은 근대 이후 두 나라가 밟았던 역사적 과정이 어디에서 갈라질 수밖에 없었던가 하는 점에 대한 깊은 역사적 성찰과 복안적 시각을 요구하는 것 같았다.

그러나 무엇보다도 탐방 내내 옮긴이의 마음을 무겁게 했던 것은 메이지유신 이후 1910년의 경술국치에 이르는, 동아시아 격동기에 벌어졌던 온갖 역사적 사상과 그 과정에서 활약했던 인물들, 특히 이토 히로부미와 같은 일본 쪽 인물에 대해서는 기실 옮긴이 자신도 피상적 지식과 그에 근거한 민족주의적 증오심의 차원을 넘어서는 이렇다 할 견해를 지니지 못했다는 자신의 지적 나태함과 관련된 부끄러움의 감정이었다. 이제는 지방의 작은 중소 도시로 완연히 퇴락하고만 하기시의 천변에서 저무는 석양을 바라보면서 이제부터라도 일본 근대사에 대해서 좀 더 관심을 가지고 본격적 공부를 시작하겠노라고 다짐했던 일이 새삼 기억에 선명하게 남아 있다.

2010년 당시 일본 탐방에서 돌아온 지 약 반년 후에 일본에서 간행된 이 책에 대해 처음 번역 제의가 들어왔을 적에 자신의 전공이 한·일 관계사가 아님에도 불구하고 선뜻 받아들였던 것은 이상과 같은 개인사적 경험과 문제의식에서 비롯된 일이었다. 그러나 으레 온전한 준비 없이 무모하게 시작하는 일이 대개 그러하듯이 막상 번역을 시작하여 진행하는 과정에서 여러 시행착오를 겪어야 했고, 그 결과 일단 완성해 놓은 초벌 번역 원고에서 적잖은 오류와 미진한 부분이 생겨나는 것을 감내할 수밖에 없었다. 그중에서도 가장 문제였던 것은 저자가 이 책에서 펼치는 자신의 입론은 대부분 이토 히로부미가 남긴 1차 사료에 근거했다고 하는 데에서도 엿보이듯이 메이지 시대 이후 일본어 문체 변화에서 복잡하게 출현했던 다양한 문어문(文語文)을 어떻게 번역 처리하는가의 여부였다.

학술적으로 5종 8가지의 문체로 분류되는 메이지 시대의 문장 가운데 예를 들면, 이 책의 인용문에서도 변체 한문의 일종인 문어체 소로분(候文)을 비롯하여 한문훈독체, 화한혼효문(和漢混淆文), 그리고 의고문 등이 다양하게 등장하고 있다. 외국인이 현대 일본어의 지식만으로는 충분히 읽어 낼 수 없는 이러한 문장의 내용과 현대 한국어로의 번역에 대해서는 우선 일본의 관련 분야의 전문 연구자에게 메일 등을 통해 일일이 문의해서 해결하는 수밖에 없었다. 때마침 저자가 적극 협력한 것으로 보이는 이 책의 영역본『이토 히로부미―일본 최초의 총리이자 메이지 헌법의 아버지(Ito Hirobumi―Japan's First Prime Minister and Father of the Meiji Constitution)』(Routledge, 2014)가 출간됨으로써 번역 최종 단계에서 영역본 내용을 참조, 번역문의 완성도를 높일 수 있었던 일은 무엇보다도 다행이었다.

다음으로 이 책의 옮긴이로서 자신의 깜냥의 한계를 절감해야 했던 바는 이 책의 내용을 어떻게 평가할 것인가와 관련된 문제였다. 눈 밝은 독자라면 쉽사리 알아보

겠지만 이 책의 저술 목적은 저자가 자신의 학문적 스승
인 이토 유키오의 입장을 계승, 확장하여 새로운 이토 히
로부미 상을 확립코자 하는 것이다. 그것은 19세기 후반
에서 20세기 전반에 걸쳐 이루어진 일본의 근대화 과정
에서 가장 중심적 역할을 한 정치 지도자로서 이토 히로
부미의 위상을 재평가, 메이지 헌법의 제정과 운용, 불평
등조약 개정, 청일전쟁, 정당정치의 확립 등에서 중심적
역할을 수행했고, 그러한 과정에서 보여준 균형 잡힌 정
치 지도자로서의 이미지를 '문명 정책'이라는 관점에 입
각해 이른바 '지(知)의 정치가'로서 높이 평가하고자 한 것
이다.

　보기에 따라서 역사적 인물이라면 으레 지니게 마련
인 '빛과 그림자'의 양 측면 가운데 지나치게 '빛'의 측면
을 부각하는 듯한 저자의 이러한 입장에 대해 지금껏 이
토 히로부미의 '어둠'의 측면을 주로 보아 왔던, 옮긴이를
비롯한 한국의 독자라면 선뜻 동의하기가 어려운 점 또
한 숨길 수 없는 사실이다. 그것은 이토 히로부미의 문제
를 과거 식민 지배와 침략의 역사를 만든 가해자로서 일
본의 이미지와 동일시하는 한국인의 시각에서는 당연한
사태의 귀결이라 하겠다. 그가 직 간접적으로 관여했던

명성황후 시해, 을사늑약을 비롯해 그의 사후에 벌어진 한일 강제 병합, 36년간의 식민 통치, 징용과 징병 그리고 종군 위안부의 비극 등이 여전히 생생한 현재적 기억으로 남아 있고, 한민족의 주권과 영토를 빼앗고서 이윽고 전쟁의 소용돌이 속으로 몰아넣었던 일본 제국주의의 광기와 만행에 대한 집단 기억이 한국인의 뇌리에서 소멸되지 않는 한 저자의 그 같은 새로운 주장이 한국의 독자에게 선뜻 받아들여지기를 기대하는 일은 난망한 것이다. 사태를 더욱 어렵게 만드는 것은 저자가 한국어판 서문에서 누누이 언급하고 있듯이 한국민의 이토 히로부미에 대한 평가가 언제나 그를 척살했던 안중근 의사에 대한 한국민의 영웅적 평가와 길항의 관계에 놓여 있다는 점이다.

그러나 2025년 올해가 광복 80주년이자 한일 국교 정상화 60주년이라는 시점을 고려해 보면 한국 학계가 과거의 역사 내지 한 인물에 대해 개방적 논의의 가능성을 닫아 두고서 고정된 입장만을 고집한다는 것은 결코 현명한 일은 아닐 것이다. 이 책에서도 강조되고 있고, 한편으로 한국 정치학의 고전으로 평가받는 그레고리 헨더슨(Gregory Henderson)의 『소용돌이의 한국 정치(KOREA:

The Politics of The Vortex)』에서도 지적되듯이 "일본의 조선 정책에서는 야마가타 아리토모의 강경노선이 승리한 것으로, 그의 입김이 미치는 가쓰라 다로 내각의 강경노선은 형식적으로 조선을 독립시켜 '온정적으로' 통치하려 한 이토 히로부미의 시도를 결정적으로 와해시켜 버렸다."라는 점도 또한 이미 국제학계에서 통용되는 엄연한 하나의 학술적 견해인 것이다. 이 책의 저자 역시 그러한 흐름의 연장선에서 이토의 한국에 대한 입장은 그와 정치적으로 대립했던 '강경파'와는 구별되는 '보호파'의 그 것으로서, 일본에서 행했던 헌법 개혁을 '보호국' 한국에서도 이른바 '문명 정책'의 형태로 실천하려 했다는 자신의 주장을 최근 일본과 한국의 학계를 향해서 적극적으로 펴고 있는 것이다.

이렇듯 저자의 새로운 주장과 시도에 대해 일본 학계에서도 이미 찬반의 논쟁이 벌어지고 있는 마당에 정작 논쟁의 한 축이 되어야 할 한국 학계만 사태의 추이를 도외시한 채 나는 모르쇠주의로 일관하는 것은 여러모로 온당한 처사가 아니라고 하겠다. 앞서 보았듯이 이 책이 일본에서 2010년 출간된 이래 2014년 영국에서 영역본이 간행되고, 뒤이어 중국에서 일본학 연구 중심지의 하나인 텐진의 난카이(南開) 대학 일본연구원 교수들이 중심이 된 중국어 번역본이 2021년에 출간되었다(張曉明·魏敏·周娜 譯, 『伊藤博文』, 江蘇人民出版社). 진작에 서둘러 나왔어야 할 한국어 번역본은 출판과 관련된 여러 사정으로 이러구러 지체되었으나, 이제라도 저자의 주장에 대한 찬반의 입장과는 별개로 이토 히로부미라는 역사적 인물을 둘러싸고 이미 일본어 영어 중국어 등 국제적으로 통용되고 있는 저작을 한국의 독자들도 읽게끔 해야 한다는 의무감에서 한국어 번역본을 출간하기에 이르게 된 것이다.

이상과 같은 이유에서 모쪼록 옮긴이가 깜냥의 한계를 무릅쓰고서 행했던 이 책의 한국어 번역 출판이 한일 근대사와 관계사, 그리고 두 나라를 둘러싼 동아시아 근현대사를 연구하는 연구자뿐 아니라 역사에 관심을 가진 모든 이들을 위해 상호 교류 및 토론의 장이 형성되는 하나의 계기가 되었으면 하는 바람이 간절하다 하겠다. 아울러 번역 과정에서 옮긴이의 성가시고도 귀찮은 질문에 일일이 메일로 친절히 답해 주신 시마네 현립대학의 이시다 도루 씨에게 깊은 감사를 드리며, 공역자로 번역에 참여해 주신 오사카 관광대학의 김세덕 교수에게 또

한 깊은 감사를 드리는 바이다. 마지막으로 어려운 출판
여건 속에서도 이 책의 번역 출판을 기꺼이 승낙해 주신
AK 커뮤니케이션즈와 좋은 책을 만들기 위해 무진 애를
써 주신 편집부에게도 깊은 감사를 드린다.

역자 후기

김세덕

　『이토 히로부미 평전』의 한국어 번역 작업은 단순히
일본 근대사를 소개하는 것을 넘어, 한일 양국 간의 복잡
한 역사적 관계를 학문적으로 성찰하고 새로운 가능성을
모색하려는 중요한 시도이다. 일본 메이지 시대의 대표
적 정치가인 이토 히로부미는 일본 근대화의 설계자이자
제국주의 확장의 상징적 인물로 평가받는다. 그의 행적
은 일본에서는 근대국가를 설계한 정치 지도자로 긍정적
으로 평가되는 반면, 한국에서는 한일 병합과 제국주의
침탈의 중심에 있던 인물로 부정적 기억 속에 자리 잡고
있다. 이러한 상반된 평가 속에서 이 책은 이토 히로부미
라는 인물을 재해석함으로써 양국의 역사적 이해를 더욱
풍부하게 하고자 한다. 특히, 2025년 한일 국교 정상화
60주년이라는 시점에서 이 번역 작업이 갖는 학문적 문
화적 의의는 더욱 크다고 할 수 있다.
　1965년 한일기본조약 체결 이후 양국은 경제적 협력과

문화적 교류를 통해 관계를 발전시켜 왔다. 일본의 경제적 지원과 자본은 한국의 경제성장에 기여했고, 무역과 투자 확대는 양국 간 경제적 상호 의존성을 높이는 계기가 되었다. 또한, 1990년대 이후 한류와 일본 대중문화가 서로에게 영향을 미치면서 문화적 교류 역시 활성화되었다. 그러나 이러한 관계 발전에도 불구하고, 과거사 문제와 관련된 갈등은 여전히 해결되지 못한 채 남아 있다. 강제징용, 위안부 문제, 역사 교과서 논란 등은 여전히 한일 관계의 민감한 이슈로 작용하고 있다.

특히, 일본의 식민 지배가 한국 사회에 남긴 잔재와 그로 인한 상처는 단순히 역사적 사건에 그치지 않고, 현재까지도 양국 관계의 불안정한 요소로 남아 있다. 이러한 문제를 해결하고 미래지향적 관계를 구축하기 위해서는 상호 신뢰와 이해를 바탕으로 한 대화가 필요하다.

이토 히로부미는 일본 근대화의 주도적 인물로, 메이지 헌법 제정을 통해 일본의 정치체제를 근대적 형태로 전환하는 데 중요한 역할을 했다. 그는 일본의 첫 총리로서 근대화 정책을 설계하고 추진했으며, 일본의 대외적 위상을 높이는 데 기여했다. 그러나 이토는 단순히 일본의 근대화를 이끈 지도자로만 남아 있지 않다. 그의 정치적 행적은 일본 제국주의 확장의 논리 속에서 한국을 포함한 동아시아에 영향을 미쳤고, 특히 대한제국의 초대 통감으로서 한국 역사에 깊은 상처를 남겼다.

한국에서는 이토 히로부미가 을사늑약 체결과 한일 병합의 상징적 인물로 기억되며, 그의 행적은 제국주의 침탈의 대표적 사례로 간주된다. 1909년 안중근 의사가 하얼빈에서 그를 암살한 사건은 한국 독립운동사의 상징적 사건 중 하나로 평가된다. 이러한 맥락에서 이토는 한일 양국이 서로 다른 역사적 경험을 공유하고 있음을 극명하게 보여주는 인물이라 할 수 있다.

그러나 이토의 사상과 정치적 행적은 단순히 이분법적으로 평가할 수 없는 복잡성과 모순을 가지고 있다. 그는 초기에는 한국 병합에 대해 신중한 태도를 보였으며, 병합이 일본에 경제적 부담을 줄 수 있다는 우려를 제기하기도 했다. 하지만 일본 내 강경한 제국주의 세력의 압력과 정치적 상황 속에서 그의 신중한 입장은 점차 배제되었고, 결국 병합을 지지하는 위치에 서게 되었다. 『이토 히로부미 평전』은 이러한 이토의 행적과 사상을 다각도로 조망하며, 그의 결정이 당시의 정치적 사회적 맥락에서 어떤 의미를 가졌는지를 탐구하고 있다.

'지일(知日)'의 관점에서 일본 사회와 문화를 다각도로 이해하는 것은 한일 간의 갈등을 해소하고 상호 협력을 증진시키기 위한 필수적 과정이다. 지일은 일본의 역사와 문화를 단순히 학문적으로 아는 것을 넘어, 이를 바탕으로 양국 간의 화해와 협력의 가능성을 모색하려는 실천적 지향을 포함한다.

한일 간의 갈등은 종종 감정적 대응으로 나타나며, 이는 문제 해결을 더욱 어렵게 만든다. 그러나 일본의 역사와 문화를 객관적으로 이해하고 이를 바탕으로 대화와 협력을 이어가는 지일적 접근은 한일 관계를 보다 발전적으로 이끄는 데 중요한 역할을 할 수 있다. 『이토 히로부미 평전』의 번역 작업은 이토라는 인물을 매개로 이러한 지일의 중요성을 독자들에게 전달하며, 한국과 일본이 서로의 입장을 보다 깊이 이해할 수 있는 계기를 제공하고자 했다.

2025년은 한일 국교 정상화 60주년을 맞는 해로, 양국 관계를 재조명하고 미래를 설계할 중요한 시점이다. 국교 정상화 이후 양국은 경제적 문화적 교류를 통해 관계를 발전시켜 왔지만, 과거사 문제와 관련된 갈등은 여전히 해결되지 못하고 있다. 이 시점에서 한일 관계를 냉철히 돌아보고, 새로운 협력의 틀을 구축하기 위해 학문적 문화적 노력이 필요하다.

본 번역 작업은 이러한 맥락에서 이루어졌다. 『이토 히로부미 평전』은 한일 양국의 역사적 관계를 객관적으로 탐구하여 그 복잡한 맥락을 성찰하고 화해로 나아가는 데 중요한 학문적 기여로 자리매김할 것이다.

앞으로도 지일과 지한(知韓)을 바탕으로 양국이 지속 가능한 대화와 협력을 이어가며, 평화와 상생의 길을 함께 걸어가기를 기대한다. 본 번역이 그러한 노력의 작은 디딤돌이 되기를 희망한다.

마지막으로 같이 번역해 주신 장원철 교수님과 어려운 환경 속에서도 번역서를 출판해 주신 AK 커뮤니케이션즈 이동섭 사장님께 깊은 감사의 마음을 전하고 싶다.

저자 주석

서문

1* 이토 히로부미에 대한 재평가를 정력적으로 이끌어 온 것은 이토 유키오의 일련의 업적들이다. 『입헌 국가 확립과 이토 히로부미』(요시카와코분칸, 1999), 『입헌 국가와 러일전쟁』(보쿠타쿠샤, 2000), 『이토 히로부미─근대 일본을 창조한 남자』(고단샤, 2009). 시대 상황에 따라 일정한 정견 없이 변천을 거듭하는 것처럼 보이는 이토의 언동 가운데 입헌 국가의 확립과 정착이라는 일관된 신념에 근거한 국가 운영의 대계(大計)가 존재했다는 사실이 이토 유키오의 연구에 의해 논증되었다.

이토 유키오의 연구는 1차 사료를 폭넓게 조사한 실증적 정치외교사의 관점에서 이루어졌다. 이에 대하여 본서는 이토 유키오의 연구에 의해 시사되었던 이토의 입헌 국가 이념에 밀착하여, 그 사상에 대한 내재적 해명을 시도해 보고자 한다. 본문에서 언급하듯이 작가 시바 료타로는 사상성의 결여를 이토의 특성으로 간주했다. 그렇지만 이토의 내면에 입헌 국가라는 일관된 이념이 확고부동하게 서 있었다는 점은 이토 유키오의 업적이 명백히 밝혔던 바와 같다. 이것을 계기로, 지금 새삼스럽게 이토 히로부미의 사상성을 되물어야 할 시점에 있다.

1장

1* 오랫동안 일본에서 살면서 유럽 근대 의학을 전파했던, 독일의 에르빈 폰 벨츠도 이토를 그와 같이 칭하고 있다.(『이토 전』 하권, 919쪽) 이 밖에도 저명한 일본학자인 필리프 프란츠 폰 지볼트의 아들로 일본 외교 정책에 귀중한 공헌을 했던 알렉산더 폰 지볼트, 도쿄 제

국 대학 역사학 교수로 랑케의 실증주의 사학을 일본에 전수하는 데 힘썼던 루트비히 리스 역시 이토에 대한 추도문과 평전에서 그를 "일본의 비스마르크"로 묘사하였다. 독일의 지일파 교양인들과 외국인 초빙사(招聘師)들이 이토 히로부미를 비스마르크에 비견한 것은 그러한 생각이 널리 퍼져 있었음을 추측케 한다.

영국에서도 이토는 "비스마르크"로 알려져 있었다. 1883년에 헌법 조사를 위해 영국을 방문했을 때《더 타임스》는 이토를 "일본의 비스마르크로 불리고 있다."(3월 3일)라고 보도했다. 그를 비스마르크로 일컬었던 최초의 사례일지도 모른다. 그 외에도 1909년 그가 암살당했다는 소식을 전해 들은 주일 영국 외교관은 그날 일기에 이토는 "일본의 비스마르크이고, 크로머(에벌린 크로머, 이집트 식민 통치에 공을 세운 영국 식민지 행정관)"라고 기록하고 있다.(나라오카 소치, 「영국에서 본 이토 히로부미 통감과 한국 통치」)

2* 졸고 「체코에 남아 있는 이토 히로부미의 편지―브르노에『구르멕(Chlumecky) 문서』를 찾아서」 (1), 같은 글 「체코에 남아 있는 이토 히로부미의 편지―브르노에『구르멕 문서』를 찾아서」 (2)(완), 같은 글 「『그나이스트 문서』 재방문」

3* 이하 신화 조례 제정과 그 역사적 의의에 대하여 야마모토 유조의 『냥에서 엔으로』 27쪽 이하를 참조했다.

4* 야마사키 미나코, 『이와쿠라 사절단에 있어서 종교 문제』(128쪽, 143쪽)

5* '5개조 서약'=5개조 어서문(御誓文)을 "천하의 제후·화족·유사(有司)"에게 하게 한 것이라고 기도가 이해하고 있는 점은 주목할 만하다. 5개조 어서문의 역사적 의의를 정치 의례의 관점에서 이해한 연구로는 존 브린, 「1868년 4월 제국의 맹세―종교 의식, 정치 그리고 왕정복고의 힘(The Imperial Oath of April 1868―Ritual, Politics and Power in the Restoration)」을 참조.

2장

1* 정한파와 반대파는 이 재평의를 서로 다르게 이해하였다. 정한파

는 사후승인을 구하는 절차 정도로만 생각하였으나, 정한론을 반대하는 쪽은 이와쿠라 사절단이 귀국한 후에 재논의를 꾀하였다. 이점을 포함해서 정한론 문제에 대하여 다카하시 히데나오, 「정한론 정변의 정치과정」 참조.

2* 7월 1일 이노우에 고와시에게 보낸 편지, 『속 비록』 40쪽. 7월 5일 이노우에 가오루에게 보낸 편지, 『이노우에 가오루 문서』 628~629쪽. 8월 4일 야마가타 아리토모, 이노우에 가오루, 야마다 아키요시에게 보낸 편지, 『이토 전』 중권 282쪽 이하.

3* 영국에서 이루어진 조사의 중요성을 추측케 하는 것으로 도리우미 야스시, 『이토 히로부미의 입헌정치 조사』

4* 메이지 헌법 초안 작성에 절대적 영향을 주었던 독일의 법률고문 헤르만 뢰슬러는 "대일본제국은 만세일계의 천황이 이를 통치한다."라는 제1조의 문구에 비판적이었다.(지메스, 『일본 국가의 근대화와 뢰슬러』, 129쪽 이하) 그러나 한편으로 헌법 반포 직후에 그 내용에 대해 자문을 의뢰받았던 구미의 학식 있는 사람들은 대체로 제1장의 천황에 대한 규정에 찬성의 뜻을 표시하고 있다.(가네코 겐타로, 『구미 의원 제도의 조사 순회기』 참조) 그러한 상황의 배경에는 당시의 국민주의, 곧 내셔널리즘 사조가 있었다. 그것은 본문에서도 언급한 바 있듯이 역사주의와 결합한 것으로, 헌법도 국민정신의 산물로 역사적으로 생성해 왔다고 여겨진다. 따라서 전통적 국민 문화가 각인되어 있지 않은 헌법이란 당시 구미의 법률 전문가에게는 수상하고 미심쩍은 것이었고, 바꾸어 말하면 헌법을 국제적으로 승인받기 위해서는 그와 같은 전통성을 명시해 둘 필요가 있었다. 그러한 의미에서 메이지 헌법 제1장은 에드워드 사이드가 말하는 오리엔탈리즘의 산물로 이해할 여지가 있다.

5* 실제로 정변 이후에 이토는 정신적으로 지극히 불안정한 상태였다. 이토가 유럽으로 파견된 이면에는 그 자신의 몸과 마음을 추슬러 안정하기 위해 휴양을 한다는 의미도 있었다. 이노우에 가오루는 1881년 11월 23일에 "근자에 이토도 크게 마음 아파해서 신경증에 걸려 매일 밤잠을 못 이루고 술을 한 되 정도 마셔야만 겨우 잠자

리에 듭니다. 지금 그대로라면 매우 힘든 상황이므로 일 년 정도 유럽에 보낸다면 좋지 않겠습니까?"(『호고히로이』⑪, 22~23쪽)라고 사사키 다카유키 등에게 설명하고 있다. 또한 이노우에는 이토가 일본을 떠나기 직전인 1882년 1월 11일에 이토에게 보낸 편지에서 "음주는 반드시 삼가도록 당부드리는 바입니다."(『이토 문서 〈각〉』①, 169쪽)라고 말하고 있는 것 이외에도, 출발 후 첫 번째 편지인 4월 6일 자 편지에서도 "점점 평안하시고 여행도 순조로우며 또한 차츰 술도 줄이고 활기찬 대양(大洋)의 공기를 호흡하고 계시므로 앓으시는 병도 따라서 점차 회복하실 것으로 상상하고 있습니다."(위의 책)라고 쓰면서 이토의 건강 상태를 다시없이 신경 쓰고 있다.

6* "일본에서 미숙한 엉터리 서생이 물질 자체가 어떻게 이루어지는가를 이해하지 못하고 단지 서적 가운데 글자 뜻만을 번역하여 이것이 어느 나라 헌법이고 정부 조직이라는 따위의 이야기를 하면서 어리석은 다수를 오도하는 일을 [제가] 하지 않고, 해당 국가의 내력부터 [학습을 시작하여] 그 실제 형적(形跡)을 숙지하고 그 시시비비가 부딪히거나 모순되지 않는지에 관한 의논까지도 판별하여 명료하게 강의되고 설명되는 것을 들을 수 있어 대단히 즐겁습니다."(『비록』, 307쪽)

7* 대학론이 슈타인 국가학의 중요한 부분이었다는 점에 대해서는 졸저 『독일 국가학과 메이지 국제(國制)』에서 상세히 논하고 있다.

8* 이미 1882년 유럽에서 헌법 조사를 시행하는 시점에서 그는 다음과 같이 언급하고 있다. "의회가 존재하면 정당은 저절로 생겨나지만 오늘날 우리 나라에서 나타나는 상황과 같지는 않았다. 우리 나라 상황은 정당이 아니라 도당(徒黨)을 결성하여 여러 사람의 힘으로 군주권을 약화 또는 파괴하려는 뜻을 품은 경우이다. 분명히 말하자면 반역당 무리와 다름없다."([1889년] 8월 27일 야마다 아키요시에게 보낸 편지, 『이토 전』중권)

9* 에드먼드 버크의 발언은 다음과 같다. "의회는 하나의 이해, 요컨대 전 성원의 이해를 대표하는 하나 된 국민의 심의 집회와 다름없으니, 따라서 여기에서는 지방적 목적이나 국지적 편견이 아니라

전체의 보편적 이성에서 도출된 보편적 이익이 그 지침이 되어야 할 것이다. 여러분은 분명히 대표를 선출하지만 일단 여러분이 그를 선출한 순간부터 그는 브리스틀의 성원이 아니라 영국 의회의 구성원이 되는 것이다."(버크, 『미국론(論)·브리스틀 연설』, 92쪽)

10* 이 가운데 1888년 12월 8일과 1889년 2월 26일 분은 「주권 및 상원의 조직」, 「헌법에 관한 연설」이라는 제목으로 『화족동방회 연설집』 제4호, 제5호에 실려 있다. 2월 27일 연설은 뒤에서 논하기로 한다.

3장

1* 이 같은 메이지 헌법에 대한 선구적 연구로 도리우미 야스시의 『일본 근대사 강의』, 메이지 헌법하의 헌정사에 대한 뛰어난 개관을 제공하는 최근 업적으로 나라오카 소치의 「전전(戰前)에 민주주의는 존재했는가」가 있다.

2* 이 점은 반노 준지의 『메이지 헌법 체제 확립』을 효시로 다카하시 히데나오의 『청일전쟁으로 가는 길』, 사사키 다카시의 『번벌 정부와 입헌정치』, 이토 유키오의 『입헌 국가 확립과 이토 히로부미』로 이어지며 한층 연구가 심화된 분야이다.

3* 정당과 관료의 관계라는 시각에서 와이한 내각을 재평가한 연구로 시미즈 유이치로의 『정당과 관료의 근대』 2장을 참고할 것.

4* 7월에 우쓰노미야로 향하는 이토와 이동하는 차량 안에서 동석한 히지카타 히사모토는 기자들을 앞에 두고 공공연하게 다나카 미쓰아키 궁내대신을 비판하는 이토의 모습에 눈살을 찌푸렸다.(『호고히로이』 330쪽)

5* 이에 대해 사사키 다카시가 이토가 유세한 목적을 '인민'의 '국민화', '국민국가 형성'에서 구하고 있는 것은 혜안이라 하겠다.(『메이지인의 역량』, 17~18쪽) 본래 사사키는 그 '국민'과 '국가'의 내실에 대해서는 상세하게 언급하지 않았다.

6* 1899년에 증세가 이루어지면서 소득세율 인상이 단행되어 그때까지 법인에 세금을 매기지 않았던 것도 재검토하게 되었다. 이후

세입 가운데 소득세가 차지하는 비중이 늘어난다. 이는 종래 지조 (地租) 중심의 세법 체계로부터 전환(토지세에서 소득세로)을 시도한 것이라 할 수 있다.(세무대학교 연구부 엮음,『세무서의 창설과 세무 행정 백 년』, 46쪽) 다음 장에서 논하는 것과 같이, 이토가 정우회에 실업가를 끌어들이려고 계획한 것은 그들에게 납세자 의식을 불어넣고 동시에 국가적 책무를 향상하려 한 것으로 파악할 수 있다.

4장

1* 그 예로 조지 아키타, 고야마 히로야, 모토야마 유키히코 등의 연구를 들 수 있다. 이들은 정당 세력과 타협하고 회유당하여 변절한 초연주의자가 아니라 확고한 정당 정치가로 이토의 모습을 명확하게 내세우면서 통설에 대하여 선구적으로 반대 의견을 제기하고 있다.

2* 이에 대해서는 미우라 고로의『간주 장군 회고록』294쪽 이하도 참고가 된다.

3* 메이지 헌법하의 정당정치 정착 과정을 논한 최근 업적으로는 이오키베 가오루의『오쿠마 시게노부와 정당정치』, 나라오카 소치의『가토 다카아키와 정당정치』, 무라이 료타의『정당내각제의 성립』등이 있다.

4* 정우회 창당 과정에 대해서는 고바야시 유고가 겪은『입헌정우회사』1권, 마스미 준노스케의『일본 정당사론』2권, 야마모토 시로의『초기 정우회 연구』라는 고전적 업적 외에, 이토 유키오의『입헌국가와 일러전쟁』을 참조할 것.

5* 정당에서 장사(壯士)를 일소해야 한다는 생각은 1900년 8월 25일 정우회 창립 위원회에서 한 연설에서도 명확하게 나타난다. "장사적인 움직임 따위는 결국 피해야만 하니, 만일 무직으로 하는 일도 없는 무뢰배를 우리 당에 가입시킨다면 우리가 애써서 정치적 효력을 부여하고 양민의 생업을 나날이 발전시키려는 목적에 반하게 된다."(《세유》제1호, 7쪽) 메이지 시기 정당과 장사 사이의 밀접한 관계에 대해서는 와타나베 유키오의『수위장(守衛長)』이 목격한 제국 의

회』를 참조할 것.

6* 같은 편지에서 이토는 야마가타에게 "별지(別紙)에 규약 같은 것을 만들어 놓았지만 아직은 퇴고가 필요한 까닭에 훗날 열람하시도록 보내겠습니다."라고 적어 보내고 있다.(130쪽)

7* 주의를 촉구하기 위해 덧붙이자면 이토가 이전의 초연주의적 번벌 정부를 여기에서 정당화하려고 했던 것은 아니다. 정당 세력이 약진하는 와중에 행정권을 방어하는 시도로 야마가타 내각에서의 문관 임용령 개정과 문관 분한령 제정을 들 수 있다.(1899년 3월) 이것에 의해 각 성(省)의 차관, 국장과 지사를 자유롭게 임용하는 것이 불가능해졌는데, 이토는 이러한 조치에 반대하면서 그 철폐를 주장하였다.(시미즈 유이치로, 『정당과 관료의 근대』114쪽 이하) 뒤에서 논하는 바와 같이 이토는 정치적 인재를 넓게 비축해 두는 장소로 정당을 생각하였는데, 그것이 관계(官界)와 상호 배척한다고는 생각하지 않았다. 오히려 양자 모두 정치적 인재의 공급원으로 상보적 관계여야 할 것으로 간주되었다고 말할 수 있겠다.

5장

1* 오이시 마코토가 실제로 여기에서 염두에 두었던 것은 하시모토 류타로 정권하에서의 행정개혁, 소위 하시모토 행정개혁 이래의 일련의 통치 기구 개혁이다.

2* ①에 대해서는 「국가와 군대의 관계」라는 제목으로 《국가학회잡지》 제157호부터 제161호(1900~1901)에 걸쳐서 부록으로 게재하였다. ③에 관해서는 「타이완에 관한 입법의 착오(첨부 다카노 문제에 대하여)」, 《국가학회잡지》 제172호(1901)로 공표.

3* 《국가학회잡지》 제3권 제25~31호(1889).

4* 《헌법잡지》 6~8호(1889).

5* 위의 글 「헌정 강의」 1908년 11월 21일.

6* 1890년에 나온 『대신 책임론』에서 이미 원수(元首)를 완전히 무책임화하고, 보필을 책임지는 대신이 집정을 행해야 한다는 생각이 이미 명료하게 제시되고 있다. 아리가 나가오, 『대신 책임론』 287

쪽 이하.

7* 군령 제정의 경위에 대해서는 특히 유이 마사오미의 『군부와 민중 통치』 52쪽 이하 및 이토 다카오의 『다이쇼 민주주의 시기의 법과 사회』 227쪽 이하를 참조할 것. 또한 군령의 법사학적(法史學的) 의의에 관하여 실증적으로 검토했던 연구로 고도 신하치로의 『법제사·군사사 연구 업적집』 63쪽 이하를 참조할 것.

6장

1* 이토와 무술정변에 대해 펑쩌저우의 『중국의 근대화와 메이지 유신』 5장도 참조할 것.

2* 이것은 초창기부터 이어져 온 이토의 신념이었다. 2장에서 언급했듯이 유럽에서의 헌법 조사 시기에 이토는 "인민의 정신을 바르게 하는 일은 학교를 근본부터 바르게 고치는 일과 다르지 않습니다."라는 인식을 보여 주고 있다.

3* 이러한 점을 이토는 다음과 같은 식으로도 부연하고 있다. "민중이 나아가 자신의 이원(利源)을 개척하는 데에 편리한 방법을 찾는 것을 근본적 직무로 하지 않으면 안 된다. 백성이 부유해져야 나라가 부유해진다는 것을 알지 않으면 안 된다. 해관세 같은 것은 여러 방법 가운데에서 특히 민재(民財)를 국고로 옮기는 하나의 방법에 불과하다. 이것을 부국(富國)의 근본이라고 말하는 것은 대단히 잘못된 것이다 운운(云云)."

4* 다케우치 히로유키, 「량치차오의 캉유웨이에 대한 입문 도학(入門徒學)을 둘러싸고」, 하자마 엮음 『공동 연구 량치차오』, 27쪽. 캉유웨이와 량치차오의 사상의 차이점에 대해서는, 위의 책에서 무라타의 「캉유웨이와 동학」도 참조할 것.

5* 오다기리 마스노스케에 대한 본격적 연구로는 위나이밍의 『오다기리 마스노스케 연구―메이지·다이쇼 시기 중일 관계사의 한 측면―』이 있다.

6* 가와지리 후미히코, 『'중체서용론'과 '학전(學戰)'』 7쪽 번역에 의거한다. 장즈둥의 사상과 그 동시대적 위치 매김에 대해서는 이 가와

지리 후미히코의 논문에서 많은 시사를 얻었다.

7* 니시 준조 엮음, 『원전 중국 근대사상사』 제2책, 112쪽.

8* 위나이밍, 『오다기리 마스노스케 연구』 202쪽. 1900년에 일본이 다예 철광산에 대해 더 많은 이권을 요구했을 때 장즈둥은 철광석 공급은 5만 톤 한도로 한다는 조건을 붙이면서도 이토의 '체면'을 고려하여 이것을 인정했다. 우젠제 엮고 씀, 『장즈둥 연보 장편』 하권, 619쪽.

7장

1* 모리야마 시게노리, 『근대 일한 관계사 연구』. 이토 유키오, 이성환 엮음, 『이토 히로부미와 한국 통치』(미네르바 서방[書房]). 본래 두 책 모두 (후자에 수록된 필자의 졸고까지 포함해) 동 시기 일본에서 이루어진 '헌법 개혁'에 대해서는 관심을 기울이고 있지 않다.

2* 당시 오스트리아와 헝가리는 오스트리아 황제 휘하에서 독자적 국가연합 형태를 취하고 있었다. 각각 의회를 보유하고 자치를 하고 있었는데 재정, 외교, 군사에 관해서는 공통의 특별 대신이 임명되어 있었다.

3* 고종 자신이 본래 "백성이야말로 나라의 근본이다."라는 유교적 왕도 사상을 내걸고 시정에 임했다. 기무라 간의 『고종·민비』(미네르바서방, 2007) 87쪽 이하를 참조할 것. 본래 고종의 민본 사상이 고법(古法)으로 회귀하는 전통주의적이었던 것에 반해 이토의 그것은 식산흥업을 기조로 삼는 근대주의적인 것이었다는 근본적 차이가 있었다.

4* 뒤에서 논하겠지만 이토는 한국 민중이 관리에게 저항하는 것을 민권(民權)이 발달한 결과로 간주하는 도량을 과시하였다.

5* 이토의 이러한 성격에 대한 증언은 너무 많아서 일일이 셀 수도 없을 정도이고 이 책에서도 이미 고토 쇼지로의 증언 등을 소개했지만 한국 통감 시대의 증언으로는 고마쓰 미도리의 『한국 병합의 이면』 49쪽을 참조할 것.

6* 고종은 "우리나라에 예로부터 내려온 습관으로 유림 가운데 합당

한 인재를 뽑아서 그에게 자리를 주고 그 주장을 들어 보는 예가 있다."라고 항변하였다.(『집성』상권, 237쪽) 유학의 민본주의에서 유래하는 '일군만민(一君萬民)' 사상이 한국 위정자의 통치 철학이며, 그 때문에 한국에서는 군주가 널리 백성의 소리를 듣기 위해 궁전의 문을 밖으로 열어 두고 있었다. 이에 대해서는 하라 다케시의 『직소(直訴)와 왕권』을 참조할 것.

7* 한국 궁정과 무술(巫術)에 대해서는 신창우의 『식민지 조선의 경찰과 민중 세계 1894~1919』 209쪽을 참조할 것.

8* 애국 계몽 운동에 대해서는 이성환의 『이토 히로부미의 한국 통치와 한국 민족주의』, 쓰키아시 다쓰히코의 『조선 개화사상과 민족주의』, 의병 운동에 대해서는 신창우의 위의 책, 오가와라 히로유키의 『이토 히로부미의 한국 병합 구상과 조선 사회—왕권론의 상극』을 참조할 것. 본래 후자에 관해서는 아무 상관없는 의병을 끌어들여 전근대 민중의 질서 의식을 경솔하게 이상화하고 있는 것이 아닌가 하는 의문을 지울 수가 없다.

9* 애국 계몽 운동을 비롯하여 이 시기 한국인의 교육개혁 운동에 대해서는 앞의 주에 제시한 이성환의 논문 외에 다음 연구를 참조할 수 있다. 윤건차의 『조선 근대 교육의 사상과 운동』, 김봉훈의 『근대 일한 교육 관계사 연구 서설』, 사토 유미의 『식민지 교육정책 연구』.

10* 일본과 한국의 국가 제도 개혁의 역행성(逆行性)은 내각 제도에 관해서도 지적할 수 있다. 1907년 6월 한국 내각 관제가 제정되었다. 황제 권한을 축소하고, 내각 수반 총리대신의 권한을 확대한 것이었다. 총리에 의한 기무주선(機務奏宣) 행정 각부의 통일, 각령 발포권(閣令發布權)과 소속 판임관(所屬判任官)의 전행 임명권(專行任命權), 행정 각부의 처분 또는 명령 중지권, 군기 군령(軍機軍令)에 관하여 상주하는 경우 군부대신은 사전에 내각총리대신에게 고지할 것 등 그에 선행하여 이루어졌던 일본 내각 제도 개혁과 일일이 궤를 같이하고 있다.

참고문헌

미간행 사료

- 憲政記念館所藏 「1891年10月11日付伊東已代治宛伊藤博文書簡」 整理番号11 - 3 - 5 - S - 10
- 國立國會図書館憲政資料室所藏 『伊藤博文文書』
- 同 『伊藤博文文書(その二)』
- 同 『井上馨關係文書』
- 同 『倉富勇三郎關係文書』
- 同 『三條家文書』
- 同 『伊東已代治關係文書』
- 同 『寺內正毅關係文書』
- 同 『牧野伸顯關係文書』
- 國立公文書館所藏 「澳國學士スタイン氏傭入結約ヲ伊藤參議ニ委任幷同氏年金 給与ノ件」 『公文別錄』 マイクロ第一期, R3
- 國立公文書館アジア歷史資料センター(http://www.jacar.go.jp/index.html)

간행 문헌

- 青木周藏 『青木周藏自伝』(平凡社, 1970年)
- アキタ, ジョージ(荒井孝太郎/坂野潤治譯) 『明治立憲政と伊藤博文』(東京大學出版會, 1971年)
- 有泉貞夫 『星亨』(朝日新聞社, 1983年)
- 有賀長雄 『大臣責任論』(明法堂, 1890年)

- 同『國法學』(東京專門學校出版部, 1901~1902年)
- 同「國家と宮中の關係」『國家學會雜誌』第167号(1901年)
- 五百旗頭薫『大隈重信と政党政治 — 複數政党制の起源 明治十四年 — 大正三年』(東京大學出版會, 2003年)
- 同「開國と不平等條約改正」川島眞/服部龍二編『東アジア國際政治史』(名古屋大學出版會, 2007年)
- 石川縣『石川縣史』(石川縣図書館協會, 1974年)
- 泉三郎『誇り高き日本人 — 國の運命を背負った岩倉使節団の物語』(PHP研究所, 2008年)
- 一坂太郎『若き日の伊藤博文』(萩ものがたり, 2008年)
- 伊東昭雄「变法維新運動とその思想」西順藏編『原典中國近代思想史』第2冊
- 伊藤眞一「父・博文を語る」村松剛『日本文化を考える〈對談集〉』(日本教文社, 1979年)
- 伊藤孝夫『大正デモクラシー期の法と社會』(京都大學學術出版會, 2000年)
- 伊藤博文『伊藤侯演說集』(東京日日新聞, 1899年)
- 伊藤博文「帝國憲法制定の由來」大隈重信撰『開國五十年史』上, (開國五十年史發行所, 1907年)
- 伊藤博文關係文書研究會編『伊藤博文關係文書』(塙書房, 1973~1981年)
- 伊東已代治「淸國憲法と我國」『國民新聞』, 1910年 10月 5日号 伊東已代治『伊東已代治日記・記錄 — 未刊翠雨莊日記』(ゆまに書房, 1999年)
- 伊藤之雄『立憲國家の確立と伊藤博文』(吉川弘文館, 1999年)
- 同『立憲國家と日露戰爭』(木鐸社, 2000年)
- 同『明治天皇』(ミネルヴァ書房, 2006年)
- 同『伊藤博文 — 近代日本を創った男』(講談社, 2009年)
- 同/李盛煥編『伊藤博文と韓國統治』(ミネルヴァ書房, 2009年)
- 稲田正次『明治憲法成立史』上・下(有斐閣, 1960年)

- 稲葉継雄『旧韓末「日語學校」の研究』(九州大學出版會, 1997年)
- 同『旧韓國の教育と日本人 』(九州大學出版會, 1999年)
- 犬塚孝明『密航留學生たちの明治維新－井上馨と幕末藩士』(日本放送出版協會, 2001年)
- 井上馨侯伝記編纂會編『世外井上公伝』(原書房, 1968年)
- 井上馨文書講讀會「資料紹介「井上馨關係文書」所收伊藤博文書翰翻刻－明治15年3月から明治26年4月まで」『參考書誌研究』56号(2002年)
- 同「「井上馨關係文書」所收伊藤博文書翰翻刻(續)」『參考書誌研究』58号(2008年)
- 井上毅伝記編纂委員會編『井上毅伝 史料篇』(國學院大學図書館, 1966年~)
- 于乃明『小田切万壽之助研究－明治大正期中日關係史の一側面』(1998年度筑波大學博士号(法學)授与論文)
- 海野福壽『韓國併合史の研究』(岩波書店, 2000年)
- 同『伊藤博文と韓國併合』(青木書店, 2004年)
- 大石眞『日本憲法史〔第2版〕』(有斐閣, 2005年)
- 同『憲法秩序への展望』(有斐閣, 2008年)
- 大石眞, 高見勝利, 長尾龍一編『憲法史の面白さ』(信山社, 1998年)
- 大久保利通『大久保利通日記』(東京大學出版會, 1969年)
- 大隈侯八十五年史會編『大隈侯八十五年史』(原書房, 1970年)
- 小川原宏幸『伊藤博文の韓國併合構想と朝鮮社會－王權論の相克』(岩波書店, 2010年)
- 小川原正道『西南戰爭－西鄉隆盛と日本最後の内戰』(中公新書, 2007年)
- 尾崎三良『尾崎三良日記』(中央公論社, 1991~1992年)
- 尾崎行雄『咢堂自伝－日本憲政史を語る－』(『尾崎咢堂全集』第11卷)(尾崎咢堂全集刊行會, 1962年)
- 小野川秀美『清末政治思想研究』(みすず書房, 1969年)
- 小山博也『明治正党組織論』(東洋経済新報社, 1967年)

· 海原徹『吉田松陰と松下村塾〔第三刷(改訂)〕』(ミネルヴァ書房, 1999年)
· 同『松下村塾の人びと—近世私塾の人間形成』(ミネルヴァ書房, 1999年)
· 同『松下村塾の明治維新—近代日本を支えた人びと』(ミネルヴァ書房, 1999年)
· 同『吉田松陰』(ミネルヴァ書房, 2003年)
· 外務省編『日本外交文書』(日本國際連合協會, 1947年)
· 同『日本外交年表並主要文書』上(原書房, 1965年)
· 鶴友會編『鶴翁余影』(鶴友會, 1929年)
· 金子堅太郎(大淵和憲校注)『歐米議院制度取調巡回記』(信山社, 2001年)
· 上垣外憲一『暗殺・伊藤博文』(筑摩書房, 2000年)
· 川尻文彦「「中体西用」論と「學戰」—淸末「中体西用」論の一側面と張之洞『勸學篇』」『中國研究月報』48巻8号(1994)
· 川田敬一『近代日本の國家形成と皇室財産』(原書房, 2001年)
· 菊池秀明『ラストエンペラーと近代中國』(講談社, 2005年)
· 木戸孝允『木戸孝允日記』(東京大學出版會, 1967年)
· 木戸孝允關係文書研究會編『木戸孝允關係文書』(東京大學出版會, 2005年)
· 金正明編『日韓外交資料集成』第6巻 上・中・下(巖南堂書店, 1964~65年)
· 金泰動『近代日韓教育關係史研究序說』(雄山閣出版, 1996年)
· 木村幹『高宗・閔妃』(ミネルヴァ書房, 2007年)
· 桐原健眞『吉田松陰の思想と行動—幕末日本における自他認識の轉回』(東北大學出版會, 2009年)
· 宮內廳編『明治天皇紀』(吉川弘文館, 1968~1977年)
· 後藤新八郎『法制史・軍事史研究業績集』(私家版, 1996年)
· 小林龍夫篇『翠雨莊日記』(原書房, 1966年)
· 小林道彦『日本の大陸政策1895~1914—桂太郎と後藤新平』(南窓社, 1996年)
· 小林雄吾(山本四郎補訂)『立憲政友會史』第1巻(日本図書センター, 1990年)

- 小松緑編『伊藤公全集』(伊藤公全集刊行會, 1927年)
- 同『春畝公と含雪公』(學而書院, 1934年)
- 同『朝鮮併合之裏面〔復刻版〕』(龍溪書舍, 2005年)
- 崔在穆「伊藤博文の韓國儒教觀」前掲 伊藤之雄/李盛煥編『伊藤博文と韓國統治』所收
- 三枝博音・飯田賢一編『日本近代製鐵技術發達史 ― 八幡製鐵所の確立過程』(東洋経済新報社, 1957年)
- サイード, エドワード(今澤紀子譯)『オリエンタリズム』上・下(平凡社, 1993年)
- 齋藤隆介『職人衆昔ばなし』(文藝春秋, 1967年)
- 坂本一登『伊藤博文と明治國家形成』(吉川弘文館, 1991年)
- 同「伊藤博文」御廚貴『歴代首相物語』(新書館, 2003年)
- 同「伊藤博文と山縣有朋」伊藤隆編『山縣有朋と近代日本』(吉川弘文館, 2008年)
- 佐々木隆『藩閥政府と立憲政治』(吉川弘文館, 1995年)
- 同『伊藤博文の情報戦略』(中公新書, 1999年)
- 同『明治人の力量』(講談社, 2002年)
- 佐々木高行『保古飛呂比 ― 佐々木高行日記』(東京大學出版會, 1970~79年)
- 同『佐々木高行日記　かざしの櫻』(北泉社, 2003年)
- 佐藤由美『植民地教育政策の研究』(龍溪書舍, 2000年)
- ジーメス, J.(本間英世譯)『日本國家の近代化とロェスラー』(未來社, 1970年)
- 司馬遼太郎/坂野潤治「日本という國家」『世界』第609号(岩波書店, 1995年)
- 同『坂の上の雲〔新装版〕』全8巻(文春文庫, 1999年)
- 同『翔ぶが如く〔新装版〕』全10巻(文春文庫, 2002年)
- 澁澤靑淵記念財団龍門社編『澁澤榮一伝記資料』(澁澤榮一伝記資料刊行會, 1955~1960年)
- 清水唯一朗『政党と官僚の近代 ― 日本における立憲統治構造の

相克』(藤原書店, 2007年)
- シュタイン, ローレンツ(森田勉譯)『社會の概念と運動法則』(ミネルヴァ書房, 1991年)
- 春畝公追頌會編『伊藤博文伝』(原書房, 1970年)
- 尚友倶樂部山縣有朋關係文書編纂委員會編『山縣有朋關係文書』(山川出版社, 2005~2008年)
- 愼蒼宇『植民地朝鮮の警察と民衆世界 1894~1919―「近代」と「伝統」をめぐる政治文化』(有志舍, 2008年)
- 晨亭會『伯爵伊東已代治』(晨亭會, 1938年)
- 樞密院『樞密院會議議事錄』(東京大學出版會, 1984年)
- 末松謙澄『孝子伊藤公』(マツノ書店, 1997年)
- 鈴木博之『日本の「地靈(ゲニウス・ロキ)」』(講談社現代新書, 1999年)
- 周布公平監修『周布政之助伝』上・下(東京大學出版會, 1977年)
- 税務大學校研究部編『税務署の創設と税務行政の100年』(大藏財務協會, 1996年)
- 曾田三郎『立憲國家中國への始動―明治憲政と近代中國』(思文閣出版, 2009年)
- 高田早苗「故有賀博士思出の記」『外交時報』第543号(1927年)
- 高橋是清『高橋是清自伝』上・下(中公文庫, 1976年)
- 高橋秀直「廢藩政府論」『日本史研究』第356号(1992年)
- 同「征韓論政変の政治過程」『史林』第76卷 第5号(1993年)
- 同『日清戦争への道』(東京創元社, 1995年)
- 瀧井一博「チェコに殘る伊藤博文の手紙―ブルノに『クルメッキ文書』を訪ねて(1)」『書齋の窓』第475号(有斐閣, 1998年)
- 同「同上(2・完)」『書齋の窓』第476号(有斐閣, 1998年)
- 同「『グナイスト文書』再訪」『書齋の窓』第480号(有斐閣, 1998年)
- 同『ドイツ國家學と明治國制―シュタイン國家學の軌跡』(ミネルヴァ書房, 1999年)
- 同『文明史のなかの明治憲法』(講談社, 2003年)
- 同「伊藤博文の立憲デザイン―憲法と「國のかたち」『外交フォ

ーラム』第205号(都市出版, 2005年)

・同「伊藤博文の描いた「國のかたち」―その1: 明治憲法の制定を
考える」五百旗頭眞・伊藤正直・瀧井一博・小倉和夫著『日本の近
現代史　述講　歴史をつくるもの』下(中央公論新社,2006年)

・同「伊藤博文の描いた「國のかたち」―その2: 明治40年の憲法改
革」五百旗頭眞・伊藤正直・瀧井一博・小倉和夫著前掲『日本の近
現代史　述講　歴史をつくるもの』下

・同「明治後期の國制改革―明治40年体制と有賀長雄」伊藤之
雄・川田稔編『20世紀日本と東アジアの形成 - 1867~2006』(ミネル
ヴァ書房, 2007年)

・同「伊藤博文の憲法行脚―立憲政治とは何か」『ラチオ』第4号
(講談社, 2007年)

・同「明治國家の「建國の父」たち」苅部直・片岡龍編『日本思想史
ハンドブック』(新書館, 2008年)

・同「明治憲法の思想」苅部直・片岡龍編前掲『日本思想史ハンド
ブック』

・同「知の嚮導としての韓國統治」前掲伊藤之雄・李盛煥『伊藤博
文と韓國統治』

・同「文明・立憲制・國民政治―伊藤博文の政治思想」『明治聖德
記念學會紀要』復刊第四六号(明治聖德記念學會, 2009年)

・同「長州ファイブとしての伊藤俊輔―「博文」の誕生(明治國家をつ
くった人びと11)」『本』第34巻 6号(講談社, 2009年)

・同「立憲君主國としてのハワイ―もうひとつの模範國(明治國家を
つくった人びと18)」『本』第35巻 1号(講談社, 2010年)

・多田好問編『岩倉公實記』(原書房, 1968年)

・丁文江/趙豊田編(島田虔次編譯)『梁啓超年譜長編』(岩波書店, 2004年)

・月脚達彦『朝鮮開化思想とナショナリズム―近代朝鮮の形成』
(東京大學出版會, 2009年)

・津田梅子『津田梅子文書』(津田塾大學, 1980年)

・津田茂麿『明治聖上と臣高行』(原書房, 1970年)

- 土屋忠雄『明治前期教育政策史の研究』(講談社, 1962年)
- 東亞同文會編『續對支回顧錄』(原書房, 1973年)
- 陶德民『明治の漢學者と中國－安繹・天囚・湖南の外交論策』(關西大學出版部, 2007年)
- 德富猪一郎(蘇峰)『蘇翁夢物語』(中公文庫, 1990年)
- 德富蘇峰編述『公爵山縣有朋伝』(原書房, 1969年)
- 鳥海靖『日本近代史講義－明治立憲制の形成とその理念』(東京大學出版會, 1988年)
- 同「伊藤博文の立憲政治調査－新史料を手がかりに」鳥海靖ほか編『日本立憲政治の形成と變質』(吉川弘文館, 2005年)
- 長尾龍一『歴史重箱隅つつき』(信山社, 2000年)
- 奈良岡聰智『加藤高明と政党政治－二大政党制への道』(山川出版社, 2006年)
- 同「戦前にデモクラシーは存在したか－明治憲法下の「憲政」」『ラチオ』第4号(講談社, 2007年)
- 同「イギリスから見た伊藤博文統監と韓國統治」前揭伊藤之雄・李盛煥『伊藤博文と韓國統治』
- 西順藏編『原典中國近代思想史』第2冊(岩波書店, 1977年)
- 新渡戶稻造『新渡戶稻造全集』第5卷(教文館, 1970年)
- 日本史籍協會編『岩倉具視關係文書』(東京大學出版會, 1968~1969年)
- 同編『大久保利通文書』(東京大學出版會, 1967~1969年)
- 農商務省(八幡)製鐵所東京出張所『製鐵所對漢冶萍公司關係提要』(1917年)
- バーク, エドマンド(中野好之譯)『アメリカ論・ブリストル演說』(みすず書房, 1973年)
- 博文館編輯局編『伊藤公演說全集』(博文館, 1910年)
- 狹間直樹編『共同研究 梁啓超－西洋近代思想受容と明治日本』(みすず書房, 1999年)
- 林權助『わが七十年を語る』(ゆまに書房, 2002年)
- 原奎一郎『原敬日記』(福村出版, 1965~1967年)

- 原武史『直訴と王權』(朝日新聞社, 2003年)
- 坂野潤治『明治憲法体制の確立―富國強兵と民力休養』(東京大學出版會, 1971年)
- 平塚篤編『秘書類纂　外交篇(下)』(原書房, 1969年)
- 同編『伊藤博文秘録』(原書房, 1982年)
- 平野聰『大淸帝國と中華の混迷』(講談社, 2007年)
- 兵庫縣企畫管理部管理局文書課「初代兵庫縣知事伊藤博文のふたつの銅像」同課『文書だより』第58号(2000年)
- 彭澤周『中國の近代化と明治維新』(同朋舍出版部, 1976年)
- 堀口修/西川誠監修・編集『末松子爵家所藏文書』(ゆまに書房, 2003年)
- 増田知子「立憲政友會への道」井上光卓ほか編『明治憲法体制の展開』上(山川出版社, 1996年)
- 升味準之輔『日本政党史論』(東京大學出版會, 1965~80年)
- 松方峰雄ほか編『松方正義關係文書』(大東文化大學東洋研究所, 1979~1997年)
- 松田利彦『日本の朝鮮植民地支配と警察―1905~1945年』(校倉書房, 2009年)
- 三浦梧樓『觀樹將軍回顧録』(中公文庫, 1988年)
- 三谷太一郎『日本政党政治の形成―原敬の政治指導の展開〔増補版〕』(東京大學出版會, 1995年)
- 宮地ゆう『密航留學生「長州ファイブ」を追って』(萩ものがたり, 2005年)
- 村井良太『政党内閣制の成立』(有斐閣, 2005年)
- 村田雄二郎「康有爲と「東學」―『日本書目誌』をめぐって」『外國語科研究紀要〔東京大學教養學部外國語科〕』第40巻5号(1992年)
- 本山幸彦『政党政治の始動』(ミネルヴァ書房, 1983年)
- 森靖夫『日本陸軍と日中戰爭への道―軍事統制システムをめぐる攻防』(ミネルヴァ書房, 2010年)
- 森山茂德『近代日韓關係史研究』(東京大學出版會, 1987年)
- 同『日韓併合』(吉川弘文館, 1992年)

- 山口縣教育委員會編『吉田松陰全集』(岩波書店, 1986年)
- 山崎丹照『內閣制度の研究』(高山書院, 1942年)
- 山崎渾子『岩倉使節団における宗教問題』(思文閣出版, 2006年)
- 山室信一『法制官僚の時代―國家の設計と知の歴程』(木鐸社, 1999年)
- 山本四郎『初期政友會の研究―伊藤總裁時代』(清文社, 1975年)
- 同「韓國統監府設置と統帥權問題」『日本歴史』第336号, 1976年
- 山本有造『兩から円へ―幕末・明治前期貨幣問題研究』(ミネルヴァ書房, 1994年)
- 由井正臣『軍部と民衆統合―日清戦爭から滿州事変期まで』(岩波書店, 2009年)
- 熊達雲『近代中國官民の日本視察』(成文堂, 1998年)
- 尹健次『朝鮮近代教育の思想と運動』(東京大學出版會, 1982年)
- 李盛煥『近代東アジアの政治力學―間島をめぐる日中朝關係の史的展開』(錦正社, 1991年)
- 同「伊藤博文の韓國統治と韓國ナショナリズム」前掲伊藤之雄/李盛煥編『伊藤博文と韓國統治』
- 早稻田大學大學史資料センター編『大隈重信關係文書』(みすず書房, 2004年~)
- 早稻田大學大學史編集所編『早稻田大學百年史』全5卷, (早稻田大學出版, 1978~1997年)
- 渡辺行男『守衛長の見た帝國議會』(文春新書, 2001年)
- Beasley, William G., *Japan Encounters the Barbarian*, Yale University Press, 1995
- Breen, John, The Imperial Oath of April 1868―ritual, Politics, and Power in the Restoration, in: *Monumenta Nipponica*, 51(4), 1996
- Matheson, Hugh, *Memorials of Hugh M. Matheson*, London: Hodder & Stoughton, 1899
- Piggott, Francis, Personal recollections of Prince Ito, in: *The nineteenth century and after*, vol. LXVII, 1910

- Rieß, Ludwig, Furst Ito, in: Marcks, Erich/Muller, Karl Alexander von, *Meister der Politik : eine weltgeschichtlivhe Reihe von Bildnissen*, Bd. 3, Stuttgart, 1924
- Siebold, Alexander Freiherrn von, Personliche Erinnerunn an den Fursten Ito Hirobumi, in: *Deutsche revue*, Jg. 35, Bd. 2, 1910
- 呉劍傑編著『張之洞年譜長編』下卷(上海交通大學出版社, 2009年)
- 王曉秋『近代中日啓示錄』(北京出版社, 1987年)
- 胡鈞撰『張文襄公(之洞)年譜』(文海出版社, 1967年)
- 辜鴻銘『張文襄幕府紀聞』(山西古籍出版社, 1995年)

이토 히로부미 연보

- **1841**

  9월 이토 히로부미 출생

- **1857**

  9월 구루하라 료조의 소개로 쇼카손주쿠에 입문하여 요시다 쇼인의 가르침을 받음.

- **1859**

  10월 27일 요시다 쇼인이 처형당함. 29일 이토는 동지들과 함께 스승의 유해를 고즈카하라의 에코인(回向院)에 매장함.

- **1862**

  12월 12일 다카스기 신사쿠 등과 함께 영국 공사관에 방화함. 21일 야마오 요조와 함께 국학자 하나와 지로 암살함.

- **1863**

  3월 무사 신분을 획득함.

  5월 영국 유학을 위해 이노우에 가오루, 노무라 야키치, 엔도 긴스케, 야마오 요조 등과 밀항함. 9월 23일 런던에 도착함.

- **1864**

  3월 이토와 이노우에, 런던을 출발하여 귀국 길에 오름. 6월 10일 이토와 이노우에, 일본에 도착함. 7월 조슈 번 군대가 교토 황거의 궁문 주변에서 막부군과 교전함.(금문[禁門]의 변)/ 막부, 조슈 번을 토벌하라는 칙명을 받음.(제1차 조슈 정벌)

  8월 시코쿠 함대가 시모노세키를 포격함.

- **1866**

  1월 삿초 동맹. 3월 스미코 부인과 이혼. 4월 시모노세키 조노코시

(城ノ腰)의 기다 규베의 장녀 우메코와 결혼함. 22일 다카스기 신사쿠와 함께 영국 유학을 허가받음. 조슈와 막부의 관계가 긴장되면서 외유를 단념함. 6월 5일 막부가 모든 번의 병력에 조슈로 진군하라고 명령함. 제2차 조슈 정벌. 8월 영국 출신의 무기상 토머스 블레이크 글로버와 함께 상하이로 가서 기선을 구입함.

- **1867**

  1월 9일 메이지 천황이 황위를 계승함. 10월 14일 대정봉환(大政奉還). 12월 9일 왕정복고 대호령(大號令).

- **1868**

  1월 3일 도바 후시미 전투. 10월 외국 사무 담당자로 명을 받음. 최초의 신정부 출사(出仕). 3월 14일 5개조 어서문 선포. 5월 27일 효고현 지사에 임명됨. 8월 27일 메이지 천황 즉위. 9월 8일 메이지로 연호가 바뀜. 11월 히메지 번주 사카이 다다쿠니의 판적봉환 건의를 듣고, 그도 판적봉환을 건의함.

- **1869**

  1월 국시강목(효고론[兵庫論])을 올림. 6월 판적봉환. 7월 신관제 공포. 대장성 쇼보에 취임함.

- **1870**

  11월 요시카와 아키마사, 후쿠치 겐이치로, 요시다 지로, 기나시 헤이노신 등과 함께 재정 및 화폐제도를 조사하기 위해 미국으로 건너감.(1871년 5월 9일 귀국)

- **1871**

  5월 신화 조례 제정. 이토의 건의에 따른 일본 최초의 화폐법. 7월 14일 폐번치현의 조서를 널리 반포함. 11월 12일 이와쿠라 사절단이 출항함. 12월 14일 미국 샌프란시스코에서 '히노마루' 연설을 함.

- **1872**

  2월 12일 이토, 오쿠보 도시미치와 함께 워싱턴을 출발함. 조약 개정 담판에 필요한 전권 위임장을 교부받기 위해 일본으로 일시 귀국함. 6월 17일 오쿠보 도시미치와 함께 다시 워싱턴으로 돌아옴.

같은 날 조약 개정 담판을 중지하기로 결정함. 7월 런던에 도착함. 12월 3일 개력(改曆). 이날이 메이지 6년 1월 1일이 된다.

- **1873**

    3월 9일 베를린에 도착함. 11일 독일 황제를 알현하고 비스마르크와 회견함. 5월 11일 로마에 도착함. 앞서 귀국한 기도 다카요시와 오쿠보 도시미치에게 보낸 편지 속에서 이탈리아 문화에 대해 찬탄함. 9월 13일 이와쿠라 도모미 등과 함께 귀국함. 10월 24일 사이고 다카모리가 참의에서 사직함. 25일 참의 겸 공부경에 취임함. 11월 19일 정치체제를 조사하라는 명을 받음.

- **1874**

    1월 이타가키 다이스케와 소에지마 다네오미 등이 민선의원 설립 건의서를 입법 심의기관인 좌원(左院)에 제출함.

- **1875**

    1월 오사카 회의(2월 초까지 계속됨). 4월 입헌정체를 점진적으로 수립하라는 조칙. 6월 20일 아사쿠사 혼간지에서 지방관 회의가 개원함. 7월 5일 원로원이 개원함.

- **1877**

    2월 세이난 전쟁 발발. 9월 24일 사이고 다카모리가 자결하면서 세이난 전쟁이 종결됨.

- **1879**

    9월 교육의(教育議)를 천황에게 올림. 같은 달 29일 교육령이 반포됨.

- **1881**

    1월 이토, 이노우에, 오쿠마 3인이 아타미에서 회동. 3월 참의 오쿠마 시게노부, 영국식 의원내각제를 주장하는 헌법 의견서를 좌대신이었던 아리스가와노미야 다루히토 친왕을 통하여 천황에게 은밀히 올리려 함. 6월 이노우에 고와시가 이와쿠라에게 헌법 의견서를 제출함. 프로이센식 흠정 헌법주의를 주장함. 7월 30일 천황이 개척사 관유물 불하를 허락함. 10월 12일 메이지 14년 정변. 오쿠마가 사표를 제출하고 하야함. 관유물 불하령을 취소하고 동시에 국회 개설 칙유가 공포됨.

- **1882**

3월 14일 헌법 조사를 위해 유럽으로 출발함.

- **1883**

8월 3일 이토가 귀국함. 6일 입궁하여 헌법 조사 경과를 천황에게 아룀.

- **1884**

3월 궁중에 제실제도조사국을 설치함. 이토, 궁내경에 취임함. 7월 화족령이 제정됨.

- **1885**

2월 이토, 갑신정변의 사후 처리를 위하여 청나라에 파견됨. 4월 18일 이토와 리훙장 사이에 톈진조약이 조인됨. 12월 내각 제도가 창설됨. 참사원과 제실제도조사국을 폐지하고 내각법제국을 설치함.

- **1886**

2월 공문식(公文式) 공포/ 각 성(省)의 관제가 제정됨. 3월 제국대학이 창설됨. 6월 이토가 황족, 대신, 칙임관, 유작자(有爵者)에게 부인의 예복을 양장(洋裝)으로 하라고 통지함.

- **1887**

3월 국가학회 창립. 5월 외무성의 사무 고문이자 국제법 고문인 프랑스인 귀스타브 에밀 부와소나드가 조약 개정에 반대 의견을 제시함. 7월 다니 간조가 조약 개정안에 대하여 정부 비판서를 제출함, 26일 이토가 농상무상에 취임함. 이노우에 외상, 조약 개정 회의를 무기 연기한다는 사실을 각국에 통지함. 9월 17일 이노우에 외상이 사임함. (1888년 2월 오쿠마 외상이 입각할 때까지 이토가 겸임함.)

- **1888**

4월 28일 추밀원이 개설됨. 이토가 총리직을 사임하고 초대 의장에 취임함.

- **1889**

  2월 11일 대일본제국 헌법 반포. 26일 화족동방회에서 「헌법에 관한 연설」(『화족동방회 연설집』 제5호) 27일 「각 친왕 전하 및 귀족에게」라는 제목으로 연설함. 6월 『헌법의해』를 간행함. 12월 24일 내각 관제를 공포함.

- **1890**

  11월 25일 제1회 제국 의회를 개설함.

- **1891**

  5월 11일 오쓰 사건. 9월 21일 야마구치에서 헌법 정치의 존재 방식에 대해 강연함.

- **1892**

  1월 이토는 관료를 지지하는 당파인 대성회를 기반으로 정당 결성을 도모함. 천황이 반대하여 실현되지 못함. 8월 제2차 이토 내각이 발족함.

- **1894**

  8월 청일전쟁이 발발함.

- **1895**

  4월 청나라와 시모노세키조약 체결. 독일, 프랑스, 러시아에 의한 삼국간섭. 다음 달에 간섭을 수락함.

- **1896**

  8월 31일 이토가 총리직에서 사임함.

- **1898**

  1월 제3차 이토 내각이 발족함. 6월 10일 중의원이 해산됨. 내각회의에서 정당을 결성하겠다는 의사를 표명함. 14일 이토, 제국 호텔에 실업가를 초대하여 신당 창설 발기인 대회를 개최함. 22일 자유·진보 양당이 통합하여 헌정당을 결성함. 24일 이토, 원로 회의에서 헌정당에 대항하여 정당을 결성하겠다고 제창함. 야마가타 아리토모 등은 반대함. 이토, 당일로 입궁하여 총리직을 그만두겠다는 사표를 제출함. 아울러 훈위 작도 반납하려 함. 후임 총리로 이타가키와 오쿠마를 천거함. 30일 와이한 내각이 발족함. 8월 19일 청나라와 조선 만유에 나서기 위해 나가사키를 출발함. 25일 한국 한성에서 고종을 알현함. 9월 14일 베이징에 들어감. 15일 경친왕, 캉유웨이 등과 면담함. 20일 광서제를 알현함. 21일 서태후가 무술 정변을 일으켜 캉유웨이 등이 실각함. 량치차오는 이토의 지시로 일본 군함을 타고 일본으로 망명함. 29일 베이징을 떠나 톈진으로 향함. 10월 2일 톈진에서 상하이로 출발함. 5일 상하이에 도착함. 13일 한커우로 출발함. 장즈둥과 만남. 19일 난징으로 가서 류쿤이 와 회견함. 31일 오쿠마 총리가 사표를 제출함. 11월 이토, 오쿠마 내각이 총사직했다는 소식을 듣고, 급거 귀국함. 7일 나가사키에 도착함. 8일 야마가타 내각이 발족함.

- **1899**

3월 부현제와 군제를 개정함. 문관 임용령을 개정하고 문관 분한 령, 문관 징계령을 제정함. 4월 정당 결성의 사전 준비 작업으로 입 헌 사상을 보급하기 위해 전국 유세에 나섬. 9일 나가노를 향하여 출발함. 13일 나가노에서 귀경함. 5월 8일 간사이·규슈 방면 유세 를 위해 출발함. 7월 17일 개정 조약이 시행되어, 내지잡거가 시작 됨. 8월 24일 궁중에 제실제도조사국을 설치함. 총재에 이토가 취 임함. 9월 21일 일본 전국에서 부현회 의원 총선거가 시작됨. 10월 5일 청나라에서 캉유웨이 건으로 리성둬가 교섭 사절로 일본을 방 문함. 14일 호쿠리쿠 유세에 나섬.

- **1900**

2월 선거법 개정이 성립함. 야마가타계 관료벌(官僚閥)이 저항하여 유권자층의 대폭적인 확대가 저지됨. 7월 28일 이토, 이토 미요지 에게 신당의 명칭을 입헌정우회라고 밝힘. 8월 25일 시바코요칸에 서 입헌정우회 창립 위원회. 9월 15일 입헌정우회 발회식을 거행 함. 창립에 앞서 14일에 이토, 제실제도조사국 총재직을 사임함. 후 임에 부총재 히지카타 히사모토가 취임함. 10월 19일 제4차 이토 내각이 발족함. 육군상, 해군상, 외상 이외는 모두 입헌정우회 회원 에서 기용함.

- **1901**

  5월 2일 이토 총리, 각내(閣內) 의견 불일치로 사표를 제출함. 6월 제
  1차 가쓰라 내각이 발족함. 7월 11일 오이소를 출발하여 간사이 유
  세를 펼침. 13일 고베에서 입헌정우회 효고현 지부 발회식을 함. 15
  일 오카야마 지부 발회식을 함. 18일 야마구치현 지부 발회식을 함.
  20일 와카마쓰 제철소를 견학함. 22일 오이소로 돌아옴. 9월 18일
  예일 대학에서 명예박사 학위를 수여받기 위해 미국을 방문함. 12
  월 2일 이토, 러시아 람스도르프 외상과 러일 협상에 대해 교섭을
  개시함. 7일 원로 회의, 영일동맹 수정안을 승인함.

- **1902**

  1월 영일동맹이 런던에서 조인됨.

- **1903**

  5월 입헌정우회 의원 총회. 예산안을 둘러싸고 총재 이토와 정부와
  의 타협안을 승인함. 이에 불복하여 탈당자가 속출함. 7월 13일 이
  토, 추밀원 의장에 취임함.(이것과 연계해 정우회 총재를 사임함.) 제실제
  도조사국 총재, 황실 경제 회의 고문직에 복직함. 제실제도조사국
  부총재에 이토 미요지를 임명함. 8월 오쿠다 요시토, 아리가 나가
  오 등이 이토 미요지의 추천으로 제실제도조사국 실무 역에 임용
  됨.

- **1904**

  2월 10일 러시아에 선전포고.(러일전쟁) 3월 7일 한국 황실을 위문하
  는 특파대사로 임명됨. 20일 한국 황제를 알현함. 5월 31일 일본 정
  부가 대한(對韓) 시설 강령을 결정함. 8월 제1차 한일협약을 체결함.

- **1905**

  4월 한국 보호권 확립을 내각회의에서 결정함. 9월 5일 포츠머스조
  약이 조인됨. 11월 한국 황실을 위문하기 위해 한국으로 건너감.(8
  월 부산에 도착함.) 실제로는 한국 황실에 한일협약 조인(한국 정부의 외교
  권 박탈)을 압박함. 17일 제2차 한일협약 조인을 대신들에게 강요함.
  12월 통감부 및 이사청 관제를 제정함. 21일 초대 한국 통감으로 임
  명됨.

- **1906**

    1월 제1차 사이온지 긴모치 내각이 발족함. 짜이쩌가 이끄는 청나라 사절단이 일본을 방문함. 약 한 달 동안 머무름. 그동안 이토 히로부미와의 회담, 가네코 겐타로·호즈미 야쓰카의 강의를 통하여 일본의 입헌체제에 대해서 조사함. 3월 2일 한국 통감으로 한성에 들어감. 4월 21일 귀국하기 위해 한성을 출발함. 5월 22일 총리 관저에서 원로 회의(만주 문제에 관한 협의회)를 함. 6월 이토, 천황에게 입저령(入儲令) 및 부식(附式), 황족 취학령(皇族就學令), 황실 복상령(皇室服喪令), 황실 상의령(皇室喪儀令), 국장령(國葬令), 위계령(位階令), 화족 세습 재산법, 화족령(華族令) 시행규칙, 화족 세습 재산법 시행규칙, 황통보령(皇統譜令) 시행규칙 등을 올림. 23일 한국으로 잠시 돌아감. 이토가 일본에 귀국한 사이에 한국 각 지방에서 소요가 발생함. 7월 1일 사위 스에마쓰 겐초와 양자 이토 유키치에게 유언을 부탁함. 2일 한국 황실에 한일협약을 준수하라고 압박하고 궁중의 근대화에 착수함. 7일 궁금령을 발하여 내외인의 궁중 출입을 단속함. 8일 교육 관계 법령(학부 직할학교 및 공립학교 관제, 사범학교령, 고등학교령, 외국어학교령, 보통학교령 등)을 제정함. 10월 26일 토지 가옥 증명 규칙을 공포함. 일본인을 비롯하여 외국인의 토지 소유가 합법화됨. 11월 9일 박제순 총리대신, 일본 정부에 간도에 거주하는 조선인을 보호해 달라고 요청함. 21일 한성을 출발하여, 진해만을 시찰하고 일단 일본으로 귀국함. 공식령, 입저령, 황실 취학령의 초안을 천황이 열람토록 올림.

- **1907**

    2월 1일 공식령을 공포하고 내각 관제를 개정함. 공식령 제1조 2항에 따르고, 종전의 제4조를 삭제함. 11일 황실 전범 증보를 반포함. 헌법, 황실 전범, 황실령(皇室令)을 최고 규범으로 삼고 일반 법률, 칙령을 그 아래 하위 규범으로 삼는 국법 체계가 성립함. 3월 11일 한국으로 출발함. 해군, 방책을 세워 방비대 조례를 결정함. 공식령에 따라 총리의 서명이 필요하다는 의논이 이루어짐. 5월 13일 데라우치 마사타케에게 보낸 야마가타의 편지에서 공식령에 있는 총리대신의 연서(連署) 규정에 반대함. 6월 14일 한국 내각 관제를 발표함. 이에 앞서 반포된 일본의 개정 내각 관제와 공식령이 그 모델이 됨. 7월 헤이그밀사사건. 19일 대한제국 고종이 퇴위. 24일 제3차 한일협약이 체결됨. 한국의 질서 유지를 위해 군대를 파견해 달라고 일본 정부에 요청함. 27일 보안법(保安法)(한국) 제정, 언론·집회·결사의 자유를 제한함. 8월 1일 한국 군대를 해산함. 10일 귀국하기 위해 경성을 출발함. 19일 「군령에 관한 건」 초안을 올림. 통감부, 간도 파출소를 개설함. 9월 11일 「군령에 관한 건」(군령 제1호)을 재가함. 21일 이토, 야마가타, 오야마 이와오 세 사람이 공작으로 작위가 올라감. 10월 3일 한성으로 잠시 돌아옴. 황태자가 한국을 방문함. 동양 협회 회장인 가쓰라 다로가 황태자를 배종(陪從)함. 12월 14일 한국 황태자 영친왕 이은을 데리고 귀국함.

- 1908

2월 아리가 나가오, 청나라의 일본 헌법 시찰 대신인 다서우, 리자줴에게 헌정에 대해 강의를 함.(1909년 7월까지 약 60회를 진행하였음.) 4월 한국에 잠시 돌아옴.(16일 한성에 도착함.) 신문지법(한국)을 제정하고 언론 통제를 강화함. 8월 26일 사립학교령, 사립학교 보조 규정, 학회령(學會令), 교과서 검정 규정 등을 제정함. 11월 한국에 잠시 돌아옴. 11월 14, 15일 잇달아 청나라 광서제와 서태후가 사망함. 이토, 베이징 정부의 위신이 저하되어 지방 관헌 및 민중 질서가 이완될 것을 염려함. 12월 21일 하세가와 요시미치 한국 주차군(駐箚軍) 사령관이 해임됨.

- 1909

1월 7일 이토, 한국 황제를 배종하여 남한 순행을 출발함. 27일 북한을 순행함. 이토가 배종함. 2월 10일 일본 귀국 길에 오름. 4월 10일 가쓰라 총리와 고무라 외상이 이토를 방문하여 한국 병합 문제를 설득, 이토가 승낙함. 5월 21일 가쓰라 총리에게 한국 통감 사표를 맡김. 6월 14일 한국 통감직을 사임함. 후임에는 소네 아라스케가 임명됨. 7월 1일 오이소를 출발하여 한국의 한성으로 향함. 6일 내각회의에서 한국 병합 방침을 결정함. 15일 인천에서 귀국 길에 오름. 22일 한국 사법권이 일본으로 위탁됨. 8월 한국 황태자를 데리고 도호쿠, 홋카이도를 순유함. 9월 4일 간도협약이 성립함. 간도가 정식으로 중국 영토로 인정받음. 10월 26일 하얼빈에서 안중근에게 암살당함.

인명사전

일본

• 가네코 겐타로 金子堅太郎 1853~1942

관료이자 정치가. 후쿠오카 번사 출신이다. 미국에 유학하였다. 이토 히로부미가 헌법 초안을 잡는 데 참여하였다. 러일전쟁 중 미국에 특파되어 전시 외교와 강화 체결에 공헌하였다. 작위는 백작.

• 가쓰라 다로 桂太郎 1848~1913

야마구치현 하기 출신 무사. 육군 군인. 정치가. 일명 가쓰라 기요스미(桂淸澄). 제11·13·15대 내각총리대신을 역임했다. 일찍이 독일 유학을 하여 군사행정학을 배웠고, 이후 야마가타 아리토모 휘하에서 최측근으로 활약하면서 육군 차관이 되었다. 청일전쟁에 참전했고 제2대 타이완 총독을 역임했다. 1898년부터 제3·4차 이토 내각, 제1차 오쿠마 내각, 제2차 야마가타 내각에서 육군대신을 역임했다. 1901년에 총리대신이 되었고, 이후 사이온지 긴모치와 교대로 총리직을 수행하면서 이른바 게이엔(桂園) 시대를 열었다. 군비 확장과 대외 세력 확장에 치중하여 1905년 7월 29일에는 미국의 윌리엄 하워드 태프트와 가쓰라태프트협정을 맺었고 이후 2차 내각에서 한일 합병을 성사시키는 등 조선 식민화 정책을 주도하였다. 1913년, 3차 가쓰라 내각이 성립했으나 이후 그를 비판하는 헌정 옹호 운동이 일어났고, 그 영향으로 퇴진했고 내각은 붕괴했다. 그의 정치 노선은 번벌, 관료로서 군사적 침략성과 전제적 색채가 강한 것으로 평가받고 있다.

• 가이에다 노부요시 海江田信義 1832~1906

정치가이자 무사로 사쓰마 번사 출신이다. 통칭은 다케지(武次). 막부 말기에는 아리무라 슌사이(有村俊齋)라는 이름으로 활약했다. 막부 말기의 거물이었던 이이 나오스케를 암살한 아리무라 지자에몬(有村次左衛門)의 형이다. 이후 사쓰마 번과 영국이 싸웠던 사쓰에(薩英) 전쟁과 보신(戊辰) 전쟁 등에서 활약하였다. 훗날 오무라 마스지로(大村益次郎)와 군사전략을 둘러싸고 대립했는데 그가 암살당하자 배후로 지목되기도 하였다. 그는 일찍이 이토 히로부미의 권유로 프랑스, 독일, 오스트리아 등을 견학하였는데 특히 오스트리아 빈에서 이토가 헌법을 사사받았던 슈타인 교수에게 강의를 들었다.

• 가타오카 겐키치 片岡健吉 1843~1903

정치가. 도사 번사 출신이다. 릿시샤(立志社)를 창설하여 자유 민권 운동의 지도자로 활약하였고, 후에 자유당과 정우회의 영수가 되었다. 1898년부터 사망할 때까지 중의원 의장을 역임하였다.

• 가토 다카아키 加藤高明 1860~1926

외교관이자 정치가. 나고야 번사의 아들이다. 실업가 이와사키 야타로(巖崎彌太郎)의 사위이다. 주영 공사와 외상을 역임하여 1차 세계대전 중에 대중국 21개조 요구를 제출하였다. 헌정회 총재가 되어 하라 다카시와 대항하였다. 제2차 호헌(護憲) 운동의 결과 1924년에 총리가 되었고 재임 중에 사망하였다. 작위는 백작.

• 고노 도가마 河野敏鎌 1844~1895

메이지 시대 정치가. 도사 번사 출신이다. 신정부에서 문부경(文部卿) 등을 맡았으나 메이지 14년 정변으로 하야했다. 오쿠마 시게노부와 입헌 개진당을 결성하여 부당수가 되었고, 헌법 반포 후에는 각 성(省)의 대신을 두루 역임했다. 후에 자작이 되어 화족이 되었다.

• 고다마 겐타로 兒玉源太郎 1852~1906

육군 대장, 정치가, 화족. 도쿠야마 번사의 아들이다. 근대 군대를 창설하기 위해 노력하였다. 러일전쟁 당시에 만주군 총참모장으로 참전하여 승리에 공헌한 명장으로 알려져 있다. 타이완 총독, 육군대신, 내무대신, 문부대신, 육군 참모총장 등을 역임하였고, 자작으로 사후에 백작으로 추서되었다.

• **고마쓰 미도리** 小松綠 1865~1943

아이즈 와카마쓰 출신이다. 게이오 의숙을 졸업하고 미국에 유학하였다. 외무성에 들어가 미국 공사관 서기관을 역임하고, 이토에게 어학력을 인정받아 이토가 통감으로 부임한 후에 비서로 발탁되었다. 이후 최측근으로 통감부 외사 국장, 총독부 외무 부장, 중추원 서기관장 등을 역임하였다. 저술가로도 이름을 날렸는데『메이지 외교 비화』는 그의 대표작으로 메이지 시대 정치·외교사의 결정판으로 평가받고 있다. 특히 이토 전기에 관한 일인자로『이토 히로부미전』을 비롯하여 많은 기록을 남기고 있다.

• **고마쓰바라 에이타로** 小松原英太郎 1852~1919

메이지·다이쇼 시대의 관료이자 정치가. 비젠 출신이다. 일찍이 언론인으로 자유 민권운동에 관여하다가 외무성 관리로 베를린 공사관에 근무하였고 이후 내무성에서 여러 현 지사와 내무차관, 이윽고 문부대신, 농상무대신을 역임하였다. 언론인으로《오사카 마이니치신문》사장, 사문회(斯文會) 회장, 다쿠쇼쿠 대학 총장 등을 역임했다.

• **구로다 기요타카** 黑田淸隆 1840~1900

사쓰마 번사 출신으로 막부 말기, 메이지 시대의 군인이자 정치가. 보신 전쟁과 세이난 전쟁에 참가했으며 개척 장관으로서 홋카이도 개척에 힘썼다. 오쿠보 도시미치가 죽은 후에는 사쓰마 출신 중심인물로 활약하였으며, 제2대 총리(재직 1888년 4월~1889년 10월)를 역임하였다. 계급은 육군 중장이었다.

• **구루하라 료조** 來原良藏 1829~1862

막부 말기의 지사로 조슈 번사. 요시다 쇼인과 친교가 있었으며 기도 다카요시의 여동생과 결혼하였다. 학문과 병법을 익혀서 조슈 번의 군제 개혁을 추진하였다. 요코하마의 외국 공사관 습격을 꾀하다가 실패하고 자결하였다.

- **구사카 겐즈이** 久坂玄瑞 1840~1864

조슈 번사 출신으로 요시다 쇼인의 딸과 결혼하였다. 요시다 쇼인과 함께 조슈 번 출신 존왕양이론자의 중심인물로 쇼인을 도와서 쇼카손주쿠를 발전시키는 데 힘을 쏟았다. 쇼인의 사후에도 스스로 중심이 되어 숙생(塾生)의 단결을 도모하였다. 또한 영국 공사관에 불을 지르고 시모노세키 전쟁에서는 외국 함선에 포격을 가하는 등 활약을 하다가 금문의 변 중에 전사했다.

- **기도 다카요시** 木戸孝允 1833~1877

조슈 출신 정치가로 메이지유신을 성공시킨 유신 삼걸 중 한 사람이다. 본명은 가쓰라 고고로(桂小五郎)였으나 후에 기도 간지(木戸貫治)로 개명하였다. 유신 후에는 참의 등 요직을 역임하면서 정부 내 개혁파의 중심으로 활약하였고 이와쿠라 사절단의 부사로도 활동하였다.

- **기시다 긴코** 岸田吟香 1833~1905

메이지 시대의 신문기자이자 사업가. 이름은 긴지(銀次). 하리마(오카야마현) 출신이다. 도쿄에 와서 미국인 의사 제임스 커티스 헵번과 친교를 맺고 그가 『화영어림집성(和英語林集成)』을 편찬하는 데 협력하였다. 이후 《가이가이신문(海外新聞)》을 창간하는 데 협력하는 등 일본의 신문 발행에 선구적 역할을 했으며, 후에 《도쿄니치니치신문》 편집에 관여하였다. 한편으로 도쿄와 요코하마 사이에 정기 항로를 개설하였고, 헵번이 전수한 안약 '세이키스이(精錡水)'를 발매하여 중국에도 진출하였고, 중국과 일본 사이의 무역과 문화 교류 방면에 힘을 쏟았다. 양학자인 나카무라 마사나오(中村正直)와 함께 군모인(訓盲院)을 개설하였고, 동아동문회를 창설하려고 노력하였다. 유명한 화가 기시다 류세이(岸田劉生)가 그의 아들이다.

• **기우치 주시로** 木内重四郎 1866~1925

메이지·다이쇼 시대의 관료이자 정치가. 지바현 출신이다. 도쿄 대학 정치학과를 졸업하고 관계에 들어가 농상무성 상공 국장, 조선총독부 농상공부 장관 등을 역임하였다. 후에 귀족원 의원과 교토부 지사를 지냈다. 그와 인척 관계였던 가토 다카아키가 헌정회 총재로 있었던 관계로 헌정회에 소속해 있었다.

• **나가이 우타** 長井雅樂 1819~1893

조슈 번사 출신으로 이름은 도키쓰네(時庸). 1861년 개국과 공무합체를 주장한 '항해원략책'이 번주에게 채택되어 그 후에 이를 추진하는 역할을 맡는 등 활약하였으나 존왕양이파에 패배하여 자결하였다.

• **나카가미가와 히코지로** 中上川彦次郎 1854~1901

메이지 시대 관료이자 실업가. 부젠 나카쓰 출신이다. 후쿠자와 유키치의 조카이다. 게이오 의숙 출신으로 《지지신보》의 사장을 지냈고, 후에 미쓰이 은행 이사가 되어 산업에 적극적으로 진출하여 미쓰이 재벌의 기초를 확립하였다. 훗날 미쓰이 중흥의 조(祖)로 불렸다.

• **나카노 부에** 中野武營 1848~1918

메이지·다이쇼 시대 정치가이자 실업가. 나카노 다케나카로도 불린다. 다카마쓰 번사 출신이다. 메이지유신 이후 농상무성의 권소 서기관(權少書記官)으로 일하다가 메이지 14년 정변으로 사직했다. 이후 1882년 입헌개진당 창립에 관여하였고, 이후 정계에 투신하여 여덟 차례나 중의원 의원으로 당선되었다. 이후 간사이 철도 회사 사장을 역임하는 등 실업가로도 저명하였다. 동양척식주식회사 설립에도 관여하였다.

• **노무라 야키치** 野村彌吉 1843~1910

막부 말기의 조슈 번사이자 관료. 후에 이노우에 마사루(井上勝)로 개명하였다. 영국에 유학하여 광산, 토목공학 등을 배우고 이후 철도 국장, 철도청 장관 등을 역임하며 일본 철도 부설의 중심인물이 되어 '철도의 아버지'로 불렀다.

• 니토베 이나조 新渡戸稲造 1862~1933

메이지·다이쇼 시대에 걸쳐 활동했던 사상가, 종교인, 농업경제학자, 작가, 교육가, 외교가, 정치가. 난부 번사의 아들이다. 삿포로 농학교를 졸업한 뒤 미국과 독일로 유학하였다. 교토 대학 교수로 재직했다. 국제 평화를 주장하며 국제연맹 사무국 차장, 태평양 문제 조사회 이사장 등으로 활약하였다. 저서로 영문으로 된 『무사도(武士道)』가 있으며 일본 화폐에 한때 그의 초상이 실려 있었다.

• 다나카 고조 田中耕造 1851~1883

메이지 시대의 관리. 에도 출신으로 쇼헤이코(昌平黌)에서 배웠고 후에 나카에 조민에게 프랑스어를 배웠다. 사법성 경시청에 들어가 프랑스 경찰 제도 등을 시찰하였고, 퇴직한 후에는 자유당에 가입하여 활동하였다. 서른셋의 나이로 요절했다.

• 다다 고몬 多田好問 1845~1918

관료. 교토 출신이다. 메이지유신 이후 이와쿠라 도모미를 좇아 도쿄에 와서 신정부에 참여하였다. 조정이나 무가(武家)의 예식, 전고, 법령, 관직 등에 관한 오랜 규칙인 유직고실(有職故實)에 밝아서 내각 서기관, 기록 과장으로서 황실 행사의 전례 조사 등을 맡았다.

• 다카사키 마사카제 高崎正風 1836~1912

가인(歌人). 사쓰마 출신이다. 핫타 도모노리(八田知紀)에게서 와카(和歌, 일본 고유의 정형시)를 사사받아 가풍이 게엔(桂園)파에 속하며 온화하고 유려하다. 어가 소장(御歌所長), 궁중 고문관 등을 역임하였다.

• 다카스기 신사쿠 高杉晉作 1839~1867

조슈 번사 출신으로 메이지유신 초기의 주역 가운데 한 사람이다. 본래 존왕양이 운동에 가담해 일본 최초의 신분 구별 없는 군대 기혜이타이(奇兵隊)를 조직하여 활약한 것으로 유명하다. 쇼카손주쿠에서 구사카 겐즈이와 더불어 쌍벽으로 불렸다. 조슈 정벌에서 군대를 지휘하다가 스물여덟의 젊은 나이에 폐결핵으로 사망하였다. 기도 다카요시, 이토 히로부미, 야마가타 아리토모가 모두 그의 부하였다.

· **다카타 사나에** 高田早苗 1860~1938

교육가이자 정치가. 에도 출신이다. 다카타 도모키요(高田與淸)의 손자이다. 오쿠마 시게노부를 도와서 와세다 대학 창립에 협력했고 헌법학을 강의하며 이후 총장을 역임하였다. 의회 개설 이후 여섯 차례 의원이 되었고 오쿠마 내각에서 문부대신을 역임했다.

· **데라시마 무네노리** 寺島宗則 1832~1893

막부 말기, 메이지 시대의 정치가이자 외교관. 사쓰마 번사 출신이다. 한때는 마쓰기 고안(松木弘庵)으로 불렸다. 사쓰마 번과 영국 사이의 사쓰에 전쟁에 참가하였고, 후에 미국으로 건너갔다. 신정부에서 외무경으로 일하면서 강화도조약 등을 체결하였다. 일본 전기통신의 아버지로 불린다.

· **데라우치 마사타케** 寺內正毅 1852~1919

군인이자 정치가. 육군 대장이자 원수. 조슈 번 무사 출신. 1902~1911년 육군대신 등 요직을 역임하였다. 1910년 5월에 육군대신과 겸직으로 제3대 한국 통감으로 부임하여 한국 병합을 강행하였다. 1916년까지 초대 조선 총독을 지내면서 헌병 경찰 제도를 만들어 이른바 무단통치를 강행하였다. 1916~1918년 총리가 되어 1차 세계대전 와중에 니시하라 차관 등을 이용해 시베리아 출병에 착수하지만 비판 여론에 직면하였고, 1918년 7월에 일어난 쌀 소동 사건으로 내각이 총사직하였다. 한국 병합을 축하하는 연회에서 "고바야카와 다카카게, 가토 기요마사, 고니시 유키나가 등이 지금 세상에 있다면 오늘 밤 저 달을 어떻게 볼까."라고 시를 읊으며 의기양양해했다는 일화는 그의 무인적 기질을 잘 말해 주고 있다.

• 도고 헤이하치로 東鄕平八郎 1848~1934

해군 대장이자 원수. 사쓰마 번 무사 출신이다. 러일전쟁에서 연합함대 사령 장관으로 취임하였다. 동해 해전에서 러시아의 발틱 함대를 물리치고 국민적 영웅이 되었다. 런던 해군 군축 조약 교섭에서는 강경파를 지지하였다. 이후 정계에 진출하지 않고 순수한 군인으로 인생을 마감했다. 일본인은 그를 '군신'으로 여기며 또 다른 별명으로 '동양의 넬슨'이 있다.

• 도쿠가와 요시노부 德川慶喜 1837~1913

도쿠가와 막부의 제15대(마지막) 쇼군. 반(反)막부 세력과 대립한 끝에 1866년 패배하여 정권 유지가 불가능해졌음을 깨닫고, 1867년 국가 통치권을 천황에게 반환함(대정봉환)으로써 삼백여 년간 계속되었던 에도막부를 종결지었다.

• 도쿠다이지 사네쓰네 德大寺實則 1840~1919

막부 말기, 메이지 시대의 공경(公卿)이자 관료. 존왕양이파의 공경으로 활약했으며 1891년에 내대신 겸 시종장이 되어 메이지 천황의 측근으로 그가 죽을 때까지 보좌하였다. 메이지 천황의 정치 관여를 강하게 반대하여 모토다 나가사네(元田永孚) 등이 시보(侍補)를 설치하여 천황 친정 운동을 벌일 때에도 이를 저지하였다. 또한 자신의 정치적 관여도 강하게 경계하여 시종장 재임 중에 정계에 진출한 친동생 사이온지 긴모치와도 공적 장소 외에는 대화하지 않았다고 전해진다.

• 도쿠토미 소호 德富蘇峰 1863~1957

언론인. 저술가. 이름은 이이치로(猪一郎)이며 히고 출신이다. 작가 도쿠토미 로카(德富蘆花)의 형이다. 1887년 민유샤(民友社)를 설립하여 《고쿠민노토모》, 《고쿠민신문》 등을 발행하고 평민주의를 제창하였으나 청일전쟁 이후에는 제국주의의 고취자가 되었다. 저서로 『요시다 쇼인』, 『근세 일본 국민사』 등이 있다.

- **마쓰다 마사히사** 松田正久 1847~1914

정치가. 비젠 번사 출신이다. 프랑스에 유학하고 후에 자유 민권운동에 참가하였다. 입헌자유당에 참가하여 민권파의 중심인물로 활약하였다. 대장상을 역임하고 이토와 함께 정우회를 결성하고 총무 위원으로 활약하며 문부대신을 역임하였다. 이후 중의원 의장, 법상 등을 역임하면서 정우회와 내각의 중심 역할을 담당하였고 여러 차례 입각하면서 형법 개정과 러일전쟁 후의 재정 재건에 힘을 쏟았다. 작위는 남작.

- **마쓰모토 가나에** 松本鼎 1839~1907

조슈 번사 출신으로 메이지 시대의 내무 관료이자 정치가이다. 열아홉 살에 쇼카손주쿠에 입학하여 기숙하면서 요시다 쇼인에게 배웠다. 후에 와카야마현 지사, 중의원 의원, 귀족원 의원 등을 역임하였다.

- **마쓰카타 마사요시** 松方正義 1835~1924

재정가이자 정치가. 사쓰마 번 무사 출신이다. 1881년 재무 장관이 되어 지폐 정리, 일본 은행 설립, 관업 불하(官業拂下, 정부가 소유한 관영 공장이나 광산을 민간에 넘기는 일) 등을 단행하여 세이난 전쟁 이후 재정 위기를 극복하며 근대적 지폐 제도를 확립하였다. 재무 장관과 총리를 역임하고 금본위제를 확립하는 등 국가 재정 정비에 노력하였다. 후에 원로, 공작이 되었다.

- **마에바라 잇세** 前原一誠 1834~1876

조슈 번사 출신으로 에도막부 말기와 메이지유신 시기의 정치가이다. 쇼카손주쿠에서 요시다 쇼인에게 배웠고 존왕양이 운동에 합류하였다. 메이지유신 이후 신정부와 의견이 충돌해 하기의 반란을 일으켰다가 처형당했다.

- **마에지마 히소카** 前島密 1835~1919

관료, 정치가로 에치고 출신이다. 메이지유신 이후에 우체 국장이 되어 '우편', '우표' 등의 명칭을 정하는 등 근대 우편제도의 창설자이자 '우편제도의 아버지'라 불렸다. 이후 해운, 철도, 교육 등의 분야에서 활약하였고, 국자개량론자(國字改良論者)로도 알려져 있다.

• 메가타 다네타로 目賀田種太郎 1853~1926

메이지·다이쇼 시대의 정치가, 관료, 법학자, 법관. 젊어서 미국에 유학하여 하버드 대학 법학부를 졸업하였다. 귀국한 후에 판사로 활동하다가 이후 대장성에 들어가 요코하마 세관장 등을 역임했다. 1904년 제일차한일협약에 따라 일본의 고문정치가 실시되자 탁지부 재정 고문 및 재정 감사 장관에 임명되어, 1905년 화폐개혁을 단행하여 새 화폐를 발행하고 금융조합을 설치하는 등 1910년까지 대한제국의 재정과 금융 제도 개혁에 관여하였다. 이후 귀족원 의원을 역임하고 센슈 대학과 도쿄 예술대학 등을 창설하는 데도 관여하였다.

• 모리 가이난 森槐南 1863~1911

메이지 시대의 대표적인 한시인이자 관료. 나고야 출신이다. 아버지 모리 슌토(森春濤)도 한시인으로 저명한 오와리 번의 유학자였다. 이름은 기미야스(公泰), 자는 다이라이(大來), 통칭은 다이지로(泰二郎)이다. 추밀원속(樞密院屬), 식부관(式部官) 등을 역임하였다. 이토 히로부미의 총애를 받아 고용 비서로 활동하였는데, 하얼빈에서 안중근이 이토를 저격할 당시에 옆에 있다가 총탄에 맞아 생긴 총상이 원인이 되어 사망하였다. 즈이오우(隨鷗) 시사를 주재하는 등 메이지 시대 한문학의 중심 존재였다.

• 모리 아리노리 森有禮 1847~1889

무사이자 사쓰마 출신 정치가로 초대 미국 공사를 지냈다. 초대 문부대신으로 일본 근대 교육제도의 기반을 닦았다.

• 모리시타 이와쿠스 森下巖楠 1852~1917

메이지 시대의 관료, 교육자, 실업가, 언론인. 기이 출신이다. 게이오 의숙을 나와 대장성 서기관 등을 역임했으나 메이지 14년 정변으로 사직했다. 이후 《지지신보》에 입사해 언론인으로 일하였고 실업가, 교육자 등으로도 활약하였다.

· 무쓰 무네미쓰 陸奥宗光 1844~1897

　　와카야마 번 출신 무사로 정치가이자 외교관이다. 본명은 요노스케(陽之助). 일찍이 사카모토 료마가 조직한 가이엔타이(海援隊)에서 활약하다가 메이지 신정부에 관여하였다. 제2차 이토 내각에서 외무대신으로 조약 개정과 청일전쟁, 시모노세키조약 체결을 주도하였다. 백작이며 저서로는 『건건록(蹇蹇錄)』이 있다.

· 무타구치 겐가쿠 牟田口元學 1845~1920

　　메이지 시대의 철도 경영자이자 사업가. 사가 번사 출신이다. 메이지 유신 이후 공부성 등의 관리를 역임하고 메이지 14년 정변이 일어나자 사직하고 입헌개진당에 참여하였다. 후에 철도사업에 뛰어들어 도쿄철도 등을 운영하였다.

· 미쓰치 주조 三土忠造 1871~1948

　　메이지·쇼와 시대의 정치가. 가가와현 출신이다. 실명은 미야와키(宮脇)였는데 한학자였던 미쓰치가의 양자가 되었다. 입헌정우회 주역으로 문부대신 등 수많은 대신의 직책을 거쳤던, 전전(戰前) 정계의 중진이었다.

· 미우라 고로 三浦梧樓 1847~1926

　　메이지 시대의 군인, 외교관, 정치인. 호는 간주(觀樹)이다. 조슈 번 출신 무사로 후에 육군 중장을 역임하였다. 구한말 한국 공사로 재임 중이던 1895년 10월에 발생한 을미사변을 일으킨 주동자로 불린다. 다이쇼 시대에는 정계의 막후 실력자로 활약하였고 자작이 되었다.

· 사사키 다카유키 佐佐木高行 1830~1910

　　막부 말기, 메이지 시대의 정치가. 도사 번 무사. 통칭은 산지로(三四郎). 메이지 천황의 측근으로, 신정부에서 참의, 사법대보(司法大輔), 공부경, 궁중 고문관, 추밀 고문관 등을 역임하였다. 이토 히로부미를 매우 싫어했던 인물로 알려져 있다. 전기로 『호고히로이』를 남겼다.

• 사이고 다카모리 西鄕隆盛 1828~1877

사쓰마 번사 출신 정치가, 무사. 통칭은 요시노스케(吉之助). 사쓰마 번의 지도자가 되어 막부를 타도하였다. 메이지유신의 최대 공로자이자 주역으로, 신정부에서 육군 대장, 참의 등을 맡았다. 정한론(조선 정벌론)을 주창하였다가 실현되지 않자 하야하였다. 1877년 사쓰마 번 무사들의 반란인 세이난 전쟁에서 거병하였다가 패배한 후에 자결했다.

• 사이온지 긴모치 西園寺公望 1849~1940

교토 출신 정치가. 우대신 도쿠다이지 긴이토(德大寺公純)의 차남이며 메이지 천황의 시종장 도쿠다이지 사네쓰네(德大寺實則)의 동생이나 어린 시절 사이온지 모로스에(西園寺師季)의 양자가 되었다. 보신 전쟁에 참전하였고 이후 십 년간 프랑스에 유학하면서 나카에 조민 등과 교유하며 자유사상의 세례를 받았다. 제2·3차 이토 내각에서 문부대신을 역임하였고 1900년 입헌정우회 창립에 참여하였고 이토의 뒤를 이어 2대 총재를 지냈다. 러일전쟁 말기부터 가쓰라 다로와 교대로 정권을 맡았다. 총리에서 사임한 뒤 파리강화회의 전권대표로 참여하는 등의 공적으로 공작이 되었다. 이후 쇼와 시기 정계에 남은 최후의 원로로 1920년대 정당내각을 정착시키는 데 공헌하였다. 시종일관 국제적 시야를 갖춘 온건한 자유주의자로서 중국에 대한 군사적 진출과 군부의 정치적 대두에 비판적이었다.

• 사이토 마코토 齋藤實 1858~1936

군인이자 정치가. 해군 대장이다. 이와테 미즈사와 번사의 아들이다. 해군대신, 문부대신, 내대신을 역임하였고 특히 1919년 8월에 제4대 조선 총독으로 부임해 1927년 12월까지 이른바 문화정치를 행했고, 다시 1929년 8월에 제6대 총독으로 부임해 1931년 6월에 사임하였다. 이윽고 1932년에는 제30대 총리가 되었으나 1934년에 내각이 총사퇴하였다. 1936년 2·26 사건 당시 청년 장교들에게 암살당했다.

- **사이토 스에지로** 齋藤季治郎 1867~1921

  메이지·다이쇼 시대의 육군 군인. 사카이 출신이다. 육군사관학교를 졸업하고 청나라 정부의 초청을 받아 항저우 무비 학당(武備學堂) 교관으로 근무했던 관계로 일본 육군 내에서 중국통이 되었다. 러일전쟁에 참전하고 난 뒤에 한국 통감부 근무를 겸하면서 중국과 한국 사이의 간도 문제를 담당하게 되었다. 이후 주중 일본 공사관 무관을 거쳐서 중국 주둔군 사령관을 역임했다. 1918년 시베리아 지역에 출병하였다가 현지에서 병사하였다.

- **사카이 다다쿠니** 酒井忠邦 1854~1879

  막부 말기의 히메지 제10대 번주. 양아버지인 제9대 번주 사카이 다다토시(酒井忠惇)가 막부를 지지하는 좌막파(佐幕派)에 가담했다가 강제로 퇴위당한 뒤 1868년에 번주의 자리에 올랐다. 이후 메이지 신정부를 지지하는 입장을 분명히 하기 위해 15만 냥의 헌금을 바치고 막부파에 속하는 가신을 대규모로 숙청하는 동시에 가장 먼저 번에 대한 권리 일체를 천황에 귀속한다는 판적봉환을 건의하였다.

- **산노미야 요시타네** 三宮義胤 1844~1905

  막부 말기의 근왕 지사(勤王志士)이자 관료. 오미 출신이다. 본래 승려였으나 이와쿠라 도모미와 협력하여 왕정복고에 힘썼다. 병무성과 외무성에서 근무하다가 이후 궁내성에서 조도(調度) 국장, 주전두(主殿頭), 식부장(式部長)을 역임했다. 작위는 남작.

- **산조 사네토미** 三條實美 1837~1891

  막부 말기와 메이지 시대 정치가. 메이지 정부 초기의 최고 관직인 태정대신을 지냈고 이후 내각 제도가 확립되자 천황의 보좌역인 초대 내대신을 역임했다.

- **소에지마 다네오미** 副島種臣 1828~1905

  막부 말기, 메이지 시대의 정치가. 사가 번의 가신으로 막부 말기 지사로 활약하였다. 메이지유신 이후 참의와 외무경을 역임하였다. 정한론을 주장한 대표적 인물 가운데 하나이다. 한시와 글씨에 뛰어났다.

- **스에마쓰 겐초** 末松謙澄 1855~1920

언론인, 관료, 역사가. 부젠 출신이다. 언론계에 종사했으나 후에 관계에 들어가 외교관으로 영국 케임브리지 대학에 유학하였다. 체신대신, 내무대신, 추밀 고문관을 역임하였다. 『방장회천사(防長回天史)』를 엮어서 짓고 『로마고법전』을 번역하였다. 이토 히로부미의 사위. 작위는 자작.

- **스후 마사노스케** 周布政之助 1823~1864

막부 말기의 조슈 번사. 본래 이름은 가네스케(兼翼). 마사노스케는 통칭이고, 후에 아사다 고스케(麻田公輔)로 개명하였다. 무라타 세이후(村田清風)의 영향을 받아 번정(藩政) 개혁을 추진하다가 반대파에 패하여 자결하였다.

- **시나가와 야지로** 品川彌二郎 1843~1900

조슈 번 출신 무사, 정치가. 요시다 쇼인의 문하에 있으면서 막부를 타도하고 보신 전쟁 등에서 활약하였다. 1891년 제1차 마쓰카타 내각 시절 내무대신에 임명되어 경찰을 동원해 선거를 간섭하는 바람에 수십 명이 사망했던 선거 대간섭 사건으로 인책 사임했던 일이 유명하다.

- **시데하라 다이라** 幣原坦 1870~1953

메이지·쇼와 시대의 교육자, 관료, 동양사학자. 오사카 출신으로 아명은 도쿠지로(德治郎)였다. 본업은 조선사를 전공한 역사가였지만 한편으로 식민지 행정과 교육 관련 일을 했던 관계로 관료이자 교육자로도 알려져 있다. 도쿄 제국대 국사학과를 졸업하고 도쿄 고등사범학교 교수, 한국 학부 학정 참여관, 문부성 시학관(視學官), 도쿄 제국대학 교수 등을 역임했다. 후에 히로시마 고등사범학교 교장을 지내고 타이완 타이베이 제국대학을 창설하고 초대 총장이 되었다. 전후에는 추밀 고문관에 취임하였다.

• **시마다 사부로** 島田三郎 1852~1923

　메이지·다이쇼 시대 정치가이자 언론인. 에도 출신으로 막부 신하의 아들로 태어났다. 신문기자가 되었다가 문부 서기관으로 일하며 관리로 몸을 옮겼다가 메이지 14년 정변으로 사직했다. 이후 개진당, 진보당, 입헌동지회 간부로 활약하다가 제1회 총선거 이후에 네 차례나 중의원 의원으로 당선되었고, 1915년에 중의원 의장이 되었다. 웅변가로도 유명하였으며 《마이니치신문》 사장으로 폐창(廢娼) 운동 등을 추진하여 언론인으로서도 업적이 많다.

• **시부사와 에이이치** 澁澤榮一 1840~1931

　메이지·다이쇼 시대의 실업가이자 관료. 호는 세이엔(靑淵)이다. 사이타마현 후카야시에서 부농의 아들로 태어났다. 처음 막부에 출사하였다가 메이지유신 후에는 대장성 관료를 역임하였다. 사직한 후에 일본 제1 국립은행을 경영했을 뿐 아니라 제지, 방적, 보험, 운수, 철도 등 500여 개에 이르는 수많은 기업 설립에 관여하는 등 재계 지도자로 활약하였고, 후에 일본 자본주의의 아버지로 불렸다. 생전에는 이토 히로부미와 절친한 사이였다.

• **쓰다 우메코** 津田梅子 1864~1929

　교육자. 에도 출신이다. 1871년에 일본 최초의 여성 유학생 가운데 한 사람으로 미국 유학을 하였다. 귀국한 후에 화족 여학교, 여자 고등사범학교 교수를 역임하였고, 이윽고 지금의 쓰다주쿠 대학의 전신인 여자영학숙(女子英學塾)을 개설하고 여성 전문교육에 평생을 바쳤다.

• **쓰즈키 게로쿠** 都築馨六 1861~1923

　관료, 외교관, 정치가. 귀족원 의원이며 추밀 고문관을 역임하였다. 작위는 남작.

• **아리가 나가오** 有賀長雄 1860~1921

　공법학자이자 사회학자. 오사카의 국학자 가계에서 태어났으며 가인

(歌人) 아리가 나가치카(有賀長雄)의 아들이다. 도쿄대 철학과를 졸업하고 1917년 대저(大著)『사회학』을 간행하였다. 이후 유럽으로 유학하여 베를린 대학, 파리 대학에서 공부하다가 막부 말기의 정치가 가이에다 노부요시의 위촉으로 오스트리아 빈에서 슈타인 교수의 강의를 통역하게 되었다. 이후 슈타인의 학설을 조술하여『제국 헌법론』,『국법학』등을 썼다. 1926년에 특허 국장을 역임하고 이후 국제법으로 전공을 바꿔 와세다 대학 등에서 교편을 잡았다. 청일전쟁과 러일전쟁 때에는 법률고문으로 종군하였으며 헤이그만국평화회의에 일본 대표로 참석하였다. 1913년 위안스카이의 법률고문을 맡았고 한편으로 제실제도조사국 사업에도 관여하였다. 1915년 당시 일본의 21개조 요구에 반대 입장을 표명하여 비난을 받고 대학을 떠났다. 『만국 전시 공법』을 비롯한 많은 저서가 있다.

• **아리스가와노미야 다루히토 친왕** 有栖川宮熾仁 親王 1835~1895

막부 말기, 메이지 시대의 황족, 정치가, 군인. 본래 교토 다이토쿠지(大德寺) 부근 아리스가와에 묘지가 있었다는 이유로 이름 붙은 사친왕가(四親王家)의 하나로, 1672년에 아리스가와노 미야로 개칭하였다. 다루히토 친왕은 제9대에 해당하며, 메이지 시대 황족의 제일인자로 메이지 천황의 절대적 신임을 받았다. 자유 민권파 운동에 우호적이었다고 알려져 있다.

• **아오키 슈조** 青木周藏 1844~1914

메이지 시대 외교관. 조슈 번 무사 출신으로 주영 공사, 외무대신 등을 역임했고 조약 개정에 힘썼다.

• **야노 후미오** 矢野文雄 1850~1931

정치가이자 소설가. 분고(豊後) 사에키 번사 출신이다. 별명은 야노 류케(矢野龍溪). 오쿠마 시게노부에게 인정받아 개진당 결성에 참여하였다. 언론인으로 활약하면서 민권론을 주장하였다. 소설로『건국미담(建國美談)』,『신사회』등이 있다.

- **야마모토 곤베** 山本權兵衛 1852~1933

  군인이자 정치가. 사쓰마 번사 출신으로, 해군 대장이었다. 근대 해군을 창설하는 데 힘을 쏟았으며 러일전쟁에서는 해군대신을 역임하였다. 1913년에 총리가 되지만 이듬해 지멘스 사건으로 사직하였다. 간토대지진 다음 날 두 번째로 총리가 되지만 도라노몬(虎ノ門) 사건으로 스스로 책임을 지고 사임하였다. 해군과 사쓰마 군벌의 지도자였다. 작위는 백작.

- **야마오 요조** 山尾庸三 1837~1917

  막부 말기부터 다이쇼 시대까지의 인물. 이토 히로부미, 이노우에 가오루 등과 함께 이른바 조슈 오걸로 불렸는데 일찍이 영국에 유학하여 공학 등을 공부하였다. 이후 정부 내에서 공학과 관련된 중책과 법제국 초대 장관 등을 역임하였고, 자작이 되었다.

- **야마가타 아리토모** 山縣有朋 1838~1922

  조슈 번사 출신으로 군인이자 정치가이다. 육군 원수이자 일본 총리를 두 번 지냈으며, 일본 의회 제도 체제 아래 최초의 총리를 지냈다. 쇼카손주쿠 숙생 출신으로 요시다 쇼인에게 배웠다. 메이지유신 이후 징병령을 제정하는 등 병제(兵制) 개혁에 힘써 근대 일본의 군사와 정치 토대를 마련했으며, '일본 군국주의의 아버지'로 불렸다. 군 내부와 관계에 거대한 파벌을 만들어 정계에 절대적인 권력을 행사하였다. 그의 군국주의적이고 국가주의적인 성향은 메이지유신 이후 일본 국가 성격에 각인되었고, 이후 2차 세계대전 발발에도 영향을 미쳤다.

- **엔도 긴스케** 遠藤謹助 1836~1893

  막부 말기의 조슈 번사이자 관료. 영국에 유학하여 런던 대학 등에서 수학하였다. 후에 대장성에 들어가 대장대승(大藏大丞) 등을 역임하였고 조폐 국장으로서 근대 화폐제도를 도입하였다.

- **오노 아즈사** 小野梓 1852~1886

  메이지 시기의 정치가이자 정치학자. 도사 번 출신이다. 오쿠마 시게노부를 도와서 입헌개진당을 결성했고, 도쿄 전문학교 설립에 참가하였다. 자유주의적 계몽가로 유명했다. 저서로는 『국헌범론(國憲汎論)』이 있다.

- **오다기리 마스노스케** 小田切萬壽之助 1868~1934

  메이지·다이쇼 시대의 외교관이자 은행가. 요네자와 번사 출신이다. 도쿄 외국어학교에서 중국어를 배우고 베이징, 톈진에 유학하였다. 인천의 영사관에서 서기생(書記生)으로 일한 것을 시작으로 경성, 샌프란시스코, 뉴욕 등지에서 근무했다. 1902년 상하이 총영사가 되었고, 1906년에는 외무성을 퇴직하여 요코하마 쇼킨 은행 베이징 지점 취체역에 취임했다. 그가 의화단사건을 처리할 때 일본 정부에 제출한 「일본이 청국으로부터 획득해야 할 권리」 등 의견서는 이후 일본의 대중국 정책에 많은 영향을 주었다. 1917년에는 미쓰이 재벌 총수로 도요(東洋) 문고를 설립했던 이와사키 히사야(巖崎久彌)를 대신해, 경매에 나와 있던 모리슨 문고(오스트레일리아 출신 기자 윌리엄 모리슨이 중국 베이징에서 활약하면서 사 모은 한적들)를 구입하기 위해 교섭을 행하여 구매하였다. 저서로 『조선』, 한시집 『은대유고(銀臺遺稿)』가 있다.

- **오야마 이와오** 大山岩 1842~1916

  무사, 군인, 정치가. 사쓰마 번사의 아들이다. 일찍 프랑스에 유학했고 일본 육군의 창설기부터 러일전쟁 시기까지 군인으로 활약했으며 계급은 육군 대장으로 원수까지 올라갔다. 두 차례 내각에서 육군상을 역임했다.

- **오오카 이쿠조** 大岡育造 1856~1928

  메이지·다이쇼 시대의 변호사이자 정치가. 입헌정우회 창당에 관여하였으며 중의원 의장과 문부대신 등을 역임했다.

- **오자키 사부로** 尾崎三良 1842~1918

  메이지·다이쇼 시대의 관료. 별명은 도다 우타(戶田雅樂)이며 후에 남작이 되었다. 메이지·다이쇼·쇼와 시대의 정치가로 '헌정의 신'으로 불렸던 오자키 유키오의 장인이다.

- **오자키 유키오** 尾崎行雄 1858~1954

정당 정치가. 가나가와현 출신이다. 게이오 의숙에서 수학하고 입헌개진당 창설에 참가하였다. 제1 의회 이래로 25회 연속으로 중의원으로 활약하였고, 그사이에 제1차 호헌 운동 등에 참가하는 등 '헌정의 신'으로 불렸다. 도쿄 시장이자 오쿠마 내각의 법무대신을 역임하였고, 태평양전쟁 시기에는 익찬(翼贊) 선거를 비판하여 고발당했다.

- **오쿠마 시게노부** 大隈重信 1838~1922

정치가. 사가 번사. 한학, 난학(蘭學)과 함께 영어를 배우고 존왕파로 활약하였다. 메이지 정부가 들어서자 오쿠보 도시미치, 이토 히로부미 등과 협력하여 국고를 정비하고 철도를 신설하였고 와세다 대학의 전신인 도쿄 전문학교를 설립하였다. 한때는 자유 민권운동과 연계하여 영국식 의회정치를 모델로 한 국회를 즉시 개설하자고 주장하다가 이토 히로부미 측과 대립하여 1881년 정부에서 축출당했다. 이후 정치 활동을 재개하여 1882년 입헌개진당을 조직해 민권운동을 추진하였고, 제국 의회가 개설된 후에는 의회 정치가로 활동하였으며, 이후 두 차례에 걸쳐 내각총리를 역임하였다.

- **오쿠보 도시미치** 大久保利通 1830~1878

사쓰마 출신 정치가로 유신 삼걸 중 한 사람이다. 일본 근대화에 크게 공헌하였다. 사이고 다카모리와 함께 막부를 무너뜨리고 난 후에 유신 정부의 지도자로서 이와쿠라 사절단 부사로 활약하였다. 후에 내무경으로 사실상 정부를 주도하다가 세이난 전쟁 후에 암살당하였다.

- **와다 쓰나시로** 和田維四郎 1856~1920

광물학자이자 서지학자. 도쿄 대학 교수를 지내고 지질 조사소 초대 소장, 광산 국장, 관영 제철소 장관 등을 역임하였다.

- **와타나베 고키** 渡辺洪基 1848~1901

  메이지 시대의 교육가이자 정치가. 외무성 관료로 이와쿠라 사절단을 수행하였다. 이후 도쿄부 지사, 1886년 제국대학이 창설되면서 초대 제국대학 총장을 역임하였다. 후에 주오스트레일리아 공사, 중의원 의원, 정우회 설립위원 등으로 활약했다.

- **와타나베 구니타케** 渡邊國武 1846~1919

  관료, 정치가. 자작. 제2차 이토 내각에서 재무 장관과 체신 장관을 지냈고 제4차 이토 내각에서 재무 장관을 역임했다. 백작 와타나베 치아키(渡辺千秋)의 동생이다.

- **우메 겐지로** 梅謙次郎 1860~1910

  법학자이자 교육자. 마쓰에 출신이다. 도쿄 대학 교수, 호세이 대학 초대 총장을 지내고 내각법제국 장관, 문부성 총무 장관을 역임하였다. 1906년 이토의 초청으로 당시 한국 정부 법률고문으로 한국에 건너와 한국법을 제정하기 위한 관습 조사 등에 착수하였으나 일본이 한국을 병합하는 바람에 완성하지 못하고, 그 자신도 병합 직후 서울에서 병사하였다. 한국 사법제도 개혁을 전반적으로 계획하고 입안한 그는 일본과 다른 한국의 관습을 반영하여 고유의 법률을 제정하고자 했으나, 일본법을 한국에 그대로 적용하려는 세력 때문에 뜻을 펼치지 못했다. 민법, 상법의 초안을 잡는 데 공적을 세웠으며 저서로『민법 요의』,『상법 요의』가 있다.

- **우시바 다쿠조** 牛場卓藏 1850~1922

  메이지·다이쇼 시대의 언론인, 관료, 실업가, 정치가. 게이오 의숙 출신으로 중의원 의원과 산요 철도의 취체역 회장 등을 역임했다.

- **이노우에 가오루** 井上馨 1836~1915

  메이지유신의 활동가로 교육자, 정치가, 외교관, 기업인. 통칭은 몬다(聞多)이고 호는 세가이(世外). 토막 운동(討幕運動)에 참가하여 메이지 정부에서 중심인물이 되고 요직을 역임하였다. 이토 히로부미의 맹우로 제2차 이토 내각에서 내무대신을 지냈고, 외상으로서 조약 개정을 시도했지만 실패하였다. 재정과 경제에도 힘을 쏟아서 일본의 근대화와 산업화에 크게 기여하였지만, 여러 독직 사건에 휘말리기도 했다. 1875년 강화도 사건을 수습하기 위해 조선에 파견되어 강화도조약 체결을 주도하였고, 이후 청일전쟁 중에 조선 공사에 임명되고 을미사변의 배후로도 거론되는 등 조선과의 관계가 깊다. 특히 개화 사상가인 이동인, 유대치 등과 교류하였으며, 이후 1881년부터 일본에 파견된 조선인 개화 사상가들에게 영향을 주었고, 조선의 개화파 유길준, 윤치호 등을 적극 지원하였다. 제4차 이토 내각이 붕괴된 이후 총리대신에 낙점되었으나, 정국 운영이 쉽지 않겠다고 판단하여 스스로 사퇴하고 가쓰라 다로에게 양보하였다. 이토가 사망한 후, 사이온지 긴모치와 마쓰카타 마사요시와 함께 원로로서 정관계와 재계에 절대적인 영향력을 행사하였다.

- **이노우에 고와시** 井上毅 1844~1895

　무사, 관료, 정치가로 호는 고인(梧陰)이며 구마모토 번사 출신이다. 일찍부터 오쿠보 도시미치와 이토 히로부미의 측근 브레인으로 활약하면서 제국 헌법, 교육 칙어, 군인 칙어 등의 초안 작업에 참여하였다. 당시 조선과의 외교 문제에도 깊이 관여하여 1882년 임오군란 이후 제물포조약, 1884년 갑신정변 이후 한성조약을 체결할 때 주역으로 활약하였고, 톈진조약의 체결에도 깊이 관여하였다. 후에 법제국 국장, 문부대신 등을 역임하고 자작이 되었다.

- **이누카이 쓰요시** 犬養毅 1855~1932

　정치가. 빗추 니와세 번사의 아들이다. 호는 보쿠도(木堂). 게이오 의숙을 졸업하였다. 입헌개진당 결성에 참가하여 제1의회 이후 중의원이 되었다. 제1차 호헌 운동에서 활약하고 국민당, 혁신구락부 당수를 거쳐서 1929년 정우회 총재, 1931년에는 총리가 되었다. 5·15 사건 중에 살해되었다.

- **이와사키 야노스케** 巖崎彌之助 1851~1908

  실업가. 미쓰비시 회사의 창업자 이와사키 야타로의 동생이다. 두 번째 사장으로 미쓰비시의 다각화에 노력하여 일본 우선(郵船) 회사를 창립했고 은행업, 조선업, 탄광업 등에도 진출하였다. 회사에서 손을 떼고 난 뒤 1896년에 일본 은행 총재에 취임하여 금본위제를 확립하기 위해 노력하였다. 세이카도 문고를 창설하기도 하였다.

- **이타가키 다이스케** 板垣退助 1837~1919

  정치가. 도사 번사. 토막 운동과 보신 전쟁에 참가하여 참의가 되지만 정한론 정변으로 하야하였다. 이듬해 민선의원을 설립하자고 건의하고 자유 민권운동의 지도자가 된다. 1881년 자유당을 창설했다. 제국 의회가 개설된 후 입헌자유당 총리를 지냈다. 1898년 오쿠마 시게노부와 함께 내각을 조직하고 내상을 지냈다. 정우회 창립을 계기로 은퇴하였다.

- **이토 미요지** 伊東巳代治 1857~1934

  정치가. 나가사키 출신이다. 이토 히로부미에게 발탁되어 대일본제국 헌법 제정에 관여하였으며, 후에 추밀 고문관과 백작이 되었다. 정책과 실무 면에서 이토를 보좌했던 최측근으로 스에마쓰 겐초, 가네코 겐타로, 이노우에 고와시 등의 막료와 함께 이른바 "이토의 사천왕(四天王)"으로 불렸다.

- **이이노 기치사부로** 飯野吉三郎 1867~1944

  일본의 신흥 종교가. 미노 번사 출신이다. 폐번치현으로 가직(家職)을 잃고 부친이 병사하자 스무 살에 도쿄로 올라와 여러 직종을 전전하다가 점쟁이가 되었다. 몸집이 크고 화술이 뛰어나 점쟁이로 인기를 얻었고, 이윽고 고향 사람이었던 가인(歌人) 시모다 우타코(下田歌子)의 소개로 황실과 정계에 접근하게 되었다. 특히 1904년에 고다마 겐타로의 의뢰를 받아서 러일전쟁 해전(海戰)에서 일본군이 승리할 것이라는 예언을 시간과 장소까지도 정확히 알아맞춰 이토 히로부미, 야마가타 아리토모, 기요라 게이고(淸浦奎吾) 등 수많은 요인들의 환심을 샀다. 그 과정에서 얻은 재산을 다시 만주 지역에 투자하는 데 성공하여 막대한 재산을 얻었다. 그 재력을 바탕으로 도쿄 시부야 온덴 지역에 땅을 사들여 그곳에 신흥종교 단체 '대일본 정신단(大日本精神團)'을 설립하는 바람에 '온덴의 신' 또는 '온덴의 행자'라고 불렸다. 그러나 1925년에 일련의 사기 사건에 연루되었다는 의혹을 샀고 증거 불충분으로 처벌받지는 않았으나, 이 일을 계기로 이전의 난행(亂行)에 대한 소문이 퍼지는 등 급작스럽게 세상으로부터 외면당하면서 신자의 수도 급격하게 줄었다. 오늘날에는 "종교가라는 명목을 가장했던 풍각쟁이였다."라는 평가가 일반적이다. 그를 세상에 알렸던 시모다 우타코와 부적절한 관계였다는 설이 있다. 데이메 황후의 신임을 얻어서 황태자(후에 쇼와 천황이 되었다.)의 양행(洋行)을 "신으로부터 계시"를 받았다는 구실로 저지하려고 했다는 설도 있다. 그의 이러한 인맥은 외국인에게 매력적으로 비쳐서 중국의 쑨원이나 한국의 고종조차 그를 이용하고자 했을 정도이다.

• 하나부사 나오사부로 花房直三郎 1857~1921

관료. 비젠 출신이다. 이토 내각과 마쓰카타 내각에서 오랫동안 총리 비서관을 지내고 내각 통계 국장을 역임하면서 인구통계와 국세(國勢)를 조사하는 사업 등에 공적을 남겼다.

• 하나와 지로 塙次郎 1808~1863

막부 말기의 국학자. 역시 국학자로 유명했던 하나와 호키치의 아들이다. 본명은 하나와 다다토미. 1862년 막부의 명령으로 전대에 막부가 외국인을 접대하는 식전(式典)을 조사하였는데 이것이 고메이(孝明) 천황을 폐위시키기 위한 '폐제의 전고'를 조사하는 것이라는 헛소문이 나돌아 이윽고 근황파 무사들에게 암살당하고 만다. 이때 암살했던 이가 다름 아닌 이토 히로부미와 야마오 요조라는 사실이 훗날 밝혀졌다.

• 하라 다카시 原敬 1856~1921

정치가. 모리오카 번사의 아들이다. 외무 차관, 조선 공사 등을 역임하였다. 퇴관 후에 《오사카마이니치신문》 사장으로 일했다. 정우회 결성에 참여하였으며 체신 장관, 내무 장관 등을 거쳐 제3대 총재가 되었다. 당세를 키워 1918년 최초의 안정적인 내각을 조직하여, 평민 재상으로 불렸다. 1921년 4월에 도쿄역에서 칼에 찔려 죽었다.

• 하세가와 요시미치 長谷川好道 1850~1924

메이지·다이쇼 시대의 군인, 정치가, 외교관. 육군 원수를 역임했고 1916년부터 1919년까지 제2대 조선 총독을 지냈다. 하급 군인 출신으로 보신 전쟁에 참전하였으며 오사카 군사학교를 졸업하고 육군 대위가 되었다. 이후 세이난 전쟁과 청일전쟁에 참전하였다. 러일전쟁에도 참여하여 압록강 회전과 랴오양 회전에서 승리하고 남작이 되었으며, 1904년 육군 대장으로 진급한 뒤에 조선 주둔 일본군 사령관을 역임했다. 1907년 자작으로 승진하고 1912년 1월 20일 일본군 육군 참모총장, 1915년 육군 원수를 거쳐 1916년 제2대 조선 총독으로 부임하였다. 하세가와는 전임인 데라우치 마사타케의 뒤를 이어 재임 기간 동안 무단통치를 행하였다. 재직 중 3·1 운동이 일어나 가혹하게 진압하였지만 결국 교체되었다.

• 하야시 곤스케 林權助 1860~1939

메이지·다이쇼 시대의 외교관. 아이즈 번 출신이다. 도쿄 대학에 진학한 뒤 1887년 외무성에 들어가 인천과 상하이의 일본 영사를 역임하고, 영국과 청나라에 수석 서기관으로 부임하였다. 주영 공사였던 가토 다카아키는 그의 재능을 높이 평가하였고, 또한 사교적인 그가 영국과 중국의 인맥을 만들 수 있도록 도와주었다. 1899년 외무성 통상 국장으로 발탁되었고 1900년에 주한 공사에 임명되었다. 러일전쟁 중에 한일 협정서 조인에 참여하였고, 이어 대한제국과 일본 사이에 제1차 한일협약(1904), 제2차 한일협약(을사늑약, 1905)이 이루어졌다. 1906년에는 주청 공사, 1908년에는 주이탈리아 대사, 1916년에는 주중 대사로 임명되었다. 1920년에는 주영 대사로 임명되었고, 1921년에 스위스에서 열린 국제연맹총회 및 근동회의에 일본 대표로 참석하였다. 귀국한 후에 추밀원 고문이 되었다.

- **하야시 다다스** 林董 1850~1913

  에도막부의 신하이며, 메이지 시대의 외교관이자 정치가이다. 시모사국 출신이다. 초대 육군군의 총감을 역임하였고, 작위는 백작이다. 막부의 유학생으로 영국에 유학하였다. 귀국한 후에 가가와현 지사, 효고현 지사, 러시아와 영국 주재 공사, 외무대신, 체신대신 등 요직을 역임하였다. 특히 주영 공사 시절에 대사에 임명되어 일본 외교관으로서는 최초로 대사가 되었다. 그는 영일동맹을 체결하기 위해 노력하였고, 그다음에 일·불 협상, 러일협약을 성립시켜 열강 협조 태세를 구축한 주역 가운데 한 사람이었다.

- **하야시 야사키치** 林彌三吉 1876~1948

  메이지·쇼와 시대의 육군 군인. 이시카와현 출신이다. 최종 계급은 육군 중장. 육군사관학교와 육군대학을 졸업하고 러일전쟁 등에 참전하였다. 후에 독일 대사관 무관 보좌관을 거쳐 참모본부 과장, 군사 과장 등을 거쳐 야마가타 아리토모의 부관을 겸임하였다. 이어 중국 공사관 무관, 육군보병학교 교장, 도쿄 경비 사령관 등을 거쳐 1932년 예비역으로 편입하였다. 육군의 정치 개입에 비판적인 자세를 취했다.

- **하야시 유조** 林有造 1842~1921

  정치가. 도사 번사 출신이다. 이타가키 다이스케를 도와서 자유 민권 운동에 참가하였다. 의회 개설 후에는 자유당, 정우회 등의 간부를 지냈다. 제4차 이토 내각에서는 농상무상을 역임하였다.

- **호소카와 준지로** 細川潤次郎 1834~1923

  법학자이자 교육자. 도사 번사 출신이다. 본래 난학자로, 정치적 요직으로는 사법대보(司法大輔), 귀족원 부의장 등을 역임하였다. 일본에 근대법을 도입한 공적에 있어서는 고토 신페이와 함께 높게 평가받고 있다. 또한 후쿠자와 유키치를 메이지 신정부에 출사하라고 끝까지 설득했던 일화가 유명하다. 작위는 남작.

• 호시 도루 星亨 1850~1901

정치가. 에도 출신. 자유 민권운동에 참가하여 투옥되었다. 자유당 영수로 제2대 중의원 의장과 주미 공사를 역임하였다. 헌정당의 구 자유당계를 이끌고 정우회 결성에 참가하였다. 체신 장관과 도쿄 시회(市會) 의장 등을 역임하였다. 후에 이바 소타로에게 암살당했다.

• 호즈미 야쓰카 穗積八束 1855~1926

법학자. 도쿄 대학 교수. 법학자 호즈미 노부시게(穗積陳重)의 동생이다. 천황주의적인 헌법학자로 부와소나드가 기초한 민법의 실시를 연기하자고 주장하여 우메 겐지로와 대립하였다. 저서로 『헌법 대의』가 있다.

• 후쿠자와 유키치 福澤諭吉 1835~1901

개화기의 계몽 사상가, 교육가, 저술가. 1860년대부터 개항과 개화를 주장했다. 자유주의·공리주의 가치관을 확립하여 막부 철폐와 구습 타파 및 부국강병론과 국가 중심의 평등론을 역설하였다. 1868년 메이지유신이 성공하는 데 영향을 미쳤다. 게이오 의숙 창설자로 유명하다. 조선 개화기 사상가 유길준, 윤치호 등의 스승으로 개화파의 사상에도 일정한 영향을 미쳤다.

• 히로하시 마사미쓰 廣橋賢光 1855~1910

관료. 교토 출신이다. 히로하시 다네야스(廣橋胤保)의 아들. 내무성 관료로서 이토의 유럽 시찰에 동행하였다. 내각 기록 국장으로 일했고 제실제도조사국에서 실무를 담당하였다. 귀족원 의원을 지냈다.

서양
• 더럼 스티븐스 Durham Stevens 1851~1908

미국 외교관으로 한국식 이름은 수지분(須知芬)이다. 미국 오하이오주 태생으로 뉴욕 컬럼비아 대학을 졸업했다. 처음에 국무부 관리로 일하던 그는 1882년 주일 미국 공사관에서 일 년간 근무한 것을 계기로 일본과 인연을 맺게 됐다. 미국 워싱턴 주재 일본 외무성 고문에 촉탁으로 고용되면서 본격적으로 일제의 외교에 대해 자문하기 시작했다. 그가 한일 외교 무대에 처음 등장한 것은 1884년에 일어난 갑신정변의 결과로 한성조약이 체결되었을 때이다. 일본 전권대사인 이노우에 가오루를 따라 내한한 그는 1904년 8월 22일 한일 외국인 고문 초빙에 관한 협정서를 강제 체결한 것에 기인하여 12월 27일 대한제국 외부 고문관으로 임명되었다. 스티븐스는 이후에도 제2차 영일동맹과 뒤이은 포츠머스조약에서 일본이 한국을 병합할 수 있는 길을 트는 데 크게 기여했다. 1905년 을사조약 체결 이후 초대 한국 통감 이토 히로부미가 설득하여 을사조약과 대한제국 합병을 정당화하기 위해 수많은 친일 발언을 했으며, 고종이 강제 퇴위당하고 한일신협약이 체결될 때도 배후에서 중요한 역할을 했다. 1908년 3월 친일 발언 때문에 미국 내 수많은 재미 한국인들의 반감을 샀다. 1908년 3월 23일 오전 9시 30분경 워싱턴으로 가려고 샌프란시스코 페리역에 왔다가 재미 교포 전명운에게 총을 맞고 폭행을 당했고 뒤이어 도착한 재미 교포 장인환에게 총탄 두 발을 맞고 이틀 뒤 샌프란시스코 성프란시스 병원에서 수술 도중 사망했다.

• **로렌츠 폰 슈타인** Lorenz von Stein 1815~1890

독일의 사회학자이자 법학자. 킬(Kiel) 대학에서 법학을 전공한 후 파리에서 사회운동과 사회사상을 연구하여 1842년에 『현대 프랑스의 사회주의와 공산주의』를 저술하였다. 1846년에 킬 대학 교수로 일하다가 대학에서 추방당하고 나서는 1855년부터 1885년까지 오스트리아 빈 대학 교수를 역임하면서 국가학자, 행정학자, 재정학자로 명성을 떨쳤다. 그는 헤겔의 국가론에 영향을 받고 자본주의사회의 계급 구성을 경제적으로 분석하여 국가에 의해 사회정책을 실시해야 한다고 주장하였다. 요컨대 정치적 법 국가의 시대는 끝났고 장차 사회의 시대가 전개되므로, 국가는 헌법(Verfassung)과 행정(Verwaltung)을 두 기둥으로 삼아 사회문제를 해결해야만 한다는 것이다. 이러한 견해는 당시 군주제를 옹호하는 것이었고, 동시에 독일 행정학을 확립하는 이론적 기초가 되었다. 마르크스는 슈타인의 저서에서 사회주의와 공산주의를 배웠지만, 슈타인은 그의 수많은 저작들 속에서 동시대인인 마르크스를 일관되게 계속 무시했다고 알려져 있다.

• 루돌프 폰 그나이스트 Rudolf von Gneist 1816~1895

프로이센 시대 독일의 공법학자, 정치가. 베를린 대학 교수를 역임했으며, 이 시기 그의 학생이었던 막스 베버에게 많은 영향을 주었던 것으로 유명하다. 보수적이고 온건한 자유주의자로 당시 사회 정세에 근거해 국가와 사회의 본질적 대립에 착안하여 양자를 지양하기 위해 행정의 비당파성, 전문성을 중시하였던 그의 이론은 법치주의를 형식적이고 법기술적인 원리로 전환하는 계기를 만들었다고 평가받고 있다. 이토 히로부미와 이토 미요지 등 일본 헌법 조사단에게 독일 법학을 강의하여 메이지 헌법에도 많은 영향을 주었다. 저서로는 『법치국가』, 『영국헌법사』 등이 있다.

• 모리스 블록 Maurice Block 1816~1901

독일 태생의 프랑스 통계학자, 정치학자, 경제학자. 1856년부터 평생토록 『정치경제학 및 통계학 연보』를 편집하였고, 1890년대 이후로는 당대 사회주의를 비판하면서 농업, 재정, 행정 등에 관한 연구를 주로 하였다. 일본과의 관계가 깊어서 이와쿠라 사절단이 프랑스 파리를 방문하였을 적에 이들과 만났다고 알려져 있다.

• 벤저민 디즈레일리 Benjamin Disraeli 1804~1881

영국의 정치가이자 작가. 『비비언 그레이』 등 정치소설을 남긴 작가로 이후 정치에 투신하여 재무 장관과 총리를 역임하였다. 빅토리아 시대의 번영기를 지도하여 전형적인 양대 정당제에 의한 의회정치를 실현한 정치가로 평가받고 있다.

• 블라디미르 람스도르프 Vladimir N. Lamsdorf 1845~1907

러시아 니콜라이 2세 치하에서 1900년부터 1906년까지 외상을 지냈다.

- **알렉산더 윌리엄슨** Alexander Williamson 1824~1904

  영국 출신의 화학자. 유기 합성법의 하나인 소위 '윌리엄슨 합성법'을 발견한 것으로 저명하다. 1855년부터 1887년까지 유니버시티 칼리지 런던의 교수를 역임하였다. 1863년 영국에 유학하였던 조슈 오걸을 자신의 집에 머물게 하면서 지도하였던 일이 유명하다.

- **알렉시스 드 토크빌** Alexis de Tocqueville 1805~1859

  프랑스의 정치철학자이자 역사가. 전통적인 자유주의 정치 전통을 대표하는 인물로 프랑스 정치에 적극적으로 참여하였고 『미국의 민주주의』와 『구체제와 프랑스혁명』이라는 책을 남겼다.

- **에드먼드 버크** Edmund Burke 1729~1797

  영국의 정치가이자 정치 사상가. 아일랜드 더블린 출생이다. 『자연사회의 옹호』, 『숭고와 미의 관념의 기원』에 의해 저술가로 알려졌으며 후에 정치가가 된다. 정치적 권력 남용에 반대했으며 시민의 행복과 정의를 실현하는 정치제도와 방법을 주장하였다. 영국 보수주의를 대표하는 정치 사상가로 명성을 떨쳤다. 정치가를 "행동의 장에서의 철학자"라고 생각한 버크에게 의회 활동은 항상 상상의 대상이 되었다. 의회·정당정치의 근대화를 목표로 한 그의 개혁('버크의 개혁')은 『현재의 불만의 원인』과 『브리스틀 선거 구민에 대한 연설』에서의 사색을 동반한 것으로 이 두 책은 정치철학의 고전으로 인정받고 있다.

- **윌리엄 E. 글래드스턴** William E. Gladstone 1809~1898

  영국 정치가. 자유당 당수를 지냈고 총리직을 네 차례 역임하였다. 윈스턴 처칠과 함께 가장 위대한 영국 총리로 불린다.

- **이삭 알베르트 모세** Isaac Albert Mosse 1846~1925

  독일의 법학자. 베를린 대학을 졸업하고 재판소 판사를 거친 뒤에 독일 주재 일본 대사관 고문에 임명되어, 1882~1883년에 일본에서 온 헌법 조사단 앞에서 강의를 하였다. 1886년에 외국인 법률학자로 일본에 초빙

되어 메이지 헌법 제정과 지방 제도 창설 등에 공헌하여 '메이지 헌법의 아버지'로도 불린다. 이토 미요지가 그의 강의를 기록하여 『모세 선생 강의 필기』로 출판하기도 하였다. 1890년 독일로 돌아가 베를린 대학 법학부 교수 등을 역임하였다.

・**프랜시스 애덤스** Francis Adams 1825~1889

영국 외교관. 1872년을 전후하여 주일 대리공사로 근무하였으며, 이 시기 경험을 바탕으로 『일본 통사』를 집필하였다.

・**프리드리히 카를 폰 사비니** Friedrich Carl von Savigny 1779~1861

독일의 법학자. 근대 사법의 기초를 닦은 법학자로 유명하다. 역사법학파의 창시자로 법은 언어와 마찬가지로 민족정신에서 자연 발생적으로 생성되는 것으로 인위적으로 만들어져서는 안 된다고 주장하였다. 그리하여 법의 역사적 고찰과 연구, 특히 로마법의 역사적 연구에 열중하고 그것을 통하여 민법학과 국제 사법학(國際私法學) 발전에 공헌하였다.

・**해밀턴 피시** Hamilton Fish 1808~1893

미국의 정치가. 뉴욕 주지사를 지낸 뒤에 제18대 그랜트 대통령 밑에서 1869년부터 1877년까지 국무 장관을 역임하였다.

・**휴 매더슨** Hugh Matheson 1820~1898

스코틀랜드 출신 실업가. 아편 거래부터 시작하여 1832년 윌리엄 자딘(William Jardine)과 함께 자딘매더슨 상회(Jardine, Matheson and Company)라는 무역상사를 설립해 영국의 동아시아 무역을 독점하였던 제임스 매더슨(James Matheson)의 조카로, 1863년 무렵 자딘매더슨 상사 런던 사장으로 이토 히로부미를 포함한 조슈 오걸의 영국 유학을 지원해 주었다. 그것은 애초부터 조슈 오걸의 영국 유학을 자딘매더슨 상사 요코하마 지점이 주선했기 때문이다. 아울러 자딘매더슨 상사는 창립 백칠십 년이 지난 오늘날에도 세계 500위 안에 드는 국제적인 대기업(중국명 이화양행(怡和洋行))으로 홍콩에 본부를 두고 있다.

중국

· 경친왕 慶親王 1836~1916

이름은 이쾅(奕劻)으로 청나라 황족이며 애신각라면성(愛新覺羅綿性)의
아들이다. 1894년 친왕에 봉해졌다. 의화단사건 때는 멸양척화론(滅洋斥
和論)을 주장하였으나, 연합군이 베이징을 점령한 뒤에 반의화단파가 득
세하자 리훙장과 함께 의화 전권대사에 임명되어, 연합국 측과 신축 조약
(辛丑條約)을 체결하였다. 이후 독판정무처 대신에 임명되어 변법 유신을
진행하고 수석군기대신(首席軍機大臣)에 임명되었다. 1911년 구제도가 폐
지되고 신내각 관제가 반포되자, 황제를 보필하고 국무를 책임지는 총리
대신에 임명되었으나 신해혁명이 일어나면서 총리직을 사퇴했다.

· 광서제 光緒帝 1871~1908

청나라 제11대 황제. 묘호는 덕종(德宗)이다. 청나라 역사상 최초의 방
계 혈통 출신 황제이다. 큰어머니이자 이모인 서태후의 지원으로 즉위하
였다. 재위 초반(1875~1888)에 큰어머니 동태후(東太后)와 서태후가 섭정하
였다. 1889년부터 친정을 하였으나 1898년 서태후가 일으킨 무술정변으
로 유폐되어 실권이 다시 박탈되었다. 1908년에 죽었다. 그가 재위한 시
기에는 양무운동이 일어나면서 부분적으로 근대화가 전개되고 있었다.
그러나 청일전쟁의 패배로 타이완이 일본에 넘어가는 등 열강의 각축이
더욱 치열해졌다. 그는 캉유웨이, 량치차오 등 신진 엘리트들을 등용하
여 일본의 메이지유신을 모델로 한 무술변법을 통해 국가의 근대화를 꾀
하였다. 당시 캉유웨이 등 지식인은 러시아의 위협을 제거하기 위해 영
국, 일본과 협력하자고 제안하고 언론 등을 통해 개혁을 선도했다. 그러
나 보수적인 서태후와 리훙장 등의 반격으로 개혁은 실패하고 말았다.
1899년에 일어난 의화단사건으로 8국 연합군이 쳐들어오자 광서제는 서
태후와 함께 시안으로 피난하였다. 이윽고 베이징의정서가 성립되어 다
시 돌아왔으나 실권은 없었다. 그는 이상주의적 성격이 강해 보수적인
서태후와 항상 대립하였다. 1908년 11월 14일에 사망했고, 서태후는 그
다음 날인 11월 15일에 사망했다. 서태후가 광서제를 독살했다는 의혹이
오랫동안 제기돼 왔다.

• 구흥밍 辜鴻銘 1857~1928

청나라 말기, 민국 초기의 학자. 동서양 문화에 모두 정통하였다. 말레이시아 화교의 아들로 태어났으며, 영국 에든버러 대학을 졸업하였다. 아홉 개 언어에 정통했으며 박사 학위를 열세 개나 취득하였다. 학업을 마친 후 장즈둥 밑에서 외국 사무를 담당하였고, 후에 외무부 좌승(左丞)으로 승진했다. 말년에는 저술과 교육에 힘썼는데, 중국 고전 작품을 번역하여 호평받았으며 중국 문화의 가치와 자신의 주장을 담은 수많은 글을 저술하였다. 지은 책으로는 『중국인의 정신』, 『독이초당문집(讀易草堂文集)』 등이 있다.

• 다서우 達壽 1870~1939

청조 말기, 민국 초기의 관료이자 정치가. 만주 정홍기(正紅旗) 사람이다. 1894년 과거 진사에 합격하여 한림원 서길사(庶吉士)에 뽑혔고, 이후 한림원 편수, 시강, 이번부 우시랑(理藩部右侍郎) 등을 역임하였다. 1911년 황제가 된 위안스카이의 내각에서 이번부 대신(理藩部大臣)에 임명되었고, 민국 성립 후에도 내무부 차장 등을 역임하였다.

• 두안팡 端方 1861~1911

청나라 말기의 관료. 만주 정백기(正白旗) 사람이다. 거인(擧人)이 되어 관직에 나간 후에 무술변법을 지지하였지만 개혁이 실패한 후에도 다행히 처벌을 면하였다. 이후 베이징에 농공상국(農工商局)이 설치되자 국장에 임명되었다. 안찰사(按察使), 포정사(布政使), 순무 대리 등을 두루 역임하고, 1900년 의화단사건을 수습한 공을 인정받아 후난 순무 등의 요직에 취임하였다. 1905년 베이징 조정으로부터 짜이쩌 등 대신 네 명과 함께 외국에 가서 입헌제도를 시찰하라는 명령을 받았다. 이들 오 대신은 일본, 미국, 영국, 프랑스, 독일, 덴마크, 스웨덴, 노르웨이, 오스트리아=헝가리, 러시아 등 십 개국을 아홉 달 동안 차례로 방문하였다. 이윽고 귀국한 후에 시찰 결과를 『청정국시이안대계절(請定國是以安大計折)』로 정리하여 황제에게 아뢰면서 일본의 메이지유신을 본받아 헌법을 제정하자고 주장하였다. 더욱이 스스로 편찬한 『구미정치요의(歐美政治要義)』를 헌상하였는데 이것은 중국 입헌 운동에서 중요한 저작의 하나로 평가받고 있다. 귀국한 후 양강, 직례(直隸) 총독 등에 임명되었다가, 당시 청조가 철도 국유화 정책을 무리하게 추진하여 쓰촨성에서 소요가 일어나자 이를 무마하기 위해 쓰촨 총독 대리에 임명되었다. 그러다 임지로 가는 도중에 칼에 찔려 죽었다. 중국에서 신식 교육 창시자 가운데 한 사람으로 꼽히는데, 자신의 임지에 사범 학원이나 유치원을 최초로 창설했고 난징에 지난 대학을 설립하였다.

- **류쿤이** 劉坤一 1830~1902

청나라 말기의 군인, 정치가, 관리. 후난성 출신이다. 장즈둥과 함께 후기 양무운동을 주도하였다. 장시 순무, 양광 총독을 거쳐서 1880년부터 양강 총독을 역임했다. 1895년에는 캉유웨이가 주도하던 변법자강 운동을 지지하였고 의화단사건 때에는 의화단 진압을 강력하게 주장하였다. 1901년에는 양광 총독 장즈둥과 연명으로 「강초삼절(江楚三折)」을 황제에게 올려 교육의 진흥, 행정의 정리, 서양 법률의 채택 등을 주장하였다. 사후에 충성(忠誠)이라는 시호를 받았다.

- **리자쥐** 李家駒 1871~1938

청조 말기, 민국 초기의 관료이자 정치가. 한군(漢軍) 정황기(正黃旗) 사람이다. 1894년 과거 진사에 합격하여 한림원 서길사에 뽑혔고, 1903년 호북 학정(湖北學政)에 이어 곧바로 경사대학당 감독(京師大學堂監督)에 임명되었다. 1907년에 고찰 일본 헌정대신(考察日本憲政大臣)에 임명되어 일본에 파견, 헌정을 시찰하였다. 귀국 후에 학부 좌시랑(學部左侍郎) 겸 찬의 헌법대신(纂擬憲法大臣) 등을 역임하였다. 민국 수립 이후에도 참정원 참정(參政院參政)을 맡기도 하였다.

- **옌푸** 嚴復 1853~1921

청나라 말기 민국 초기 사상가. 푸젠성 출신으로 자는 기도(幾道)이다. 일찍이 푸저우의 마미선정창(馬尾船政廠) 부설 해군학교에서 기술을 배우고 스물다섯 살 때 영국에 건너가 해군의 기술과 학과를 배웠으나 오히

려 서양 제도와 사상 연구에 관심을 두게 되었다. 귀국 후 리훙장에게 초
빙되어 톈진의 북양수사학당(北洋水師學堂)을 책임지게 되었다. 청일전쟁
을 계기로 논단에 등장하여 「논세변지극」, 「원강(原强)」, 「구망결론(救亡決
論)」 등 논문을 발표하여 개혁론을 주창하였다. 이어서 토머스 헉슬리의
『진화(進化)와 윤리』를 『천연론(天演論)』으로 번역하여 사상계에 큰 영향을
주었다. 의화단사건 이후 『원부(原富)』(애덤 스미스의 『국부론』), 『군학이언(群
學肄言)』(스펜서의 『사회학 연구』), 『법의(法意)』(몽테스키외의 『법의 정신』) 등을 잇
달아 번역하여 발표함으로써 서양 근대사상을 소개하는 데 힘썼다. 그러
나 의화단사건 이후 진화론에 입각한 그의 개혁론은 미온적·점진적 개
량주의로 후퇴하였다. 민국 성립 후 위안스카이와 밀접하게 연계하기도
하고, 공자 숭배를 강조하면서 5·4 운동에 반대하는 등 보수주의 성향으
로 흘렀다.

• **위안스카이** 袁世凱 1860~1916

　중화민국 초대 대통령. 허난성 출신이다. 1880년 산둥성 텅저우시에
서 경군통령(慶軍統領) 우창칭(吳長慶) 아래에서 군대 생활을 시작하였다.
1882년에 임오군란이 일어나자 북양대신직례 총독(北洋大臣直隸總督) 리훙
장의 명으로 경군전적영무처차석(慶軍前敵營務處次席)으로 한성에 와서 대
원군을 포로 삼아 군란을 진압, 일본 세력을 견제하는 데 성공하고 통리
조선통상교섭사의(統理朝鮮通商交涉事宜)가 되어 계속 주재하였다. 1884년
갑신정변 때 신속하게 창덕궁을 포위하여 신정부를 조직한 개화당을 몰
아내고 일본 군대를 창덕궁에서 철수시키고 고종을 청나라 군영으로 옮
겼다. 1885년 대원군을 귀국시키고 1886년 2월 경부 간 전신 가설을 결
정하고 7월 고종을 폐위하려 하였다. 1893년 청나라에서 신식 총포를 구
입하도록 강요하고 1894년 동학농민운동이 일어나자 조선의 요청에 따
라 청군을 파견하여 그 전후로 진주한 일본군과 충돌, 청일전쟁이 일어
나는 바람에 6월 리훙장의 명으로 귀국했다. 전쟁 후 직례 안찰사(直隸按
察使), 후보시랑(候補侍郎)으로 승진하여 베이징에서 군인들을 양성, 1898
년 무술정변을 일으켜 서태후의 총애를 얻고 군기처 대신, 외무부 상서
등 요직을 역임하였다. 서태후가 죽은 후 한때 은퇴하였다가 1911년 신

해혁명 후 총리대신으로 다시 등용되어 혁명 주동자 쑨원과 화의를 맺고 청제(淸帝)의 은퇴를 요구했다. 1912년 청제가 퇴위하자 중화민국 초대 총통이 되고 1913년 제제(制帝) 운동을 일으켜 1915년 12월 황제로 즉위하였다. 그러나 내외에서 거센 반발이 일어나 1916년 3월 군주제를 취소하고 이내 사망하였다.

· **리홍장** 李鴻章 1823~1901

청나라 말기의 정치가. 자는 소전(少筌), 호는 점보(漸甫), 시호는 문충 (文忠). 허페이 사람이다. 1847년 진사에 합격해 1862년 쩡궈판(曾國藩)의 추천으로 강소 순무사(江蘇巡撫使)가 되어 태평군을 진압하는 데 공을 세웠고, 후에 각지에서 일어난 반란을 평정하여 청조를 멸망에서 구해 냈다. 1870년 직례 총독 겸 북양대신, 내각 태학사 등을 역임하면서 1895년 시모노세키조약, 1896년 청러 밀약, 1900년 의화단사건의 베이징조약 등 여러 차례 외교 절충에 공을 세웠다. 한편 1867년 병기창 창설, 육해군 편성, 유학생 파견 등 중국 근대화에 노력하였다. 조선에 와서 일본의 독점적 세력을 방지하기 위해 김윤식 등에게 한미 통상조약 체결을 적극 권하였으며, 1880년 한국의 관제 개혁에도 적극 관여하였다. 말년에 숙의백(肅毅伯)에 봉해졌고 사후 공작이 추증되었다.

· **장인환** 張蔭桓 1837~1900

청나라 말기 외교관이자 관료. 광둥성 출신이다. 과거에 여러 번 응시했으나 실패하고 산둥성으로 가서 산둥 순무의 막료가 되었다. 이후 안찰사로 승진, 출세를 거듭하여 베이징으로 불려가 호부 좌시랑과 공부(工部), 형부(刑部), 병부(兵部), 예부(禮部), 이부(吏部)의 관직을 역임했다. 1885년에는 미국, 스페인, 페루 공사로 파견되었다. 1895년 청일전쟁에서 북양 함대가 참패하고 나서 강화를 위해 일본에 파견되었다. 그러나 전권 위임장 문제로 일본 측이 교섭을 거부하는 바람에 리홍장과 교체되었다. 1897년에는 미국, 프랑스, 독일, 러시아 등지를 방문했다. 변법자강 운동을 지지하였고 캉유웨이와도 친교가 있었다. 그로 말미암아 무술정변이 실패로 끝난 뒤에 신장으로 유배되었다. 1900년 의화단사건 와중에 유배지에서 처형당했다.

• **장즈둥** 張之洞 1837~1909

청나라 말기의 개혁가이자 정치가. 후베이성 출신이다. 보수적 대외 강경론자로 독일식 군대를 편성하고, 외국 차관을 끌어들여 징한(京漢) 철도를 부설하였다. 산시 순무, 양광 총독, 호광 총독 등을 역임하면서 주로 우한을 중심으로 부국강병, 식산흥업을 꾀했다. 그는 변법자강 운동에 대해서 유교적 전통을 살리는 중체서용의 입장을 취하면서 급진적 개혁을 경계하는 근대화 정책을 추진하였다. 마안산(馬鞍山) 탄광, 한양 제철소, 방직공장, 생사(生絲) 공장 등을 창설하였다. 저서로『권학 편』,『광아당집(廣雅堂集)』등이 있다. 문화대혁명 기간 동안에 그의 묘가 파괴되고 유체가 유실되는 등 비판을 받았지만 최근에는 재평가받고 있다.

• **짜이쩌** 載澤 1876~1929

청조 말기의 종실로 애신각라(愛新覺羅) 씨이자 양백기(鑲白旗) 사람이다. 청조의 중신 가운데 대표적 개혁파, 입헌파로 강희제의 6세손에 해당하고, 그의 아내 역시 서태후의 인척이다. 1901년 만주 정람기(正藍旗) 부도통(副都統)에 임명, 1905년 뒤안팡 등 다섯 대신과 함께 외국에 파견되어 헌정 시찰을 했다. 귀국 후에는『주청선포입헌밀섭(奏請宣布立憲密摺)』을 올려 일본, 독일의 예에 따라 입헌군주제를 시행하자고 주장하였다. 그는 입헌군주제를 시행함으로써 첫째 황위를 영구히 보존할 수 있고, 둘째 외환(外患)을 경감할 수 있으며, 셋째 내란을 수습할 수 있다고 주장하였다. 그 밖의 저서로『고찰정치일기(考察政治日記)』가 있다. 이후 1907년에 탁지부 상서(度支部尙書), 1909년에 찬의 헌법대신(纂擬憲法大臣), 1911년에 황족 내각 탁지부 대신(皇族內閣度支部大臣) 등 요직을 두루 역임하였는데, 항상 위안스카이를 처형하자고 주장하였다. 신해혁명 이후에도 시종일관 청조의 복벽(復辟)을 견지하였다.

• **탄스퉁** 譚嗣同 1865~1898

청나라 말기의 사상가이자 정치 개혁가. 후난성 출신으로 부친은 후난 순무까지 승진한 관리였다. 과거에 여러 차례 응시했으나 실패했고, 청년 시절에는 호방하고 비범한 성향이 강하였다. 스물다섯 살쯤에 왕부지(王夫之, 1619~92)의 유서를 보고 강렬한 민족의식을 품게 되었고, 다시 청일전쟁을 계기로 변법을 지향하게 되었다. 1896년 베이징에서 량치차오 등과 친교를 맺고 캉유웨이의 학설을 알았으며, 기독교에 큰 관심을 가지게 되었다. 1898년 초에 귀향하여 량치차오와 《상학보(湘學報)》 편집을 맡은 친구 탕차이창(唐才常, 1867~1900)과 협력하여 후난의 혁신 운동을 추진하였다. 그들은 '남학회(南學會)'를 설립하여 후난 혁신의 거점으로 삼고 《상보(湘報)》를 발행하여 혁신 사상을 고취하였다. 무술변법이 개시되면서 중심인물 중 하나로 활약하였으나 보수파가 정변을 일으키자 체포, 처형되었다. 주저인 『인학(仁學)』에서 왕부지의 사상, 공양학(公羊學), 불교와 그 밖에 기독교·서양 지식 등을 관련지어 독자적 혁신론을 전개하였다.

· **황쭌셴** 黃遵憲 1848~1905

청나라 말기의 시인, 외교관, 정치 개혁가. 광둥 출신이다. 1876년에 거인(擧人)이 되었다가, 이후 사일 참찬(使日參贊), 구금상 총영사(舊金上總領事), 주영 참찬(駐英參贊), 싱가포르 총영사 등을 역임했다. 초대 주일 공사 허루장(何如璋, 1838~91)을 따라 일본에 건너가 외교관으로 활동했다. 1880년 조선 수신사 김홍집이 일본에 왔을 때 만나 국제 관계에 대한 의견을 교환했고, 자신의 주장을 피력한 『사의조선책략(私擬朝鮮策略)』이라는 책자를 기증했다. 1882년 한미수호통상조약을 체결할 때 리훙장의 명령으로 조약문 초안을 잡아 보내서 조약 체결에 참고할 수 있게 했다. 그 후 벼슬이 후난 안찰사에까지 이르렀다. 문학의 진화와 의식의 근대화 등에 바탕을 둔 자유신시(自由新詩)를 주창했고, 신파시(新派詩)의 시도로 작품 속에 외래어나 새로운 단어, 방언과 속어 등을 거침없이 사용했다. 시계 혁신도사(詩界革新導師)로 불렸다. 시집 『인경려시초(人境廬詩草)』를 남겼다. 저서로 『일본국지(日本國志)』, 『일본잡사시(日本雜事詩)』가 있다.

한국

• 민영기 閔泳綺 1858~1927

조선 말기의 정치인. 호는 만암(滿庵), 포암(蒲庵). 본관은 여흥. 민준호의 아들. 1879년 무과에 급제하여 관직에 올랐다. 1898년 군부대신에 임명되었으며, 서재필의 독립협회에 대항하는 황국협회를 결성하여 독립협회를 해산하는 데 앞장섰다. 1905년 을사늑약 당시, 탁지부대신으로서 한규설과 함께 조약 체결에 반대하였다. 그러나 이후 일제에 협력하여 1908년 동양척식주식회사 부총재가 되었고, 이왕직 장관에도 임명되었다. 1910년 한일병합조약이 체결된 후 그 공을 인정받아 10월 16일 일본 정부에서 남작 작위를 받았다. 그는 1916년 무단통치 시기에 결성된 다이쇼 실업 친목회(대표 조중응)가 1921년 문화 통치 시기에 발맞추어 조선인 위주의 친일 단체로 변신할 때 회장을 맡기도 했다. 같은 해 조선총독부 중추원 고문에도 임명되었다. 1923년 다시 이왕직 장관에 임명되었다. 1935년 총독부가 편찬한 『조선 공로자 명감』에 조선인 공로자 353명 중 한 명으로 수록되어 있다.

• 이용직 李容稙 1852~1932

조선 말기의 문신이자 문장가. 호는 강암(剛庵), 본관은 한산이며 을사늑약 때 순절한 조병세의 사위이다. 1875년 별시에 합격하여 관직에 나아가 이조 참의, 이조 참판, 대사성을 역임하였다. 이후 내무 협판, 송도 유수, 춘천 부사, 학부 협판, 학부 참찬 등을 거쳤고, 황해도와 전라북도 관찰사를 지냈다. 대한제국 말기인 1904년과 1909년에 학부대신을 두 차례 역임하였다. 1910년 한일병합조약 당시 "이 같은 망국의 안에는 목이 달아나도 찬성할 수 없다."라며 강력히 반대하였으나 무위로 끝나고 말았다. 조약이 체결된 뒤에는 일본 정부에서 자작 작위를 받았고 조선총독부 중추원이 설립되었을 적에 고문을 맡았지만 3·1 운동 때 독립 청원서를 작성해 보냈다가 그 때문에 청원서를 같이 작성했던 김윤식과 더불어 작위를 박탈당하였다. 그는 중추원 간부를 지냈고 한때 조선 귀족 신분이었으나 김윤식과 함께 3·1 운동에 동조하여 작위가 박탈되었기 때문에 친일파 목록에는 포함되어 있지 않다.

이토 히로부미 평전

초판 1쇄 인쇄 2025년 5월 10일
초판 1쇄 발행 2025년 5월 15일

저자 : 다키이 가즈히로
번역 : 장원철, 김세덕

펴낸이 : 이동섭
편집 : 이민규
책임 편집 : 유연식
디자인 : 조세연
표지 디자인 : 공중정원
기획 · 편집 : 송정환, 박소진
영업 · 마케팅 : 조정훈, 김려홍
e-BOOK : 홍인표, 최정수, 김은혜, 정희철, 김유빈
라이츠 : 서찬웅, 서유림
관리 : 이윤미

㈜에이케이커뮤니케이션즈
등록 1996년 7월 9일(제302-1996-00026호)
주소 : 08513 서울특별시 금천구 디지털로 178, B동 1805호
TEL : 02-702-7963~5 FAX : 0303-3440-2024
http://www.amusementkorea.co.kr

ISBN 979-11-274-8892-5 04910
ISBN 979-11-7024-600-8 04080 (세트)

ITO HIROBUMI CHI NO SEIJIKA
by Kazuhiro Takii
copyright © Kazuhiro Takii, 2010
All rights reserved.
First published in Japan by CHUOKORON-SHINSHA, INC., Tokyo.

This Korean edition published
by arrangement with CHUOKORON-SHINSHA, INC., Tokyo
in care of Tuttle-Mori Agency, Inc., Tokyo.

이 책의 한국어판 저작권은 일본 CHUOKORON-SHINSHA와의 독점계약으로
㈜에이케이커뮤니케이션즈에 있습니다.
저작권법에 의해 한국 내에서 보호를 받는 저작물이므로 무단전재와 무단복제를 금합니다.

*잘못된 책은 구입한 곳에서 무료로 바꿔드립니다.

AK 인문 시리즈